誌公文化研究論集初編

学术顾问

蹇长春（西北师范大学 教授，召集人）任法融（中国道教协会会长）

蒋　凡（复旦大学 教授，博士生导师）灵　山（南京灵谷寺 监院，佛学硕士）

陈文江（兰州大学 教授，博士生导师）胡阿祥（南京大学 教授，博士生导师）

吴兆路（复旦大学 教授，博士生导师）何剑平（四川大学 教授，博士）

主　编

雷恩海

副主编

李天保　路　尧　曾贤兆　党嗣仙

编委会

党嗣仙（主任）火廷功（副主任）雷恩海（副主任）

路　尧（秘书）李天保　王廷鹏

姜朝晖　苏利国　曾贤兆

图书在版编目(CIP)数据

誌公文化研究论集初编 / 雷恩海主编. —兰州:
兰州大学出版社,2013.12
ISBN 978-7-311-04369-8

Ⅰ.①誌… Ⅱ.①雷… Ⅲ.①志公禅师(418~514)
—人物研究 Ⅳ.①B949.92

中国版本图书馆 CIP 数据核字(2014)第 003186 号

责任编辑 王永强 杨 洁
封面设计 张友乾

书 名 誌公文化研究论集初编
作 者 雷恩海 主编
出版发行 兰州大学出版社 (地址:兰州市天水南路 222 号 730000)
电 话 0931-8912613(总编办公室) 0931-8617156(营销中心)
0931-8914298(读者服务部)
网 址 http://www.onbook.com.cn
电子信箱 press@lzu.edu.cn
印 刷 兰州大众彩印包装有限公司
开 本 710 mm×1020 mm 1/16
印 张 18(插页 2)
字 数 340 千
版 次 2013 年 12 月第 1 版
印 次 2013 年 12 月第 1 次印刷
书 号 ISBN 978-7-311-04369-8
定 价 45.00 元

三绝碑拓片

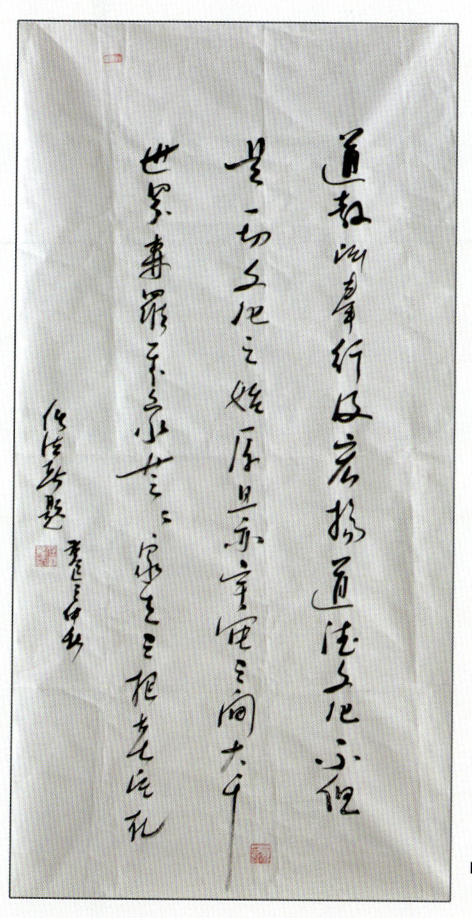

中国道教协会会长任法融题辞

灵山书

庆祝世界朱氏聯合會成立
二十周年恳請大會召开
李白誌公像赞
水中之月了不可取靈空其心寥廓無主錦幪鳥爪獨行絕侶刀齊尺梁扇迷陳語丹青聖容何住何所
誌公文化研究會
蘭州誌公道觀賀
癸巳年王樹森書

誌公像赞（王树森书）

目 录

道迹觅踪

《誌公文化研究论集初编》序

任法融

夫大道也者，视之不见，听之不闻，搏之不得，虽无声无形，却充塞寰宇，无所不在。老子曰："执古之道，以御今之有。能知古始，是谓道纪。"（《道德经》第十四章）告诫人们把握本已存在的"道"，来驾驭万事万物，悟解宇宙之本原和道的规律。道教推老氏为祖，教化众生以冲虚恬淡养其内，以柔弱谦下济其外，取法自然，融容中和，臻于社会和谐，天下太平。就此点而论，与儒家所谓"修齐治平"在形式上虽有不同，但归根结底，其揆一也。如今东风和煦，物阜民丰，国家各项事业蒸蒸日上，道教作为华夏传统文化的重要组成部分，自当与时俱进，以适应改革开放之大局。兰州誌公道观为弘扬道教文化，促进地方文化建设，邀集当地热心桑梓公益事业之社会贤达和知识分子，对道观开山之祖誌公真人之生平及行迹进行了深入探讨，并将其初步研究成果汇于一编，即将付梓出版，邀我作序，虽事务冗杂，亦义不敢辞。

甘肃地处西北，是华夏文化的主要发祥地之一，历史悠久，人文郁蔚，道教文化源远流长，境内崆峒山即被视为道教滥觞之地，其余各地也宫观众多，高道代不乏人，从伏羲氏到关尹子以及后世诸多出世真人，为这一地区的道教繁荣奠定了思想基础。金城兰州，尤称西陲门户，是古代中西陆路交往孔道和"丝绸之路"的必经之地，自古便为中原王朝经略西北的要冲重镇，宗教文化必然多有流播。城南皋兰山麓红泥沟之誌公道观，早在南北朝时期即经誌公真人开创，辟为道教道场，大道流传，不绝如缕，一直延续至今。

我原籍甘肃天水，桑梓之情，拳拳于心。近年来，曾多次去甘肃视察、讲道。其间受党嗣仙道长盛情邀请，数访红泥沟誌公道观，了解其发展情况，并为该观庙产被侵占一事，曾多次同有关部门交涉斡旋，使被占庙产得以部分归还。

誌公道观目前所持教派属于全真道龙门派，住持党嗣仙为龙门派第二十八代弟子，与我所奉为同一教派。道观在五泉之东，林木荫翳清寂，良为修行胜地。党道长生性冲淡，恪守师训，出家三十余年，深执道念，潜心修习，以重光誌公道场为己任，呕心沥血，倾力筹资，先后建成大殿多座，使昔日的荒僻之地面貌为之一新。道观的开山祖师誌公，在史籍和佛典的记载中，却分明是一位活跃于南朝齐梁时代，并流誉禅林的高僧大德。这次，兰州誌公道观邀集各界朋友，通力合作，对誌公的生平事迹所做的探索，基本上弄清了誌公这位方外文化名人一生行迹的大致轮廓。这不仅填补了我国宗教史上的一个空白，同时也为誌公洞作为历史悠久的道教遗迹，给以合理的解释，并为誌公道观在红泥沟的存在和发展提供了充分的文献依据和扎实的学术支撑。我为此感到欣慰。誌公道观可期从此摆脱“佛耶道耶”的困扰，走向发扬光大的坦途。

在国家宗教政策全面落实的当下，希望誌公道观能继续秉承爱国爱教的优良传统，勉力精进，度己化人，为道教的发展和文化的繁荣做出应有的贡献。

是为序。

随缘絮语(代前言)

企　逸

誌公是一位由道入佛,释道双修的宗教文化名人。我们研究誌公文化,自然侧重于道,亦将旁及于佛。佛家讲“缘分”,讲随缘任运,自在无碍。道家讲“观妙”,讲“知几”,也讲“几缘”。旨在见微知著,把握机遇,乘时以进。

我们这一班人,其中有虔诚的道教徒和信众;有热爱乡土公益事业的社会贤达和企业家;还有一大批有志于弘扬传统文化,愿为振兴地方文化作奉献的老中青学者和文化人。我们趁着中央号召加强精神文明建设,增强“软实力”的大好时机,走到一起来了。我们的想法是,以为誌公和誌公道观“正名”为契机,团结聚集各方面的力量,尽快把誌公文化研究会成立起来,为研究和宣传誌公建立一个平台。通过我们的探索研究,把誌公的姓氏、籍里和一生行迹,特别是他中年后改变信仰,由道入佛的缘由等等,都一一弄清楚——这样,不但回答了当地耆旧中盛传的所谓“佛耶？道耶?”的困惑;也从而把曾经为“三绝碑”(吴道子画像,李白赞,颜真卿书法)所聚焦,为梁武帝和明太祖所格外尊宠的震烁古今的宗教文化名人誌公的根,真正落实到兰州,落实到五泉山红泥沟誌公洞。这对于道教界,对于振兴地方文化建设,无疑都是一件天大的好事。现今,不是强调提升“软实力”,注重“名人效应”么？我们完全可以借助于誌公这位宗教文化名人煊赫的声名,把五泉山红泥沟誌公洞建设成为国内一流的道教重地;同时,充分利用红泥沟的自然地理条件,进而把誌公道观建设成为一个富有历史文化内涵、风景佳绝的旅游热点。

我们坚信,我们为之努力奋斗的事业,是一桩旨在弘扬传统文化的盛事。我们不仅要有无私的奉献精神,还要有严肃的历史责任感。我们说话做事,都要牢牢把握正确的政治大方向。拥护国家宪法和有关政策法律,坚持走有中国特色的社会主义道路,拥护改革开放的国策。要做到:不利于社会和谐稳定的话不说,不利于民族团结的话不说,不利于各宗教教派之间团结的话不说。

华夏文明,源远流长,底蕴深厚。要研究和弘扬传统文化,自然脱不开儒、释、道三教,在往昔漫长的封建社会中,既相互排斥,又相互汲取,而最终走向融合这一大的历史架构。因此,我们所从事的誌公文化研究,虽是以道家和道教文化作为切入点,但不能不从宗教,史学,哲学和文学等层面,旁及儒、释二家。总之,我们要以开放的心态来看待誌公文化,切不可抱残守缺,偏执于一隅。这样,我们的学术视阈就开阔了。我们面临的学术天地,将是浩瀚无垠的大千世界。

文化的传承和演进,总是在不断地吐故纳新、积极扬弃的动态过程中实现的。为此,我们要继承和发扬20世纪"五四"新文化运动中,先驱们高举"科学和民主"的大纛,向旧文化、旧礼教和旧传统作坚决斗争的批判精神。同时,我们也要与时俱进,站在当代思想文化战线前沿,适应建设社会主义精神文明的现实需要,既要克服先驱们"矫枉过正"的历史局限,对旧的文化传统否定过甚的偏颇;又要以实事求是的科学态度,有分析,有批判地去审视和继承传统文化。真正做到,扬弃其糟粕,汲取其精华。

现在摆在诸位面前的这本论集,是我们几位文化人最近两三年来,利用业余时间,通过检索史籍方志,查阅道藏佛典;特别是虔诚执着的党嗣仙道长,热心地方公益事业的火廷功先生等,不辞辛劳,远走陇东、蜀中和南京等地寻访誌公遗迹,搜集资料所付出的辛勤劳动,从而汇集成的第一批初步成果。我们清醒地认识到,我们面临的课题,是一个为学术界所长期忽视的冷僻的课题。我们的研究,颇具拾遗补阙,探秘拓荒的艰巨性和挑战性。筚路蓝缕,起步维艰。加之仓促成书,粗疏谫陋,在所难免。恳望学界方家,暨道俗各界贤达,不吝赐正。

毋庸讳言,经济是成就一切事业的基础。本书得以顺利出版,端赖党嗣仙道长之辛勤奔走,广结善缘;各位社会贤达及企业家之热心公益事业,慷慨捐助。泽被先贤,惠及桑梓,洵可谓功德无量矣。

我们深信,我们共同努力的这桩富有人文色彩的公益事业,能够得到社会各界的理解和支持,前景是光明的。韩文公《祭柳子厚文》有言:"不善为斫,血指汗颜。巧匠旁观,缩手袖间。"但愿理解和支持的人多一些,而袖手旁观甚至"泼冷水"的人少一些,那么,我们为之努力的事业,就一定能够做好,做大。

壬辰春节,于西北师大之双银杏斋

誌公文化研究

兰州誌公道观今昔及我们的几点期望

——在台北世界朱氏联合会第八届会员代表大会上的发言

党嗣仙

各位朱氏宗亲、各位代表：

大家好！

我俗称党，原名党仁红，甘肃省永靖县人。因生性慈爱善良，受一生虔诚信道的老祖母的影响，高中毕业后，便皈依了道教，迄今已有近三十年了。我所信奉的教派，是明清以来广泛流传于西北关陇地区的全真道，是全真道龙门派二十八代弟子，现任自清代乾嘉年间，即以兰州皋兰山誌公道观为道场的全真道派第七代住持，并在积极筹办成立兰州誌公文化研究会。

我想，在座的诸位或许会感到诧异和困惑：本人作为一位虔诚的道教信徒，为什么有机会前来参加这个具有世界规模的朱氏联合会？并且有幸出现在本届会员代表大会庄严的会场上呢？

我简单的回答是：

因为，我所住持修行的兰州誌公道观，就是建立在我国南北朝时期出现的一位宗教文化名人誌公(418—514)曾在这里出家修行的“誌公洞”的原址上；而且，据史籍记载，这位誌公，俗姓朱，金城(今兰州市)人。我们正是抱着“追宗认祖”的真诚愿望来参加这次盛会的。我们想借助大会“宗亲族谱论坛”这个平台，从姓氏寻源的角度，对尚嫌模糊的誌公生平事迹，做进一步深入的探索；同时，也想借助这个平台，对今后如何进一步弘扬誌公宗教文化，提出几点期望，希望得到诸位的指导和帮助。下面，我简要地谈三个问题。

一、关于甘肃省兰州市皋兰山誌公洞与誌公道观的历史和现状

在兰州市皋兰山南麓，五泉山公园东侧一里许，有一条岔沟名红泥沟，从崖壁渗出一道清泉，叫红泥泉。这里林木茂盛，环境清幽。沟谷侧崖壁上有一个古老的洞穴。据当地传说，南北朝时的高僧誌公，曾在此洞修行，所以叫“誌公洞”。还传

说誌公法力无边,嫌蛙声打扰,便用咒语驱蛙,所以,红泥沟至今也听不到蛙声。清乾隆时期,甘肃著名诗人吴镇作《誌公洞歌》一诗,诗中曾说到这件事。虽然经过约1500年的风雨侵蚀,这个红胶泥土质,深约4米,高、宽各约3米的洞穴,至今保存完好。洞底盘有炕,可煨火取暖,供修行人居住。据地方文献和当地老人传说,洞中原供奉有誌公塑像一尊(今已毁)。令人奇怪的是,这尊塑像的服饰装束,更像道人的打扮。所以,在我们兰州本地,多年来一直存在着誌公究竟是"佛"还是"道"的困惑与争论。从把誌公道观修建在誌公洞原址上这一事实看,我们兰州人是更情愿把誌公当作一位道士来看待的;至于我们兰州的全真道信徒,更是虔诚地把誌公当作一位道教远祖来尊奉。(关于誌公到底是"佛"还是"道"? 请详后说。)

至于誌公道观究竟兴建于何时?因年代久远,已不可考。但在我们教派内部有个传说:说是明朝永乐年间,明成祖朱棣敕封誌公为"国教大法师"后,才在红泥沟誌公洞原址上,大兴土木,修建庙宇,创为规模宏大、香火旺盛的誌公道观的。当然,这个传说的真伪,尚待进一步考证。若此说可信,那么,这个道观至少已有六百多年的历史了!

关于我所信奉的全真道派入住誌公道观的历史,却有明确的传法世系为依据,而且是清晰可考的。大约从清嘉庆年间至今,全真道以誌公道观为道场,先后经历了江道、姜道、沈道、谢道、孟道、陈道和我,共传七代。据当地老人说,及至民国年间,誌公道观依旧庙宇殿堂宽敞,树林掩映,沟底流水潺潺。每逢夏秋之季,来这里观光游览的香客、游人,络绎不绝。因道观紧贴皋兰山麓沟底,便于防空,因此,抗日战争时期,整个道观全被兰州电信局占用。道士被挤兑遣散,几乎香火断绝。20世纪50年代,道观遭受了一场大火,历年来兴建的庙堂神殿,荡然无存。20世纪80年代初,我来红泥沟接任誌公道观第七代住持时,昔日殿宇高低错落,壮丽辉煌的誌公道观,仅剩下一大一小两个洞穴(其中大的一个,即相传的"誌公洞"),还有几间破旧不堪,摇摇欲坠几乎不能住人的平房。改革开放后,在政府的宗教政策指导下,在热心乡土文化建设的兰州知识界和社会贤达的大力支持下,自己凭着虔诚的信仰,经过二十多年的积极奔走和惨淡经营,昔日濒危绝境的誌公道观,已大为改观。

首先,我们依据宗教政策,同有关部门交涉,要回了长期被兰州电信局占用的山门内的约十亩庙产。其次,积极筹措资金,先后重修了山门,在原庙址废墟上,新建了誌公祠、玉皇殿、三清殿、金花仙姑殿,以及上下两层的办公楼。以往残破不堪的誌公道观,旧貌换新颜,其基础设施建设已初具规模。前不久,在兰州知识界、企业界和社会贤达的支持与通力合作下,经过积极筹备,我们已经基本具备成立兰州誌公文化研究会的条件,吸纳和凝聚了一批热心公益事业和地方文化建设的精英和学术研究人才。这样,我们企图借助于誌公道观这个立足点,来从事弘扬誌公宗教文化和道教文化研究的"硬件"和"软件"建设,都已经打下了一个扎实的基础。

二、关于誌公其人其事

下面,我想简略地介绍一下关于誌公的一些情况。

在我国宗教史和文化史上,誌公是一位声名显赫,头戴神秘光圈、法力无边的神僧、高僧。得出这种认识的主要文献依据,是南北朝梁释慧皎《高僧传》中的《释保誌传》和《南史·陶弘景传》所附《皎传》。但是,这两个传记对誌公生平事迹的记述,是不全面、不完整,也是不准确的。其中,还存在许多疑点和空白,有待于学术界花大力气去做进一步探索。比如,在誌公的出生地金城(今甘肃省兰州市),自古以来就存在着关于誌公是"僧"还是"道"的疑问,仅仅根据上述两个传记,是不可能做出正确的回答的。

在关心地方文化建设的兰州知识界的热忱关注与支持下,通过查阅文献资料,并对省内外存在的誌公遗迹做了较广泛的实地寻访考察,我们对誌公这位宗教文化名人的姓氏、籍里、宗教信仰及一生行迹,有了一个轮廓性的认识和初步的结论。我们认为:誌公俗姓朱,东晋末年生于金城(今甘肃省兰州市)。誌公高寿,一生活了九十七岁,见证了东晋、宋、齐、梁的诸多大事件。关于他的宗教信仰,大体上以五十岁左右为分界线,可以分为前后两个时期:他前期信道,后期皈依佛教,是我国历史上一位释道双修的、影响巨大的宗教文化名人。大体说来,他皈依道教时年纪尚幼,誌公洞遗迹,就是他早年入道修行的地方。根据我们的探索,誌公前期曾到过陇东的灵台,陕西的关中地区,其足迹还可以追寻到山西、河南等地。中年后,云游到长江流域,最后驻足于南朝京都建康(今江苏省南京市)。因受当时南朝的政治形势和社会风气的影响,他放弃道教信仰,皈依了佛教。又由于他在政治上鲜明的"抑齐拥梁"倾向,受到弃道佞佛的梁武帝的格外尊宠。天监十三年(514)誌公圆寂后,梁武帝为他造塔建寺,又命令大臣陆倕、王筠撰文,为誌公树碑立传。关于誌公在我国佛教史上的崇高地位和巨大影响,我不妨举两个例子来说明。一是,南京灵谷寺,今天还存有一块"三绝碑",上面有唐代大画家吴道子为誌公画的像,有唐代大诗人李白所撰、大书法家颜真卿书写的《誌公像赞》。在历代佛教徒中,受到文人如此尊崇的,仅誌公一人而已。二是,朱元璋当了皇帝后,看上了誌公入葬的墓地,即南京钟山独龙阜这块风水宝地,要在这里建造明孝陵,于是在钟山东南侧兴建灵谷寺、灵谷塔,又用金棺银椁盛其遗骸,予以隆重迁葬。同时,把原来供奉誌公的南京"普济禅师庙",改名为"鸡鸣寺"。并在寺壁"御笔题赞誌公像"。再者,以誌公名义传布的佛偈、佛赞及唱词,在宋元以后,流传特广。誌公在我国俗文学史,特别是白话诗派研究史上,也占有一席地位。总之,誌公在我国佛教史上显赫的地位和影响,是不可动摇的。我们兰州誌公道观和誌公宗教文化研究会,今后关注和研究的重点,将主要放在其前期作为一个道教徒的活动行迹及影响方面。

三、几点期望

1.正因为我们誌公道观供奉的祖师爷誌公，出生在兰州，他俗姓朱，所以我们想趁这次来台参加世界朱氏联合会第八次会员代表大会这个难得的机会，借助于宗亲族谱论坛这个平台，吁请广大朱氏宗亲，帮助我们对誌公这位宗教文化名人，做姓氏寻源方面的深入探索，以期进一步弄清誌公的家世和生平事迹。争取对誌公其人其事，有一个全面完整的认识。

2.如前所述，誌公是一位释道双修、影响深远巨大的宗教文化名人。对于他后半生作为一位声名显赫，影响巨大的高僧、大德，在佛教史和文化史上，言之凿凿，早有定论。但是，根据我们的探索，誌公的前半生应该是一位道教徒。由于年代久远，史料缺乏，其前期的活动和行迹，还十分模糊，有待于继续深入发掘，寻找出坚实可靠的史料，做进一步的探索和论证。我们尤其恳望热心宗教文化事业的各位宗亲和朋友，在这方面给予我们大力的支持和帮助。

3.兰州皋兰山麓的誌公道观，环境清幽，风景优美，道观的基础设施也已初具规模。我们的长远规划是，把道观建设成为弘扬誌公宗教文化的基地，同时使它成为供兰州市民休闲游憩的胜地。我们面临的最大困难是资金短缺。我们恳切地期望，热心于宗教文化和公益事业的广大宗亲和朋友们，热忱相助，共襄善举，功德无量。

谢谢大家！

2011年10月8日　台北

誌公生平梗概及其由道入佛之信仰嬗变考述

蹇长春

小引

予生性疏庸，学殖偏狭。生平研读，率皆文史常见之书，鲜及内典方外。2009年6月，应兰州誌公道观党嗣仙道长之邀，与兰州学界友人徐祖蕃、顾竺、乔先之暨火廷功诸先生，相聚于皋兰山南麓红泥沟之观址。盖为商订老子《道德经》之权威版本，以备书丹勒石，陈列于观内，用申弘教明道之宏旨焉。

时值夏初，沟中林木蓊蔚，崖壁笼翠，小溪潺湲，云影天光掩映下，清幽宜人。予与同行诸公靡不因偶获"又得浮生半日闲"之真趣，而不胜欣快。赏心乐事之余，予亦方知居留有逾半世纪之古城兰州，曾诞生方外名人誌公其人，其早岁修行之誌公洞遗址，亦宛然尚在。而今初具规模之道观，即因缘誌公之行迹而命名焉。不意退而翻检史籍，乃复顿生困惑：誌公分明以高僧大德之煊赫声名彪炳于僧传佛典，今径以"誌公"二字以名道观，得无两相枘凿乎？又，从方志可知，誌公遗迹，遍及塞北江南，多处龛窟佛寺，今犹供奉，其圆寂之地南京灵谷寺，香火特盛。陇上名城兰州，本誌公出生之地，相形之下，何其冷落寂寞耶？有感于此二端，遂不殚衰朽，而有斯文之作。

其有关誌公生平梗概之探索，不啻"寻根"；关于其信仰由道入佛之考述，旨在为道观"正名"。其奈年届耄耋，精力锐减，文思迟滞，时作时辍，终篇为难。端赖党道长、火廷功先生为寻访誌公遗迹，搜集资料，三下江南，远走蜀中执着精神之激励；四川大学何剑平教授、兰州大学雷恩海教授，以及西北师范大学李天保、路尧二君等，为我多方搜寻、查阅、下载和复核有关史料，有求必应，不殚辛劳，稽延半载有余，方底于成。则斯文之得以面世，实赖诸君之通力合作，有以致之也。苟一得之见，于弘扬陇右乡土文化小有裨益，庶亦不负同侪诸君之期望矣。

胡适论治学经验有言：大胆假设，小心求证。又曰：与人交，当疑处勿疑；做学问，不当疑处多疑。洵皆见道之言也。夫誌公事迹，遥隔一千四百余载，史籍载记既多缺佚，且间杂卮言附会，难辨真伪，寻根正名，谈何容易！间有所得，每多借助于假设推想。虽力求持之有故，言之成理，讵敢曰必，姑名之曰考述。颓龄献曝，骋遐思于释老;补阙指瑕,是所望于方家。

一、誌公在乡土文献中留下的模糊身影与“佛耶？道耶?”的困惑

著名学者任继愈主编的《宗教辞典》(修订本)“保誌”条(上海辞书出版社,2009年12月第1版;任氏领衔主编的《佛学小辞典》修订版,上海辞书出版社,2006年9月第1版略同)称:

> 保誌(418—514),亦作“宝誌”。南朝齐、梁僧人。据《高僧传》卷十载,俗姓朱,金城(今甘肃兰州)人。出家师事僧俭,修习禅业。传说,在南朝宋泰始(465—471)初起,言行神异“时或赋诗,言如谶记”。齐武帝、梁武帝和王侯士庶视为“神僧”,以为菩萨化身,而崇信之。

这条完全依据梁释慧皎(497—554)所撰《高僧传》为誌公所作的“小传”,虽嫌简约,且多有不确切之处,但毕竟提供了有关誌公的籍里、姓氏、生卒年及宗教信仰等重要信息。尤其值得注意的是,它排除诸多误解和争论,明确肯定:誌公的出生地金城,即陇上名城——今甘肃省兰州市。

当然,把誌公的出生地金城,落实到兰州,绝非《宗教辞典》的“发明”。早在明代前期英宗天顺五年(1461)官修的《大明一统志》卷三六《临洮府·仙释·宝誌》即称:“宝誌,七岁出家,长修禅业,止江东道林寺”。按当时建置,临洮府所属金城,即下辖四县中的兰县,即由府改县的皋兰,亦即今兰州市。

令人遗憾的是,在此前近千年的漫长岁月中,誌公在陇右乡土文献中渺无踪影,即使在《大明一统志》坐实誌公的出生地在兰州之后,在当地方志中,也不过是从僧传中摘抄片言只语作为点缀,几乎看不到一点带有乡土气息的实质性内容。陇右文献学名家近人临洮张维撰《陇右方志录》,著录明代《兰州志》(亦称《金城志》《兰县志》)凡六种,俱佚,其中有无关于誌公的记载,已不可考。又著录清代康熙《兰州志》及乾隆、道光、光绪、光绪重修《皋兰县志》等五种,今幸完好。但其中关于誌公及誌公洞的载记,亦甚寥寥。

清康熙二十五年(1686)州人陈稷如著《康熙兰州志》四卷。其卷一《地理志·古迹》称:“誌公岩在皋兰山东麓,深溪高谷,树木荫翳。”同书卷三《人物志·杂纪志·仙释》又称:

> 释宝誌者,好为谶记,齐宋之交稍显灵迹,预言未兆,梁武帝尤敬事之。天监十三年忽语人云:菩萨当去。旬日无疾而终。五泉红泥岩有遗迹焉。

这是陇右方志中第一次将誌公同兰州的皋兰山和红泥岩联系起来。同时,我

们注意到，该书并未写明誌公是“金城人”。而该书同卷著录与誌公同时的释宣畅（按：即玄畅，因避康熙讳，易“玄”为“宣”），不但写明“姓赵氏，金城人”，而介绍其生平行迹的文字，也详细得多。这是耐人寻味的。

清乾隆四十三年（1778）县人黄建中著《皋兰县志》二十卷，对誌公的介绍更为简略，仅摘抄《甘肃通志》寥寥二十余字（见卷二十《杂志》）。倒是其卷十二《古迹·誌公洞》，提供了一些新的信息：

> 誌公洞，在皋兰山东麓红泥岩。土径陡仄，高十余仞，下临深谷，树密泉清，境颇幽寂。谷以内有蛙而不能鸣。相传誌公习定时，蛙鸣恼乱，故咒之，使无声也。

乾隆陇右著名诗人吴镇[①]，据这一传闻作七言古风《誌公洞歌》云：

> 誌公洞在红泥岩，流水活活石巉巉。
> 相传群蛙喧洞口，誌公咒之蛙悉走。
> 或戏捕蛙投洞旁，须臾惊怖皆逃藏。
> 誌公后住南朝寺，锡杖刀尺尘扇备。
> 简文生日即咨嗟，早识侯景为冤家。
> 神功莫补梁皇懺，姑与爬沙唱清梵。

这是誌公事迹见诸乡土文人题咏之始，无疑大大提高了誌公在本地的知名度和影响。其后张国常著三十卷本《光绪重修皋兰县志》，其卷十九《古迹志·誌公洞》，曾全文引录此诗。

尤须注意者，《乾隆皋兰县志》卷十二《古迹》还著录：“惠泉寺，红泥岩口，即赵家寺。”这是有誌公遗迹的红泥沟，在地方文献中，关于宗教设施建造的最早载记。则此寺可能始建于清初雍正至乾隆前期。可惜此寺毁于晚清，寺碑亦不存，其寺宇规模如何？缘何又名“赵家寺”？均不可考。但此寺既以“惠泉”为名，盖看中的是人文景观，而非宗教因素，绝非以誌公为主题而建造者，则可以断言。清《道光皋兰县续志》（县人进士秦维岳著，十二卷，道光二十二年〔1892〕刊行）卷五《祠祀古迹·红泥沟》称：

> 红泥沟，在县东南五泉山右一里许。山径逶迤，渐入深谷，两山壁立，高数

---

① 吴镇（1721—1797）。字信辰，号松崖，狄道人。清乾隆三十三年（1768）举人，官至洮州府知府。曾多年主讲兰山书院。能文善诗。袁枚《随园诗话》誉其为陇上诗人之冠。著有《松花庵全集》三十一卷。

十寻。林木蓊蔚,交柯横影,上翕下辟,掩映天光。百鸟之声,泉声,林声,若竽瑟相和。盛夏入谷,寒气袭人,有誌公洞,旧志详其事。嘉庆二十五年(1820),依山麓建造寺宇,为听泉赏玩所。楼台高耸,上与岩齐。泉出山穴中,大如车毂,清澈寒冷,阴崖涓滴,冬冰夏融,渗漉纵横,自南而北,其流渐大。土人缘山半开渠,潆洄绕山,又窾巨木架之,引泉相续,灌地转磨,颇资利焉。

可惜,历经百年沧桑,随着森林植被遭到破坏,泉水枯竭,而今树稀泉细,无复昔日的林泉盛况了。其中说到惠泉寺建于清嘉庆二十五年(1820),恐不确。因成书于乾隆四十三年(1778)的黄建中著《乾隆皋兰县志》卷十二《古迹》已著录:惠泉寺位于"红泥沟口,即赵家寺",则《道光皋兰县续志》中所谓"邑人依山麓建造寺宇"云云,可能是续建或重建。又称:建寺之目的,是想以之"为听泉赏玩所"。这证实了我们前述的判断:惠泉寺绝非出于宗教的动因,因缘誌公而建;而是为了满足文人士庶欣赏林泉风光的精神需求。

由上可见,旧志中关于红泥沟、誌公洞的记述,大都递相祖述旧闻,陈陈相因。真正涉及誌公其人之宗教信仰及身份,传递出一些有史料价值的信息的,是清光绪进士县人张国常所撰《光绪重修皋兰县志》三十卷。张维《陇右方志录》称:"国常字敦五,举进士,授刑部主事,不赴官。主讲兰山书院近二十年,以学绩名陇右。"又盛赞此志:"分图、表、传、志四纲,依类相从,有条不紊。旧志讹误,订改无遗……义例谨严,文词渊雅,吾省名志也。"又说:"志成于光绪十八年(1892),至民国六年(1917)始印行之。"则志中所传信息,距今天是最近的。

我们注意到,张著《光绪重修皋兰县志》卷十九《古迹志·誌公洞》,在承袭旧志,记述誌公洞地理环境及"咒蛙"传闻,并全文引述吴镇《誌公洞歌》后,格外郑重地加了一条按语:

案:誌公,金城人,见《神僧传》。《南史》载誌公事迹,亦只言其为僧。此洞塑像作道士装。朝夕顶礼,皆羽流释氏之徒,无过问者,其为附会可知。但黄志已载,姑仍之。

这是兰州旧志中,首次见到红泥沟誌公洞供有誌公塑像的记载。同时,又因为"塑像作道士装",于是又引出了关于誌公宗教身份的"佛耶?道耶?"的困惑。令人遗憾的是,张氏作为博雅的地方贤达,对于这一困惑未予深究,而是以文人惯常的矜持和轻率,一方面因循旧说,认定誌公是佛门弟子;另一方面,又对寻常"羽流释氏之徒",尚未弄清誌公究竟是"佛"是"道",便盲目地"朝夕顶礼"膜拜,流露出轻蔑和不屑。更有甚者,这种弥漫在社会上层中的对带着泥土气息的乡土文化现象的矜持和冷漠,一直延续到清末民初,以迄于现当代。例如:《兰州楹联汇存》卷一载

清光绪进士临夏邓隆(1884—1938)题红泥岩前大门一联云:

> 真灵虽还虚,偶过此蛙谷鹰巢,当忆朱家旧迹;
> 三教原一贯,何妨邀儒流道侣,来与弥勒同龛。

又附清光绪举人镇原慕寿祺(1875—1948)题誌公洞一联云:

> 冈占独龙,遗像我曾敬仰;
> 神能伏虎,咒蛙人又奚疑。

邓氏在以上两联后的按语中,明确表示:"塑像虽道装,实则为僧也。"细绎联语,仍然是在沿袭方志、僧传旧说,肯定誌公为僧的同时,摆不脱传统文化的架构,唱的仍是"三教合流"的老调。对于誌公既然是佛而塑像却着道装,这一令人困惑的问题,仍未深究并给予明确回答。

及至21世纪初,前甘肃省诗词学会会长、著名诗人袁第锐先生撰联赞誌公道观云:

> 释耶? 道耶? 但得明心见性,何分畛域;
> 虎耶? 蛙耶? 若能修行持咒,可上灵山。

他同样无力厘清"佛"与"道"的"畛域",依旧唱的是"佛道一家"的老调。不过,在改革开放的大背景下,多了几分认可既成事实的宽容而已。

张国常《光绪重修皋兰县志》卷十九"誌公洞"条按语中,在揭示出被认定为佛僧的誌公,其"塑像作道士装"这一令人困惑的事实后,又强调说:"其为附会可知。但黄志已载,姑仍之。"这里提到的"黄志",即县人黄建中撰于清乾隆四十三年(1778)的《乾隆皋兰县志》。据此可知,红泥沟誌公"塑像作道士装"这一史实,至少可以追溯到清乾隆时代及其以远。正因为自乾隆迄今的近三百年间,当地文人士庶及释道信众,对于因誌公"塑像作道士装"而引发的关于誌公身份的"佛耶? 道耶?"的困惑并未予以正视,并进而加以认真探究和解决,以至于长期以来,当地佛道信众都对他持有一定的疏离感,他实际上是被双方边缘化了。因此,誌公这位宗教文化名人及其巨大的文化价值,在他的桑梓,至今仍湮没在历史的尘埃中,没有得到应有的彰显和开发。

那么,从上述乡土文献中,我们能否捕捉到一些解开誌公身世之谜的信息和线索呢? 有的。红泥沟誌公洞的誌公"塑像作道装"这条史料,很可能沿自一个最接近历史真实的古老传说:誌公早岁在誌公洞出家修行时,原本就是一位信奉某种原始道教的道士，而绝不是一位剃度出家的僧徒。从现存地方志看，历史上，在红泥沟曾经唯一存在过的佛教寺庙惠泉寺，并非专为祀奉誌公而建造，至少说明当地道俗信众，并不那么看重誌公后来远走江南博得的高僧大德的声名。倒是当地文人耆旧，默守“贵远贱近”的思维定式，摭拾誌公后半生在南朝留存的“神僧”“圣僧”的记闻，不假思索而想当然地据以否定誌公早岁在红泥沟修行时曾是一位道士的事实，是不足征信的。

我们注意到，誌公“塑像作道士装”（即确认在洞中修行的誌公是一位道士）这一传闻，它植根于历史的真实，一直带着泥土气息，在民间薪火相传，因而具有顽强的生命力。据当地学人研究，随着元、明以来，全真道龙门派在关陇地区广为流传，至迟在清道光年间，龙门派就入住了誌公洞。他们尊崇誌公为远祖，建有誌公祠加以祀奉，以誌公洞为道场，在这里修行传道。龙门派第二十八代传人党嗣仙（坤道），已是誌公道观第七代传人。[①]

我们为誌公“寻根”“正名”的考索，无疑应紧紧抓住誌公洞“塑像作道士装”这条线索。

二、从陆倕《墓志》与慧皎《高僧传》本传的比照中，窥测誌公之生平梗概

同许多身世模糊，“不知何许人也”的方外高逸之士相较，誌公算是幸运的。伴随着他身后的大名，还留存了大量的有关史料（含僧传、正史、方志及文人杂著等）。尽管这些史料是真伪杂糅的，但去伪存真之余，仍为我们确切地提供了关于誌公的姓氏、籍里、生卒年代与生卒地点等重要的基本信息（见前引《宗教辞典·保誌》）。但仅凭这些基本信息，还不能据以把握誌公一生行实的全貌。还有许多疑点乃至空白，有待于我们进一步去探索、甄考和充实。

不言而喻，要跨越漫长的时空隧道，去接近誌公的历史原貌，最可靠的途径，是从与他同时代人的著述中去寻找史料。那么，在真正与誌公同时代的僧俗中，又有哪些人有可能为誌公的行实留下文字载记呢？

除了在本文开头提到过的，曾在《高僧传》中为誌公立传的梁释慧皎而外，我们首先想到的，是与誌公同在天监初为梁武帝所崇敬的高僧宝唱与僧祐。因为，他们都是精于佛理，文采粲然的学问僧。

据《续高僧传》卷一、《历代三宝记》卷三、卷十一载，宝唱俗姓陈，吴郡（今江苏苏州市）人。虽不详其生卒年，但出道甚早。年十八，即投僧祐律师出家，学习经律，常住庄严寺。齐末避乱，曾远走浙、闽一带。梁天监四年（505）回京师，敕为新安寺主。曾参与僧伽婆罗译场，复受敕编《经律异相》。还编撰有《续法轮论》《众经目录》《饭圣僧法》及《比丘尼传》四卷等。尤其值得注意的是，天监九至十三年，撰

① 请参阅本集路尧著《全真道龙门派入住誌公道观之年代考略》，第249页。

成《名僧传》三十一卷，收录从汉末到梁代426位高僧的传记。是书分十八科加以编排，是我国最早出现的分类综合的僧传，对后出的慧皎《高僧传》影响甚大。[①]也许是巧合，《名僧传》完稿的天监十三年，也正是誌公的卒年。但书中却没有给誌公留下一个位置，这不能不说是一个遗憾。

僧祐(445—518)，较誌公小27岁。慧皎《高僧传》卷十一有传。俗姓俞，彭城下邳(今江苏睢宁县西北)人，后移居建康。十四岁出家，是当时著名的律师，也被后世尊为佛教史学家。本传称："大精律部，有砺先哲。齐竟陵文宣王每请讲律，听众常七八百人。"毕生勤于搜藏整理佛教文献，撰著不辍。除《出三藏记集》十五卷外，还有《弘明集》《释迦谱》，今存。陈垣先生对其《出三藏记集》《弘明集》二书的文献学价值，评价颇高。谓《出三藏记集》作为佛教经目著作，"今所存者，以此目为最早。"[②]又称：该书最后三卷为僧人列传，记述外国译经僧22人，中国译经僧10人，共32人，实为我国"今所存最古之僧传"[③]。其奈中国僧人中能译经者极少，更非誌公所长，其未得阑入，理所当然。

倒是该书卷十二《大梁功德集》上卷第十三著录有同誌公有关的四篇文章的篇目，即：

《皇帝敕净名誌上出入记》第七
《皇帝后堂誌上启建讲记并序》第九
《皇帝与誌上往复注并序》第十
《皇帝后堂讲法华誌上论难》第十一

这些文章，无疑是关于誌公生平的最原始的记载，只可惜俱已不存。但细绎这些篇目，其内容颇类似皇帝的《起居注》，载记的应是梁武帝同誌公之间有关佛事交往的实录。即使存留，也仅可了解一些誌公晚岁在天监年间的生活状况与思想动态而已，远不足以窥知其一生行实的全貌。从本传可知，僧祐出生于建康，弱龄于钟山出家，又同誌公都是由齐入梁的高僧，且较誌公晚辞世四载，他对誌公应该有较全面的了解，但在他的笔下，却没有留下什么有关誌公生平的实质性的史料。对誌公而言，这又是一个遗憾。

检点史料，与誌公有文字因缘的同时代人中，还有萧衍、萧子显、陆倕、王筠等。

---

① 参阅朱恒夫等注释慧皎《高僧传》附录：宝唱《名僧传》的《说明》，陕西人民出版社，2010年5月出版。据称：该书早佚。幸有日本文历二年(1235)笠置寺僧宗性摘抄的《名僧传抄》传世。保存了《名僧传》的完整目录，及摘抄的一些要文。国内存有金陵刻经处本，周叔伽(1899—1970)曾予校正，可资参考。

② 陈垣：《中国佛教史籍概论》，中华书局，1962年11月第1版，第2页。

③ 陈垣：《中国佛教史籍概论》，中华书局，1962年11月第1版，第3页。

出于政治上的需要，梁武帝萧衍对晚年持“抑齐拥梁”态度的誌公格外尊崇，即位之初，即下诏为之“解禁”，着“自今行道来往，随意出入，勿得复禁”（慧皎《高僧传》本传）；又在《净业赋并序》中，对誌公大加揄扬。萧子显是齐高帝萧道成的孙子，身份特殊，齐梁鼎革之际，受到梁武帝的优容，他也奋其擅长的文笔，竭力对梁武帝“效忠”。在其《御讲金字摩诃般若婆罗密经序》中，顺着萧衍佞佛的倾向，把誌公显著地捎带了一笔；又在其所著《南齐书·江泌传》中，记述了一桩誌公以谶言预测祸福的事例。上述事迹，无疑都是最原始最真实可靠的史料。但究其内容，亦不过涉及誌公的一时一事，一鳞半爪而已，还不能据以窥知全豹。

据慧皎《高僧传》本传称：誌公于天监十三年（514）圆寂时，梁武帝“厚加殓送，葬于钟山独龙之阜，仍于墓所立开善精舍。敕陆倕制铭辞于冢内，王筠勒碑文于寺门。”所幸，陆倕《誌法师墓志铭》（以下简称《陆志》）、王筠《开善寺碑》（以下简称《王碑》），俱存留了下来，分别见《艺文类聚》卷十七、卷七六。

陆倕（468—526），字佐公，《梁书》卷二七、《南史》卷四八有传。乃梁武早岁“竟陵八友”之一①。“少勤学，善属文”，有梁太常卿《陆倕集》十四卷行世（《隋书·经籍志四》，但多散佚，严氏《全梁文编》犹存二十四篇）。史称：“自任（昉）、沈（约）外，陆佐公为之冠。骖轨竟陵，平分八友”（张燮《七十二家集·陆太常集引》）。誌公殁时，任、沈俱已谢世。陆倕实际上是以文坛领袖、皇帝近臣、朝廷命官的身份，受命为誌公撰写《墓志铭》的。《陆志》虽简约，但实际上是代官方（朝廷）立言，因而真实可信。但是，我们注意到，《陆志》在述及誌公身世，尤其是早岁经历时，似有欲言又止的避讳之嫌，颇耐人寻味。

王筠（481—551），字元礼，《梁书》卷三三、《南史》卷二二有传。系出名门，乃齐司空琅邪王僧虔之孙。少擅才名，诗文俱佳。为同时前辈沈约、昭明太子萧纲、仆射张稷等所称道。有文集一百卷行于世，但大都散佚。严氏《全梁文编》，仅有其文十七篇。王氏亦颇以“七叶之中，名德重光，爵位相继，人人有集”（《与诸儿书论家世集》）的显赫家世自矜。梁武敕王筠撰《开善寺碑》，盖亦看重其门第与才名也。《南史》本传分明说：“奉敕制开善寺宝誌法师碑文，辞甚丽逸。”但细检碑文，辞采“丽逸”是实，其奈寺既为宝誌而建，碑文亦为宝誌而作，而碑文中竟无一字及于誌公。也许，如同《陆志》，亦有所避忌。关于《陆志》与《王碑》的疑点，且留待后文探究誌公之信仰嬗变时再展开来说，在此不赘。

通过以上梳理，我们发现，仅有《陆志》与梁释慧皎《高僧传》卷一〇《梁京师释

①《梁书·武帝纪上》：“竟陵王子良开西邸，招文学，高祖与沈约、谢朓、王融、萧琛、范云、任昉、陆倕等并游焉，号曰：‘八友’”。又，《通鉴·齐纪二·武帝永明二年（484）》：“竟陵王子良为护军将军兼司徒，领兵置佐，镇西州。子良少有清尚，倾意宾客，才隽之士，皆游集其门，开西邸（在鸡笼山）……记室参军范云、萧琛、乐安任昉、法曹参军王融、卫将军东阁祭酒萧衍（时王俭为卫将军）、镇西功曹谢朓、步兵校尉沈约、扬州秀才吴郡陆倕，并以文学，尤见亲待，号曰八友。”

保誌传》(以下简称《皎传》),是观照到保誌一生行实的全貌着笔的,具备碑传文字的型制。下面,我们拟将二者加以比照,试图勾勒出誌公生平行实的大致轮廓。

同陆倕相较,慧皎虽年辈稍晚,但《皎传》记述誌公行迹较全面、具体,轮廓更清晰,让我们先从《皎传》说起。

唐释道宣《续高僧传》卷六《梁会稽嘉祥寺僧慧皎传》称:"未详氏族,会稽上虞人。学通内外,博训经律。住嘉祥寺,春夏弘法,秋冬著述。"是一位学识渊雅,著述颇丰的学问僧。因有感于同时的梁释宝唱所撰《名僧传》之立意与命名不当,乃自撰《高僧传》十四卷。但道宣述其行迹甚粗略,亦未详其生卒年代。倒是《皎传》末所附僧果"跋尾"弥补了这一缺憾。称:

> 梁末承圣二年(553)太岁癸酉,避侯景难,来至湓城(今江西九江市),少时讲说。甲戌年(承圣三年,554)二月舍化,春秋五十有八。

据此可推知:慧皎生于齐明帝萧鸾建武二年(495),比誌公小了七十多岁;誌公于天监十三年辞世时,他还不到二十岁,可能正在会稽(今浙江绍兴市)嘉祥寺修行。会稽与梁都建康(今江苏南京市),千里暌隔,在誌公生前,二人似无可能面晤。《皎传》也应是在誌公辞世多年后才写成的。

现当代佛学大家汤用彤、陈垣等,对慧皎《高僧传》评价都很高。通行本《高僧传》(中华书局,1992年10月初版),即汤用彤及其哲嗣汤一介、汤一玄两代人完成的。用彤先生在其《读慧皎〈高僧传〉札记》中,盛赞慧皎著述用力之勤,搜罗之广。他说:

> 梁释慧皎《高僧传·自序》于批评前人所作僧传十余家后,自谓尝以暇日,遇览群作,辄搜检杂录数十余家、及晋宋齐梁春秋书史、秦赵燕凉荒朝伪历、地理杂篇、孤文片记,并博谘故老,广访先达,校其有无,取其同异。慧皎著书,可谓尽瘁。梁元帝亦尝自谓曾就慧皎道人聚书(见《金楼子·聚书篇》)。则皎书搜聚甚富。

《札记》中,汤氏复仔细胪列确曾为《皎传》所引据之僧传史料从竺法济撰《高逸沙门传》一卷,到梁释宝唱撰《名僧传》三十一卷,共19种;不可确知是否为慧皎所见知并引据者,从释道安撰《综理众经目录》一卷,到沈约撰《法献碑》共59种。总计近80种,可见其搜罗之繁富。

汤一介在校注本《高僧传·绪论》中也称赞说:

> 皎之所作,义例甄著,文词婉约。唐释智昇《开元录》谓:此传"实可以传之

不朽，永为龟镜矣”，后之作高僧传者，均继其成规焉。

著名学者佛教史家陈垣所撰《中国佛教史籍概论》卷二论及《皎传》时，在称赞慧皎的博雅硕学，“主张博览，反对空疏”的同时，尤推崇其识见高远。他指出：

> 本书以高僧为名，本有超绝尘世之意。当时僧众猥滥，狥俗者多，故慧皎之论，每令时所不喜。慧皎自序于历数诸家僧传之失后，特辩之曰：“前之作者，或嫌繁广，抗迹之奇，多所遗削，谓出家之士，处国宾王，不应励然自远，高蹈独绝，寻辞荣弃爱，本以异俗为贤，若此而不论，竟何所纪。”

又曰：

> “前代所撰，多曰名僧，然名者实之宾也，若实行潜光，则高而不名；若寡德适时，则名而不高。名而不高，本非所纪，高而不名，则备今录。”故此书之作，实为一部汉魏六朝之高隐传，不特详于僧家事迹而已。

窃以为，陈氏关于《皎传》“不徒详于僧家事迹”“实为一部汉魏六朝之高隐传”的见解，确是超凡拔俗、振聋发聩的不刊之论。对我们探寻誌公生平行迹，极富启迪和指导意义。

从《皎传》所述誌公行迹来看，以神异僧面目活跃于齐梁时代的誌公，很可能是一位混迹于佛门的高士或隐者。唐初李延寿所撰《南史》（成书于公元659年），把誌公归入“隐逸”类，这正与陈氏的见解暗合。他在《南史·隐逸上》弁语中说：“齐梁之际，有释宝誌者，虽处非显晦，而道合希夷，求其行事，盖亦俗外之徒也。故附之云。”我们还注意到，如前所述，本与誌公同时的释宝唱所敕修《名僧传》，对名振于齐梁时代的誌公，却弃而不录，而年辈晚于誌公甚多的慧皎，在《高僧传》中，却把它放在一个显著的位置。相较之下，不仅突显出慧皎的识见闳阔，这也为陈氏关于《高僧传》立意高远，其视野不囿于佛门，而是放眼整个时代社会，涵括隐逸高士的极富开放性与包容性的见解，提供了一个显例。

汤用彤《读慧皎〈高僧传〉札记》称：对于慧皎撰《高僧传》时，是否见到（或参改）过《陆志》和《王碑》“则不可知”。此说似不确。《皎传》明言：誌公于天监十三年坐化时，梁武帝“敕陆倕制铭辞于家内，王筠勒碑文于寺门。”则《陆志》当撰于天监十三年（514），《王碑》至迟撰于天监十四年（515）。《皎传》后出，理应见到并参考过这两篇代朝廷立言，具有官方色彩的文献。

将《陆志》同《皎传》比较，除详略显著不同外，我们还发现一大一小两个分歧点。大的分歧点是：关于誌公前半生的经历，二者的载记有着原则性的不同。另一个小的分歧是：关于誌公后期生活经历的分阶段有所不同：按《陆志》应分为宋、齐、梁三段；按《皎传》只能将刘宋末季同萧齐作为一段，梁初为一段，共两段。试引二者原文的记述，加以比照：

《陆志》：法师自说姓朱，名保誌，其生缘桑梓，莫能知之。齐故特进、吴人张绪，兴皇寺僧释法义并见法师于宋泰始初。出入钟山，往来都邑，年可五六十岁，未知其异也。齐宋之交，稍显灵迹……

《皎传》：释保誌，本姓朱，金城人。少出家，止京师道林寺，师事沙门僧俭为和上，修习禅业。至宋泰始初，忽如僻异。居止无定，饮食无时……齐建元中，稍见异迹，数日不食，亦无饥容。与人言语，始若难晓，后皆效验。时或赋诗，言如谶记。

以上是两文开头部分所载关于誌公生平的基本信息。从陆倕是由齐入梁的朝官，与誌公长期共同生活于京都建康，而且是代官方立言这些方面来看，《陆志》似更具可信度。在我们已确知誌公于晋安帝义熙十四年(418)出生于金城(今甘肃兰州市)的前提下，我们就可以明确地以《陆志》所审慎提供的誌公在南朝京都建康首次亮相的"宋泰始初"(宋明帝泰始元年，公元465年)，作为分界线，将其曲折漫长的一生，划分为前期和后期两个大的阶段。

前期：1—48岁。结合其出生地与当时的历史背景来考索，誌公的前半生应生活在五胡十六国纷争的北方。先是在西秦、吐谷浑，后来则在北魏的统治之下。再具体一点，其前期的48岁，还可以分为两个小的阶段：大抵在二十五岁以前，他栖隐在金城五泉山麓红泥沟誌公洞苦学修行；此后，出于"避时""避地"的考量，开始云游四方，自西向东，由北而南，最后驻足于南朝京都建康。

然而，按照《皎传》的记述，誌公的前半生主要生活在南朝的京都建康。这确实是一个必须澄清的原则性的分歧。《皎传》既明言保誌"金城人"，这意味着他出生于西北的金城，却又说他"少出家，止钟山道林寺"。试想：金城与建康两地暌隔，相距数千里，且当时政治上南北对峙，童稚之年的保誌，有可能从大西北跑到江南的钟山道林寺来"修习禅业"吗？况且，僧俭其人僧史无考，"师事僧俭为和上"的记载，也落不到实处。我们又翻检《皎传》，试图为誌公早岁曾在钟山出家找到旁证，倒是好不容易找到唯一的一条材料，只可惜这条材料仍然站不住脚。

《高僧传》卷三《宋京师道林寺畺良耶舍传》称："元嘉之初，远冒沙河，萃于京邑，太祖文皇帝深加叹异。"这是说，西域僧畺良耶舍于宋文帝元嘉(423—453)初年，来到南朝京都建康，颇受文帝刘义隆的敬重。又称："初，止钟山道林精舍，沙门宝誌崇其禅法，沙门僧含请译《药王药上观》及《无量寿观》，含即笔受。"据此，岂不可以作为有力的旁证，坐实《皎传》谓誌公"少出家，止钟山道林寺"的记载了吗？且慢。我们注意到，汤氏校注本《高僧传》卷三《畺良耶舍传》共出二十四条校记，其中第一、二、三、五、六、七、八、十、十一、十二、十三等十一条,均是据唐释道宣《大唐内典录》比勘而作出的。其校注(十)称:"《内典录》无'沙门宝誌……笔受'二十八字。"[①]我们又据《大正藏》第五十五册《大唐内典录》卷四复核,汤校本所出这条校记无误,《大典录》原文,确无"沙门宝誌崇其禅法"等二十八字。按道宣(590—667)《宋高僧传》卷十四有传。曾为长安西明寺上座,参加玄奘译场,负责润文。学识渊博,著述颇丰[②]。我们对道宣所撰《内典录》文本的文献学价值,自应予以尊重。即使我们从《高僧传》校《内典录》多出的"沙门宝誌崇其禅法"这几个字,同与它们紧接着的前一句:"初,止钟山道林精舍"联系起来推敲,似亦于事理不合。这里的"初",即上文所引的"元嘉之初",落实到"元嘉元年",即公元423年。我们知道,誌公于公元418年(晋安帝义熙十四年)生于金城,这时誌公年方七岁,依常理推之,他似乎更没有可能从塞北跑到江南的钟山道林寺出家。汤用彤《读慧皎〈高僧传〉札记》曾说:"慧皎用功虽勤,而所采录间似有误"。他撰《畺良耶舍传》时,较《内典录》文本多出与誌公有关的"二十八字",恐即"采录间似有误"的一个显例。

我们曾注意到,汤著《汉魏两晋南北朝佛教史》第十九章中《誌公与傅大士》一节,论及保誌亦称:

> 释保誌,本姓朱,金城人。少出家,止京师道林寺。师事沙门僧俭为和尚,修习定业,崇畺良耶舍之禅法。(《僧传·耶舍传》)

除末句外,这段文字几乎一字不差抄自《皎传》。谓保誌"崇畺良耶舍之禅法"之说,既然在《耶舍传》不能成立,放在这里同样站不住脚。因为生于陇上金城的保誌,是不可能在童稚之年去建康道林寺出家,师崇畺良耶舍修习禅法的。我们翻检《名僧传抄》目录,《名僧传》第十九(外国禅师上)中,正有《宋道林寺畺良耶舍九》。而汤氏《僧传·耶舍传》校注第二二、二三、二四,都是据《名僧传抄》写出校勘记的。我们判断,慧皎《僧传·耶舍传》,无疑主要采用宝唱《名僧传》。但宝唱原书早已散佚,这桩疑案,恐难以获得彻底解决。

既然《皎传》关于誌公前半生主要生活于南朝的京都建康的记述不能成立,那么,我们也就只好不得不遵循《陆志》的启示,到他的出生地北方——大河上下、长城内外去寻觅他的踪迹了。其前半生两个阶段的活动轨迹,已大致如前述,兹且不赘,容后再加讨论。

对于以公元465年作为誌公一生前后期的分界线,《陆志》同《皎传》是一致的。至于誌公的后半生,即从宋明帝泰始元年(465),到梁武帝天监十三年(514),共49年,如何进一步分阶段加以细化,二者在断限上却小有分歧。按《陆志》的记

① 按:原注作"八十二字",显误。据实际字数改。

② 有《内典录》《广弘明集》《续高僧传》与《集古今佛道论衡》等共二百二十余卷。

述，应分为三个小的阶段；而按《皎传》的记述，只能分为两个阶段。

《陆志》说：誌公在南朝首次“亮相”在宋文帝“泰始初”，即元嘉元年（465），“不知其异也”；直到“齐宋之交”，即宋亡齐兴的公元479年，他才突然以神异僧面目出现，“稍显灵迹”的。窃以为，刘宋末季的这十三个年头，是誌公由北而南，从前期到后期的缓冲与过渡，亦即其后期第一阶段。戴着灵异的光圈，活跃于萧齐的首尾23年，是其后期的第二阶段。生前受到尊宠，身后备极哀荣的在梁武帝治下的13年，是其后期的第三阶段。誌公漫长的97岁的一生，至此画上了圆满的句号。

但《皎传》却笼统地说：“至宋泰始初，忽如僻异”。这是因为慧皎认定誌公自幼就在钟山道林寺出家，所以在“宋泰始初”（465），他就以神异僧的面目在建康亮相了。不像如《陆志》所述，他在成为神异僧之前，还有一个过渡期。他实际上是把刘宋末季的13年，同萧齐的23年合并成一个阶段了，这是不确切的。

以上，我们从《陆志》与《皎传》的对比中，大致勾勒出了誌公一生行迹的梗概。在一定的意义上说，也无妨将它看作本文内容的架构。循此架构，文章就便于展开了。

三、十年栖隐避胡尘，面壁洞中悟道真

誌公活了97岁，正当公元五世纪初到六世纪初。他赶上了我国历史上“五胡十六国”的尾，[①]南北对峙时期的头。这是一个民族大分裂、大迁徙、大融合，漠北少数民族粗犷剽悍的草原文明，同崇尚儒家礼教的内地汉族脆弱的农耕文明，剧烈碰撞的沉重苦难的历史阶段。被《陆志》所空白化的誌公的前半生（约48岁以前），正是在规避兵锋胡尘，岩居穴处，复云游四方，颠沛游历中度过的。

誌公的故里金城，即背负皋兰山，坐落在黄河之滨的今甘肃省会兰州市，地当丝绸之路的要冲，自古为控扼河西陇右的重镇。顾祖禹《读史方舆纪要》卷六十，在概述兰州的历史沿革后，称：

> 州控河为险，隔阂羌、戎。自汉以来河西雄郡，金城为最，岂非以介戎、夏之间，居噤喉之地，河西、陇右安危之机，常以金城为消息哉？晋元康而降，河、陇多事，金城左右，求一日之安不可得也。

所谓“晋元康以降，河陇多事”，乃指“不慧”（弱智）的晋惠帝司马衷，宠信皇后贾南风乱政，酿成“八王之乱”，导致西晋灭亡，晋室南渡，整个黄河流域陷于五胡十

① 旧史称我国北方少数民族匈奴、鲜卑、羯、氐、羌为“五胡”。十六国包括：五凉（前凉、后凉、南凉、西凉、北凉）、三秦（前秦、后秦、西秦）、四燕（前燕、后燕、南燕、北燕）、夏、成汉。作为一个历史阶段，始于晋惠帝永兴元年（304），迄于南朝宋文帝元嘉十六年，亦即北魏太武帝灭北凉的太延五年（439），首尾共135年。

六国分裂割据的大乱局、大悲剧。在这场乱局中,金城这一战略要地,一直处于关陇割据政权的攘夺之中。公元301—376年,金城一直被河西张氏建立的前凉政权所占据。因其位置处于前凉东境的战略前沿,先是被前赵所觊觎;后又同苻坚建立的前秦对峙,直到晋孝武帝太元元年(亦即前凉太清十四年、前秦建元十二年,376),苻坚灭前凉,才连同整个河陇地区纳入前秦统治之下。

公元383年(东晋太元八年),前秦主苻坚冒险南侵,兵败肥水,国势顿衰。辽东鲜卑慕容氏服而复叛,慕容垂据有燕赵之地立国,史称后燕,以公元384年为燕元元年。陇西鲜卑乞伏国仁亦乘机聚集力量,并于次年(385),建都勇士川(即苑川,今甘肃榆中县夏官营),史称西秦,改元建义元年。晋太元十年(385),前秦部将羌人姚苌,"缢(苻)坚于新平佛寺中"(汤球撰《十六国春秋辑补·前秦录》),自立为后秦王。前秦政权事实上已被消灭,虽然其残余势力还稽延了好多年。从公元385年乞伏国仁创立西秦于陇右地区,一直到公元431年亡于夏这47年间,金城一直在西秦管控之下。期间,公元388年(东晋太元十三年,西秦太初元年),西秦第二代国主乞伏乾归(国仁弟)继位,自勇士川迁都于金城,直到公元340年(西秦太初十三年),"乾归所居(金城)南景门崩,恶之,遂迁于苑川"(《十六国春秋辑补·西秦录》二)。在此前的这十三年间,金城乃西秦这个小朝廷的都城。

公元418年(东晋义熙十四年,西秦永康七年),誌公在金城出生时,正值西秦第三代主乞伏乾归之长子乞伏炽磐当政。史称:炽磐"性勇果刚毅,临机能断,权略过人,……宽仁有雅度。"(《十六国春秋辑补·西秦录》三)他于公元412年(东晋义熙八年、西秦永康元年)即位之初,即在机构设置及人事安排上厉行改革:

> 以尚书令署翟勍为相国,麹景为御史大夫,段晖为中尉,弟延祚为禁中录事,樊谦为司直。罢尚书令、仆射、尚书、六卿、侍中、散骑常侍、黄门郎官,置中左右常侍、侍郎各三人。(《十六国春秋辑补·西秦录》三)

显示出胡汉并用、文武兼资的倾向。

当西秦立国时,在十六国中其辖境是最狭小的。而且东临后秦,西北接后凉,南邻仇池和吐谷浑,处于强敌的环伺之中。为了求得生存,不得不凭借武力,伺机向四面扩张。经过数年的攻略和经营,迄至誌公出生的永康七年(418,东晋义熙十四年),西秦的势力已经达到了顶峰。顾祖禹《读史方舆纪要》卷三《历代州域形势三》论及西秦时,称:

> 乞伏盛时,其地西逾亹门,东极陇坻,北距河,南略吐谷浑。置秦州于安南,凉州于乐都,河州于枹罕,梁州于赤水,益州于濯川,商州于浇河,沙州于湟河。盖乞伏于西北诸国,差为强盛,历年亦最久云。

只可惜好景不长。乞伏炽磐于建弘九年(427)逝世后,其次子慕末继位,是为西秦第四代主。其人残忍嗜杀,引起宗室内讧,"内外崩离","部民多叛",又为河西王(沮渠)所逼,遂于永弘三年(430),"焚城邑(都城枹罕),毁宝器,率户五千",迁于南安(今甘肃陇西县东北)。次年(431),陇右大旱,"南安城内大饥,人相食",在夏国赫连定重兵威逼下,"慕末乃衔壁出降,送于上邽(今甘肃天水市),及宗族五百余人,悉为赫连定所诛。"(《十六国春秋辑补·西秦录》四)西秦遂亡。

由上可见,从公元四世纪初(前凉建国的301年)到五世纪三十年代初(西秦亡国的431年)的约130年间,誌公的故里古郡金城,大体上处于由河西汉族著姓张氏建立前凉政权(立国76年),及汉化程度较高,极力推行胡汉共治的陇西鲜卑乞伏氏建立的西秦政权(立国47年)的掌控之下。因之,作为河陇重镇的金城,崇尚礼乐教化的华夏文明的遗绪,宗经尊圣的儒家文化传统,虽饱受北方少数民族草原文明的冲击,却基本上未曾中辍。陈寅恪先生在综论隋唐制度渊源时指出:"西晋永嘉之乱,中原魏晋以降之文化转移保存于凉州一隅。"[①]又称:

> 秦凉诸州西北一隅之地,其文化上续汉、魏、西晋之学风,下开(北)魏、(北)齐、隋、唐之制度,承前启后,继绝扶衰,五百年间延绵一脉。[②]

陈氏盖从吾国中古制度渊源之视阈,以言河陇诸州在华夏文化传承上之特殊地位,诚为不刊之论。

上述事实说明,华夏文明的根基是坚牢的,其生命力是顽强的。在这样的历史大背景下,誌公14岁前在西秦统治下的金城度过的童年,在烽烟胡尘弥漫的乱离之世中,相对而言,还算是较安定的。我们注意到,史传中,从不言及誌公的门第家世(这方面,或许乏善可陈)。我们设想,他可能出生在一个家境小康而有较高文化素质的平常士人之家。在他的童年时期,曾受到过扎实的儒家传统文化的基础教育。这从他日后成为方外文化名人,所表现出的睿智、风采和特立独行的人文素质,可以看得出来。

公元431年,赫连夏灭西秦后,屯兵下邽(今甘肃天水市),为北魏所逼,掠西秦"民十余万口",欲西渡黄河,击北凉沮渠蒙逊,"夺其地"以自保,但被吐谷浑主慕璝令部将以精骑三万,"乘其半济,邀击之",夏主赫连定被擒,夏国亦随之灭亡。[③]于是在此后的十余年间,包括金城在内的原西秦所属辖境,悉被吐谷浑所占据。

吐谷浑本是辽东鲜卑的一支。后沿漠北内迁,在中原逐鹿中被边缘化,西迁至

---

① 陈寅恪:《隋唐制度渊源略论稿》,中华书局,1965年5月第1版,第2页。

② 陈寅恪:《隋唐制度渊源略论稿》,中华书局,1965年5月第1版,第41页。

③ 是年八月,慕璝送赫连定于平城,"魏以慕璝为大将军,西秦王。"参阅《资治通鉴·宋纪四》文帝元嘉八年(431)。

青海境内。《北史》卷九六《吐谷浑传》称：

居伏俟城，在青海西四十五里。虽有城郭而不居，恒处穹庐，随水草畜牧……

国无常赋，须则税富室商人以充用焉……父兄死，妻后母及嫂等，与突厥俗同。至于婚，贫不能备财者，辄盗女去……性贪婪，忍于杀害。好射猎，以肉酪为粮。亦知种田，有大麦、粟、豆。然其北界气候多寒，唯得芜青、大麦，故其俗贫多富少。

唯其“性贪婪”，慕璝自恃灭赫连夏，献俘有功，被北魏封为大将军、西秦王，据有原西秦所辖属地，还不满足。又于次年（宋元嘉九年，432），上表于北魏太武帝曰：“臣俘擒僭逆，献捷王府，爵秩虽崇，而土不增城郭，车旗既饰，而财不周赏；愿垂鉴察。”魏王下其议，群臣皆以慕璝“贪求无厌，不可许也。”太武帝乃下诏曰：“西秦王所得金城、枹罕、陇西之地，朕即与之，乃是裂土，何须复廓。西秦款至，绵绢随使疏数，临时增益，非一赐而止也。”[①]自此以后，吐谷浑虽表面上臣服于北魏，实则貌合神离。不仅贡使“稍减”，而且脚踩两只船，积极遣使同南朝刘宋挂钩，被“宋文帝封为陇西王”（《北史》卷九六《吐谷浑传》）。

同曾经建立的西秦政权的陇西鲜卑相较，吐谷浑的文明和汉化程度，似乎要低得多。随着它同北魏的摩擦加剧，受到的压力增大，为了巩固其统治，对汉族人民的压迫也更加残暴和野蛮。以至于在吐谷浑统治下的金城，已容不下供誌公读书学习的一张书桌。于是，已接近成年，稍具独立意志，生活上基本上可以自理的誌公，面对时势乱离，人生无常，世事难料，前途渺茫，毅然抛弃了士人们“学而优则仕”的传统价值观，选择了“邦无道则隐”的人生道路。为避开干戈扰攘的胡尘，全身远祸，决计遁入金城近郊皋兰山南麓，当时尚处于莽莽苍苍、原始荒野状态的红泥沟，开始了岩居穴处的隐逸生活。今红泥沟东崖高处残存的洞穴，传说即他当年栖息过的誌公洞遗迹。结合历史背景及誌公自身的生活经历来考察，他大约在洞中栖息了十年左右：即自公元431年西秦灭亡，金城被吐谷浑所占据后不久，誌公即遁入洞中，直到公元439年，北魏太武帝灭亡北凉，基本上统一北方，客观上有了较宽松的活动空间，约莫在公元440年前后，他才走出誌公洞，开始其漫长的云游之旅的。

很显然，誌公的栖隐红泥沟，主要是出于求生存的本能，全身远祸；同时，也为了避入洞中，继续其作为儒生的读书生涯。其初衷并非出于习禅悟道的宗教信仰。可以断言，至少绝非为了学佛。因为皈依佛门，须学有师承，持守戒律，起码得

① 参阅《资治通鉴·宋纪四》文帝元嘉八年（431）。

削发剃度，取得佛教徒的身份[1]。况且，十六国时期，关陇地区佛教大行，梵刹林立，欲身入佛门，并非难事。向西可就近入炳灵寺(当时称"唐述窟")[2]，或去姑臧(今甘肃武威市)；向东，可入麦积山，或去关中的长安。比如，比誌公年长两岁的金城同乡玄畅(416—484)，即因童年遭家难，逃"往凉州出家"，后师事玄高，同往平城，经历北魏太武帝灭佛法难，南奔建康，成为精于义解，宣讲与辞采俱佳的南齐高僧[3]。再如，另一位同乡僧印，"姓樊氏，金城榆中人，释玄高弟子……心道聪利，修大乘观，所得境界，为禅学之宗……后还长安大寺，年六十余卒。"(梁释宝唱撰、日本宗性摘抄《名僧传抄》第二十)揆其年岁，也大体上与誌公同时，或稍长。如果誌公早岁有心向佛，他完全可以走他的同乡玄畅、僧印所走的道路，不必深隐岩穴，清苦修习。

根据当地誌公洞"塑像作道士装"的古老传说，则当年在红泥沟修行的誌公应是一位道士，那么，其道教信仰从何而来呢？我们分析，无非三种可能：一是出生于道教世家(如天师道)[4]；二是曾入某种道派，入洞前已经是一位道士；三是从书本中得来。即从研读前代典籍中杂取源头纷繁的道教理念，进而转化为具有方士倾向的原始道教信仰。因无史料可凭，前两种推想，似难以成立。结合誌公当时在少数民族压迫下，处于被禁锢状态的处境，第三种可能似较为合理。著名文献学家马端临《文献通考·经籍考》称：

> 道家之术，杂而多端，先儒之论备矣。盖清净一说也；炼养一说也；服食又一说也；符箓又一说也；经典科教又一说也。黄帝、老子、列御寇、庄周之书，所言者，清净无为而已，而略及炼养之事。服食以下，所不道也。至于赤松子、魏伯阳之徒，则言炼养，而不言清净；卢生、李少君、栾大之徒，则言服食，而不言炼养；张道陵、寇谦之之徒，则言符箓，而俱不言炼养、服食；至杜光庭而下，以

①《增一阿含经》卷二一："诸有四姓剃除须发，以信坚固出家学道者，彼当灭本名字，自称释迦弟子。"《魏书·释老志》亦称："诸服其道者，则削落须发，释累辞家，结师资，遵律度，……谓之沙门。"《隋书·经籍志四》亦称："魏黄初(220—226)中，中国人始依佛戒，剃发为僧。"

② 郦道元：《水经注》卷二《河水二》，曾提及"唐述窟"与"时亮窟"。1963年甘肃省文物工作队，登上距地面60米高的现编号为169窟，首次发现西秦建弘二年(420)墨书题记，及大量西秦造像与壁画。建弘，乃西秦第三代君主乞伏炽磐的年号(419—427)。据此可知，唐述窟乃西秦政权开凿。史称，西域僧昙无毗、北魏高僧玄高及昙弘、玄绍、圣坚等，均曾来此弘法。1961年炳灵寺已被国务院公布为全国重点文物保护单位。——可参阅《炳灵寺石窟》一书，文物出版社1982年出版。

③ 参阅《高僧传》卷八《齐蜀齐后山释玄畅传》。

④ 参阅《甘肃省志·宗教志》第一篇第一章第二节《道教在各个历史时期的传播》，甘肃人民出版社，2005年初版。其中说到天师道创始人张道陵曾来榆中兴隆山传道。不知何所据而云然，似不可信。

及近世黄冠师之徒，则专言经典科教。所谓符箓者，特其教中一事。于是不惟清净无为之说，略不能知其旨趣，虽所谓炼养服食之书，亦未尝过而问焉矣。

马氏之说，缕述了道家学说渊源的多元化，及作为宗教的道教派别繁多，随时代而演变的历史。其不足之处，在于没有将作为世俗学派的道家，同作为出世宗教的道教二者的关联和异同厘定清楚，使人不得要领。

追溯誌公接受道家思想的影响及其道教信仰的渊源，理应看到他的故乡河西陇右地区，本来是一块道家思想及道教滋生流布的沃土。

首先，在先秦以迄汉代，在今甘肃境内就有许多关于道教的传说和遗迹。例如，被道教尊为天皇之神的伏羲，“仰则观象于天，俯则观法于地”，画卦作《易》。道教的阴阳八卦，无极太极的学说，盖由此而来。传说这位作为三皇之一的伏羲氏，即出生于古成纪（今甘肃省秦安县北），今甘肃天水市有伏羲庙，市郊渭南镇有伏羲画卦台遗址犹存。再如，平凉崆峒山，乃中国道教发源地之一。传说黄帝西巡至此，曾向广成子问修身要道。山上有广成子炼丹的玉丹泉和黄帝问道宫。周穆王（姬满）、汉武帝（刘彻）巡游到甘肃泾川回中山，传说会见过道教掌管女仙名籍的女神西王母；北魏宣武帝永平年间（508—512）在回中山开凿的石窟至今犹存。另据甘肃榆中兴隆山道观藏《神仙纲鉴》载，东汉时期已有道士在兴隆山传播道教，修建道观，后来道教天师张道陵也曾来此山传道。再者，及至魏晋南北朝时期，陇上名人封衡、皇甫谧、王嘉、王雷保、傅礼和等，他们儒道兼修，兼通医术，具有隐逸方士倾向，对道教在河陇地区的传播起了重要作用。其中，尤以皇甫谧、王嘉二人影响最著。

皇甫谧（215—282），字士安，安定朝那（今甘肃灵台县）人，汉太尉嵩之曾孙。“沈静寡欲，始有高尚之志，以著述为务，自号玄晏先生。”（《晋书·皇甫谧传》）西晋初，朝廷屡征辟不就。著有《礼乐》《圣真》《守玄》《笃终》诸论。有鲜明的贵生、守真、尚玄的道家倾向。“所著诗赋诔颂论难甚多，又撰《帝王世纪》《年历》《高士》《逸士》《列女》等传、《玄晏春秋》，并重于世。”（《晋书·皇甫谧传》）因患风痹之疾，又受崆峒山道家影响，倡导修炼，留心医术。所著《针灸甲乙经》十二卷，为中国针灸医学理论的奠基之作。东晋道教学者、医药学家、炼丹家葛洪（283—363），颇受其影响。

王嘉，字子年，陇西安阳（今甘肃秦安县东北）人。不详其生卒年。观其行实，大抵生活于十六国时期的后赵、前秦、后秦之际。《晋书》卷九五本传称：“轻举止，丑行貌……不食五谷，不衣美丽，清虚服气，不与世人交游。隐于东阳谷，凿崖穴居，弟子受业者数百人，亦皆穴处……问其当世事者，皆随问而对。好为譬喻，状如戏调；言未然之事，辞如谶记，当时鲜能晓之，事过皆验。”后赵石季龙之末，隐于终南山。苻坚屡征不起。后秦姚苌入长安，逼以自随，终被害。“所造《牵三歌谶》，事过皆验”,“又著《拾遗录》十卷,其记事多诡怪,今行于世。”(《晋书》卷九五)观其志行,不唯有道家思想倾向,且有道教徒的行为实践。现今道教史研究者把他列为楼观道开创者之一,位列郑履道、梁谌之后,是应有史实为依据的。[①]

但是,我们必须注意到,誌公早岁生活在一个古老的华夏文明受到剧烈冲击震荡,文化信息的交流几被阻隔的特殊年代。河陇地区固有的道教文化传统,以皇甫谧、王嘉为代表的高逸之士的流风遗韵,几乎被五胡十六国时期的烽烟胡尘所掩抑乃至滞息了。

正是基于誌公早岁所处的特殊时代背景,他作为儒生的原始道教信仰,主要来自书本,主要是从对前代典籍蕴涵的道家思想的感悟中得来的。

先秦至两汉,言黄老学说之重要典籍,除老庄外,当以《吕氏春秋》与《淮南子》为集大成之作。前者乃秦相吕不韦集门客三千(其中多原稷下学士),纂辑而成。其内容“盖为稷下黄老之学各派的继承”,“假托黄帝以立言,以法天地自然为本,显然是道家黄老之学的发展。”后者乃西汉淮南王刘安组织“宾客方术之士”集体编撰的。内有“中篇八卷,言神仙黄白之术,亦二十余万言”(《汉书·淮南衡山济北王传》)。该书的问世,“标志着道家黄老之学和阴阳家、神仙家、方技家逐渐合流,且向道教转化的开始。……魏晋之时,道家黄老之学一支转化为神仙道教,一支转为老庄玄学”[②]。道家黄老学派的思想,无疑是誌公原始道教信仰的重要源头之一。

自从汉武帝采纳董仲舒的建议,“罢黜百家,独尊儒术”,儒家学说成为中国占统治地位的意识形态。于是,“天人感应”的神学目的论、谶纬巫觋迷信,弥漫全国。刘知几《史通·书志篇》说:“洎及汉兴,儒者乃考《洪范》,以释阴阳。……其所证明,良多迂阔。”故清纪昀《槐西杂志》卷一称:“予于汉儒之学,最不喜《春秋》阴阳、《洪范》《五行传》。”清赵翼亦称:“汉兴,董仲舒治《公羊春秋》,始推阴阳为儒者宗。宣、元之后,刘向治《穀梁》,数其祸福,傅以《洪范》(《五行志序》),而后天之与人,又渐觉亲切。观《五行志》所载,天象每一变,必验一事。推既往以占将来。虽其中不免附会,然亦非尽空言也。”(《廿二史札记》卷二“汉儒言灾异”条)近代学者,对汉儒多持批判态度。章炳麟说:

> 燕齐怪迂之士,兴于东海。说经者,多以巫道相糅。伏生开源,仲舒衍流。是时,适用少君、文成、五利之徒,而仲舒亦以推验火灾,救旱止雨,与之较胜。以经典为巫师,谶纬并起,怪说布彰。曾不须臾,而巫蛊之难作,则仲舒为先导也。(《太炎文录》卷二)

---

① 参阅卿希泰、唐大潮著:《道教史》,江苏人民出版社,2006年1月初版,第69页。

② 胡孚琛:《道家、道教的文化渊源和形成过程》第四节《道家的形成和发展》,载于《道教通论——兼论道家学说》,齐鲁书社出版社,1991年11月第1版。

其后，夏曾佑、陈登原踵继其说。夏氏认为“儒家与方士之分离，即道教之原始。”他说：

> 一切神怪之谈，西汉由方士并入儒林，东汉再由儒生分为方术。于是天文风角，河洛五星之说，自成一家，后世相传奇异之事，全由东汉开之。《郭宪传》：宪在洛阳，知齐国失火，此小说所谓知千里外事也。《王乔传》：驾凫朝阙，此小说所谓腾云驾雾也。《费长房传》：悬竹竿舍后，长与身齐，家人见之，以为自缢，此小说所谓物代人死也。老翁使长房食粪，此小说所谓仙人试心也。长房归来，自谓去家旬日，而已历十余年，此小说所谓仙人一日，世上千年者也。汝南有魅，伪为太守章服，长房叱之，即成老鳖，此小说所谓精怪也。或一日之间，人知其千里外者数处，此小说所谓分身法也。《刘根传》：颍川太守以根为妖妄，根左顾而啸。有顷，太守亡父近亲数百人，皆反缚在前，叩头请罪，此小说所谓召亡魂也。《解奴辜传》：出入不由门户，此小说所谓隐身法也。及张陵起，而后众说，乃悉集于张氏矣。[①]

陈氏持论，与夏氏大体相同。谓西汉大儒：“如董仲舒，核实即巫师。仲舒以外，儒生好言怪异，亦复不绝。即如刘向，亦以风水之说，抨击王氏。”又称：“东汉诸儒，其好言怪异，以经师而兼巫师，当与西汉大体不殊。康成犹然，无怪何休之注《公羊》矣。”因此，他对夏氏细译两汉儒林同巫觋方术之关系实有所不同的观点，颇有微词。他认为：夏氏所谓“西汉方士并入儒林，东汉儒林分为方术，则殊无此说明之必要。盖汉儒怪异，自仲舒到何休、郑玄大体皆然。经师巫师，合而为一。不必曰并曰合也。”[②]窃以为陈氏对夏氏之说的理解与评述，实有所未谛。如上所引，夏氏不厌其烦地胪列类似物语小说，“全由东汉人开之”的，如“知千里外事”“物代人死”“仙人试心”，以及“分身法”“召亡魂”“隐身法”等等方术，实则为了证成其“儒家与方士之分离即道教之原始”的论点。观其旁征博引之后，以“及张陵起，而后众说悉集于张氏矣”一语陡然作结，盖欲申言东汉儒生之言怪异，较之西汉儒生更加向神学化、宗教化方向衍进，终于促成张陵所创天师道的产生，其思维逻辑明晰昭著，似较陈氏的看不到西汉谶纬迷信思想到东汉的进一步发展，而混言“汉儒怪异”，似更胜一筹。事实上，东汉经学的更加神学化、宗教化，是有其深刻的社会政治原因的。随着依据汉章帝建初四年(79)全国经学讨论会记录编辑而成的《白虎通》的问世，使神学更加经学化，经学也更加神学化了。[③]则夏氏之说，殆有史实依据，非凭

① 夏曾佑：《中国古代史》，第336-343页。

② 参阅陈登原：《国史旧闻》卷一五“汉儒怪异”条。

③ 参阅任继愈主编：《中国哲学史》第二册第八章第二节《〈白虎通〉的神学世界观》，人民出版社，1963年12月第1版。

空臆断也。

笔者由此想到,早岁在红泥沟修行的誌公,受到经汉儒谶纬神学化的儒家经典的影响,进而转化为原始道教信仰(如谶纬迷信,阴阳五行、占候吉凶,及静修、炼养等),是有其必然性的。试将前引夏氏所述东汉儒生有似物语小说的"怪异"故事,同《皎传》《陆志》中所纪关于誌公的神异事迹(如"言如谶记"、分身教处,预卜吉凶等)相较,不免给人以"相曾相识""何其相似乃尔"的印象。笔者进一步想到,如果我们确认誌公早岁曾有道教信仰,则其后半生到南朝迫于形势"半路出家"皈依佛门后,之所以选择以"神异"僧面目混迹齐梁时代,很可能与其早岁接受的汉儒谶纬神学迷信思想影响,有极大的渊源关系。

从公元431年到440年这十年左右,誌公作为一个儒生,为躲避吐谷浑的压迫,一直在红泥沟读书修行。我们设想,在几乎同外界隔绝的封闭条件下,他是如何将主要从书本中得来的黄老道家思想和汉儒谶纬神学思想加以宗教化,并进而转化为原始道教信仰的呢?窃以为,主要依靠在虚静的穴居环境中的自我炼养。即通过道家倡导的"心斋""坐忘"的心理机制,在焚香独坐,面壁冥思中臻于"虚室生白"的精神境界而感悟得来的。

何谓"心斋"?《庄子·人间世》:

(颜)回曰:"敢问心斋?"仲尼曰:"若一志,无听之以耳而听之以心,无听之以心而听之以气。耳止于听,心止于符。气也者,虚而待物者也。唯道集虚。虚者,心斋也。"

很显然,庄子所强调的是"唯道集虚"四字。意在开示人们摒除一切尘世间的烦恼杂念,从而使自我的心境虚静纯一,以臻于道。

何谓"坐忘"?《庄子·大宗师》:

堕肢体,黜聪明,离形去知,同于大道,此谓坐忘。

郭象注:"夫坐忘者,奚所不忘哉!既忘其迹,又忘其所以迹者,内不觉其一身,外不识有天地,然后旷然与变化为体而无不通也。"质言之,庄子倡导的即道家所谓物我两忘,与道合一的精神境界。

何谓"虚室生白"?《庄子·人间世》:"瞻彼阕者,虚室生白。吉祥止止。"司马彪注:"室比喻心,心能空虚,则纯白独生也。"《淮南子·俶真训》:"由此观之,用也必假之于弗用也。是故虚室生白,吉祥止也。"高诱注:"虚,心也;室,身也;白,道也。能虚其心以生于道,道性无欲,吉祥止舍也。"高诱注疏似与司马彪有所不同,但更明白晓畅,切合庄生本旨。他所强调的,依然是要求人们虚静自守,清心寡欲,则道心自生。

综上所述，我们认为，早岁在红泥沟誌公洞修行的誌公，其身份应该是带有方士倾向和原始道教信仰的儒生。当地故老传说和乡土文献说他是一位“塑像作道士装”的黄冠羽流，是其来有自的。至于后来他的道教信仰之所以未能得到发展和持守，盖由于就外部环境而言，他生活在一个“崇佛抑道”的时代，客观上几乎没有道教发展的空间（关于南北朝禁抑天师道，及道教厉行改革以适应皇权需要之情形，俱详后说）；就其个人信仰而言，有道是“纸上得来终觉浅”，于是在中年云游到南朝后，在外力的压迫下，不得已皈依了佛门。

四、自西向东、从北到南的云游苦旅

誌公是何时走出誌公洞，离开金城，开始他的云游生涯的？

清雍正《山西通志》卷一六〇“誌公”条称：晋南“闻喜南丘村有誌公寺，内有石刻记：相传避乱驻锡于此。”誌公本生于兵戈扰攘的乱世，时时处处有“乱”须避。这里的“避乱”，究竟何所指？《资治通鉴·宋纪六·文帝元嘉二十二年（445）》：

> 魏民间讹言“灭魏者吴”，卢水胡盖吴聚众反于杏城（今陕西扶风县东杏林。胡三省注：“盖吴，盖安定卢水胡种而分居杏城。”），诸种胡争应之，有众十余万……河东蜀薛永宗聚众以应吴（胡三省注：蜀人避居河东者，谓之“河东蜀”），袭击闻喜。闻喜县无兵仗，县人裴骏率乡豪击之，永宗引去。

据《通鉴》载记，这次誌公在闻喜避盖吴的叛乱，在公元445年（北魏太平真君六年）冬十一月。这次“避乱”，实质上也可以说是避太武帝灭佛的“法难”。本来，因受新天师道首领寇谦之和笃信天师道的宰相崔浩的蛊惑，太平真君五年（444）春，太武帝即下诏令：“王、公以下至庶人，有私养沙门、巫觋于家者，皆遣诣宫曹；过二月十五日不出，沙门、巫觋死，主人门诛。”（《通鉴·宋纪六·文帝元嘉二十一年》）但似乎并未严厉施行。又据《魏书·释老传》载：太平真君七年（446），太武帝亲征长安平叛，发现佛寺中藏有“弓矢矛盾”等兵器，谓沙门“与盖吴通谋”，因“诏诛长安沙门，焚破佛像”，又敕四方有司：“诸有佛图形象及胡经，尽皆击破焚烧，沙门无少长悉坑之。”①这件事，发生在这年三月。这就是中国历史上有名的北魏太武帝下诏灭佛的“法难”。据此时间点推断，公元445年及此后的这几年间，誌公很有可能是在北魏政权直隶的三晋大地度过的。而他离开金城出游的时间，则应在公元440年以后，即他年满25岁左右的时日里。因为，他离家后，曾在陇东及关中停留，而后

①《魏书·释老志》称：由于敬信佛陀的北魏太子拓跋晃的回护，这次“灭佛”损失不大。“四方沙门，多亡匿获免。在京邑者，亦蒙全济。金银宝像及诸经论，大得秘藏。而土木宫塔，声教所及，莫不毕毁矣。”

才东渡黄河，进入山西的。这中间须有一段“前置”的时间。

誌公的这次离家出走，从根本上说，是因为他的故乡金城及中国北方的形势发生了大的变化。公元439年（北魏太延五年），太武帝亲率大军占攻姑臧（今甘肃武威），消灭北凉后，基本统一了中国北方。太武帝笃信道教。又重用所谓“除去三张（张陵、张衡、张鲁）伪法”，“专以礼度为首”的新天师道首领道士寇谦之和出身于天师道世家的权臣崔浩，施行以道教为主，兼容儒释的胡汉共治的思想文化政策，将公元440年改元称太平真君元年。这对于本来具有原始道教信仰的誌公，不能不产生一定的吸引力，诱使他想前往代北，亲眼看看那个充满道教氛围的“太平”世界。此其一。

另一方面，随着北凉的灭亡，原来承袭西秦辖境，对北魏表面上藩服称臣的吐谷浑，同北魏关系便逐渐变得敏感和紧张起来。为求得生存，吐谷浑一方面仍同北魏敷衍应付，同时又加强同南朝刘宋的联系，奉表称臣，接受封赏。[①]这引起了北魏的警觉，遂强化对它的控制和压力。吐谷浑为了制服在人口数量和文明程度均高出于自身的汉民族，只能依恃野蛮和暴力。作为出身于汉族士人的誌公，早就想摆脱这种“异俗殊音”的压迫与凌辱了。此其二。

正是基于上述两方面的原因，促使誌公于公元440年后的某一天，终于走出与世隔绝的誌公洞，怀着避祸全身的忐忑，闯入滚滚红尘、放眼大千世界，毅然告别故乡金城，踏上了曲折漫长的云游苦旅。

誌公云游的漫长历程，可分为前后两个阶段。从金城出发，自西向东，目的地是作为北魏京都的平城（今山西大同市），这是第一阶段。很可能是代北的真实现状，使他感到失望，于是改弦易辙，又开始了从北到南的第二段行程：先由代北折向陕南，进入南朝地界，并经蜀道入川，循水路出三峡东下，辗转到达南朝的京都建康（今江苏南京市）。

整个行程是曲折漫长而艰苦的。历时应在二十个年头以上。

若问：云游出发时誌公是什么身份？我们的回答是：他基本上是一位儒生，但又不是一位纯粹的儒生；而是一位带有隐逸方士倾向和原始道教信仰的儒生。同时，他也可以混同于佛门带发修行的行者。总之，可以想象他给人的印象，应是一个“非儒非道非佛”的模糊的形象。至于进入佛教盛行南朝地界后，饱受梵音佛法的熏习，及统治阶级大力倡导的制约，其信仰渐次向浮屠倾斜，这是可以理解的。明清地方志中，未审誌公云游过程中的真实信仰和身份，一律按其后期到南朝后，由道入佛的最终信仰，把他著录为高僧大德，这也是可以理解的。再者，我们在搜

①《宋书·吐谷浑传》：吐谷浑主“慕瞶死，弟慕延立，遣使奉表。（元嘉）十五年（438），除慕延使持节、散骑常侍、都督西秦、河、沙三州诸军事……西秦、河二州刺史、陇西王。（元嘉）十六年（439），改封河南王。……（元嘉）十九年（442），追赠阿豺本号安西、秦、沙三州诸军事、沙州刺史、领护羌校尉、陇西王。”

寻誌公遗迹过程中发现,方志及有关史籍中著录的遗迹,分明存在两种不同的情况:一种是誌公云游过程中,确曾经行或停留过的地方;另一种是誌公生前并未涉足其地,而是在他死后,后人追慕其风范,而建筑的龛窟、寺庙之类。前者,是我们追寻的重点所在;对于后者,我们仅把它看作誌公巨大影响的折射而附带提及。

下面,我们主要依据地方志中的史料,按誌公在云游过程中经行地点的先后次序,对其云游的全过程做一简略的巡礼。

1.甘肃灵台。誌公东行前往代北,地处关陇交界处的灵台,是他经行的第一站。清顺治十五年知县黄居中著《灵台县志》卷一《方舆·山川》称:"隐形山,县东北一里许,孤峰突起,日中无影,苍松古柏,连抱参天。旧有云寂院、誌公台,今俱废圮。"同书卷二《建制·寺观·至定寺》著录有前邑令张齐圣《至定寺记》云:"北望隐形山,有云寂禅院。青萝古柏,一弇山根。梁僧宝誌,遗蜕存焉。"志中所录黄居中《誌公台和韵》诗亦云:"日影山头隐,留余古刹堂……脱遗何尚在,古柏覆窟旁。"又录《崇信广文古穟孙枝蕃诗》云:"仙人至今相尚在,祖师兀坐认灵台。"党嗣仙道长,火廷功先生等,两年前曾亲往灵台寻访誌公遗迹,得悉隐形山因誌公曾驻足于此,后更名为"高志山";云寂院、誌公台及誌公洞等,亦皆有迹可寻。可能当地故老传说,誌公圆寂于此,并有"遗蜕",即其肉体真身,留存至今,直到"文革"中方始被毁。当地信众,犹保存其"灵骨"八块可证。但誌公卒于梁天监十三年(514),梁武帝敕令葬其遗骸于钟山独龙阜;明初朱元璋迁葬其遗骸于钟山灵谷寺。凡此,史传言之凿凿,不容附会,亦勿烦置辩。

2.陕西长武。长武位于灵台东北,两县地界相邻,乃东入关中经行之处。清《陕西通志》卷一三(《关中胜迹图志》卷二七所纪略同)称:"画阁山,在(长武)县东南三十里,有画阁寺为誌公说法处。旁有温泉,冬月不冻,可为汤沐。山在亭口里,接平凉府灵台县界,又,相近有屏山。"

3.陕西醴泉。清《陕西通志》卷九(《关中胜迹图志》卷三所纪略同)称:"誌公泉,在(醴泉)县城北泥河北岸。相传誌公卓锡于此,喜其泉之甘洌,取以瀹茗,因名。"誌公由此向东,进至佛教盛行的关中腹地后,到处寺庙林立,可方便憩息行止,故没有留下什么遗迹。他应该是继续向东,经风陵古渡,过黄河,进入北魏直接掌控的三晋大地的。

4.晋南闻喜。闻喜(即今山西闻喜县)乃汉置古县。清《山西通志》卷一六〇"誌公"条称:该县"南丘村有誌公寺,……相传誌公避乱于此。""避乱"之说,可证当北魏太武帝灭佛时,誌公曾寓居此地,已简析如前,兹不再赘。又,同书卷一七一又称:"誌公寺,在南丘村,今名黄花洞寺。有古石佛碑刻记曰:母丘寺僧四十人……又,县侯村有梁武帝庙。万历间,孝子吕辛陵募重建。岁久倾圮,功德寺僧大智尝静修于此,重修。"此地有梁武帝庙,令人感到突兀,疑与誌公有关联。这些遗迹,足以说明,誌公前往代北的途中,曾在此地过往和居留。

5.晋北五台山。清雍正《山西通志》卷二五称:“(五台山)誌公洞,在清凉石南;法华洞在誌公洞前。”位于晋东北五台县境的五台山,原名清凉山,是我国与普陀、峨眉、九华并列的四大佛教名山之一,而且建寺最早。据明释镇澄撰于万历二十四年(1596)的《清凉山志》卷一《总标化宇》称:“东震旦国清凉山者,……亦名五台山。以岁积坚冰,夏仍飞雪,曾无炎暑,故曰:‘清凉’。五峰耸出,顶无林木,有如迭土之台,故曰:‘五台’。雄据雁代,盘礴数州,在四关之中,周五百余里。”同书又称:佛教在中国兴起之前,“此山皆黄冠(道教徒)所居”(卷三《高僧懿行·摩滕法兰传》)。后汉明帝永平十年(67),佛教传入中国伊始,即在山上建大孚灵鹫寺;及至公元五世纪后期,北魏孝文帝时重建灵鹫寺,环鹫峰“置十二院”(卷五《帝王崇建》),山上的寺庙才逐渐多起来。又,同书卷三《高僧懿行》并称:“自佛法入中土,凡能出尘体道,以极佛化者,称高僧。且以一德言之,神通若摩滕,超逸若宝誌,心空若达摩,神悟若大鉴,高洁若远公,渊默若罗什,……在是例者,莫能尽举。”明释镇澄在这里提到的与摩腾,达摩、罗什、远公并列的高僧宝誌,无疑即慧皎《高僧传》所载神异僧保誌。但他显然认为,誌公与五台山无涉,所以,同卷所著录先后在五台山弘扬佛法有所成就的63位高僧中,宝誌不在其列。同时,《山西通志》中提到的位于清凉石南的誌公洞,也未见著录。我们看到,《清凉山志》所附木刻《清凉山图》之西南角,标示有清凉石,位于清凉寺之左下方。同书卷二《五峰灵迹·清凉石》称:

> 清凉石,在清凉岭西畔,厚六尺五寸,围四丈七尺,面方平心,自然文藻。或能容多人不隘。古者尝有头陀趺坐其上,为众说法,梵音琅琅,异状围绕,望之悚怖,近之即失。后人目其所坐之石,曰曼殊床。

可是,镇澄并没有把传说中趺坐清凉石上说法的头陀同誌公联系起来。窃以为,誌公当年驻足五台山时,应在公元五世纪中叶(即北魏太平真君于公元445年灭佛到450年这段时间),这时的五台山,尚处在佛道杂处的封闭荒野的状态。此山的进一步佛化,当在五世纪末季,北魏孝文帝大兴土木,重建大孚灵鹫寺之后。是故作为佛教名山专志的《清凉山志》,未著录誌公遗迹,是符合史实的。

倒是《山西通志》所著录的晋南闻喜、晋北五台山的两条关于誌公的遗迹的史料,值得重视。《四库全书总目》卷六八《山西通志》称:清雍正七年,由觉罗石麟等奉敕监修的《山西通志》,草创于明成化中,后经明嘉靖、清康熙多位学人增辑排纂,在此旧稿基础上,再由精于舆记之学的原庶吉士储大文续加增订而成。指出:“大文于地理之学颇能研究。所著《存砚楼集》,订正舆论者为多。故此志山川形势,率得其要领。”从借助方志来探寻誌公行迹而言,关于誌公曾在晋南闻喜“避乱”的载记,不但印证了我们所设想的誌公在北朝地界云游的逻辑路径,也提供了关于太武帝灭佛及佛道斗争的贵宝信息,至于誌公洞遗存的载记,也符合当时五台山尚处于有待开发的原始状态的历史实际，恰与誌公惯于栖息岩穴，不择地而居的习性相吻合。我想，有志于踏访誌公遗迹者，倒是值得到闻喜和五台山这两处去考察一番。

我们还从网上搜索到一条可能与誌公这次代北之行有关的信息：今距河北石家庄市约50公里的井陉县苍岩山，有一座誌公寺。相传苍岩山銮台垴銮台寺，原名誌公寺，始建于隋代。岁月沧桑，年久失修，“文革”中被完全毁圮。改革开放后，经港商投资重建。建筑面积达3000余平方米，有大雄宝殿、誌公殿、观音殿、讲经堂，方丈室等。经当地宗教局批准，正式命名为誌公寺，聘请释光明法师为住持，对外开放。这对关注誌公生平行迹的人来说，这无疑是一个令人振奋的消息。我们知道，作为太行山余脉的井陉山地势险要，上有井陉故关，乃由晋中进入冀北平原必经的关隘。《元和郡县志》卷十三引《史记》曰：“井陉道狭，车不得方轨，骑不得成行。”易守难攻，乃兵家必争之地。联系誌公当年云游晋中的历史背景来考量，为了“避难”，他是有可能东出井陉，并在苍岩山稽留的。且先留一条线索在这里，以待进一步考察。

代北的平城（今山西大同市），是当时北魏（亦即北朝）政治文化的中心。誌公驻足的五台山，距平城不远。看来，他分明是想前往平城的。但他到底去过平城没有，已不可考。从他此后又从代北向西南方向折回，辗转进入南朝地界的陕南梁州（今汉中市）的后续行动来看，他对胡汉共治的代北的政治文化氛围，似有疏离感，甚至失望。也许，正是植根于他作为儒生灵魂深处的华夏文明的基因，促使他改弦易辙。诚然，保誌是有道教信仰的，但寇谦之“除去三张伪法，一切以礼度为首”，极力适应统治阶级要求的所谓“新天师道”，对他似乎格格不入。看来，他此后从北到南的行程，也许是怀着一种文化回归的轻松，怀着对南朝京都“汉官威仪”的向往而欣然前行的。

6.陕西安康。魏晋南北朝时期，秦岭以南的汉中地区称梁州（治今汉中南郑县）。晋改汉安阳名安康，故城在今汉阴县西二十四里。誌公进入南朝地界的梁州，曾驻足安康。但历代方志中，未见著录。我们从安康地方志办公室网页中搜索到：李厚之、张会鉴所著《安康佛教史话》称：

> 1990年，文物工作者在安康市一座坍杞的旧庙中发现了一块“梁武帝问誌公和尚”壁画。画后题记曰：“《梁武帝问誌公和尚》。传临济正宗曹溪正脉第三十九世万春寺僧有义。皇清道光二十八年（1848）岁次戊申孟夏，沐手虔造。”足见誌公和尚在安康佛教僧团中影响之深。

又进而描述壁画内容云：

> 图中所绘誌公和尚身披袈裟坐于绣墩之上，画面右下立一弟子，双手合

十，两弟子亦披红袈裟，侍立左右。誌公和尚对面坐着一位戴冲天冠的帝王，则是梁武帝了。梁武帝身后，一位着武将装束者，四位着文臣装束者皆双手合十，面向誌公和尚虔诚听法。这幅壁画是1300年后，安康僧人凭自己对誌公和尚的理解而绘，虽然理想化了，但却有历史的凭依。

这一关于誌公说法壁画的发现，是难得而可喜的，对画面的描述亦真切具体。从佛教史的角度看，这足以证明隋唐以后，被奉为禅宗先驱的誌公，其影响的深远；从探索誌公生平行迹而言，这似乎可以证明誌公曾在此地驻足，而且是他从北到南云游行程中的第一站，所以在当地曾经留下影响。但是可能是受近年来名人效应发酵的负面影响，当地学人据慧皎《高僧传》："保誌，本姓朱，金城人"之说，又据《五灯会元》有关保誌乃"东阳民朱氏之妇，上巳日，闻儿啼鹰巢中，梯树得之，举以为子"的传说，[①]复以顾炎武《天下郡国利病书》、顾祖禹《读史方舆纪要》两书关于安康设于西魏时曾改称金城的记载，[②]同慧皎《高僧传》中作为誌公籍贯的金城，混为一谈，甚至蛮有把握地得出结论说："古石泉六朝时属晋昌郡，西魏时改魏昌郡，曾一度移魏昌于东阳村。是以得知，保誌和尚应是古石泉人"(《安康佛教史话》)。我们知道，据慧皎《高僧传》可知，誌公卒于梁天监十三年(514)，享年97岁。由可此可推知他生于公元418年。据此可知，北魏分裂为东魏和西魏，以及安康设于西魏之后改称金城，都是誌公出生一百年之后发生的事了。可见，企图把誌公的籍贯伪冒为安康，是站不住脚的。对此问题，亦毋庸置辩。

7.四川剑阁。由南宋祝穆编撰，其子洙增订的《方舆胜览》卷六七《寺观·誌公寺》称："刘竢《誌公殿记》云：'剑阁之下，有寿圣寺。石壁之西偏，由益昌道中望之，隐隐如行僧顶伽帽。每秋时出，或见光景。"《蜀中广记》卷二六：除引录刘竢《誌公殿记》略同《胜览》外，又称："陆游《剑南诗稿》云：'剑门东石壁间影，有若僧负杖者，杖端仿佛有尺刀拂子状。'"《四川通志》卷二二下《津梁》："(剑州)誌公铺，在州东七十里。"又，同书卷二八："(剑州)誌公寺，在州北八十里。誌公和尚入寂于此。"从陕西经栈道入蜀，剑门关乃必经之地。当地有乡间集镇以誌公命名，这足以说明誌公在此地居留的时间不短，影响不小。至于说到誌公"入寂"于此地，显然出于附会，前已论及，此不赘。

8.川西彭州。据查，誌公在蜀中的遗迹，除剑阁外，尚有广元、夹江、大足等三处石窟雕像，以及彭州(又称彭县，即今彭州市)龙兴寺、塔曾留下他的影踪。

① 关于保誌示现于鹰巢之传说，始见于北宋释惠洪《石门文字禅》，详后说。

② 顾炎武《天下郡国利病书·兴安州》载："西魏又为东梁州，兼置金城郡，寻改为金州。"顾祖禹《读史方舆纪要》卷五六《陕西五·兴安州》："天监四年(505)侨置梁州于此，亦谓之北梁州。寻复没于后魏，曰东梁州。大同初复得汉中，改为南梁州。西魏又为东梁州，兼置金城郡，寻改为金州。"

据丁明夷《川北窟札记》称：

> 广元观音崖北段高出一龛。中凿一合十立菩萨及一立沙门像，后者平头着袈裟，右肩斜执锡杖，杖头挂镜、剪及折尺，应为宝誌像（图一，略）。在该龛附近有"剑南节度判官'、剑南录事参军……元天原合家虔造供养"等题记，则宝誌像应凿于盛唐。（载于《文物》1990年第6期）

何剑平在探讨信众视宝誌为观音化身，而倍加崇信的畸形现象时，曾提到：

> 日本圆仁于唐文宗开成年间（836—840）在长安取得的僧伽、宝誌、万回三高僧合龛像，将僧伽、万回和宝誌三人神异事迹抄写在一处的斯一六二四号敦煌残卷，大致雕造于盛中唐、今保存在四川夹江千佛崖石窟中的宝誌等三高僧合龛像[①]，都是这种民众信仰观念的反映。[②]

《文物》1987年第1期载大足陈明光所撰《当是誌公和尚龛为正》一文，通过详确的考证，纠正了本应是"誌公和尚龛"的大足石篆山石窟第二号摩崖造像，被误认为是"鲁班龛"的错误。他列举了两条铁证：一是今存石篆山佛会寺刻于宋元祐五年（1090）的石窟开创人"严逊碑记"所列第一批造石窟名目中，确有"誌公和尚龛"而无"鲁班龛"；二是有过去未曾发现的龛顶石刻题记为证。题记虽多漫漶不清处，但首句"梁武帝问誌公曰：'世间有不失人身药方否？'公曰：'有方。'"；及末行"岳阳文惟简佛乙丑岁记"。均清晰可辨。关于梁武帝向誌公讨教"药方"之本事，似缘于《高僧传》本传，关于武帝问誌公何以除"烦惑"的记述。文惟简，应是石刻匠师；岳阳，即与大足毗邻的安岳，乃文氏之籍贯。乙丑岁，应指宋神宗元丰八年（1085）。

以上，足以说明，此龛确为北宋建造的"誌公和尚龛"。但是，此龛以及前述广元、夹江的两处刻有誌公雕像的唐代龛窟，均只能视为誌公身后巨大影响的折射，而并非其生前云游行程中留下的遗迹。

下面，我们将要介绍的川西彭州龙兴寺及龙兴舍利宝塔有关誌公遗迹和传说，却足以证明，彭州应是当年誌公云游行程中经水道出三峡前重要的一站。

据当地学者研究，彭州龙兴寺始建于东晋义熙年间（405—418），初名大空寺，至隋代已初具规模，唐玄宗开元二十六年（738）改用今名。唐武宗会昌五年（845），诏令天下灭佛毁庙，龙兴寺"废为闲地，峨巾像示灭，钟声绝耳，楼台为薪。"大中元

---

① 罗世平：《敦煌泗州僧伽经像与泗州和尚信仰》，载于《敦煌吐鲁学研究论集》，书目文献出版社，1996年版。

② 项楚、何剑平等：《唐代白话诗派研究》，四川出版集团巴蜀书社，2005年6月第1版，第40页。

年(847),唐宣宗下令恢复佛教,每州造两寺。彭州龙兴寺由预知禅师主持重建,规模较前有所扩展。时任彭州刺史的陈会撰有《彭州九陇县再建龙兴寺碑》,以纪其事,在此后的漫长岁月中,虽屡遭兵燹破坏,但又经几度重建,始终保持着川西平原上一等大寺的风范,有"十方丛林"之誉。又称:

> 据说西晋末年的西域高僧佛图澄、梁朝的誌公和尚、唐代的悟达国师、道因禅师、预知禅师、宋代的圆觉国师、明代的智中一天国师,曾来彭州龙兴寺住锡讲经,故龙兴寺有"七佛胜地"之称。[①]

对这里提到的誌公和尚"来龙兴寺住锡讲经"云云,须做些具体分析。按誌公的籍里及行实来考察,他当年来此"住锡"时,这个寺庙应叫大空寺。誌公当时的真实身份,不过是一位"非儒非道非佛"的方外人士,绝不是一位正宗的"禅师",更不具备讲经的资质。誌公在云游过程中,曾来寺中憩息,应是可能的。

我们又从"百度·百科"网页上搜索到当地学者有关龙兴舍利宝塔的介绍,得悉宝塔的历史,甚至比龙兴寺还要古老。塔高34.5米,十七级,但在南朝萧梁时代,宝塔有可能维修或重建过;在唐武宗会昌法难中,舍利宝塔与龙兴寺曾一同被毁;唐宣宗大中元年,诏令恢复佛教时,塔与寺又曾一同重修。弄清关于塔与寺的这段兴废与重建的曲折历史,我们对网页上记述的关于誌公和萧衍残留在宝塔上的陈迹,也就不难理解了。网页上说:

> 清光绪四年(1878),邑人吕调阳主修《彭县志》时,又根据咸丰元年(1851)八月,有男子夜盗龙兴塔顶朱雀,雀口衔一铜铃,上刻"甲子年誌公为十八顶造,女弟皇氏九娘施";又发现塔的檐马舌上铸有"大同二年"四字。从此大书特书地定为梁塔。加以民国十一年腊月二十九日(1923年2月14日)该塔东南、西南二角倒塌后,人们获得众多的铸品,见到一躯佛像的莲座下有"大同二年邑子(即弟子)萧衍造"之文;又有铜铸一具,前有坊表,下有金铺,金铺边棱也有"大同"字样。故古塔建自梁武帝也就坚信无疑,而民间也有梁武帝皇氏九娘与著名僧人宝誌禅师一夜赌修而成的说法。
>
> 近年来,建筑、考古专家张驭寰、林向等先后实地考察,以其外观为空筒形结构建筑风格、砖型,结合文献论证,认定建于唐宣宗大中年间(847—860),而字砖、檐马、朱雀衔铃等梁代大空禅院遗物,则为建塔时所利用。

这里提到的从宝塔发现的有"大同"字样的残件,无疑是南朝梁代的遗物。但

① 参阅邹礼洪:《彭州龙兴寺及其舍利宝塔的兴废与重建》,载于《成都师专学报》,1999年第3期。

是，我们切不可将这些遗物，简单地落实到誌公和梁武帝萧衍的头上。按大同，乃梁武帝年号(535—546)，大同二年，为公元536年；甲子年，则为大同十年(544)。我们知道，誌公卒于梁天监十三年(514)，则大同年间，他已死去二十多年了。所谓"甲子年(大同十年,544)誌公为十八顶造，女弟皇氏九娘施"的铭文，显然出于传说附会。至于佛座上铭文："大同二年邑子(即弟子)萧衍造"云云，其事也不合常情，不可信。不错，萧衍佞佛，且崇信誌公，他降心为誌公造像，是完全有可能的。但他果真要为地处边陲的彭州的寺、塔为誌公造像，那肯定是一桩惊动朝野的大事，绝不会悄然行事，以致于史无载记的。

窃以为，上述这些在彭州龙兴寺、塔发现的同誌公有关的传闻和遗迹，正好说明誌公在云游过程中，确曾在此地停留，并留下了巨大的影响。那么，誌公为何在此地久留？我想，他很可能在为买舟东下做准备。李白诗云："夜发清溪向三峡，思君不见下渝州。"(《峨眉山月歌》)彭州，地处岷江上游。清溪，即岷江下游，今乐山同宜宾之间，属犍为县的清溪驿。渝州，即今重庆市。看来，自川西舟行经岷江抵宜宾(古称戎州)，再循长江顺流东下出三峡，这是古来东出四川的一条习惯路线。誌公从川西赴长江下游的南朝京都建康，也是走的这条路线。

9.湖北房县。誌公乘舟沿长江东下，越过"两岸猿声啼不住"，风光无限，而又滩险流急的三峡，进入了开阔的江汉平原。他将开始面对感到陌生的荆楚文化。当他在夷陵(今湖北宜昌市)泊岸后，对语言、风俗、民情，都感到生疏和不适应。于是，他犹豫了。他并没有继续前行，前往江陵(荆州)。而是从长江左岸西北行，折向靠近川陕的郧州房县(今湖北房县)，在那里栖息一段时间。对此，历代地理总志和通志中，多有载记：

> 《舆地纪胜》卷八六《房州·誌公》：俞商衡《道林岩记》云：房州西三十里凤凰山道林岩，僧宝誌挂锡之地……避居瓦屋山，自梁距今几千禩，松间字画犹存，李白有《誌公画赞》。
>
> 《大明一统志》卷六〇《房陵》：誌公岩，在房县西四十里。相传僧誌公结庵处。
>
> 《湖广通志》卷一〇：(房县)明月山，去县四十里，下有岩，誌公修行处。夜望光如朗月。
>
> 该书同卷又称：誌公岩，县西四十里。相传僧誌公结庵处。
>
> 该书卷七八：(房县)誌公岩寺，在县西北二十五里，誌公禅师碑存。

我们说过，誌公是具有深厚道家思想和原始道教信仰的。道家主静，强调"动静交相养"(白居易《动静交相养赋并序》)，待时而动，动静各得其宜。誌公出三峡后，暂时中辍其云游行程，蛰伏于房县山林深处，"结庐"而居，必有其郑重考量。我们分析,可能有下述三方面原因。

其一,房县古时属郧州,位于荆楚与陕南、川东交界处。顾祖禹《读史方舆纪要》卷七九《湖广五》称:"郧阳府,《禹贡》梁、荆二州之界……战国时为秦、楚二国之境。"又称:房县"东南至荆州府夷陵州三百七十里,……秦为房陵县,汉因之,属汉中郡。后汉亦为房陵县,(蜀)先主置房陵郡于此,曹丕改置新城郡,晋、宋因之。"我们复按《中国历史地图集》第四册第19-20图《南朝·梁》:刘宋时,房县正是新城郡治所所在地;而新城郡当时与上庸、魏兴、晋昌、汉中等郡,同属《梁·南秦二州》,州治汉中郡(今陕西南郑县)。而且,从房县去他曾经行过的安康(魏兴郡治所),大抵同去夷陵的直线距离相当,不足四百里。可见,誌公滞留于房县,可谓得地利之便,进退有据。一旦遇到危急情况,可以便捷地就近退回到陕西地界去。

其二,房县地近我国道教名山武当山。顾祖禹《读史方舆纪要》卷七九《胡广五·均州·武当山》云:"山周八百余里,有天柱等峰七十二,玉虚等岩三十六,又有涧二十四,台五,井五,泉三,潭三,奇胜迭出,不可胜纪。本名仙室山,一名太岳山,又名参上山,亦名谢罗山。《水经注》:'历阳谢允舍罗邑宰遁是山,因名。'"任继愈主编《宗教词典》(修订本)"武当山"条亦称:"相传东汉阴长生、晋谢允、唐吕洞宾、五代宋初陈抟、明张三丰等皆曾修炼于此。"[①]可见,武当山确系我国开发较早,历史悠久的道教名山。具有原始道教信仰的誌公,当年驻足地近武当山的房县,也许是因为他对于别有洞天的武当胜境,怀有向往之情。甚至,他曾上山去"寻仙",也是可能的。

其三,誌公之所以滞留鄂西,逡巡不前,很可能是因为他所为之往向的南朝京都建康,出了什么大的事故。史称:宋文帝(刘义隆)元嘉三十年(453),太子刘劭受女巫严道育蛊惑,勾结始兴王濬谋逆,弑文帝于内殿,朝野震动,京城大乱。为镇压不附逆者,刘劭大开杀戒,不少宗室及朝臣惨遭屠戮。这场动乱,虽旋被得手握重兵的大将沈庆之助力的武陵王刘骏所平息,并即位称孝武帝,改元孝建,但在这场宗室内讧中,刘氏亲贵子孙屠戮之惨,史称罕闻,导致朝政紊乱,国势日绌。除文帝刘义隆喋血殿廷外,其弟江夏王义恭的十二子悉被诛。事败后,元凶刘劭四子、始兴王濬三子及其眷属与有牵连者全被诛除。《通鉴》称:"劭、濬父子首枭于大航,暴尸于市。劭妃殷氏及劭、濬诸女、妾媵,皆赐死于狱……严道育、王鹦鹉(按:本东阳公主婢,引道育入宫者)并都街鞭杀,扬灰于江。殷冲、尹弘、王罗汉及淮南太守沈璞皆伏诛。"[②]惯看北国胡骑纵横,烽烟遍地的誌公,本来是怀着对和平宁静生活的憧憬而奔向南国的。当他遽闻衣冠满朝、冠盖如云的京都,惊爆谋逆弑君,喋血朝堂的惨祸时,能不为之震撼,为之失望和踌躇么?很显然,保誌的滞留房县,以及此

① 任继愈:《宗教词典》(修订本),2009年12月第1版,第576页。

②《资治通鉴·宋记九·文帝元嘉三十年》,并参阅赵翼:《廿二史札记》卷十二"宋子孙屠戮之惨"条。

后放慢行程，并不急于奔赴建康，这与他的同乡高僧玄畅从代北逃往南朝后，在刘宋后期总是刻意避开建康这块是非之地，常年寓居荆州，甚至远走岷蜀，殆是出于同一机杼。

10.江西新昌。清雍正《江西通志》卷八《瑞州府》："石台山，在新昌县（今江西宜丰县）南二十里，下有清凉院，东坡、子由尝游此，有诗。又南十里为志留山。旧传梁时誌公驻锡于此，下有定慧院。"对照《明一统志》卷五七《瑞州府》，此书亦曾著录有"石台山"与"清凉寺"，且言及东坡、子由兄弟尝往游，有诗。但未曾著录与誌公有关的"志留山"与"定慧院"。这应是后出的省志所补入者。我们注意到，誌公从地处"楚尾"的鄂西，前进至接近"吴头"赣西北，无疑是借舟楫之便，循长江水道抵达的。但他所选择的落脚点瑞州新昌，却是一个远离长江航道，且山峦起伏，交通不便的荒僻地带。这是令人费解的。如前所述，也许，他并不急于前往朝局紊乱的建康，想稽留在这里，多享受几天听风看云的清闲日子。再者，据《明一统志》卷五七著录，瑞州地区道观、仙洞特多。如：玉晨观、栖霞观、崇元观、升元观、浮云观、真佑观、敖仙观、五云观、元道观；以及迷仙洞、蒙山洞、慈光洞、邓敖洞、仙圣洞、四溪洞等。相传晋丁义真君、晋敖真君、许旌阳等高逸之士曾在这里栖隐修炼。这些仙真遗迹所烘托的道教文化氛围，也可能对具有道教信仰的保誌产生了一定的吸引力。

11.安徽潜山。方志中著录保誌留在潜山（今安徽潜山县）的遗迹甚多。这说明，他可能在此地稽留较久。《明一统志》卷十四《安庆府·山川·三祖山》："在潜山县西北二十里。梁高僧誌公隐居处。有唐僧三祖禅师塔。峭壁间，刻有杜牧《金陵怀古》诗。"同卷《山川》又称："在潜山县山谷寺后。相传誌公和尚卓锡出泉。"关于山谷寺的方位，同卷《寺观》有所交代，称："山谷寺在潜山县西北二十里。相传梁僧宝誌卓锡之地。东北有唐僧（璨）三祖大师塔。前有溪，溪旁有二石：曰诗崖，曰酒岛。"则山、寺、泉实同指一处，即誌公"卓锡之地"。清《江南通志》卷三四《安庆府》也提及泉，称："锡泉，在潜山县梁宝誌公卓锡得泉处。"但泉名省却"卓"字，似不妥，当以"卓锡泉"为正。关于山谷寺，《江南通志》卷四七交代了它的来历，并增益一些新史料，称："潜山县，山谷寺，在县北十五里，旧名乾元寺，梁僧宝誌卓锡之地。宋太宗时，有舒民柯萼，遇老僧往万岁山，指古松下掘得石篆，乃誌公记圣祚绵远之文。进之朝，名瑞石。遣使致谢，谥曰：宝公；赐号：道林真觉禅师。东北隅有第三祖璨大师塔，又有舍利塔，唐太宗赐号觉寂。……黄鲁直爱此，以寺名自号。"可见，潜山山谷寺的建立，实缘于保誌云游过程中曾驻锡于此；由此而引出的许多故事，也是保誌的身后影响发酵的反映。

其中，借助誌公这个文化符号炮制出的关于"瑞石"的符命论神话，颇具典型意义，不妨多说几句。《宋史·太宗纪·太平兴国七年（982）》："（三月），舒州民上玄石，上有白文，曰：'丙子年出赵号二十一帝。'"丙子年，即宋太祖赵匡胤开宝九年、宋太宗赵炅太平兴国元年(916),亦即赵匡胤暴崩,赵炅仓促继位之年。陈登原《国史旧闻》卷三二"宋太祖兄弟"条称:"太祖未得善终。"至于赵匡胤之死,旧史多"烛影斧声"之逸闻,疑赵炅有篡弑之嫌。也许是赵炅自度其皇位"得之非正",才处心积虑地利用辞世近五百年的誌公的神异光圈,炮制出"瑞石"(即玄石)符命神话,以证成其"践祚"的合法性。赵炅借此所做的"自欺欺人"的表演,可谓淋漓尽致。他不但"遣使致谢",赐予谥号,且自撰《致斋宝誌公青词》称:"获乃贞珉,睹篆刻之如新,若符节之斯合。"[①]甚矣!封建皇权同宗教之相互依恃与利用,莫此为甚!

以上事实说明,潜山的"佛"的因子,是因誌公来此"驻锡"而种下的;更因为他后来成就为名声煊赫的神僧、高僧,才派生出这许多故事来。问题在于,誌公当年云游至此时,他本来还是一位具有方士倾向和道教信仰的儒生,还未曾皈依佛教。他之所以流连于此,很可能是因为潜山一带早已是被玄化的真仙沃土。顾祖禹《读史方舆纪要》卷二六《潜山县》称:潜山、皖山(一称皖公山)、天柱山,"名虽有三,实一山耳。"又引《图经》云:"潜山高七千有二十丈,广二百五十里,周五百里,道家以为第十四洞天,有峰二十二,岭八,崖五,岩十二,原四,洞十,台四,池三,其瑰奇秀丽,不可殚纪。"按之道书《云笈七籤》卷二七:潜山洞,名列"三十六洞天"之第四十洞天;天柱山,名列"七十二福地"之第五十七福地。道教称神仙所居的名山胜境为洞天福地。又,《明一统志》卷十四《安庆府·山川》称:"潜山,在潜山县西北二十里,一名皖伯台。魏左慈,尝居此。"又,《明一统志》卷十四《安庆府·山川》称:"潜山,在潜山县西北二十里,一名皖伯台。魏左慈,尝居此炼丹。"又称:"天柱山,与潜山连,其峰最高。道书谓为'司玄洞天'。……魏左慈炼丹古迹存焉。"该书同卷《庐州府·山川》称:"左慈井,在庐江县治南。相传魏左慈常置丹一粒于井中。宋政和间,每清夜气肃,辄红光烨然烛天。"又,同卷《仙释》亦称:"左慈,庐江(今安徽庐江县)人。于天柱山静思学道。得石室中丹经,尤明六甲,能使鬼神。坐致行厨,变化万端。(曹)操恶其行,欲杀之。忽不知所在,终不能害。"《后汉书·左慈传》记述其神异方术,以及他同曹操的纠葛甚详,可资参考。

当代道教学者认为:

> 东汉时候丹鼎派道教的道术,却由左慈一脉相传于后世,到东晋葛洪而集其大成。据葛洪《抱朴子·金丹篇》说:左慈曾以《太清丹经》三卷、《九鼎丹经》一卷、《金液丹经》一卷,传授给葛洪祖父葛玄,葛玄又传给其弟子郑隐,郑隐再传给葛洪。丹鼎派道教,经过葛洪的改造,成为了为统治阶级服务的官方道教。[②]

① 明葛寅亮:《金陵梵刹志》,卷三《钟山灵谷寺》辑录有宋太宗赵炅撰《青词》全文。

② 卿希泰、唐大潮:《道教史》第二章第二节,江苏人民出版社,2008年1月第1版,第42页。

看来，从左慈在潜山炼丹，到誌公云游至此，已经过去二百多年，丹鼎派在此地流传的历史已经很久了。誌公在云游过程中之所以选择天柱山下留住，显然同他的方士倾向和原始道教信仰有关。说到底，他在潜山深处结庵栖隐这段清寂生活的感悟和受到的熏习，应当是体玄悟道，而绝不是向佛悟空，涅槃禅悦。因为，在当时虽已风靡南朝的佛教，其化行所及，尚未到达这荒僻的山野。

12.安徽六安。清《江南通志》卷一《六安州(今安徽六安市)》："齐头山，在州西南七十里，高千八百丈，层峦叠嶂，顶正方平。山麓有水晶庵、石泉井、雷公洞、魁星崖诸胜迹。颠有宝誌公道场。相传为宝誌说法之所。"誌公既择地于山巅结庐习修，看来他并非在此地做短暂停留，栖息时间可能较久。至于称他为"宝誌公"，又确认其遗迹为宣讲佛法的"道场"，这显然是有悖于历史的附会。誌公南游的目的就是建康，到了六安以后，离目的地更近了。

13.江苏句容。《江南通志》卷四三《江宁府·寺观》："慧居寺，在府治东六十里，句容县界宝华山。相传为梁宝誌公道场，故名宝华，久废。明嘉靖间，僧普照建宝公庵；万历间，僧妙峰奉敕建铜殿，赐名圣化隆昌寺。国朝顺治二年(1645)，僧见月，建白石戒坛；康熙四十二年(1703)，圣祖南巡，敕赐慧居寺额，御书《心经》一卷、《金刚经》一卷。四十六年(1707)，南巡驾幸山中，赐飞白大书'莲界云香'四字额，悬于铜殿；'精持梵戒'四字，悬于戒坛。雍正十二年(1734)，总督赵弘恩奉旨重修。"清释德基撰《宝华山志》卷四《灵异》称："黄花洞，相传誌公悟道处。洞前石，出泉如井，汲之不竭。荤腥人触，则为祟。"当地文物工作者姜明进、张树民撰《宝华山隆昌寺简介》(以下简称《简介》)亦称："最初，宝誌和尚结庵于此，改名宝誌公庵。"[①]《简介》除引据《宝华山志》评述清初顺、康、雍诸帝巡行此山胜况外，还补充道："清乾隆帝曾六次驾临宝华山，每次多有题刻赏赐，其中乾隆十六年(1751)第一次上山时，曾题有诗句云："宝誌名常在，梁皇忏尚闻。"看来，誌公确曾来此修行，宝华山寺确为纪念宝誌而建。

但《简介》又说："该寺始建于梁天监元年(502)，至今已有1490年的历史。"这同《宝华山志》关于誌公身世的载记相比照，就露出破绽来了。《山志》卷五《高僧传》称：

> 释宝誌，生宝华山北东阳镇。民妇朱氏，闻古木鹰巢中儿啼，梯树得之，举以为子。面方，莹澈如镜，手足皆鸟爪。七岁依钟山法俭(引者按：慧皎《高僧传》作"僧俭")出家，修习禅观……

从这段记述，我们看出一大一小两个问题：大问题是，关于宝誌的来历，即籍贯

①《江苏文史资料》第38辑《近代江苏宗教》。

问题;小问题是,宝誌既已七岁于钟山出家,他何时、为何又跑到句容宝华山“结庵”修行呢?

有学者指出:德基《宝华山志》中“《宝誌公》实资于《梵刹志》,彼误此亦误”[①]。《山志》据东阳民朱氏妇于鹰巢中得婴儿,“举以为子”的神话,遽信为宝誌的“来历”,并进而认定句容乃宝誌之籍贯,这显然是虚妄而站不住脚的。据笔者稽考,宝誌示现于鹰巢的传说,始见于北宋释惠洪(1071—1128)《石门文字禅》卷三〇《钟山道林真觉大师传》:“梁大菩萨僧宝公,以宋元嘉中生于金陵之东阳。民朱氏之妇,上巳日闻儿啼鹰巢中,梯树得之,举以为子。面方,莹彻如镜,手足皆鸟爪。七岁去依钟山大沙僧俭为童子。俭名之曰宝誌。”其后,南宋张敦颐《六朝事迹编类》及《五灯会元》《神僧传》《指月录》《宝华山寺》、丁福保《佛学大辞典》等,皆沿袭其说。这无疑增大了加于誌公头上的神异光圈,抬高了他在佛门的声誉。但据此超现实的虚妄传说,以论定誌公的籍贯,则有悖于人类理性的常识,断难成立的。前引任继愈主编《宗教辞典·保誌》,已明确誌公于公元418年,生于金城(今甘肃兰州市)。于此毋庸再赘。

关于誌公何时到宝华山“结庵”修行,须联系其籍贯来考察,方能得其究竟。若依《山志》,谓誌公示现于“鹰巢”,东阳朱氏妇“举以为子”,既七岁于钟山出家,又“结庵”宝华山修行,则殊不可解。若据《皎传》所载,誌公于公元418年生于金城(即今兰州市),中年从北到南云游到此山,“结庵”而栖,则顺理成章。誌公抵达句容的时间,似应在刘宋孝武帝大明七年(463)前后。上距他在鄂西房县滞留,已过去十个年头。我们设想,生于陇上,又多年云游塞北、江南,过惯息影林壑的清寂生活的宝誌,一旦真的来到他所向往的号称“龙盘虎踞”,冠盖云集,车马辐辏的古都建康时,又不免感到畏葸和陌生。于是,折向距京都约一日之程的近畿句容山(即宝华山)“结庵”憩息一些时日,用以熟悉环境,为进京做些准备,是合乎情理的。况且,大明八年(464)孝武帝刘骏卒,“不仁不孝”,“苛罚酷令”,逾于桀纣的太子前废帝刘子业继位,倒行逆施,纲纪废弛,大杀宗王权臣,造成京城大乱。经过一番血腥内讧,前废帝旋被乱军所杀,宋文帝十一子明帝刘彧即位,改元泰始,局势才平息下来(参阅《宋书·前废帝纪》)。保誌迂道句容“结庵”,显然也是为了避开这场乱局。

我们别忘了,句容境内的茅山(原称句曲山),为中国道教名山,称“第一福地”“第八洞天”,为道教茅山派发源地。相传西汉景帝时,茅盈、茅固、茅衷兄弟三人在此修道成仙,后世号为“三茅真君”,又将三人结庐的三个山峰称为大茅、中茅、小茅,因改名“三茅山”,简称茅山。其后,葛玄、葛洪、杨羲、许谧,南朝宋陆修静、陶弘

① 崔小敬:《南朝僧宝誌考略》,佛教导航网,http://www.fjdh.com/wumin/2009/04/16062258919.html

景等，均曾于此地修道。[①]《读史方舆纪要》卷二十称："茅山，在句容县东南四十五里"，而"华山(即宝华山)，在县北六十里。"但是，宝誌滞留句容时，并未选择久负盛名的道教名山——茅山，而是背离其道教信仰，另辟蹊径，栖隐于华山，这可能同他自北向南，一路走来，愈接近江南腹地，愈感到"崇佛抑道"的氛围愈浓，迫于形势，其信仰已开始向佛门倾斜有关。

14.建康钟山。从句容到建康，不过一日行程。约莫在前废帝造成的乱局刚一平息，宋明帝践祚的泰始初(465，保誌48岁)，保誌便前往他云游的目的地建康，结束了长达二十多年，行程万里的漂泊生涯。作为生长于北方，又长期过惯漂泊不定的山林生活的方外人士，一旦面对举目无亲，红尘滚滚，自古繁华的古都建康，他该到何处驻足？为南朝"崇佛抑道"的形势所迫，这时，其信仰本已向浮屠倾斜的保誌，很自然地把他的目光投向了京都的近郊，风景优美，梵刹林立的钟山。[②]

陆倕《誌法师墓志铭》称："齐故特进，吴人张绪、兴皇寺僧释法义并见法师于宋泰始初，出入钟山，往来都邑。"窃以为，这是生于陇上金城的保誌，后云游至南朝京都建康，首次亮相的最确切的记载。这里提到的兴皇寺，值得我们注意。《高僧传》本传亦称："誌多去来兴皇、净明两寺，及今上龙兴，甚见崇礼。"这不啻说，保誌在梁武帝登基以前的宋、齐时代，一直同兴皇寺保持着密切关系。更有甚者，本传称："至天监十三年(514)冬，于台后堂谓人曰：'菩萨将去。'未及旬日，无疾而终……临亡燃一烛，以付后阁舍人吴庆。庆即启闻。"据所谓"后堂""内阁"云云，可知保誌分明殁于大内。但宋释惠洪撰《石门文字禅》卷三〇《钟山道林真觉大师传》，却别具一说：

> 天监三年，公移华林园金像置所居房。帝闻之曰："师将去我耶?"是岁十二月，忽命奏丝竹彻昼夜，至六日，终于兴皇寺。临亡，燃一烛以付后阁舍人吴庆，以闻，帝叹曰："大师不复留矣!"

这里明确说：宝誌圆寂于钟山兴皇寺。宋释惠洪，与东坡、山谷为方外交，工诗能文，号称宋僧之冠。佛乘典藏，浩如烟海。惠洪之说，或别有所据，俟考。

须注意者，以上三条史料，均提到保誌同兴皇寺的纠葛。这难道是偶然的吗？

---

① 参阅任继愈、钱肇鹏主编：《道教小词典》"茅山"条，上海辞书出版社(修订版)，2010年12月第1版。

②《读史方舆纪要》卷十九《南直一·应天府》："钟山在应天府(即建康，亦即今南京市)城东北朝阳门外，旧志：在城东北十五里。诸葛武侯所云：钟山龙蟠者也。……山周回六十里，高百五十余丈，负北面南。……盖自六朝以来，东南名胜，钟山其最著矣。"又，葛寅亮《金陵梵刹志序》："金陵为王者都会，名胜甲寓内，而梵宫最盛。盖自吴赤乌间，迄于南朝梁陈，所称四百八十寺者此矣。"

笔者认为,这可能同兴皇寺的创建者与寺主释道猛有关。质言之,释道猛出自西凉州(今甘肃张掖市西北),与保誌算是同乡。

《高僧传》卷七《宋京师兴皇寺释道猛》称:

> 释道猛,本西凉州人。少而游历燕赵,备瞩风化,后停止寿春(今安徽寿县)。力精勤学,三藏、九部、大小数论皆思入渊微,无不镜彻。而《成实》一部,最为独步,于是大化江西,学人成列。至元嘉二十六年(449),东游京师,止于东安寺,复续开讲席。宋太宗为湘东王时,深相崇荐,及登祚,倍加礼接,赐钱三十万,以供资待。太始之初,帝创寺于建阳门外,敕猛为纲领。帝曰:"夫人能弘道,道藉人弘。今得法师,非直道益苍生,亦有光于世望,可目寺为兴皇。"由是成号。及创造功毕,敕猛于寺,开讲《成实》。序题之日,帝亲临幸,公卿皆集,四远学宾,负帙齐至。猛神韵无忤,吐纳详审。帝称善久之,因有诏曰:"猛法师风道多济,朕素宾友。可月给钱三万,令吏四人,白簿吏二十人,车及步舆各一乘。乘舆至客省。"猛随有所获,皆赈施贫乏,营造寺庙。以宋元徽三年卒于东安寺。春秋六十有五。

从保誌的这位河西同乡的本传可知,他应生于公元411年(东晋义熙七年,南凉嘉平四年),比保誌年长七岁。还可进一步推知,生长于河西走廊腹地的道猛,在南凉生活了4年,西凉生活了6年,北凉生活了20年,到了439年(北魏太延五年,宋文帝元嘉十六年),北魏太武帝率兵攻灭北凉时,他已成年,30岁。[①]颇重文化建设的太武帝拓跋焘,"徙(北凉主)沮渠牧犍及吏民三万于平城",其中多文儒才俊之士,且留意经史文献之搜罗,"由是魏之儒风始振"[②]。陈寅恪亦称:

> 西晋永嘉之乱,中原魏晋以降之文化转移保存于凉州一隅,至北魏取凉州,而河西文化遂输入于魏。[③]

道猛很可能是在这次河西移民大迁徙中前往代北的。而且,在他离开河西时,已经在儒学和佛学两方面均打下了深厚的基础。当中原极荡,晋室偏安于江南之际,河西一隅,一直延续着儒家传统文化之余绪,在此大背景下,可以设想,其青少年时期受到过扎实的儒家文化的传统教育。

同时,面对五凉时期,河西小朝廷政权更迭频仍,战祸连年的苦难时世,道猛很

---

① 本传称:道猛"少而游历燕赵,备瞩风化"云云,似不确。如果他过早地离开河西,恐难以达到他后来具有的文化素质和佛学造诣。

② 参阅《资治通鉴·宋纪五·文帝元嘉十六年》。

③ 陈寅恪:《隋唐制度渊源略论稿》,中华书局,1963年初版,第2页。

可能尚未成年即遁入空门,皈依了佛教。我们知道,作为西来的佛教文化,首先化行于河西关陇地区。至今已无从确考其学佛师承,但从本传看,道猛对佛学具有全面而扎实的功底,而这些功底,当他离开河西,前往代北时就已基本具备了。至于他的远走燕赵,南下寿春(今安徽寿县),可能是为了逃避发生在北魏太平真君七年(446),太武帝施行的灭佛的"法难"。本传又称:道猛于"《成实》一部,最为独步"。这也不是偶然的。按《成实论》,乃小乘空宗走向大乘空宗一部过渡性的要典。中天竺人诃梨跋摩撰,东晋时传入中土。后秦弘始十五年(413),经鸠摩罗什在长安"口自传译,昙晷笔受,自是以后,未再传译";而南朝"宋代学风,偏于平实,而《成实》一论,复便于初学,因相传习,竟至称为大乘如(《吉藏《三论玄义》所言)"[①]。而道猛的"成实"之学,乃得之于《成实论》大师僧导的真传。《高僧传》卷七僧导本传称:导乃什公及门弟子,"什公译出经论,并参议详定",并曾"著《成实》《三论》义疏"。僧导实际上是什公《成实论》之南传弟子,他在寿春讲《成实论》,其门人中之佼佼者,正有昙济与道猛[②]。而且,僧导同刘宋皇室交往甚早,关系非同一般。本传称:东晋末年,武帝刘裕伐长安灭后秦,曾接见导,又嘱导关照留守长安的其次子刘义真。后义真为西夏赫连氏所逼,僧导率弟子数百人往救,得以脱险。"高祖感之。因令子侄内外师焉。后立寺于寿春,即东山寺也。常讲说经论。受业千有余人。会虏(北魏太武帝)灭佛法。沙门避难投之者数百。悉给衣食。"后孝武帝亦尊崇僧导,迎入京师中兴寺,敕于瓦官寺讲《维摩》。后辞还寿春,卒于石涧。春秋九十有六。

由上可知,正因为僧导同刘宋皇室关系密切,渊源甚深,且是什公《成实论》之嫡传弟子,则作为僧导门人的道猛,受到武帝第十一子明帝刘彧的格外恩顾,就不难理解了。

当保誌乍到建康,人地生疏,漂泊无依之际,有缘遇见皇家恩遇正隆,佛门声誉鹊起的这位河西同乡道猛,是他极大的幸运。不言而喻,为道猛敕建并任僧正的兴皇寺(或他曾卓锡的东安寺),便成为保誌抵达建康后,寄身钟山禅林的第一个落脚点。"亲不亲故乡人",素性慷慨,乐于"赈施贫乏"的道猛,应是乐于接纳这位沦落异乡,有求于他的同乡的。本传称:道猛卒于宋元徽三年(475)。则二人于刘宋末季,在建康共同生活了十年左右。这期间,道猛不啻是保誌在建康这个举目无亲的陌生环境的依傍和保护人;就其由道入佛的信仰嬗变而言,佛学功底深厚的道猛,也应是把半路出家的保誌,引入佛门的第一位真正的导师。由此想到,惠洪《石门文字禅》称:保誌弥留之际,实遵其己意,"终于兴皇寺",意味深长,值得我们认真解读。

"读万卷书,行万里路。"这是古人侈谈的历练人生的途径。但真正能做到这一

① 参阅汤用彤:《汉魏两晋南北朝佛教史》,第十八章《〈成实论〉之传译》一节。

② 参阅任继愈主编:《宗教辞典·成实学派》。

点的，实甚寥寥。生当干戈扰攘、烽烟遍地的乱离之世的保誌，却能不畏险阻，一往无前去实现关山万里，历时二十余载的尘外之游，这在方外人士中，亦属罕见。这次壮游，磨砺了他的意志，极大地丰富了其社会人生阅历。岩居穴处，餐霞饮露的清苦恬淡生涯，净化了他的心灵；而瞩目南北东西，白骨盈野，饿殍遍地的悲惨现实，又铸就了他“身入空门，心系苍生”的悲天悯人的菩萨心肠。这是作为方外人士的最可宝贵的品格。后半生，成就为高僧大德的誌公，总是流露出尘缘难了的入世淑世倾向，盖缘于此。

五、蛰伏钟山，审时度势，由道入佛

按照《陆志》的说法，从誌公在宋明帝泰始初(465)出现在建康，直到“齐宋之交(宋升明三年，齐建元元年，479)，稍显灵迹”，则刘宋末季这十三年，仍基本上是一个“空白”。我们只知道，他“出入钟山，往来都邑”的大致活动范围。那么，他在这段时间里，究竟在做什么呢？笔者认为，这十三年间，是誌公作为一位方外人士，乍到南朝京都建业这个陌生环境，以钟山兴皇寺为落脚点，一面熟悉江南的风土人情，一面感知南朝的政治文化氛围，特别是宗教政策，从而规划其未来人生走向的承前启后的缓冲和过渡阶段。讨论誌公由道入佛之信仰嬗变，自然是本节的重点。不言而喻，为探究誌公信仰嬗变之社会历史动因，又不能不涉及从东晋到齐梁这几个运祚不长的小朝廷所共同面对的交织着民族、阶级矛盾和文化冲突的严峻的政治形势，以及一以贯之的“崇佛抑道”的思想文化政策。

随着匈奴、鲜卑、氐、羌等漠北少数民族的崛起，导致西晋灭亡，衣冠士族南渡，偏安江左，先后建立了东晋、宋、齐、梁、陈等几个小朝廷。这几个小朝廷的政权结构，大抵由三股势力组成，[①]即：“北人中善战之武装寒族为君主领袖，而北人中不善战之文化高门，为公卿辅佐，互相利用。”同时，对素称轻悍难制的吴、楚豪宗大族，[②]则施行“宽纵”“笼络”之政策。三者联合执政，相互制衡，共同分享权力。陈寅恪先生认为：“江左之所以能立国历五朝之久，内安外攘者，即由于此。”[③]

在南北对峙、内外交困的历史大背景下，“内安外攘”的形势均极为严峻。面对北方强邻，大抵以淮河、黄河下游及秦岭为界，双方均以重兵设防，相互攘夺，不时以兵戎相向，为拓边扩境而发生的战事，难以胜计。清赵翼《廿二史札记》卷十三“南北史两国交兵不详载”条称：“南北史以简净为主，大概就各朝正史删十之三四

① 陈寅恪：《金明馆丛稿初编》之《魏书司马叡传江东民族条释证及推论》，上海古籍出版社，1980年第1版，第95页。

②《三国志·魏书·辛毗传》：“(文)帝欲大兴军征吴，毗谏曰：‘吴、楚之民，险而难御，道隆后服，道洿先叛，自古患之，非徒今也。”

③ 陈寅恪：《金明馆丛稿初编》之《述东晋王导之功业》，上海古籍出版社，1980年第1版，第53页。

……其于南北交兵事，尤多删削。”“盖（李）延寿叙事，专以简括为主，固不能一一详书。且南北交兵，各自誇胜讳败，国史固各记其所记。延寿则合南北皆出其一手，惟恐照本钞誊。一经核对，则事迹多不相符故也。”瓯北以《南史》《北史》同南北各朝正史核对，列举出所漏记之南北交争的战事，竟达数十次之多。由此可见，在南北朝（420—589）这约170年间，真可谓兵连祸接，战祸连年。战争就意味着流血牺牲，人力物力的损耗，且边境的总的态势，是北强南弱，最终导致“南朝陈地最小”①，遂被继北周而立的隋朝所灭。备边守境的压力，势必加重南朝黎庶的赋役负担，从而激化社会上下层之间的矛盾。

就“安内”而言，南朝面临的主要问题有三：

其一，北人与南人之间，相互协调融合的问题。

陈寅恪先生指出：西晋永嘉之乱起，隋皇室南来避难之士庶，数量甚大，可分为长江上下游两条路线，他说：

> 路线固有不同，而避难人群中其社会阶级亦各互异，其上层阶级为晋之皇室及洛阳之公卿士大夫，中层阶级亦为北方士族，但其政治社会文化地位不及聚集洛阳之士大夫集团，除少数人如徐澄之、臧琨等外（见《晋书》九一《儒林传·徐邈传》），大抵不以学术擅长，而用武勇擅战著称，下层阶级为长江以北地方低等士族及一般庶族，以地位卑下及实力薄弱，远不及前二者之故，遂不易南来避难，其人数亦因是较前二者为特少也。②

其实，过江避难人口数量相当大。仅从长江下游渡淮过江者，户数近10万，人口近60万。于是，乃侨置郡县以居之。③再加上长江上游，永嘉之乱时，“胡亡氐乱，雍、秦流民多南出樊、沔”（《宋书》卷三七《州郡志三·雍州刺史》），“迁至当日长江上游都会江陵南郡近旁一带”，“又居住南阳及新野地域之次等士族同时南迁至襄阳一带……此两种人之性质适与长江下游居住京口晋陵一带之北人相似，俱是

---

① 赵翼：《廿二史札记》卷十三“南朝陈地最小”条。

② 陈寅恪：《金明馆丛稿初编》之《述东晋王导之功业》，上海古籍出版社，1980年8月第1版，第57页。

③《宋书》卷三五《州郡志一·徐州刺史》称：“晋永嘉大乱，幽、冀、青、并、兖州及徐州之淮北流民，相率过淮亦有过江在晋陵郡界者，……并立侨郡县以司牧之。故南徐州备有徐、兖、幽、冀、青、并、扬七州郡邑。户七万二千四百七十二，口四十二万六百四十。晋陵太守领户一万五千三百八十二，口八万一百一十三。义兴太守领户一万三千四百九十六，口八万九千五百二十五。”三地南来侨置人数总计：101350户，590278人。

有战斗力之武人集团,宜其为居住江陵近旁一带之文化士族所畏惧也”。[①]

总计从长江下游及上游渡江南来之北人,应在百万左右。南来之北人,不仅“反客为主”,成为君临天下的最高统治者,朝廷的大权美仕,亦多被南来北人中之高门士族所占据,这势必导致南人同北人在政治、社会文化等层面发生矛盾,甚至在安居殖产等实际利益层面发生冲突。晋室南渡之初,端赖王导之深谋远略,对江左孙吴旧势力之代表,如吴郡顾荣等文化士族以高官显位加以笼络;对以义兴周处之后裔如周玘、周札、周勰等武力强宗,则委曲求全,施以“漏网吞舟”式的宽纵政策以绥靖之,使偏安之局势,得以暂安。[②]但在其后的刘宋及齐梁时代,北人与南人之间的芥蒂与隔膜,虽有所缓和,而由于北人与南人之间社会地位的不平等,反映在权力的分配及赋役承担等实际利益方面的不平等,这始终是影响社会和谐稳定的一个重要问题。

其二,继续推行九品中正官人制度,加剧了士族与寒门之间的矛盾。

创自曹魏初年的九品官人之法,至西晋末年,已积弊至深。随着晋室南渡,为了维护其政治基础薄弱的统治,这一制度,也在南朝继续变本加厉地推行。清赵翼指责其弊端云:

> 真所谓“上品无寒门,下品无世族。”高门华胄,有及世之荣;庶姓寒人,无寸进之路。选举之弊,至此而极。然魏晋及南北朝三四百年,莫有能改之者。盖当时执权者,即中正高品之人,各自顾其门户,固不肯变法。且习俗已久,自帝王以及士庶,皆视为固然,而无可如何也。[③]

在这种制度下,“自晋以到梁世,寒人但可为吏。”“当时大权美仕,俱在豪族。寒人在通常情况之下,但能为吏。寒人但能为吏,此固九品中正制度以下之实况也。”[④]与这一制度相联系,南朝人矜门阀,崇郡望,重谱牒。这一套相互关联的制度体系,其实质正在于维护严格区分贵贱尊卑的封建等级制度。因为,从本质上说,封建制度正是一种区分人们社会地位高下的等级制度。这不仅反映在繁文缛节的礼仪规范上,也关系到在赋役方面是否享有优免的特权。兹略举数例如次:

> 《南史》卷三二《张敷传》:中书舍人狄当、周赳,以敷同省名家,欲诣之。赳曰:“彼必不肯相接,不如弗往。”当曰:“吾等并已员外郎,何愁不得并坐。”敷先

① 陈寅恪:《金明馆丛稿初编》之《述东晋王导之功业》,上海古籍出版社,1980年8月第1版,第63-64页。

② 参阅陈寅恪:《述东晋王导之功业》一文,及《晋书》卷五八附周玘、周勰、周札等传。

③ 赵翼:《廿二史札记》卷八“九品中正”条。

④ 陈登原:《国史旧闻》卷二一“寒人与士族”条。

旁设二床，去壁三四尺。敷呼左右曰："移吾床远客。"赳等失色而去。

《南史》卷二三《蔡兴宗传》：时右将军王道隆，任参国政，权重一时。蹑履到兴宗所，不敢就席，良久乃去，竟不敢坐。元嘉中，中书舍人狄当，诣太子舍人王昙首，亦不敢坐。其后，中书舍人弘兴宗，为文帝所爱。帝谓之曰："卿欲士人，惟有就王球坐，乃始判耳。殷刘并杂，无所益也。若往就球，可称奉旨就席"。及至，球举扇曰："卿不得尔。"弘还，依事奉闻。帝曰："我便无如之何。"

《南史》卷三二《江敩传》：纪僧真幸于武帝，容貌殊有士风。谓帝曰："臣小人，出自本州武吏。惟就陛下，乞作士大夫。帝曰："此事出江敩、谢沦，吾不得措意。可自诣之。"僧真承旨诣敩，登榻坐定。敩便命左右曰："移吾床远客。"僧真丧气而退。

上举"却坐"以别士庶数例，皆南朝宋齐间事。后世史家为之喟然嗟叹曰："尚家世而轻现任，背王命而炫清华。甚至一坐之微，亦乃加以矜持。此真后人所不能想象。"[①]其实，在"一坐之微"的日常礼仪细节背后，关系到在门阀制度下，人们在现实生活中社会地位的贵贱尊卑，关系到是否能获得优免赋役的特权[②]，说到底，这关系到维护其封建特权的门阀制度的生死存亡。因此，作为既得利益者的高门士族，对"一坐之微"的生活细节，亦不许逾越雷池半步。《南史》卷七二《贾希镜传》称："先是谱学未有名家……希镜三世传学，凡十六州氏族谱，皆其所参校缮定……(齐)建元初，希镜迁长水校尉，伧人王泰宝买袭琅琊谱。尚书令王晏以启明帝，希镜坐被收，当极法。"因私买谱牒，造成伪冒名门士族的后果，竟致犯下杀头的重罪，可见当时朝廷，绝对不容许混淆士庶，管控极严。

然而，物极必反，乃事物发展的普遍规律。当现实的此岸世界的苦难和不平等，达于极致，生存于社会底层的芸芸众生濒于绝望之际，除却起而抗争，就只有乞灵于寻求彼岸世界的解脱。这也正是乱离之世的南朝，佛教格外兴盛的深层原因。

其三，在思想文化领域，厉行"崇佛抑道"政策，以支撑其风雨飘摇的统治。

南朝佛教，一直隆盛不衰，究其大要，不外两方面的原因：一是南朝佛教义学(主要是"般若"空观与"涅槃"佛性说)与律学(戒律)并重，恰好适应了当时政治社会的迫切需要；一是历朝最高统治者的大力提倡，自觉地以之作为强化其专制统治的工具。

从哲学思辨的层面看，"般若"空观作佛教神学的理论基础，"其基本意义都是

---

① 参阅陈登原：《国史旧闻》卷二一"门阀"条。

② 陈登原《国史旧闻》卷二一"谱牒"条认为："挚虞所谓'备物致用'(《晋书》卷五一《挚虞传》当指九官品人，藉谱牒以别士庶。《南史》所谓'赋役减缺'(卷五九《王僧孺传》)，可见士族赋役，凭谱牒可以优免。"

企图证明客观世界为虚幻的,是不真实的。"[①]许多佛教义理,多由此派生出来。因此,自《般若经》在魏晋之际传译到中国,就一直被佛学界奉为要典。汤用彤先生在论及两晋之际名僧与名士结合,由此推进了玄学与佛学的相互促进、共同发展的情形时,指出:

> 其后《般若》大行于世,而僧人立身行事又在在与清谈者契合。夫《般若》理趣,同符《老》《庄》,而名僧风格,酷似清流,宜佛教玄风,大振于华夏也……旋婴世乱,名士相继渡江,玄风因之南徙。夫王导、庾亮、周凯、桓彝,皆与高座道人(引者按:指高僧)终日累叹,披襟致契。诸公与高座均于乱世先后渡江,则其在中州当已与沙门友善也。……《世说·文学篇》曰:"旧云,王丞相过江左,止道声无哀乐(嵇康作《声无哀乐论》)、养生(嵇康《养生论》)、言尽意(欧阳建作《言尽意论》),三理而已。然宛转关生,无所不入。则江左所谈名理固来自中原也。[②]

避乱南来,惊魂甫定的士大夫,顿感前程渺茫,祸福难料的失落和彷徨;得与名僧高座,"终日累叹",谈"无"说"空",以消永昼,正可借此作为削减其富贵内热的清凉剂。在弥漫于上流社会的这种风气推动下,促进了南朝佛教的兴盛,也开启了南朝佛教尚义学的传统。至于"般若"学之所以在南朝历久不衰,固然因其空观在义理上与玄学之竞尚空无同其旨趣有关,但究其根本原因,还在于"般若"学与"涅槃"学的神学本质,其实是相通的。[③]汤用彤先生说:"夫《般若经》中,已有佛即本无之说。归乎本无,即言成佛。"[④]这样,就把"般若"空观同"涅槃"佛性说关联起来,从而诱导受苦受难的底层民众,自甘忍辱负重以祈求来世的福报。这无疑有助于缓解现实的阶级矛盾的压力。这也正是南朝最高统治者期望佛教发挥的作用。

"涅槃"佛性说,是另一种在南朝风行的佛教神学理论。"涅槃"(梵语作Nirvana,亦译作"泥洹"),是佛教徒全部修习所追求的最高理想,一般指经过苦修,断灭"生死"轮回而后获得的一种精神境界。大乘佛教把"涅槃"当作成佛的标志。《大涅

① 任继愈:《南朝晋宋间佛教"般若"、"涅槃"学说的政治作用》,载于《汉唐佛教思想论集》,人民出版社,1973年4月第2版,第33页。(据任先生在《论集》后记中说,此文是他与汤用彤先生合写的,征得汤先生同意,收入此集。)

② 汤用彤:《汉魏两晋南北朝佛教史》第七章《两晋之际名僧与名士》,北京大学出版社,1997年9月第1版。

③ 汤用彤:《汉魏两晋南北朝佛教史》:"《般若》《涅槃》,经虽非一,理无二致。……《般若》之遮诠,即所以表《涅槃》之真际,明乎《般若》实相义者,始可与言《涅槃》佛性义。"——北京大学出版社,1997年9月第1版,第445页。

④ 汤用彤:《汉魏两晋南北朝佛教史》,北京大学出版社,1997年,第191页。

槃经》即把“涅槃”说成具有“常、乐、我、静”四德的永生常乐的佛身。任继愈先生认为，自六卷《泥洹》于东晋义熙十三年(417)译出后，即适应时代的需要，产生了巨大的影响。有曰：

> 这部佛经译出后，解决了“一切众生，皆有佛性”的问题，正式说出众生有成佛的可能性。《泥洹经》比般若空宗的理论更能表现出佛教的宗教特点，因为它更加明确地划分了现实世界和“极乐世界”的界限，也更加肯定了佛教极乐世界和现实世界完全相反。把现实世界中阶级压迫所造成的痛苦，曲解为“无常”“无我”“苦”“染污”。他们企图使人们仍相信社会上的不合理是现实世界的本质，从而虚构出所谓“常”“乐”“我”“净”的永恒世界。

任先生尖锐地指出：“涅槃”佛性说的流行，与南朝门阀制度下，严酷的阶级压迫现实密切相关。他进一步指出：

> “佛性”问题本身就是一个假的问题。但通过这个问题反映出当时阶级压迫的严重，也反映了被侮辱与被损害的广大人民要求摆脱苦难的真诚愿望。南朝的统治者在儒家封建伦理学说的武库中所找不到的思想武器，却在佛教中找到了。一方面宣布所有的人(不论阶级和种族、门第)在佛法面前一律平等；另一方面又力图在现实世界内保持当时极端不平等的阶级压迫的现状。因此，“一切众生，皆有佛性”这一消极平等的宗教口号的反动性，却远远超过了文字上的涵义。

任先生的结论是：“涅槃”佛性说，通过“廉价地预售给人们走进极乐世界的入门券”，“使人民在希望‘成佛’的幻想面前，在‘天国’的门前受尽一切敲骨吸髓的剥削，使他们变成温驯的，毫无‘危害性’的忠实的奴隶。”[①]这就是南朝佛教“涅槃”佛性说的政治意义。

“涅槃”佛性说在南朝的风行，与东晋僧人竺道生(？—434)及庐山高僧慧远(334—416)的阐扬之关系甚大。竺道生坚持“一阐捉人，皆得成佛”，把“人人皆有佛性”的理念推向极致；又持“顿悟成佛”之说，使“成佛”变得易如反掌，更具有诱惑力。慧远特别重视以“涅槃”佛性说为神学基础的“三世报应”说。他在其《沙门不敬王者论》《明报应论》《三报论》等文中，反复阐发这个主题。他大力提倡具有鲜明中国特色的神不灭论，使作为佛学核心理念的三世轮回因果报应之说，得以建立在神学理论基础之上。他从《庄子》的相对主义不可知论出发，强调说：

① 上引任继愈言论，均出自任继愈：《南朝晋宋间佛教“般若”、“涅槃”学说的政治作用》，载于《汉唐佛教思想论集》，人民出版社，1973年4月第2版。

人的视听有限，所以不知有“神”和“神界”；但一旦超出常人耳目，就可以体认到另一个世界，或曰“安息国”，或曰“涅槃”。能够超越常人耳目的途径，是禅定神通；能够使人达到涅槃安养的，则是清除精神污染，使“神”不再受生死之累。“神”，是存在于此岸世界和彼岸世界的一种“精极而灵者”，“感物而非物，故物化而不灭；假数而非数，故数尽而不穷”。“物”指身形，“数”指寿命，形死寿尽而神不灭。这是慧远为中国佛教奠定的最牢固的神学基石。①

经过慧远的发挥，南朝佛教的“涅槃”佛性说，得到了更有力的神学理论的支撑，更加具有中国特色，也更易于得到普及。

佛徒的持守戒律，有助于导化下民守法向善，促进社会稳定。戒律，泛指佛教为出家、在家信徒制定的一切戒规，亦即为约束佛徒行为和规范僧团生活的纪律。专门讲戒律的佛典很多，是佛典三藏（经、律、论）中的一藏；其中，又有大小乘之分，十分繁琐。举其大要，有五戒、八戒、十戒、具足戒等等。如其中的“五戒”，乃指佛教在家修行的男女应遵守的戒条。《大乘义章》卷十二称：“言五戒者，所谓不杀、不盗、不邪淫、不妄（语）、不饮酒，是其五戒也。此五能防，故名为戒。前三防身，次一防口，后之一种通防身口，护前四故。”而“具足戒”，亦称“大戒”，指佛教比丘及比丘尼的戒律。因与沙弥和沙弥尼所受十戒相比，要繁细得多，戒品具足，故称。戒条的数目，按《四分律》的规定，比丘戒二百五十条，比丘尼戒二百四十八条。出家人须依戒法规定，持受此戒，方能取得正式僧尼的资格。《四分律》卷三四还明确规定：“不应授年未满二十者具足戒。何以故？若年未满二十，不堪忍寒热饥渴、风雨蚊虻毒虫，及不忍恶言；若身有种种痛苦不堪忍，又不堪持戒及一食。”

中国佛教，总是免不了带有儒教伦理教化的色彩。大抵自三国东吴起，即有佛徒主张用佛教戒律作为朝廷教化民众的普及手段。用“五戒”比附五常，用“十善”遏制“十恶”。②这种见解特别为南北朝统治者所欣赏。汤用彤先生指出：

南北朝以五戒相当于仁义礼智信（见《颜氏家训》），奉行五戒，可化民成俗。故《弘明集》载何尚之答宋文帝语有曰：“百家之乡，十人持五戒，则十人淳谨。百人修十善，则百人和睦。传此风教遍于守内，则仁人百万矣。夫能行一善则去一恶，去一恶则息一刑。一刑息于家，则百刑息于国，则言坐陛下致太平是也。”③

---

① 杜维文主编：《佛教史》，中国社会科学出版社，1991年12月第1版，第184页。

② 杜维文主编：《佛教史》，中国社会科学出版社，1991年12月第1版，第214页。

③ 汤用彤：《汉魏两晋南北朝佛教史》，北京大学出版社，第313页。

即此持戒一端，即可见佛教之大有益于教化，有助于社会的安定。宜乎为南朝统治者之自觉利用，并大力倡导也。

以上，略述“般若”，“涅槃”及戒律三事，足见佛教与政治之密切关系，盖缘于佛教之宗教神学理念，及佛徒持守的戒律，实有助于推进世俗社会的政治教化。质言之，有助于驯化下层民众守法修善，使最高统治者坐享太平。明乎此，则佛教之所以在南朝持续隆盛，南朝诸帝之所尊崇佛教，并大力扶持，可不言而喻矣。

在有阶级的社会里，一时代的统治思想，即统治阶级的思想。汤用彤先生在其《汉魏两晋南北朝佛教史》中，论及“朝廷与佛教”之关系时，曾胪列十事[①]，以盛陈当时统治者大力扶持和整顿佛教的措施，文繁不具引。兹仅列举当时寺院及僧尼数量，以说明佛教在南北朝持续高涨的盛况。据《魏书·释老志》载：北魏孝文帝太和元年(477)，魏境有寺院6478所，僧尼77258人。到东魏末(550)，魏境已有“僧尼大众二百万矣，其寺三万有余。”(北朝佛教非本节讨论重点，这些数字准确与否，不予深论。)

据唐法琳《辨正论》所记，南朝到梁(502—556)，共有寺院2846所，僧尼82700人。较之东晋，寺院增加一千余所，僧尼增加了三倍多。在南朝诸帝中，梁武尤以佞佛著称，臣下郭祖深“舆榇诣阙”，冒死极谏说：

> 都下佛寺五百余所，穷极宏丽。僧尼十余万，资产丰沃。所在郡县，不可胜言。道人又有白徒，尼则皆畜养女，皆不贯人籍，天下户口几亡其半。而僧尼多非法，养女皆服罗纨，其蠹俗伤法，抑由于此。请精加检括，若无道行，四十以下，皆使还俗附农。罢白徒养女，听畜奴婢。婢唯着青布衣，僧尼皆令蔬食。如此，则法兴俗盛，国富人殷。不然，恐方来处处成寺，家家削落，尺土一人，非复国有。[②]

臣下上疏阻谏，须冒死“舆榇”，足以见梁武佞佛之深及避讳之严。不幸，他终以佞佛蠹政误国，被叛将侯景困于台城，身死国灭，为天下后世所悲笑，盖亦咎由自取。

同佛教相比较，道教在南北朝时期，尤其是在南朝，其社会地位诚不可同日而语。以当时规模及影响最大，风行南北的天师道为例，它基本上处于被分化，被遏制，被防范的状态，其生存活动的空间极为有限，被迫在内部厉行改革，以适应统治阶级的要求。

---

①《汉魏两晋南北朝佛教史》第十三章《佛教之南统·朝廷与佛教》一节，所列有关扶持及整顿佛教十事：一曰八关斋、二曰建寺塔、三曰造像、四曰法会、五曰舍身、六曰沙门致敬王者、七曰沙汰僧人、八曰僧官、九曰延僧至郡、十曰僧尼干政。

②《南史》卷七十《郭祖深传》。

由“三张”(张道陵、张衡、张鲁)于东汉末年创立于川西的天师道,又称“米道”[①]“鬼道”[②]。史称:蜀中向来盛行图谶数术之学和黄老道术;而蜀中杂居的多种少数民族,“俱事鬼神”,“俗好鬼巫”(《后汉书·南蛮西南夷列传》)。这些宗教文化传统和风土人情,成为天师道孳生的沃土。其道奉老子为教祖,尊之为太上老君,以老子《道德经》五千文为主要经典。相传还信奉《太平洞极经》《太清经》《正一经》和《五斗经》等。据《渊鉴类涵·道部》引《正一经》云:“陵学道于蜀中鹤鸣山,时蜀中人鬼不分,灾疾竞起,感太上老君降正一盟威之法,始分人鬼,置二十四治。”所谓“二十四治”,实即二十四个教区。这些教区大多数分布在川西及今成都附近一带。“张陵初创的五斗米道,是一种具有主神崇拜的多神教。据《华阳国志》载,张陵自称‘太清玄元’,除崇奉老子为教主外,他还造出了许多神灵,《正一法文经章官品》称有‘百二十官’。其道术主要是上章招神和符咒劾鬼,并以长生成仙为最高目标。张陵死后,其子衡、孙张鲁相继嗣教。”[③]

《三国志·张鲁传》述其割据汉中时的情形称:

> 以鬼道教民,自称“师君”。其来学道者,初皆名“鬼卒”,受本道已信,号“祭酒”,各领部众,多者为治头大祭酒。皆教以诚信不欺诈,有病自首其过,大都与黄巾相似。诸祭酒皆作义舍,如今之亭传。又置义米酒,悬于义舍,行路者量腹取足;若过多,鬼道辄病之。犯法者,三原,然后乃行刑。不置长吏,以祭酒为治,民夷便乐之。

张鲁以“鬼卒”—“祭酒”—“治头大祭酒”—“师君”的教阶制取代封建社会的长吏制,在其辖区内实际上施行的是一种“政教合一”的特殊制度。而且,张鲁在其统辖的巴、汉地区二十四治(后又增设八治)内,还对道民实行严格的户籍制度。每治设道官祭酒“各领户化民”,[④]道民均“编户著籍,各有所属”。[⑤]什么叫“编户著籍”?卿希泰等著《道教史》称:

> 所谓“编户著籍”,又称“宅录”,类似于后世的户口簿。道民入道,须把全

① 鬼道,即米道(五斗米道)。《华阳国志·汉中志》载:张鲁“以鬼道见信于益州牧刘焉”;又“以鬼道教立义舍”。《后汉书·刘焉传》:“沛人张鲁,母有姿色,兼挟鬼道,往来焉家。”

②《后汉书·杨厚传》称:杨厚新都人,“修黄老,教授门生,上名录者三千余人。”同书《翟酺传》称:广汉人,“好《老子》,尤善图纬、天文、历数”。同书《折象传》称:广汉人,能通《京氏易》,好黄老言”。

③ 参阅卿杀泰、唐大潮著:《道教史》,第二章第一节《民间兴起的汉代道教》。

④《要修科仪戒律钞》卷一,《道藏》第6册,第966页。

⑤《陆先生道门科略》,《道藏》第24册,第780页。

家的人口数登记注册,名曰“宅录”。此后凡有生、死,即人口增减,都必须去本师治所(一般都是在三会日[①])进行登记或注销。每年三会日,治官祭酒都要与道民一起对此宅录进行核对,使其与实际情况相符合。[②]

张鲁以五斗米道统治巴、汉一带地区,前后近三十年,“民夷便乐之”,朝廷“不能征”。直到建安二十年(215),曹操率重兵伐汉中,张鲁投降,封为阆中侯、食邑万户,其五子亦俱封中侯。[③]其所属道众,亦大量北迁。五斗米道遂随之发展到中原地区,史称北天师道。

据陈寅恪先生研究,天师道的起源与传布,实与我国东南滨海地域渊源颇深。他认为:“凡东西晋南北朝奉天师道世家,旧史记载可得而考者,大抵与滨海地域有关。故青徐数州,吴会诸郡,实为天师道之传教区。”[④]经他缜密稽考,两晋南北朝时期散在于滨海及吴会地域著名之天师道世家,计有:琅琊王氏(王羲之、王凝之等。按:陈氏指出,天师道信徒命名,父子兄弟皆不避家讳,王氏家族尤好以“之”字为名[⑤]);高平郗氏(郗鉴,其叔隆,子愔、昙等);吴兴杜氏(杜子恭——孙恩叔孙泰之师、杜京产等);会稽孔氏(孔道,因敬事孙泰,遇害,孔愉、孔稚珪、孔道徽等);义兴周氏(周札,曾与道士号“李八百”李弘者,助王敦谋反,遇害;周勰等);陈郡殷氏(殷仲堪,精于医术,其妻为琅琊天师道世家王临之女,字英彦);丹阳葛氏及东海鲍氏(葛洪,鲍靓。据陈氏甄考,二人之先世本出自天师道之发源地琅琊);丹阳许氏(许谧、许翙等);丹阳陶氏(陶弘景,深解药术,尤好阴阳五行、星算,善隶书,皆天师道世家之特征);吴兴沈氏(沈约、沈僧绍等)[⑥]。

陈氏此文写于20世纪30年代,他似乎过分执着于天师道与滨海地域之关系,而未详审“杂而多端”的道教内部教派之复杂性,故其考辨或有未精当处(如把葛洪、鲍靓、许谧、陶弘景等,均简单地归入天师道)。但总的看来,瑕不掩瑜,其中多有发前

① “三会日”制度规定,道民必须在三个规定的日子去本师治所进行宗教活动,是道官联系道民、传布指令的重要途径和方法。关于“三会日”的具体日期,道书记载略有差别。据陆修静《陆先生道门科略》称:“令以正月七日、七月七日、十月五日,一年三会。”

② 卿杀泰、唐大潮著:《道教史》第二章《汉魏两晋南北朝道教》,江苏人民出版社,2006年,第73页。

③ 参阅《三国志·张鲁传》。

④ 陈寅恪:《金明馆丛稿初编》之《天师道与滨海地域之关系》,上海古籍出版社,1980年8月第1版,第15页。

⑤ 据郭廉夫著:《王羲之评传》所附《王羲之家族世系简表》,其家族中以“之”字为名者,竟达38人之多。羲之七子,曰:玄之、凝之、涣之、肃之、徽之、操之、献之。——南京大学出版社,1996年9月第1版。

⑥ 上列天师道世家,俱据陈寅恪《天师道与滨海地域之关系》一文第七节《东西晋南北朝之天师道世家》,可参阅。

人未发之胜义。陈氏对众多文化士族高门之沉溺于天师道，感慨尤深。他说：

> 东西晋南北朝之士大夫，其行事遵周孔之名教(如严避家讳等)，言论演老庄之自然。玄儒文史之学著于外表，传于后世者，亦未尝不使人想慕其高风盛况。然一详考其内容，则多数之世家其安身立命之秘，遗家训子之传，实为惑世诬民之鬼道，良可慨矣。

更须注意者，从本质上说，天师道是一种流行于下层社会的民间宗教，其基本教义在很大程度上是同儒家的纲常名教相背离，而主要反映被压迫的下层民众的愿望和要求的。特别是依据其“编户著籍”制度，则一人入道，实际上等于全家入道，而且其道籍世代相传，成为所谓天师道世家。而且，其道官(如祭酒、治头大祭酒、师君等)也基本上是“世袭”的(至少所谓“师君”是如此)。由此可见，天师道实际上既是一个以家庭为本位，以血缘为纽带，组织严密，极富凝聚力和稳定性的民间道教，也是一个以道官为治的具有封建宗法性的社会实体。同时，由于其地域性、社会性和群众性的特点，它一旦被地方性的强宗豪族所掌控，极易成为称霸一方的割据势力。若进而被皇族或上层权势者、野心家所操纵，则可能酿成扰乱政局的社会动乱。如前引陈氏论《天师道与滨海地域之关系》一文中所列举的西晋“八王之乱”、孙恩与卢循之乱及“刘劭之弑逆”等，就是突出的例子。

陈氏在该文中，有《赵王伦之废立》一节，以论天师道与“八王之乱”的关系。所谓“废立”，即指赵王伦废惠帝司马衷而自立，旋即败灭事。由此酿成稽延十余年之久的“八王之乱”，是我国历史上导致西晋衰亡，晋室南渡，形成南北分裂对峙达三百余年之久的一件大事。《太平御览》卷四六二引《晋中兴书》曰：“建兴(晋愍帝年号，313—316)初，祖逖进说曰：‘晋室之乱，非上无道，而民兆怨叛。由诸王争擅，自相夷灭，遂使戎狄乘虚，毒逋中土。’”祖逖之说不完全准确，但“诸王争擅，自相夷灭”这个要害，是抓得很准的。陈先生认为，“八王之乱”的中心人物是赵王伦(司马懿第九子，惠帝之叔祖)，“武帝(司马炎)受禅，封琅邪郡王……咸宁中，改封于赵。”(《晋书》卷五九《赵王伦传》)受琅邪地域天师道盛行之影响，赵王伦本人及其谋主孙秀(另一琅邪人天师道首领孙恩之族人)、大将军张林，俱是天师道信奉者。伦本传又称：

> 伦、秀并惑巫鬼，听妖邪之说。秀使牙门赵奉诈为宣帝(司马懿)神语，命伦早入西宫。又言宣帝于北邙为赵王佐助，于是立宣帝庙于邙山，谓谋逆可成……使杨珍昼夜诣宣帝别庙祈请，辄言宣帝谢陛下(指赵王伦)，某日当破贼。拜道士胡沃为太平将军，以招福祐。秀家日为淫祀，作厌胜之文，使巫祝选择战日。又令近亲于嵩山著羽衣，诈称仙人王乔，作神仙书，述伦祚长久以惑众。

陈先生据以上断言:“今伦拜道士为将军,以太平为称号。战阵则乞灵于巫鬼。其行事如此,非天师道之信徒而何?”

陈氏次论“孙恩之乱”。谓“其主因亦由于皇氏中心人物早成天师道之信徒。”这是说,简文帝司马昱为求嗣,得道士许迈点拨,与李皇后生二子:道生(即孝武帝)、道子(即会稽王),因而敬信天师道,使二子“皆长育于天师道环境中。”“简文帝字道万,其子又名道生、道子。俱足证其与天师之关系。”陈氏又引《晋书》卷一〇〇《孙恩传》称:

> 恩叔父泰,字敬远,师事钱塘杜子恭。而子恭有秘术。子恭死,泰传其术。然浮狡有小才,诳诱百姓,愚者敬之如神,皆竭财产,进子女,以求福庆。王珣言于会稽王道子,流之于广州。广州刺史王怀之以泰行郁林太守,南越亦归之。太子少傅王雅先与泰善,言于孝武帝,以泰知养性之方,因召还。道子以为徐州主簿,犹以道术眩惑士庶。稍迁辅国将军,新安太守。会稽世子元显亦数诣泰求其秘术。泰见天下兵起,以为晋祚将终,乃扇动百姓,私集徒众。三吴士庶多从之。于时朝士皆惧为乱,以其与元显交厚,咸莫敢言。

《通鉴·晋纪·安帝隆安二年(398)》称:“会稽内史谢輶发其谋,己酉,会稽王道子使元显诱而斩之,并其六子;兄子恩逃入海,愚民犹以泰蝉蜕不死,就海中资给恩,恩乃聚合亡命得百余人,以谋复仇。”及至次年冬,因会稽王世子元显“性苛刻,生杀任意……民心骚动”,孙恩乃“自海岛率其党杀上虞令”,进而攻克会稽,杀会稽内史王凝之①,于是会稽、吴郡、吴兴、义兴、临海、永嘉、东阳、新安“凡八郡人,一时起兵,杀长史以应恩,旬日之中,众数十万。……恩据会稽,自称东征将军,……号其党曰‘长生人’”(《通鉴·晋纪·安帝隆安三年〔399〕》)。据《通鉴》载:晋隆安五年(401)三月,“孙恩北趣海盐”,曾与善于用兵的刘裕交锋,双方皆有伤亡。公元402年,孙恩率众攻临海,为临海太守辛景击破,“恩所虏三吴男女,死亡殆尽。恩恐为官军所获,乃赴海死,其党及妓妾从死者以百数,谓之‘水仙’。余众数千人复推恩妹夫卢循为主……太尉(桓)玄欲抚安东土,乃以循为永嘉太守。循虽受命,而寇暴不已。”(《通鉴·晋纪·安帝元兴元年〔402〕》)次年,“刘裕破卢循于永嘉,追至晋安,屡破之,循浮海南走。”(《通鉴·晋纪·安帝元兴三年〔404〕》)卢循复于元兴三年(404)秋“寇南海,攻番禺”,执广州刺史吴隐之,“循自称平南将军,摄广州事”,又令

① 《晋书》卷八〇《王羲之传》:“王氏世事张氏五斗米道,(次子)凝之弥笃。孙恩之攻会稽,寮佐请为之备,凝之不从。方入靖室请祷,出语诸将曰:吾已请大道许鬼兵相助,贼自破矣。既不设备,遂为孙恩所害。”又据《真诰》卷十六《阐幽微》第二云:“王廙为部鬼将军。”廙乃凝之叔祖,既领鬼兵,故凝之请祷以为助。

其姊夫徐道覆"攻始兴,擒始兴相阮腆之"(《通鉴·晋纪·安帝元兴三年〔404〕》)。此后数年,卢、徐即以岭南为据点,积蓄力量。及至公元410年,趁刘裕率军北伐南燕慕容超之际,卢循听徐道覆之谋,率大军"乘虚袭建康",一路上声势浩大,连克长沙、南康、庐陵、豫章、寻阳诸郡,直逼建康,形势危急。时建康"战士不盈数千。""循既克二镇(指江州、豫章),战士十余万,舟车百里不绝,楼船高十二丈,败还者争言其强盛"。朝廷乃急召刘裕回师保卫京都。其后,刘裕以水师精锐,败卢、徐于左里(今九江鄱阳湖口),"循收散卒,尚有数千人,径还番禺;道覆走保始兴。"(《通鉴·晋纪·安帝义熙六年〔410〕》)卢循退至岭南后,其原有据点番禺已为官军收复,不得已,遁走交州,最终被交州刺史杜慧度所败,自知不免,"因自投于水"(《通鉴·晋纪·安帝义熙七年〔411〕》)。

由上可见,陈氏所谓的这场"孙恩之乱",从公元398年孙泰于会稽起事算起,中经孙恩、卢循和徐道覆踵继其业,直到公元411年卢循败死于交州,长达13个年头。确切地说,这场动乱似乎应该称为"孙恩、卢循之乱",才符合实际。此其一。其次,这场由天师道首领发动和领导的大动乱,就其起因而言,实际上是一场"官逼民反"的抗暴行动。卷入的群众,既是道民,也是挣扎在死亡线上的农民。因而,就其政治社会动因而言,这应是一场反抗压迫和剥削的农民大起义。其三,这场起义之所以能持续十余年之久,除了因为天师道有严密的组织外,各首领之间的姻亲关系,也起了重要作用。如孙泰与孙恩是叔侄关系;而卢循是孙恩的妹夫;徐道覆又是卢循的姊夫。尤须注意者,其中的卢循出自北方士族高门范阳卢氏,乃晋司空从事郎中卢谌之曾孙;而且,同北方另一士族高门清河崔浩(北魏太武帝宰臣、天师道首领),乃中表兄弟(浩母卢氏,乃谌之孙女)。其四,孙、卢之乱,不仅加速了东晋王朝的溃灭,而南朝刘宋开国君主刘裕,正是在平定孙恩、卢循的叛乱中,逐渐积聚政治资本和军事实力,最终得以篡晋成功,开创刘宋王朝的。殷鉴不远。此后,南朝诸帝,不得不对敢于抗暴犯上的天师道提高警惕,严加防范。

陈氏还认为,发生于宋文帝元嘉末年(453)的太子"刘劭弑逆","实由于信惑女巫严道育"。据《宋书》卷九九《二凶传》(《南史》卷一四略同)称:"有女巫严道育者,本吴兴人。自言通灵,能役使鬼物。"因劭姊东阳公主婢女王鹦鹉之便,得以进入宫廷。"道育既入,自言服食,主及劭并信惑之"。助劭谋逆的始兴王濬,亦敬事道育,"号曰'天师'。及劭将败,劝劭入海。……当时不见传国玺,问劭,云:在严道育处"。陈氏依据"严道育以道字命名,生地为吴兴,号为'天师'",以及唐法琳《破邪论》中有"道育醮祭而祸宋,出《宋书》"一语,认定严道育乃张鲁、孙恩之类,实为天师道。并从而得出结论说:"凡此皆足以证其为五斗米教中人。故南朝元嘉太初之际宫廷之惨变,实天师道传入皇族中心所致"(参阅《天师道与滨海地域之关系》一文第五节"刘劭弑逆")。这场宫廷暴乱,导致文帝刘义隆被杀,断送了在南朝可稍称"承平"的所谓"元嘉之治",而且开启了刘宋末季及南朝皇氏自相残杀的恶例,并直接导致刘宋的衰亡。赵翼《廿二史札记》卷十二"宋子孙屠戮之惨"条叹曰:"宋武九子,四十余孙,六七十曾孙,死于非命者,十之七八,且无一有后于世者。……孝武、明帝又继以凶残惨毒,诛夷骨肉,唯恐不尽,兄弟子姓,悉草薙而禽狝之,皆诸帝之自为屠戮,非假手于他族也。卒至宗支尽,而己之子孙转为他族(指萧齐)所屠,岂非天道好还之明验哉!"我们注意到,学术界对陈氏认定女巫严道育为天师道之说,持有异议。[①]但尚未见举确证以驳斥之者,故笔者仍从同陈氏之说。关于"太初之乱"所造成的皇氏内讧的血腥"惨变",本文第四节论及誌公滞留鄂西房县时,已曾述及,此不多赘。

陈氏上举三例,足以说明,作为富有抗暴犯上叛逆精神的民间宗教天师道,一旦被皇室所信惑而介入政治,必将导致乱政覆国的惨祸。东西晋及南朝刘宋,俱是如此。这些沉痛的历史教训,不能不引起当时最高统治者的警惕和防范。因此,总的看来,在南北朝时期,不仅是天师道,乃至整个道教界,都处于被边缘化的低潮,处于被分化、改造的过渡期。作为中国本土宗教的道教,当时的社会地位是远远不能同外来的佛教相比并的。道教内部分化的大趋势,大体说来其走向有三:一部分出身于高门士族,且有较高文化素养的信徒,极力降低身份,主动向皇室靠拢,并承担起改革道教的重任,以求得生存和发展;个别有仙真信仰的高逸之士,则深隐于名山福地,从事个人服食、炼养和著书主说;广大被卷入动乱的道众(特别天师道信徒,绝大多数是农民),遭到残酷镇压后的残存势力,则被迫转入"地下",藏匿于民间。其中,与誌公大体同时,且在史籍中留有较大影响,可据以考察的三位著名道士寇谦之、陆修静和陶弘景,均属于上述出身于上层社会的第一类。他们三位那种既尽可能地被利用,又遭到疑忌的艰难处境,大体上可以被看作当时整个道教界生存状态的缩影。

《魏书·释老志》载:寇谦之(365—448),字辅真,上谷昌平(今属北京市)人,出身于世奉天师道的高门士族。早年好仙道,修张鲁之术。后遇"仙人"成兴公同入嵩山修道。成兴公曾对他说:"先生未便得仙,政可为帝王师耳。"北魏明元帝神瑞二年(415),他制造了太上老君降临嵩岳,授他"天师"之位,并赐他《云中音诵新科之诫》二十卷的神话,嘱其"宣吾《新科》,清整道教,除去三张伪法,租米钱税,及男女合气之术。大道清虚,岂有斯事。专以礼度为首,而加之以服食闭练。"过了八年,又于明元帝泰常八年(423),诡称老君玄孙李谱文降临嵩山,授予《录图真经》六十余卷,令他"奉持,辅佐北方泰平真君"。有了上述神秘的宗教资本,又得到出身

① 钟国发著:《陶弘景评传》附编下《陆修静评传》,南京大学出版社,2005年7月第11版,第553页注1称:陈寅恪先生在《天师道与滨海地域之关系》一文中关于刘劭弑逆"实由于信惑女巫严道育","实天师道传入皇族中心所致"的结论,"实属对天师道缺乏了解,竟成智者之千虑一失。"但却未举出任何驳论的史料。

于北方第一士族高门、世奉天师道的清河崔浩(时位居宰辅)的全力赞助,复得与欲借源自华夏本土的道教以强化其汉化政策的太武帝拓跋焘相际遇,经寇谦之"清整"后的所谓新天师道,得以大行于北魏。太武帝"崇奉天师,显扬新法,宣布天下,道业大行。"并于太延六年(440),听从寇谱之建议,改元称太平真君;公元442年(太平真君三年),又听从谦之奏请,"亲至道坛,受符箓。备法驾,旗帜尽青,以从道家之色也。自后诸帝,每即位皆如之。"(以上引文,皆出自《魏书·释老志》)在"太平真君"时代的北魏,似乎真的成了"政教合一"的道教王国,寇谦之欲"为帝王师"的理想,也算是实现了。

太武帝拓跋焘之所以乐于接受寇谦之的"新法",即经他清整改革后,"除去三张伪法""专以礼度为首"的新天师道,也是出于政治的需要。其所谓"新法"的要旨,是剔除作为民间宗教的天师道所固有的反映下层民众利益的愿望和要求,把敢于"犯上作乱",富有叛逆性和斗争精神的道民,驯化成恪守儒家"礼度"(即纲常伦理)的顺民。如在他假托老君之名制作的《老君音诵新科之诫》中,就颇多仇视民间道教的语言,说他们"父不慈,子不孝,臣不忠",是"诳诈无端,人人欲作不臣,聚集逋逃罪逆之人"作乱的"恶人";他力图遏制"诳诈万端,称官设号,蚁聚人众,破坏土地"的造反行为。他完全是站在士族高门的立场,替朝廷说话的,自然受到最高统治者的欢迎,把他尊为"国师",让他参与军国政事。其次,借鉴袭取佛教戒律(主要是《十诵律》)加强科律,[①]以整顿组织,约束教民。再次,增订斋醮仪范和诫经,以规范道民斋醮活动仪式,强化其宗教信仰。经过寇谦之的大力改革,加之北魏帝王的崇信,使得天师道得以盛行于北方,他在道教发展史上的影响,不容抹煞。

但是,随着寇谦之于公元448年去世,北魏权臣、天师道首领崔浩被诛,特别是太武帝本人于公元450年见弑,继位的皇太孙拓跋浚于公元452年对佛教解禁,由此,道教在北朝的地位也逐渐衰落了。应该看到,崔浩、寇谦之俱出身于汉族士族高门,其政治理想是借助于道教,最终施行儒家礼教以恢复汉族的统治。因此,就政治与文化的深层次而言,他们同鲜卑皇室的关系是极其脆弱的。《通鉴·宋纪·文帝元嘉二十七年(450)》载:崔浩受命,主修北魏《国记》,"备而不典"(见《魏书》卷三五《崔浩传》),为"彰直笔","浩书魏之先世,事皆详实,列于衢路,往来见者咸以为言。北人无不忿恚,相与谗浩于(太武)帝,以为暴扬国恶,帝大怒,……诏诛清河崔氏同宗者无远近,及浩姻家范阳卢氏、太原郭氏、河东柳氏,并夷其族。"崔浩的做法,事实上是把鲜卑族祖先不文明、不光彩的一面,暴露于天下,从而刺伤了文明程度本来逊于汉族的鲜卑贵族的自尊心,惨遭族诛,是必然的。陈寅恪先生感叹道:

---

① 陈寅恪先生认为,"寇谦之值江左孙恩、卢循政治运动失败以后,天师道之非礼无法尤为当时士大夫所诟病,清整之功更不容已。……故不得不又从佛教徒模袭其输入之律藏以为清整之资。"陈氏认为,《云中音诵新科之诫》,乃谦之模袭姚秦时输入的一切有部《十诵律》,"诡托神异"而制作的。——《崔浩与寇谦之》,载于《金明馆丛稿初编》,1980年8月第1版,第120-121页。

"谦之先浩而死,遂得免祸,亦云幸矣!"[①]

南朝著名道士陆修静(406—477),字元德,吴兴东迁(今浙江湖州)人,出身于士族家庭。"少宗儒氏,坟、索、谶纬,靡不总该"[②]。及长,弃家入云梦山修道。为搜寻道教典籍,曾南至"潜、衡、熊、湘及九嶷、罗浮,西至巫峡、峨眉"。所学不囿于一家,尤勤于著述,已知的不下三十种,大都散佚,今存有《陆先生道门科略》《灵宝经目录》《洞玄灵宝五感文》《太上洞玄灵宝众简文》《洞玄灵宝授度仪》《步虚词》等,均收入《正统道藏》中。综观其道教思想,"祖述三张,弘衍二葛(葛玄、葛洪)",广泛搜罗上清、灵宝、三皇各派经诀,"'总括三洞',汇归一流。他编制的《三洞经书目录》,为道教史上第一部道经目录,为道教经典的编纂创立了体例和原则,对后来整理和保存道教经典起了重要作用。"[③]

陆修静一生的宗教活动,几乎与南朝刘宋相终始。他既赶上了声势浩大的孙恩、卢循之乱,也经历了皇室自相屠戮的"太初之难"。为了拯救日渐式微的道教,他曾试图走寇谦之的路子,主动向皇室靠拢。公元437年(元嘉十四年),当刘宋在文帝刘义隆治理下政局稍显稳定之际,陆修静作《灵宝经目序》,其中颇多讨好刘宋并从而鼓吹《灵宝经》的谀辞,该序称:

> 庚子之年,夭子续党于禹口,乱群填尸于越川。强臣称霸,弱主西播。龙精之后,续祚之君,罢除伪主,退剪逆民。众道势讫,此经当行。推数考实,莫不信然。期运既至,大法方隆。但经始兴,未尽显行,十部旧目,出者三分。虽玄蕴未倾,然法轮已遍于八方,自非时交运会,孰能若斯之盛哉!

陆修静在序中,是观照到晋宋之际的历史事件在说事。庚子,乃晋安帝隆安四年(400),关合"禹口""越川"二句,显指公元399—402年,孙恩据海岛袭扰会稽(今浙江绍兴市)一带的动乱;"强臣"暗指于402年拥兵入建康并于次年篡位的桓玄;"弱主"则指一度被桓玄废黜而出居长江中上游的晋安帝司马德宗;"续祚之君"指刘裕,而"罢除伪主,退剪逆民",盖盛赞刘裕消灭企图篡位的桓玄,平定孙恩、卢循叛乱的功业。而"众道势迄,此经当行"二句,是说以天师道为代表的众多民间道派并存的局面应该结束,而以《灵宝经》为核心重建统一的新道教的时机已经"时交运会",臻于成熟了。[④]

在这里,陆修静力图态度鲜明地同富有叛逆性格的旧天师道划清界限,以便向

---

① 陈寅恪,《崔浩与寇谦之》,载于《金明馆丛稿初编》,1980年8月第1版,第138页。

②《云笈七签》卷五《宋庐山简寂陆先生》,《道藏》第22册,第27页。

③ 卿希泰等:《道教史》第二章《汉魏两晋南北朝道教》,第70-71页。

④ 参阅钟国发:《陶弘景评传》附编下《陆修静评传》,南京大学出版社,2005年7月第1版,第549页。

宋文帝推销他的《灵宝经》。但是,凭借平定孙、卢之乱乘势起家的刘宋王朝,对天师道掀起的农民大起义巨大威力犹心存余悸,加之当时浮屠之教正风行于南朝,他效法寇谦之欲借皇室之力振兴道教的努力,似乎未引起宋文帝的关注,收到实效。他只好退隐庐山,继续炼养,并整理道书。但《灵宝经目序》问世后,也产生了一定社会影响。《简寂先生陆君碑》称:"虽身隐弥静,而名逃益彰。江汉之人,虚往实归,莫知纪极"。又据道教史籍载:

> 宋元嘉末,因市药京师,文帝素钦其道风,作停霞宝车,使左仆射徐湛之宣旨留之。先生固辞弗顾,拂衣而去。后帝有太初之难,人咸异之。(元道士赵道一编《历世真仙体道通鉴》)

所谓"太初之难",即发生于文帝元嘉三十年(亦即太初元年,453)太子刘劭弑逆的惨剧。陆修静对文帝刘义隆的蒙难,既深表痛惜,又不免流露出未获知遇的怨诽。据现存于《道藏》为他所撰《洞玄灵宝五感文》中有云:

> 癸巳年冬,携门人建三元涂炭斋,科禁既重,积旬累月,负戴霜露,足水首泥,时值阴雨,衣裳沾濡,劲风振厉,严寒切肌,忍苦从法,不敢亏替。

"癸巳年",即"刘劭弑逆"的元嘉三十年(453)。是年冬,陆修静冒着阴雨冰霜,"积旬累月"地为包括文帝刘义隆在内的死于"太初之难"的亡灵,做隆重的"三元涂炭斋",显示出他对宋文帝不无悼惜之感。但在这篇《五感文》的开头却说:"信用妖妄,依附邪魅,假托真正。君子小人,相与逐往,……致上危神器,下倾百姓,灭身破国,犹不以戒。至乃浊乱正炁,点染清真,毁辱大道,可为痛酷!"很显然,陆修静对刘义隆、刘劭父子及号称"天师"的严道育之类,都是一并痛加谴责的。面对乱离的时势,他接着感慨道:"余生值末世,教法纲颓,人皆趋彼,而我窃守此,……卷志谢芳洁之声,开怀受尘垢之污,乞免分竞之斧斤,请保无用以自足!"他怀着"举世皆浊,唯我独清"的自矜、失落与孤独感,又遁入庐山深处,独自修炼去了。雍正《江西通志》卷一二〇引梁沈璇《简寂馆碑》称:"大明五年(461),置馆于庐山高岭。"大抵以"太初之难"为分界线,皇室间相互猜忌残杀,成为刘宋末季宫廷政治的常态。此后的孝武帝刘骏、前废帝刘子业、明帝刘彧、后废帝刘昱等,唯恐皇祚落于旁支,出于变态心理,竞相屠戮宗室子孙,几近达到绝嗣境地。刘宋末代皇帝顺帝刘准"逊位被害后,宋之王侯,无少长皆尽矣!"(参阅赵翼《廿二史札记》卷一二"宋子孙屠戮之惨"条)陆静修生不逢时,在刘宋末季的血腥氛围中,从事道教改革的希望,变得愈益渺茫。他一直等到宋明帝泰始三年(467),明帝刘彧剪除异己告一段落,帝位基本稳定后,也许是出于搜罗遗贤、点缀升平的用心罢,一再遣使敦请,陆修静才勉强表态说:"主上聪明,远览至不肖,猥见采拾。仰惟洪眷,俯深惭惕。老子尚委王官以辅周室,仙公(指葛玄)替金锡佐吴朝。得道高真,犹且屈己,余亦何人,宁可独善乎!"(《三洞囊》卷二《敕追诏道士品》引《道学传》)在朝廷给足了面子后,他终于下山来到建康。朝廷为他在市郊修建了一座崇虚馆,供他和道士们居住并从事宗教活动。崇虚馆是为了尊崇陆修静而修建的。这使人联想到北朝为寇谦之建造的崇虚寺。这意味着在天师道酿成多次动乱后,处境艰难的南朝道教,终于获得朝廷的正式承认,从而提高了自己的社会地位。

陆修静这次来到建康时,已经62岁。他在崇虚馆一住就是十年,直到公元477年(宋后废帝元徽五年),72岁时逝世。在这十年间,随着明帝刘彧于公元472年卒后,皇室又陷入自相残杀的乱局,对崇虚馆无暇顾及,陆修静也无所作为,只好致力于道经的整理而已。卒后,归葬庐山,谥曰"简寂先生";名其修道馆曰"简寂观"。

誌公可能是早于陆修静两年进入建康的。陆修静居于崇虚馆的十年寂寞冷落的晚景,寄迹于兴皇寺的誌公应该是有所了解的。陆修静进住崇虚馆的十年,与其说是受到崇奉,不如说是受到"监护"。况且,偌大的京都建康,仅有一座皇家兴建的道观——崇虚馆而已,同佛刹林立,梵音聒耳的盛况比较起来,佛道之间地位的高下,不啻霄壤!这种景况,不能不触动誌公由道入佛之信仰嬗变的思考。

以年龄论,寇、陆二位均较誌公年长,而陶弘景(456—536)虽比誌公小了三十多岁,但二人缘分不浅。他们都经历了刘宋末季与乍兴乍灭的南齐宗室自戕的末世乱局,又一同际遇于稍有振作的梁武帝萧衍。李延寿修《南史》,将二人均收入《隐逸传》中,是颇有见地的。这很可能是因为他看出了二人均有隐逸与"佛道双修"倾向有关。至于二人之间是否有过直接交往,今已无考。

据陶弘景从子陶翊《华阳隐居先生本起录》(见《云笈七签》卷一〇七,以下简称《本起录》)载:先生于宋孝建三年(456),生于丹阳郡秣陵县,"宅在白杨巷南冈之东,宋初土断,仍割秣陵西乡之桐下里,至今居之。"追溯建置沿革,白杨巷当在今南京市区东南之江宁县境内,则实为今南京人也。又称:"祖隆,身长七尺五寸,美姿状,有气力,便鞍马,善骑射,好学读书善写,兼解药性,……侍从孝武帝伐逆有功,封晋安侯"。"父讳贞宝,字国重,司徒建安王刘休仁辟为侍郎,迁南台侍御史,除江下孝昌相。亦闲骑射,善藁隶书;家贫以写经为业,一纸直价四十,书体以羊欣、萧思话法；深解药术，博涉子史，好文章，美风仪。凡游从与萧思话[①]、王钊[②]、刘秉[③]周旋，多为诸贵胜所赏遇。”可知，陶弘景出身于一个尚武能文，爱书法，习医药的次等士族阶级，而且，在他尚未成年时，父亲就把他引入了京都上流社会的文化圈子。据《本起录》称：

> 先生四、五岁便好书，今犹有六岁时书，已方幅成就。九岁、十岁，读《礼记》《尚书》《周易》《春秋》杂书等，[④]颇以属文为意。年十一，为司徒左长史王钊子昊博士。

年方十一，即被物色给贵胄子弟充当“博士”（实即伴读而已），可见陶弘景的早慧。

《本起录》还提到，陶弘景刚年满十七岁，就行了加冠礼，以随员身份跟时任尚书左仆射、丹阳尹刘秉一道去了丹阳。刘秉的次子刘俣，“雅好文籍，与先生日夜搜寻，未尝不共味而食，同车而游。俣与江敩、褚炫等俱为顺帝四友，[⑤]故最以才学得名。作《宋德颂》《连珠》《七警》，当世称绝。俣既亡后，文章皆零落，先生欲为纂集竟不能得。”

所谓《宋德颂》，自然是为“日薄西山，奄奄一息”的刘宋王朝唱赞歌的。宋后废帝刘昱元徽五年（477）被萧道成党羽杀害，为便于进一步篡夺，乃假皇太后令，立明帝刘彧第三子年仅九岁的安成王刘准继位，是为顺帝（参阅《通鉴·宋纪·顺帝升明元年〔477〕》）。在乳臭未干的刘宋末代皇帝刘准命在旦夕之际，包括陶弘景在内的所谓“升明四友”，在本应为刘宋唱挽歌的时候，他们却还在唱赞歌，则其政治上之幼稚程度，其才学之浮华而不切世用，可以概见矣！

---

①《宋书·萧思话传》称：“涉猎书传，颇能隶书，解音律，便弓马。……爱才好士，人多归之。”其身份是孝懿萧皇后（武帝刘裕继母）。孝武帝刘骏讨逆时，萧任徐、兖二州刺史，起兵响应有功，曾一度任中书令。

②《宋书·王宏传》附传：王钊出自南朝第一高门琅琊王氏，时在司徒、尚书令刘休仁（文帝第十二子）门下，任司徒左长史。后王钊因事触怒休仁，“恚之不已，太宗（明帝刘彧）乃收付廷尉，赐死。”

③ 刘秉乃刘裕弟长沙王刘道怜之孙。史称：“少自砥束，甚得朝野之誉。”参阅《宋书·宗室·道怜传》附传。

④《梁书·处士·陶弘景传》：“幼有异操。年十岁，得葛洪《神仙传》，昼夜研寻，便有养生之志。谓人曰：‘仰青云，睹白日，不觉为远矣。’”早慧而有“异操”的陶弘景，《神仙传》应在其所读“杂书”之列，仰望青云白日，遂生“白日飞升”之想，亦不必奇怪。

⑤ 李渤《贞白先生》（《太平广记》卷一五引《神仙感遇传》）：“年十七，与江敩、褚炫、刘俊，为宋朝昇明四友。”当依《本起录》作“刘俣”为是。俣俣，大而美。《诗·邶风·简兮》：“硕人俣俣，公庭万舞。”毛传：“俣俣，容貌大也。”

也许是出于政治上的幼稚，也可能是为了报答刘秉的知遇之恩，陶弘景还加入了随刘秉、袁粲密谋反对萧道成篡夺的重大政治行动。《本起录》说：

升明元年(477)冬，先生年二十二，随刘丹阳(秉)入石头城就袁粲建事[①]，先生与韩贲、縻淡同掌文檄。及事败城溃，即得奔出。俣及弟倏为沙门以逃，为人所获，建康狱死，人莫敢视。先生躬自收殡瘗葬，查硎旧墓，营理都毕。自此去世，寻山而止。值宋、齐之际，物情未安，既结刘宗，常怀忧惕。

陶弘景参与袁、刘反萧集团，对刘宋而言，这是符合儒家伦常的"尽忠伐叛"的正当行为；而冒着被株连的风险，替被害的友人刘俣、刘倏兄弟料理后事，算是尽了朋友之义，也是值得称道的。经历了这段宋、齐易代之际充满血腥气味的仕途经历，滋生并强化其"去世"倾向，并"常怀忧惕"，是合乎情理的，但距离他真正"寻山而止"，隐居修道，却还有很长一段历程。陶翊说，其"父乃因纪僧真求事高宗(萧道成)于新亭，即蒙帐内驱使"[②]。这时，萧道成为安定人心，对曾参与过反萧集团的陶弘景未予深究。很可能看上了他的才华，还让弘景作其第五子晔、第六子暠的侍读，"兼助公问管记事，先生时年二十三"。萧道成在位不到四年就去世了。太子萧赜继位，称武帝，改元永明。封其幼弟萧铿(道成第十六子)为宜都王。于是，起用正丁父忧的陶弘景为振武将军陪宜都王侍读。过不久，服除，召拜左卫殿中将军，其职责约当侍从武官，"朝请宴会，则将军戎服，直侍左右，夜开城诸门，则执白虎幡监之"(《宋书·百官志》下)。这时陶弘景已经二十八岁，对此任命颇感委曲，发了一通牢骚之后，还是勉强就职了。看来，南齐王朝既着重其才名，又不真心重用他，况且，其仕途很不走运，正当他有机会"迁擢，会母忧去职"。当其三年服满，再回朝复职时，朝廷仅仅给他安置了一个但食俸禄而无职事的"奉朝请"[③]的闲职。过了几年投闲散的寂寞生活，终于按捺不住了，在《与从兄书》中发牢骚说："今年三十六矣，方作奉朝请，此头颇可知矣。不如早去，无自劳辱。"于是，在齐永明十年壬甲岁(492)，他三十七岁时，毅然辞官归隐于句容之句曲山(即茅山)，自称"华阳隐居"。

陶弘景之所以选择句曲山归隐，因为当时它就已经成为历史悠久的道教名山

---

① 中书监袁粲联合尚书令刘秉，密谋矫太后令，使直门下省领军将军刘韫、直阁卜伯兴，率宿卫兵攻萧道成于朝堂。事败，袁、刘及其子，俱被杀。(参阅《通鉴·宋纪·顺帝升明元年〔477〕》)。

②《南齐书·倖臣·纪僧真传》称："纪僧真，丹阳建康人也。"萧道成平定袁、刘及萧势力后，屯军新亭，视僧真为心腹，尽掌帐中事务，"报答书疏，皆付僧真"。后拜齐公，以僧真为"齐国中书舍人"。纪与陶氏本为同乡，且与弘景之父有旧，为其蒙一供"帐内驱使"之胥吏，当非难事。

③ 按南朝职官制度，奉朝请是安置闲冗官员的一种名义，有俸无职，不限员额。《南齐书·百官制》称："永明中，奉朝请至六百余人。"

了。相传西汉景帝时，茅盈、茅固、茅衷弟兄曾在此修道成仙，故又称"三茅山"，简称茅山。魏晋以来，又先后有葛玄、葛洪、杨羲、许谧及南朝宋陆修静在此修道。就其学道的师承渊源看，陶弘景同陆修静之间至少是有间接的师承关系的。从《本起录》可知，陶弘景在任奉朝请这几年闲职的日子里，为归隐修道和搜集整理道经作了许多准备工作，称：

> 先生以甲子(484)、乙丑(485)、丙寅(486)三年之中，就兴世馆主东阳孙游岳咨禀道家符图经法，虽相承皆是真本，而经历模写，意所未惬者，于是更寻访远近以正之。戊辰(488)年始往茅山，便得杨、许手书真迹，欣然感激。至庚午(490)年，又启假东行浙越，处处寻求灵逸。至会稽大洪山，谒居士娄惠明；又到余姚太平山谒居士杜京产；又到始宁兆山，谒法师钟义山；又到始丰天台山谒诸僧标，及诸处宿旧道士，并得真人遗迹十余卷，游历山水，二百余日乃还。爰及东阳长山，吴兴天目山，于潜、临海、安固诸名山，无不毕践。

由上可见，陶弘景归隐修道以前，花了约五年时间作准备。前三年向陆修静的高足孙游岳"咨禀道家符图经法"。而陆修静在道教史上的突出贡献是整顿天师道和振兴灵宝派。陶弘景同陆氏弟子兴世馆主孙游岳交游达三年之久，必然会受到这方面的影响。再者，他东游浙越时，寻访过的杜京产，也是著名的天师道世家。[①]但在其一生的道教活动中，对作为民间宗教且富有抗暴犯上的叛逆性格的天师道，似有意避讳，敬而远之，或刻意加以贬低。

由于陶弘景文化素养全面，又挟不世之才，作为一代文化精英，除了道业而外，其成就是多方面的。如诗文、书法、天文历算、化学医药、金属加工、机械等等方面，均有突出的造诣。

陈寅恪说："道家则研究人与物之关系。故吾国之医药学术之发达出于道教之贡献为多。"[②]陶弘景正是这方面的一个突出代表。在他去世五十多年后，江总在《陶贞白先生集序》中，对其学养及文化学术成就给予了高度评价。称：

> 若夫德行博敏，孔室四科，经术深长，郑门六艺，丹阳陶先生备斯矣。至如紫台青简，绿帙丹经，玉版秘文，瑶坛怪牒，靡不贯彼精微，殚其旨趣，盖非常之绝技，命世之异人焉。(《艺文类聚》卷五五)

---

①《南齐书》卷五四《杜京产传》："杜京产字景齐，吴郡钱塘人。杜子恭(孙恩叔孙泰之师)玄孙也，……世传五斗米道，至京产及子栖。"

② 陈寅恪，《天师道与滨海地域之关系》，载于《金明馆丛稿初编》，上海古籍出版社，1980年8月第1版，第32页。

作为一位开宗立派的道教领袖,陶弘景在我国道教史上占有一席显著的地位。综括其成就和影响,有如下四端:

第一,撰《真灵位业图》[①]仿照世俗社会的封建等级制度来构建道教的神仙谱系。将当时道教的三个主要派别:上清派、灵宝派、天师道的创始人分别纳入不同等级的三个神阶中,以示三派地位的高低。其中,他所崇奉的上清派地位最高,灵宝派次之,天师道最低。借以抬高上清派,贬低天师道。建立这一谱系的积极意义,是使庞杂无序具有多神教色彩的道教,向一神教方向迈进了一大步。

第二,编著《真诰》一书,对道教传承的历史做了系统的整理。《郡斋读书志·神仙类·真诰二十卷》称:"陶弘景撰。皆真人口授之诰,故以为名。记许迈、许谧、杨羲诸仙授道之说,本七卷:《运题》一、《象甄》二、《命授》三、《协昌期》四、《稽神枢》五、《握真辅》六、《翼真检》七。后人析第一、第二、第四,各为上下。"[②]是书为后世从事道教史研究存留了许多宝贵的资料。

第三,充实和发展了道教的炼养理论。他继承道教传统,在炼养理论上主张形神双修,养神与炼形并举。他说:"今且谈其正体,凡质象所结,不过形神。形神合时,是人是物;神形若离,则是灵是鬼。其非离非合,佛法所摄;亦离亦合,仙道所依。"[③]又说:"假令为仙者,以药石炼其形,以精灵莹其神,以和气濯其质,以善德解其缠,众法共通,无碍无滞。欲合则乘云驾龙,欲离则尸解化质。"[④]他还主张少思寡欲[⑤],"饮食有节,起居有度",尤注重炼丹及服食药物。有多种关于炼丹及《本草》著作传世。

第四,弘扬上清经法,成为茅山宗的开创者。李渤《真系》称:"今道门以经箓授受,所自来远矣。……其陆君之教,许、杨之胄也。陆授孙君,孙君授陶君,陶君搜摭许令之遗经略尽矣。"[⑥]由此可见,陶弘景是直接传承于杨羲、许谧、陆修静、孙游岳诸人的上清派的嫡传弟子。加之他长住茅山传授上清经法,并著《真诰》一书,对上清经的来源及传承系统(旁及灵宝派产生及流传之历史线索),对弘扬上清派有

---

①《徐氏家藏书目》卷三子部:《真灵位业图》一卷,陶弘景。

② 陶弘景撰:《四库全书总目·道家类·真诰二十卷》。但提要所列篇目,与郡斋所列多有不同。引《朱子语录》云:"《真诰·甄命篇》,却是窃佛家《四十二章经》为之。至如地狱托生妄诞之说,皆是窃佛教中至鄙至陋者为之。"又引黄伯思《东观余论》云:"真诫众灵教戒条,后方圆诸条,皆与佛《四十二章经》同,后人所附。然二氏之书,亦存此一家于天地间耳。固不必一一别是非,亦无庸一一辨真伪也。"

③《华阳陶隐居集》卷上《答朝士访仙佛两法体相书》,《道藏》第23册,第646页。

④《华阳陶隐居集》卷上《答朝士访仙佛两法体相书》,《道藏》第23册,第646页。

⑤ 他提倡"十二少",即:少思、少念、少欲、少事、少语、少笑、少愁、少乐、少喜、少怒、少好、少恶。谓"行此十二少,养生之都契也。"——《养性延命录》卷上《教诫篇第一》,《道藏》第18册,第476页。

⑥《云笈七签》卷五《真系》,《道藏》第22册,第25页。

较大影响。因此,从他以后,茅山实际上成了上清派的中心,并径称上清派为茅山宗,以陶弘景为茅山宗的创始人。[①]

陶弘景修道的句容,属建康的近畿,不过一日之程。京都的政局有什么风吹草动,他会很快感知的。在他离开京都的次年,即永明十一年(493),随着武帝萧赜的长子(即太子)萧长懋与他本人先后病逝,皇位旁落到武帝堂弟,即高帝萧道成次兄萧道生之子时任左仆射、领右卫将军的萧鸾之手。这位残忍的野心家,不但先后杀了武帝的长孙郁林王萧昭业及其弟十五岁的恭王萧昭文,为了巩固其夺得的皇位,还把高帝、武帝的宗王中有点能耐足以对他构成威胁的杀了一大半。他在位不到五年,传位给年仅十六岁的太子(史称东昏侯)萧宝卷,为了给他这位不成器儿子预除隐患,于是又大开杀戒,把萧道成、萧赜各二十多位王子及其后代,都杀光了;一些可能威胁其皇祚的权臣,也多被剪除。他留给萧宝卷的"遗嘱"是:处事不可手软,须先下手为强![②]有如此乃父乃子,齐室之运祚将尽,可知矣!不到三年,也就是陶弘景辞官离开京都的第十个年头——公元502年(齐和帝萧宝融中兴二年、梁武帝萧衍天监元年),萧宝卷及其八弟萧宝融都被萧衍收拾掉,江山易色,变成梁朝的天下了。

陶弘景曾给齐高帝第五子萧晔、第六子暠、第十六子萧铿作过侍读,又在南齐的官场蹉跎了十余个年头,但同齐朝的关系,却一直处于貌合神离的尴尬状态。他侍读过的几个王子中,十六子宜都王萧铿同他感情最深。永明十年(492)离京时,萧铿曾深情饯送;[③]萧鸾篡位的建武元年(494),萧铿被杀时,曾托言《梦记》[④]以寄托哀思,陶弘景对贪残嗜杀的萧鸾自然不会有好感。但萧鸾在帝位坐稳后,可能想借助陶弘景这位方外名人来安抚人心,于是"固请隐居诣诸名岳,望秩展敬。遂周旋五郡,经历三年。事迄,迎还。"(《三洞珠囊》卷二引《道学传》卷八)对这趟可借以游山玩水的皇差,陶弘景的态度是勉强的、低调的。路过东阳郡(今浙江金华)时,甚至谢绝了时任郡守的老友沈约的邀请,有意回避。明帝建武三年春,又坚决回绝了萧鸾敕迎他回居钟山的邀请,[⑤]仍住茅山修道。也因此得以避开齐、梁鼎革之际的血雨腥风。据道教研究者考察,陶弘景的几部重要著作如《真诰》,以及包括他本人

---

①上述几点,多参考卿希泰等著《道教史》第二章《汉魏两晋南北朝道教史》,可参阅。

②《南齐书·东昏侯纪》称:萧鸾临终前告诫太子(宝卷)说:"以隆昌为戒,曰:'作事不可在人后!'""隆昌"乃郁林王萧昭业年号。萧鸾正是在隆昌元年(494),先出手大杀诸王,而夺得帝位的。

③《本起录》称:"宜都(萧铿)幼有识度,且待受最久,弥尽亲密。……及闻先生当辞世绝俗,屡致涕泗。临行……使亲侍左右五六人送至湖熟。役使数人,长给在山,触事营理,书驿旬朔。"

④《梁书》本传称:"建武中,齐宜都王为明帝所害,其夜,弘景梦铿告别,因访其幽明中事,多说秘异,因著《梦记》焉。"《本起录》亦记其事,情节更离奇,可参阅。

⑤《本起录》称:"明帝三年(496)二月,敕迎先生入居蒋山(即钟山),先生固辞。"

及其家族几代医药学经验的几部力作如《本草经集注》《效验方》《补肘后百一方》等，都是在公元499—500年间完成的。[①]

综观陶弘景的一生，他虽然厌弃仕途，却又是深深地懂得政治的。至于他对南齐的态度，可以说是以"反齐"起，以"倒齐"终。齐永元三年(500)十月，萧衍的长兄时任尚书令的萧懿被萧宝卷处死后，时任雍州刺史的萧衍，便于襄阳起兵声讨东昏侯萧宝卷。次年(501)三月拥立萧鸾第八子十三岁的荆州刺史、南康王萧宝融为和帝，改元中兴，自荆州顺流而下，进军建康。陶弘景马上敏感地意识到南齐气数已尽，政局行将发生巨变，立即投向同他素有交情的萧衍的麾下，加入"倒齐"的阵营。《本起录》称：

> 先生自永元以来，深记向晦。闻义师西下，日夕以觊。及届于新林，便指毫赞奖，遣弟子戴猛之假道传送，行达皂荚桥，不能得造。至登石头，复使李嗣公仰奏，即获闻达，时(辛巳，501)十一月朔日也。

这是说，当萧衍兵抵建康西南的新林时，陶弘景即主动派弟子前往送信，但没有联系上，直待萧衍进占石头城后，才联系上并得到了回信。复得萧衍的亲信"竟陵八友"之一沈约的引荐，甚至让陶弘景参与了齐、梁易代的"禅让"的机密，连以"梁"为国号、登基大典的吉日，都是靠陶弘景施展谶纬之术确定下来的。《南史》本传称：

> 齐末为歌曰："水丑木"，为"梁"字。……及闻议禅代，弘景援引图谶，数处皆成"梁"字，令弟子进之。

这一情节，《本起录》说得更为具体(括号内为文本原注)：

> 受封揖让之际，范云、沈约并秉策佐命，未知建国之号。先生引《王子年归来歌》中"水丑木"处(《王子年归来歌》亟论"水丑木"，皆是羡词。兼引王君《回文》《识焉》《荣牵》三诗，并盛称"梁"字为应运之符)，及诸图谶，为应运之符。

登基大典之所以定在四月八日，据《本起录》说，也主要是采纳了陶弘景的意见："至春末夏初，当就昭告，沈约宣旨，又请克日。先生虽疏数日，而正据四月八日丙寅也。"该文又称：

---

① 此从钟国发先生说。可参阅钟国发：《陶弘景评传》第三章《蔑齐：逍遥山林》，南京大学出版社，2005年7月第1版，第122-123页。

乙丑夜，凝云洒雨，朝廷深虑致疑。诘朝迟明，登坛焚燎。受终礼毕，銮驾还宫，百司陪庆。冥夕之间，雨复滂沱。朝廷扼腕，莫不谓天命矣。

看来，在萧衍一手导演的这场假“禅让”之名，行篡夺之实的大戏中，作为方外之友的陶弘景，确实扮演了别人无法替代的重要角色。当他登上梁武帝的宝座后，至少在天监初年，对陶弘景的确是恩遇甚隆的。《梁书》本传说：“高祖既早与游，及即位后，恩礼愈笃，书问不绝，冠盖相望。”萧纶《梁解真中散大夫贞白先生陶隐居碑铭》称：“先生奉表称庆，于是音问复通。自天监以来，常有敕旨，供给药饵，不乏岁时，渥泽深恩，莫之与比。”《南史》本传也称：

帝手诏招之，锡以鹿皮巾。后屡加礼聘，并不出，唯画作两牛，一牛散放水草之间，一牛着金笼头，有人执牛，以杖驱之。武帝笑曰：“此人无所不作，欲学曳尾之龟，岂有可致之理。”国家每有吉凶征讨大事，无不前以咨询。月中常有数信，时人谓为“山中宰相”。二宫及公王贵要参候相继，赠遗未尝脱时。多不纳受，纵留者即作功德。

《南史》作者李延寿所描述的权贵对茅山趋之若鹜的情形，大体近实。因为他们都知道萧衍同陶弘景之间，关系非同一般。至于“山中宰相”云云，则未免夸大其词。以高逸出世自诩的陶弘景，自然明白，雄才大略、文武兼资的萧衍，未必会听从他的咨禀；而自己在经世致用，治国、平天下方面的才能，未必比梁武更高明。直白地说，二人的接近，实因为彼此“相须”：刚刚当上皇帝的萧衍，想借重这位方外之友的大名来安抚人心、点缀升平；而陶弘景则企图借助于朝廷来抬高自己的身价，从而提高道教的社会地位，以推进他所崇奉的道教事业的发展。但二人的亲密关系，并没有维持多久，情况就起了变化。

萧衍本来出身于天师道世家。《隋书·经籍志》称：“武帝弱年好事，先受道法，及即位，犹自上章，朝士受道者众。”但在天监三年(504)四月八日《舍道事佛疏文》中，却骤然改变态度，对“佛”格外虔诚，把“道”看作“邪法”，他亲自出来明确表态说：

弟子经迟迷荒，耽事老子。历叶相承，染此邪法。习因善发，弃迷知返。今舍旧医，归凭正觉。愿使未来世中，童男出家，广引经教，化度众生，共取成佛。入诸地狱，普济群萌。宁可在正法中长沦恶道，不乐依老子教，暂得生天。摄大乘心，离二乘念。正愿诸佛证明，菩萨摄受。萧衍和南。(《释藏》陪八《辨正论》八，又驾八《广弘明集》四)

同年四月所作《敕舍道事佛》中，既斥老，又排儒，尊崇佛教的态度更加坚决：

道有九十六种，唯佛一道，是于正道。其余九十五种，皆是外道。朕舍外道，以事如来。若有公卿能如此誓者，各可发菩提心。老子、周公、孔子等，虽是如来弟子，而为化既邪，止是世间之善，不能革凡成圣。公卿百官，侯王宗室，宜反伪就真，舍邪入正。故经教《成实论》说云：若事外道心重，佛法心轻，即是邪见。若心一等是无记不当善恶。事佛心强，老子心弱者，乃是清信。言清信者，清是表里俱净，垢秽惑累皆尽。信是信正不邪，故言清信佛弟子。其余诸信，皆是邪见，不得称清信也。(《释藏》陪八，又驾八)

上文说，他“耽事老子，历叶相承，染此邪法”，这分明承认自己出身于天师道世家(因其教规如此)。前引《隋书·经籍志》还说，“及即位，犹自上章，朝士信道者众。”可是，到了天监三年四月，新朝刚刚安定下来，对家世“历叶相承”的道教的态度，却突然来了个一百八十度的大转弯，这难道是萧衍一时心血来潮的轻率之举吗？绝不是。出身于天师道世家而又当上了皇帝的萧衍，当然不会忘记，因天师道的介入政治事端，导致东西晋亡国及刘劭弑逆等惨痛的历史教训。很显然，他是着眼于“皇图永固”的政治大局，把“舍道事佛”当作一项重大国策来考量的。可这样一来，不啻在他同陶弘景之间划出了一道鸿沟，他们以往那种貌似亲密的关系，已经发生了实质性的变化。

对梁武帝这番不同寻常的“崇佛抑道”的大动作，睿智如陶弘景者，自然心领神会，无非让他收敛一点，不要过于张扬，过分吸引人们的眼球。萧衍明确敕令：“其公卿百官，侯王宗族，宜反伪就真，舍邪入正”。言外之意，就是告诫王公贵族们离道教远一点，尤其是别同陶弘景走得太近。因为晋宋以来，由于天师道同皇族和权势者们搅在一起，往往会闹出丧家亡国的大乱子来。这些前车之鉴，促使梁武帝在立国不久，立即就此问题，对皇室和朝臣们发出警告。陶弘景很知趣，此后尽可能低调行事。

为了把陶弘景拴在句容，置于自己眼皮底下，于是萧衍给陶弘景出了一道无解的难题：说是梦中有人告诉他，白日轻举的仙丹，是能够炼成的。实即示意陶弘景为他炼制仙丹。陶弘景未必情愿，但心知“梦旨”难却，于是顺水推舟地说：在同一天晚上，他也做了一个与萧衍同样的梦。①萧、陶都是聪明人，何尝不清楚彼此都在演戏，但又都不愿说穿，以便彼此都好下台。陶弘景出于无奈，只好乖乖地带着几位徒弟，到茅山积金岭东一个山洞中起炉炼丹去了。

所谓炼丹服食，可以肉体成仙、白日飞升，这不过是金丹神仙道派所追求的一

①《陶隐居内传》称：“天监三年，夜梦有人云：‘丹亦可作得。’是夕，帝亦梦人云：‘有志无具，于何轻举，式歌汉武？’帝久之方悟。登使舍人黄陆告先生：‘想刀圭未就，三大丹有阙，宜及真人真心，无难言也。’先生初难之：‘吾宁学少君耶？’帝复以梦旨告焉。乃命弟子陆逸冲、潘渊文开积金岭东，以为转炼之所，凿石通涧，水东流矣。”

个永远难以实现的理想而已。这一派的积极意义，是对我国古代的化学冶炼和气功养生学的发展有一定贡献。陶弘景师徒在茅山的几年炼丹实践，自然不会取得实际结果。于是，他援引葛洪的说法，说是方士炼丹须寻找远离尘嚣、人迹罕至的名山深处，秘密炼制，否则，“不信道者知之，谤毁神药，药不成矣”（《抱朴子·金丹》）。他曾据此给萧衍上奏章，要求到闽、浙沿海一带去寻访便于秘密炼丹的名山胜境。萧衍当然不情愿让他远离茅山，脱出自己的视线，但又不便明令阻止，便用倨傲而语含讥刺的口吻，回了一封信，信中说：

知欲徙卜，想咨请幽胜，谋及蓍龟。但迁徙之日，为当使人，为当使鬼？犹蹑跻因地，其不灭也？（《陶隐居内传》引《集卷》）

陶弘景也是一个有个性的人，他这回也没买萧衍的账，自甘冒着开罪皇帝的风险，悄悄带着仆从，于天鉴七年（508）春，从茅山出发前往东南沿海一带，作寻访洞天福地的尘外之游去了。这一去，就是五年。这五年，也可能是生当多事之秋的陶弘景，一生中过得稍微轻松自在的五年。他先是在浙江沿海的永嘉（郡治永宁，即今浙江温州）、永宁（县治今浙江温州）、永康（县治今浙江永康）地区徘徊流连了两三个年头，寻找适合于炼丹的场地。[①]还到过晋安（今福建泉州市）境内近海的霍山。[②]但都觉得不满意，即使环境清幽，而炼丹所须资材匮乏。[③]最后终于在从海路还永嘉途中，在永嘉的外海，发现一个叫木溜屿的小岛，甚为理想，便决定在岛上造屋建炉，为炼丹做长期经营的打算。但是，他在岛上住下来不久，萧衍责令他立即回京的敕书，就由司徒惠明送到岛上来了，时间约在天监十一年（512）十月。历时将近五年的浙东之旅就这样结束了，他只好勉强地随司徒惠明踏上回京的归程。

可以设想，陶弘景这几年在浙东的活动，一直处于萧衍的监控之中。当他得悉陶弘景打算以木溜屿这个外海的小岛为据点开展炼丹活动时，这不免触动了他敏感的神经。因为他不会忘记声势浩大的孙恩、卢循起义，正是以海岛为据点，聚集力量，而后起事的。因此，萧衍不放心像陶弘景这样富有声望和号召力的道教领袖，脱离自己的掌控，遂敕令他立即回京。几年前，他私自离开茅山时，本未得到萧衍的许可，这次返京途中，又不断得敕书催促，陶弘景对萧衍这位威严强势的皇帝会如何对待他，不免心中没底，忐忑不安。但他深知，此时的萧衍佞佛之心正切，于是毅然皈依佛门，来个佛道双修，以投梁武帝之所好。在归途中，“他声称梦见佛祖给自己‘授记’（即告知自己成佛的时间地点名号等），称自己为胜力菩萨，然后取道鄮县（今浙江宁波），在据说藏有佛陀真身舍利的阿育王塔前立誓，接受了佛教的五

① 据《陶隐居内传》载：陶氏在一石洞夜宿时，曾梦见有人告诉他：“欲求还丹，三永之间”。

②《茅山志》卷二《上清真人许长史旧馆坛碑·碑阴记》：“（天监）十年（511），涉海诣霍山。”

③ 据说炼丹所用燃料是稻糠。这些地方是人烟稀少的山区，稻田少，稻糠匮乏。

大戒[1],为自己塑造了佛道的双重身份。走到晋陵(今江苏常州),他称病不肯进城,萧衍只好让他直接回了茅山,仍住东涧,其时已是天监十二年(513)正月。"[2]

当陶弘景被迫以道教领袖身份皈依佛教,萧衍自然是满意的。因为这符合其"崇佛抑道"的国策,还可以借助陶弘景来强化对道教徒的控制。他一直活到梁武帝大同二年(536),81岁时才去世。在此后的二十多年里,萧衍基本上解除了对他的戒心。二人之间,维持着既是君臣,又是方外之友的微妙关系。期间,萧衍还特地买下雷平山北许谧旧居旁的长沙馆(刘宋末同陶弘景有过交往的长沙王刘秉所造),改建成朱阳馆以安置陶弘景。在其怀着感激心情所撰《许长史旧馆坛碑》(《华阳隐居集》卷下)称:

> 皇上乘弘誓本力,来君此土,炁育苍祇,范铸群品,导法裁俗,随缘开教。以隐居积蕴三真经诰,久栖华阳,宜还旧宅,供养修理,乃敕工匠,建兹堂靖。既仰祇帝则,兼阐大猷,东位青坛,西表素塔,坛塔之间,通是基址。

这座"仰祇帝则"而建的朱阳馆,象征道的"青坛",同象征佛的"素塔",东西并峙的格局,意味着萧衍确认了陶弘景及其所居道馆"佛道双修"的风范。据史籍载记,此后,随着梁武帝对佛教的日渐痴迷,陶弘景也不得不兢兢业业,不敢背离这种风范。

唐释法琳《辨正论·九箴篇之八》称:

> 冲和子与陶隐居,常以敬重佛法为业。但逢众僧,莫不礼拜。岩穴之内,悉安佛像。自率门徒受学之士,早夕忏悔,恒读佛经。(唐释道宣撰《广弘明集》卷十三)

释法琳显然是完全站在浮屠的立场上说话的,偏袒过甚,未可全信。钟国发《陶弘景评传》引《陶隐居内传》云:"在茅山中立佛道二堂,隔日朝礼,佛堂有像,道堂无像。"认为"这可能比较如实"。该书又引《华阳陶隐居内传》卷下《陶君碑》称:

> 大造佛像,爰及写经、起塔、招僧,备诸供养。自誓道场受菩萨法,梦登七

---

①《南史》卷七六本传亦载:"曾梦佛授其菩提记云:名为胜力菩萨。乃诣鄮县阿育王塔自誓,受五大戒。"

② 钟国发:《陶弘景评传》第四章"佛道双修"一节,南京大学出版社,2005年7月第1版,第144页。

地,又得嘉名,具以启闻,蒙敕许可。[①]

这些敬佛礼佛的举措,均予"具以启闻,蒙敕许可"。似乎并非完全出于自愿,是勉强做给皇帝看的。据《南史》卷七六本传载,陶弘景于梁大同二年(536)去世时,对如何料理他的后事,特地给弟子们留下《遗令》:

既没,不须沐浴,不须施床,止两重席于地,因所着旧衣,上加生裓裙及臂衣袜冠巾法服。左肘录铃,右肘药铃,佩符络左腋下。绕腰穿环结于前,钗符于髻上。通以大袈裟覆衾蒙首足。明器有车马。道人道士并在门中,道人左,道士右。百日内夜常燃灯,且常香火。

《南史》本传还说:"弟子遵而行之。诏赠大中大夫,谥曰贞白先生。"陶弘景就这样在朱阳馆寂然逝去了。萧衍也算给了他一点面子,在其身后有所赠谥。他也可就此放下心来,不必再提防这位方外名人给他闹出点什么乱子来了。不过,笔者总觉得陶弘景是带着深深的悲愤和遗憾赍志以殁的。试想想,作为一代开宗立派的著名道教领袖,迫于佞佛的皇帝的淫威,及其"崇佛抑道"国策的政治压力,竟然被剥夺了信仰的自由,被迫皈依佛门,甚至连死后的遗体也得盖上袈裟,打上佛国的标记。这难道不是陶弘景本人乃至他毕生追求和崇信的道教的悲哀吗?《南史》本传又称:"弘景妙解术数,逆知梁祚覆没,预制诗云:'夷甫任散诞,平叔坐论空。岂悟昭阳殿,遂作单于宫。'"说贞白先生因为"妙解术数",因而"逆知梁祚覆没"云云,未免玄了一点。但以他的才识,鉴于萧衍的过分痴迷于浮屠之教,已经达到蠹政误国的程度,预见到梁朝的气数将尽,因而留下这首借古讽今的政治预言诗,也不算离谱。

前面考述陶弘景的仕途坎坷和宗教信仰悲剧的经历,着墨似乎过多,几乎写成读史札记或随笔了。这是笔者有意无意地这样做的。因为,陶弘景自刘宋末季通过仕途踏上人生舞台,中经齐、梁直到逝世的曲折历程,同誌公在宋明帝泰始初进入京都人们的视线,熬过在南齐被"软禁"的岁月,直到梁天监十三年辞世,这段经历,在时间跨度上同陶弘景的经历几乎是重叠的,只不过他在梁武帝统治下又多活了二十二年而已。从政治层面看,二人均有不同程度的"宗宋"与"抑齐拥梁"倾向;至于在宗教信仰方面,就誌公辞世前不久,陶弘景仰遵萧衍鼻息,被迫"佛道双修",曾有道教信仰的誌公,恐亦不能无动于衷。所以,当我们正面讨论誌公在南朝的活动经历时,就会感到,费在陶弘景身上的笔墨,实际上为誌公的活动铺陈了一个历

① 钟国发:《陶弘景评传》,南京大学出版社,2005年7月第1版,第147页。著者对《陶隐居内传》及《陶君碑》这两段引文,均有所考辨,文繁不录。可参阅原书。

史大背景，而绝非闲笔赘言了。

说到在封建专制制度下，宗教信仰受到皇权政治需要之制约，以及在南朝特别是梁代“崇佛抑道”政策之严酷，我们不妨再举一个世俗社会的例子，即著名文学家沈约的悲剧结局。

沈约与萧衍，早岁俱共事于齐竟陵王萧子良文学西邸，都是“竟陵八友”的成员，后来又成为协助萧衍篡齐立梁的佐命元勋。在梁代官居尚书令、行太子少傅。但沈约并不满足，萧衍也对他不无猜忌。《梁书·沈约传》称：“约久处端揆，有志台司，论者咸谓为宜，而帝终不用，乃求外出，又不见许。”萧衍之所以未给予沈约更大的信任和重用，固然与沈约“自负才高，昧于荣利，乘时藉势，颇累清淡”的孤傲自负有关，其深层次的政治原因，恐怕仍然在于对其出自累世信奉天师道的家世背景不无芥蒂有关。

据沈约《宋书》卷一〇〇《自序》（《南史》卷五七本传略同）；沈约出身于天师道世家。高祖警，敬事钱塘天师道领袖杜子恭；子恭死，警复敬事子恭之门徒孙泰、孙恩。晋隆安三年(399)，孙恩于会稽（今浙江绍兴市）起义，“三吴皆响应。（警子）穆夫时在会稽，恩以为前部参军、振武将军、余姚令”。事败，“警及穆夫、弟仲夫、任夫、预夫、佩夫并遇害，唯穆夫子渊子、云子、田子、林子、虔子获全。”又据《梁书》卷十三本传称：“沈约，字休文，吴兴武康（今浙江武康县）人也。祖林子，宋征虏将军。”则参与孙恩之乱的穆夫，乃沈约之曾祖。萧衍对沈约之家世有天师道信仰传统，应该一清二楚，而沈约对这位敕令“舍道事佛”的新皇帝佞佛的偏执态度，也不得不降心相从，极力迎合趋奉。对此，陈寅恪先生曾深致感慨，称：

> 沈隐侯虽归命释迦，平生著述如《均圣论》《答陶隐居难均圣论》《内典序》《佛记序》《六道相续作佛义》《形神论》《神不灭论》《难范缜神灭论》《究竟慈悲论》《千僧会愿文》《舍身愿疏》，及《忏悔文》等，……皆阐明佛教之说。迨其临终之际，仍用道家上章首过之法。然则家世信仰之至深且固，不易湔除，有如是者。明乎此义，始可与言中古文化史也。[①]

关于沈约临终前“用道家上章首过之法”云云，这事发生在天监十二年(513)闰三月，《梁书》本传记述甚详：

---

① 陈寅恪，《天师道与滨海地域之关系》，载于《金明馆丛稿初编》，上海古籍出版社，1980年8月第1版，第33页。

> 初，高祖（萧衍）有憾于张稷[1]，及稷卒，因与约言之。约曰："尚书左仆射边州刺史，已往之事，何足复论。"帝……大怒曰："卿言如此，是忠臣耶？"乃辇归内殿。约惧，不觉高祖起，犹坐如初。及还，未及床，而凭空顿于户下，因病，梦齐和帝以剑断其舌。召巫视之，巫言如梦。乃呼道士奏赤章于天，称禅代之事，不由己出。高祖遣上省医徐奘视约疾，还具以状闻。……及闻赤章事，大怒，中使谴责者数焉，约惧，遂卒。

很显然，沈约是迫于萧衍威逼严责，忧畏而死的。他对沈约之所以如此恼怒，有两层原因。

一是，沈约"呼道士奏赤章于天，称禅代之事，不由己出。"这等于把杀齐和帝萧宝融的责任，完全推卸给萧衍来承担。况且，事实上沈约的确有更大责任。据《通鉴·梁纪一·天监元年(502)》载：萧衍称帝位后，"奉和帝（萧宝融）为巴陵王，宫于姑孰，优崇之礼，皆仿齐初。……时上欲以南海郡为巴陵国，徙王居之。沈约曰：'古今殊事，魏武所云：不可慕虚名而受实祸。'上颔之。"于是派人把十五岁的萧宝融杀了。这就是沈约病中"梦齐和帝以剑断其舌"的由来。可是，而今沈约却企图用天师道上赤章的法术，把杀齐和帝的责任完全推诿得干干净净，萧衍岂肯饶恕！

二是，沈约辞世的天监十二年，萧衍佞佛方酣，他尤其不能容忍位居显要的沈约表面虔诚事佛，而骨子里却执迷地信守其天师道家世传统——况且，其先世是有过参与孙恩"犯上作乱"的"前科"的！本传称，萧衍对此怒不可遏，"中使谴责者数焉。约惧，遂卒。"实际上，沈约是被萧衍"催命"而死的。沈约归命后，萧衍犹余怒未息。沈约乃博雅多才，著作等身之一代文宗。有司拟谥曰"文"。但萧衍不许，说："怀情不尽曰隐。"遂以"隐"为谥，世称"隐侯"。所谓"怀情不尽"，犹言臣下对主上不忠荩、不坦诚，不无怀有"二心"之嫌，谴责之意颇为严劾。由此可见，萧衍对竭诚帮他登上皇帝宝座的老友兼佐命元勋沈约的薄情寡恩，从而亦可见，矢心佞佛的萧衍，对道教（尤其是天师道）防范之严厉。

沈约不幸辞世时，陶弘景受敕刚刚勉强回到茅山不久。噩耗传来，他写了一首题为《和约法师临友人》的七绝：

> 我有数行泪，不落十余年。今日为君尽，并洒秋风前。

对一代才人，文友而兼道友的沈约，借着与慧约法师唱和，婉转地寄托了惺惺

---

①《通鉴·齐纪·和帝中兴元年(501)》："及城闭，城中军事悉委（征虏将军）王珍国；兖州刺史张稷入卫京师，以稷为珍国之副。"是年十二月，与王珍国密谋，杀东昏侯萧宝卷，献其首级于萧衍。实有助于灭齐。萧衍登基后，虽酬稷以高官，但对这位前朝"贰臣"，心存鄙夷且不信任。稷自请外任，卒于边。

相惜、兔死狐悲的悲愤和哀思！细绎"我有数行泪，不落十余年"二句，陶弘景实欲借沈约之死，把自天监初敕令"舍道事佛"以来，他自身及道教界所受压抑与屈辱，一吐为快。满腹悲怆，尽在言外。

就在沈约辞世的次年，即天监十三年(514)，97岁高龄的誌公也圆寂而终。由陶弘景悼沈约的不无避忌，不由得让我们回想起前文提到的《王碑》《陆志》，在述及誌公生平事迹时，多有隐讳的问题。窃以为，作为当时文坛翘楚的王筠、陆倕，在奉敕为这位被尊为"国师"的高僧撰写碑志时，的确有如临深履薄，小心翼翼，唯恐出错。这是为什么？因为他们遇到了从小到大三道难题。

第一，随晋室南渡的衣冠士族，把魏晋以来的九品中正制也带到南朝来了，而且作为维护封建等级制度的基本国策，变本加厉地予以施行。在此前提下，矜门阀，崇郡望，重谱牒之风气正盛。而王、陆俱是由齐入梁的旧人，同誌公相识相处近三十年，他们应该知道誌公的姓氏、籍里及家世生平等等情况。很可能，正因为他们确知誌公出生于平常士人之家，家世门第，乏善可陈。斟酌再三，或者干脆略而不书(如《王碑》)，或者半吞半吐，语焉不详(如《陆志》)，从而增加人们对这位被誉为"神僧"的来历之神秘感。

其次，誌公晚岁，际遇佞佛的萧衍，恩遇日隆，迎入大内，常住华林园[①]，被尊为"国师"；王侯士庶，趋奉朝廷"崇佛抑道"风尚，也把他奉为神僧、圣僧，以为菩萨化身而崇敬之。但受命为誌公树碑立传王筠、陆倕，俱是出身于士族高门，学通内外的才俊之士，受"子不语怪力乱神"(《论语·述而》)儒家正统文化熏习，不难看穿笼罩在誌公头上的那层神秘的面纱；而且与誌公长期共处于齐梁时代，很可能确切地知道誌公的真实来历，知道他原来是一个外来的游方道士，入住钟山后，迫于南朝"崇佛抑道"的大趋势，不得已皈依了佛门。即是说，他们清楚地知道，誌公学佛乃半路出家，学无师承，既未受过佛徒出家必经的削发染衣的洗礼[②]，也不持守佛家戒律[③]。正因为誌公不曾有正规的学佛经历，因而他在佛家所重的经、律、论三个方面，均未达到为世所称的造诣，做出什么实绩。这同他所受到的恩宠、享有的盛誉相较，未免反差过大，"盛名之下，其实难副。"夫"名者，实之宾也"(慧皎《高僧传·序录》)。这样，就给王、陆二位如何在其碑志中旌表他在佛学方面的成就和业绩，出

① 华林园，三国吴建。故址在今南京市鸡鸣山古台城内。南朝宋元嘉时扩建，筑光华殿、景阳楼、竹林院诸胜。其后，齐梁诸帝常宴集于此。又据丁福保《佛学大辞典》第1050页称："弥勒成道后说法之僧园名。中有龙华树，故名华林园。"誌公所居者，或是萧衍于园内为其新辟之佛堂。

② 任继愈主编《宗教词典》"披剃"条说："戒律规定，僧尼出家，须剃除须发，披上袈裟，以为出家的标志。"

③《高僧传》本传称："居止无定，饮食无时，发长数寸，常跣行街巷"等，均有悖于僧人应持戒律。

了一道更大的难题。

其实，与誌公大体时代相近，从河西陇右来南朝活动的僧人中，取得卓越成就者为数不少，为慧皎《高僧传》所著录者，即不下二十人。其中之特出者，如与誌公同乡的金城人玄畅，童年遭家难，逃往凉州出家，后遇北魏高僧玄高，成为玄高之高足。“洞晓经律，深入禅要”，善于宣讲“《华严》大部”及“三《论》，为学者之宗。”（《高僧传》卷八《齐蜀齐后山释玄畅》）另一位出生于安定朝那（今甘肃灵台县），乃高士皇甫谧之苗裔的僧慧，为庐山慧远再传弟子，“专心义学。至年二十五，能讲《涅槃》《法华》《十住》《净名》《杂心》等……齐初，敕为荆州僧主。……年衰，常乘舆赴讲，观者号为‘秃头官家’。与玄畅同时，时人谓‘黑衣二杰’。”（《高僧传》卷八《齐荆州竹林寺释僧慧》）玄畅不但精于义解，善于宣讲，且以文笔见长。本传称，卓锡荆州长沙寺时，“沙门功德直（译）出《念佛三昧经》等，畅刊正文字，辞旨婉切。”[①]僧祐《出三藏记集》卷十一辑入玄畅撰中天竺僧人《诃梨跋摩传》，辞旨渊雅，深切佛理。出生于朝那的皇甫谧的另一位裔孙释道温，“年十六入庐山，依远公受学。后游长安，复师童寿”（鸠摩罗什）。“元嘉中还止檀溪寺。善大乘经，兼明数论，樊、沔学徒并师之。”时人誉之曰：“义解足以析微，道心未易可测。”后奉敕入京师，止中兴寺，“敕为都邑僧正”，“温累当讲任。禀味之宾，填委相属，精勤导物，数感神异。帝悦之，赐钱五十万。……宋泰始初卒，春秋六十有九。”（《高僧传》卷七《宋京师中兴寺释道温》）从年龄看，道温应是誌公的前辈。誌公还有一位年龄相近的同乡，陇西（今甘肃临洮）人释法瑗，乃三国魏名臣辛毗之后，“长兄源明，仕伪魏为大尚书。第二兄法爱，亦为沙门。解经论兼数术，为芮芮国师”。法瑗早岁出家，师事梁州（今陕西汉中）沙门竺慧开。“值胡寇纵横，关、陇鼎沸，瑗冒险履危，学业无怠。……后东适建业，依道场（寺）慧观为师[②]。笃志大乘，傍寻数论。外典坟索，颇亦披览。后入庐山，守静悟禅，澄思五门，游心三观。”尤深谙竺道生所倡顿悟义。“注《胜鬘》及《微密持经》。议论之隙，时谈《孝经》《丧服》。”与齐文惠太子萧长懋及太尉王俭交厚。住灵根寺。“以齐永明七年（489）卒，春秋八十一矣。”[③]

上举自河陇南来的几位僧人，多出身于士族高门，家学渊源深厚，盖有感于时世乱离而归隐佛门。且大都以名僧为师，名流显宦为友，学通内外，深谙佛理，既能登坛宣讲佛经，又多有佛学著述传世。同他们比较起来，上述资质，誌公多不具

① 僧祐《出三藏记集》卷十四《沮渠安阳传》附《功德直传》：“时有外国沙门功德直者，不知何国人。以宋大明中游方至荆州，寓禅房寺。沙门玄畅请其译出《念佛三昧经》六卷，及《破魔陀罗尼》。”

②《高僧传》卷七《宋京师道场寺释慧观》称：“姓崔，清河人。十岁便以博见驰名，弱年出家，游方受业。”乃慧远、鸠摩罗什及门弟子。后南适建康，止道场寺。观既妙善佛理，探究《老》《庄》，又精通《十诵》。著有《辨宗论》《论顿悟渐悟义》及《十诵序》等，皆传于世。

③《高僧传》卷八《齐京师灵根寺释法瑗》。

备。在佛风炽盛的南朝，名僧高座登坛宣讲佛经，在士庶中非常卖座，且极易引起轰动的社会效应。但我们注意到，誌公在南朝活动期间，不曾有过登坛宣讲佛经的载记。这可能因为誌公入梁时（天监元年，502）已是84岁高龄，无力登坛宣讲；但主要的原因，恐怕还在于他毕竟是中年半路出家，对佛学津要尚未臻于融会贯通，更未能着力专精于某一经，以达到能深入浅出，挥洒自如地登坛宣讲的境地。比如，誌公于刘宋末季南来之初，常住的以其河西同乡道猛为僧主的兴皇寺，就是南朝成实论的重要据点。道猛成实之学得之于什公嫡传弟子寿春石磵寺僧导。受道猛的真传，誌公在成实学方面应有所造诣。且成实论大行于梁天监初，他本应有所表现。无奈，梁初三位显贵的僧侣僧旻（467—527）、法云（467—529）、智藏（453—522），是梁代《成实论》三大师。[①]他们学富力强，尤长于讲说，并没有给誌公留下发挥的余地。更令人遗憾的是，誌公作为名震朝野的高僧，在佛典中却没有留下一篇实实在在享有著作权的有价值的著述。不错，《景德传灯录》卷二九，著录有相传为誌公所作的《大乘赞》十首、《十二时颂》十二首、《十四科颂》十四首，共计36首。但学术界认为这些赞偈诗，均出于后人附会，并不承认其著作权。[②]

王筠与陆倕，毕竟是为时所重的文人，且是受敕代官方立言的朝廷大臣，面对誌公的佛学造诣名不副实的难题，也只好虚与应付，而难以无中生有。《王碑》中支吾其词，干脆只着眼于"寺"，发一通空论，而不及于"人"；而《陆志》中，也仅就"稍显灵迹"一端，敷衍数句而已。

第三，如果王、陆二人确知誌公曾有过道教信仰，在碑志中如何表述其由道入佛之经历，则将是更加难以逾越的一道难题。我们知道，自天监三年萧衍先后两次敕令"舍道事佛"后，在南朝，道教几乎成为一个带有负面政治色彩而予以避讳的敏感话题。这一点，从前述作为一代道教领袖的陶弘景，被迫"佛道双修"；而近臣沈约，也因为"上赤章"而暴露其固执的天师道家世信仰，以致被威慑忧惧而死的事实中，看得十分清楚。况且，王、陆二人，均有直接或间接的道教信仰的家世背景，这在无形中又给自己增加了一层顾虑。基于上述情况，《王碑》《陆志》在对待誌公曾有道教信仰经历的问题上，不得不小心翼翼，严加避讳。因为，他们深知，这时的梁武帝佞佛方酣，从他对待誌公生前倍加恩宠，身后备极哀荣的种种举措来看，显然要把誌公大树特树成为佛门偶像，以充分利用其宗教影响，来达到巩固其封建皇权的目的。假如在碑志中直白地道出誌公曾有由道入佛的经历，这岂不让萧衍大为

① 参阅杜维文著：《佛教史》第四章（下），江苏古籍出版社，1993年8月第1版，第208-210页。

② 汤用彤《汉魏两晋南北朝佛教佛史》第十九章《誌公与傅大士》一节称："《灯录》所载二人偈言等，均晚出之传说。"——北京大学出版社，1997年9月第1版，第592页。又，四川大学何剑平教授在《唐代白话诗派研究》一书第二章《唐前白诗诗人》第一节论及保誌白话诗的真伪时，曾详加考辨，也认为出于后人附会，可参阅。

扫兴，而且感到大煞风景吗？

比较起来，王筠比陆倕顾忌似乎更多，更重。因为，出身于建康乌衣巷第一高门，乃东晋开国元勋王导嫡远孙的王筠，祖籍琅琊，是南朝最著名的天师道世家。其祖父僧虔，仕齐官至尚书令、侍中，“雅善隶书”，著有《书赋》，品鉴前代及近世书家，多有卓见，本传有著录。其伯父慈，亦善书，或问：“‘卿书何如虔公？’慈曰：‘慈书比大人，如鸡之比凤。’”慈弟志，亦“善草隶，当时以为楷法。”又，僧虔“颇解星文”。其兄僧绰，死于“太初之难”，泣曰：“吾兄奉国以忠贞，……若同归九泉，犹羽化也。”（以上引文，俱见《南史》卷二二《王昙首传》附）僧绰之子王俭，在南齐初为名相，虽多与名僧交往，但汤用彤先生指出：“《广弘明集》载阮孝绪《七录序》，谓王俭撰《七志》，仙释载于篇而不在志限。又谓王先道而后佛，盖所宗有不同也。据此，则俭专信道者，于佛则或仅赏其玄致。”[①]凡此，俱显示出王筠出身的琅琊王氏，确有天师道世家之风范。[②]但在天监初，当萧衍带头，并敕令“公卿百官，王侯宗室”舍道事佛后，道教信仰，尤其是天师道信仰，几乎成为人们讳莫如深，不敢触及的一道红线。所以，当天监六年（507），萧衍亲自出马，撰《敕答臣下〈神灭论〉》，并责令释法云具体组织朝官围剿无神论者范缜时，王筠一门，除其本人外，父王揖、伯父王志、叔父王彬，及同门兄弟王泰、王缉、王莹、王暕、王琳等九人，出面作答表态，[③]支持作为佛教神学理论支柱的“神不灭论”，并使用“弟子”“和南”等佛门敬词，极力跟上皇上崇佛的步调，借以淡化其家世同天师道有染的痕迹。

我们特别注意到，王筠答审《神灭论》的短文，与众不同，他似乎有意冒出了“弟子世奉法言，家传道训”一句。汤用彤先生称此说“盖非虚言。”[④]窃以为，这是王筠公开承认他所出身的琅琊王氏，既世代信佛，但同时又是一个天师道世家。他很清楚，在精于驭下的萧衍敕令公卿百官“舍道事佛”后，又值此与《神灭论》激烈交锋的当口，他的这种既承认其天师道信仰的家世，又合家表示遵从皇帝旨意一心皈依佛门的老实态度，不会有什么风险，甚至有可能受到赞赏。

就王筠个人而言，还有一层更沉重的顾忌，那就是他同沈约的关系非同一般。在“竟陵八友”中，沈约文学成就最高，论年龄应是王筠的前辈。他对王筠赞誉有

① 汤用彤：《汉魏两晋南北朝佛教史》第十三章《佛教之南统》，北京大学出版社，1997年9月第1版，第307页。

② 陈寅恪先生认为：“东西晋南北朝之天师道为家世相传之宗教，其书法亦往往为家世相传之艺术。如北魏之崔、卢，东晋之王、郗，是其最著之例。”——《天师道与滨海地域之关系》，载于《金明馆丛稿初编》，1980年8月第1版，第34页。羽化，犹言仙化。《晋书·许迈传》：“遍游名山，后莫测所终，好道者谓之羽化。”陈氏曾举僧虔言“羽化”例，以证其为天师道世家。

③ 参阅僧祐：《弘明集》卷十。当时奉敕答臣下审神灭论的朝官共有62人。

④ 汤用彤：《汉魏两晋南北朝佛教史》第十三章《佛教之南统》，北京大学出版社，1997年9月第1版，第308页。

加，自然是家世与才气并重，且不无奖掖后进之美意。《南史》卷二二《王筠传》称："筠字元礼，……七岁能文，年十六，为《芍药赋》其辞甚美。及长，清静好学，与从兄泰齐名。沈约见筠，以为酷似外祖袁粲，谓仆射张稷曰：'王郎非唯额类袁公，风韵都欲相似。'"又语人云："吾少好百家之言，身为四代之史，自开辟以来，未有爵位蝉联，文才相继，如王氏之盛者也。"（王筠《与诸儿书论家世集》）其《与王筠书》，又盛赞王筠的诗作云："览所示诗，实为丽则，声和被纸，光影盈宇。……会昌昭发，兰挥玉振，克谐之义，宁比笙簧。思力所该，一至乎此，叹服吟研，周流忘念。……不及后进，诚非一人，擅美推能，实归吾子。"（《梁书》卷三三《王筠传》引）《南史》卷二二本传又称："筠又能用强韵，每公宴并作，辞必妍靡。约尝启上（萧衍），言晚来名家无先筠者。又于御筵谓王志（筠之伯父）曰：'贤弟子文章之美，可谓后来独步'。"明张溥曰："沈隐侯之知王元礼，犹蔡伯喈之知王仲宣。当日两人情好相得，诗文互赏，郊居佳句，唯元礼能读，好诗弹丸，非隐侯莫为知音也。"（《汉魏六朝三百家集题辞·王詹事集》）

可以想见，沈约当年对王筠的不无溢美的奖掖之辞，曾经极大地提高王筠在文坛的地位和社会影响，是有益于其仕进的宝贵资本。可是，到了天监十三年，当他奉敕为誌公作碑文时，他同因暴露其天师道家世信仰，被胁迫刚刚于头一年忧惧而死的沈约之间的密切关系，却成了难以摆脱的沉重的政治负担。王筠不得不仔细掂量一下，自己本来出身于天师道世家，加上与同样有天师道家世背景的沈约之间这层特殊的关系，如果再把誌公乃"由道入佛"之经历，秉笔直书摆在梁武帝面前，那将会给他带来怎样的后果！斟酌再三，最终决定还是回避为尚。所以，他在《开善寺碑》[①]中，干脆只字不提誌公。不仅如此，在其以典丽潇洒之文笔泛论儒、释、道三教时，用了更多的笔墨来指斥道教的短处和局限：

> 至如访道峒山，乘风独远；凝神汾水，窅然自丧。仰宗黄老之谈，景慕神仙之术，斯盖不度群生，事局诸己。笃而为论，道有未弘。

---

①《皎传》称：敕"王筠勒碑文于寺门。"《南史》卷七六本传称："先是，琅琊王筠至庄严寺，宝誌遇之，与交言欢饮。至亡，敕命筠为碑，盖先觉也。"《南史》卷二二《王筠传》亦称："奉敕制开善寺宝誌法师碑文，词甚丽逸。"朱恒夫等：《〈高僧传〉注释》，陕西人民出版社，2010年5月第1版，第621页注24称：王筠撰《开善寺保誌大师碑文》"已失传"。不知何所据而云然。何孝荣点校：《金陵梵刹志》，天津人民出版社，2007年8月第1版，第101页注王筠《开善寺碑铭》称："（唐）欧阳询《艺文类聚》卷76，（明）梅鼎祚《释文纪》卷27等各录该文，题均作'开善寺碑'。"前引汤用彤：《读慧皎〈高僧传〉札记》著录此文亦称《开善寺碑》。我们注意到，丁福保：《佛学大辞典》第1268页"誌公碑"条，将《王碑》与山东邹平《大唐齐州章丘县长白山醴泉寺誌公碑》混为一谈。本集党嗣仙等著《五岳寻仙不辞远》（第214页）一文，已有辨证，兹不赘。

所谓“不度群生，事局诸己”，“道有未弘”云云，同萧衍在“舍道事佛”敕文说的，唯有佛才是“化度众生，共取成佛”的“正道”，而“老子、周公、孔子等，……为化既邪，止是世间之善，不能革凡成圣”的论调，如出一辙。

陆倕为誌公作墓志，对道教这道红线，也不得不极力回避。因为就其家世而言，也不无与道教有染的嫌疑。据正史记载，陆氏及其外祖家张氏，皆“吴郡吴（今江苏苏州）人也。”按前引陈寅恪《天师道与滨海地域之关系》一文的观点，在魏晋南北朝时期，“吴会诸郡，实为天师道之传教区。”按之史籍，陆、张两家，即使不是天师道世家，也具有某种道教信仰或道家倾向。

汤用彤先生在论及南朝“世族与佛教”时，对吴郡望族陆、张二氏，曾着重予以综括性的评述。大抵谓二氏在南朝晋宋齐梁之际，世代衣冠，人才辈出，既奉佛，又好道尚玄，家世尤以清淡著称。他在论及陆倕及其父慧晓时称：

> 晋太尉玩玄孙，数世为侍中。时人方之金、张二族[①]。庐陵何点，吴郡张融，陈郡谢朏、琅琊王融，并相推重。而同郡张绪推许为江东裴、乐[②]。凡此数人，并系出世族，雅重清淡，又均与释子有交涉。则其时所欣赏之佛教性质可知矣。慧晓之子倕亦甚知名，擅文学，曾为书与兄任，答梁武帝问神灭义（见《弘明集》），并《和昭明太子钟山讲解》（《广弘明集》），为慧初禅师制墓碑（《续传·慧胜传》）。于僧旻深为崇敬。为太子中庶时，傧从到房，旻称疾不见，倕欣然曰：“此诚弟子之所望也。”人皆推倕之爱名德也。（《续传》）由此可见，倕于佛徒，固不只文字上因缘也。[③]

这里提到的张绪，乃陆倕外祖父张岱之兄演之子，为倕之堂舅。汤氏称：“当宋齐二代，张氏人才辈出，为文学谈玄之渊薮。”[④]绪之曾祖父敞，仕晋为侍中尚书吴国内史。祖裕宋元嘉初为益州刺史，有子五人：演、镜、永、辩、岱，时称“张氏五龙”（《南史》卷三一《张裕传》附）。裕弟邵之子敷，尤善玄言，与同时名士宗少文相颉颃。裕弟祎之子畅，畅子淹、融，俱以事佛谈玄有名于时。综观张氏一门，当时有以

①《南史》卷四八《陆慧晓传》：“字叔明，吴郡吴人，晋太尉玩之玄孙也。自玩至慧晓祖万载，世为侍中，皆有名行。慧晓伯父仲元，又为侍中，时人方之金，张二族。”金、张，典本左思《咏史》：“金张藉旧业，七叶珥汉貂。”金，指金日磾。他家自汉武帝到汉平帝，七代为内侍。张，指汉张汤。他家自汉宣帝以后，有十余人为侍中、中常侍。

② 裴楷（237—291）字叔则，西晋名臣，美风仪，有“玉人”之誉，善谈玄理，与同时乐广齐名。乐广，字颜辅，西晋南阳淯阳人，卒于晋惠帝永兴元年（304）。累官尚书右仆射，善谈玄，言约理析。裴楷常引与谈理，自叹不如。

③《汉魏两晋南北朝佛教史》第十三章《佛教之南统》，1997年9月第1版，第304页。

④《汉魏两晋南北朝佛教史》第十三章《佛教之南统》，1997年9月第1版，第302页。

下五人知名度最高，约略论之曰：

盖自晋末以来，吴国张氏，累世贵显，而镜、绪、敷、畅、融并以玄谈擅名，奉佛著称。南朝佛教于士大夫阶级之势力，以及其与玄学关系之密切，即此亦可知矣。①

吴郡陆、张二氏，家世之显贵，奉佛谈玄之风范，由上已略知其梗概。兹再举数事，以见其与道教之渊源：

初，裕曾祖父澄当葬父，郭璞为占墓地②，曰："葬某处，年过百岁，位至三司，而子孙不蕃。某处年几减半，位裁卿校，而累世贵显"。澄乃葬其劣处。位光禄，年六十四而亡，其子孙遂昌云。(《南史》卷三一《张裕传》)绪字思曼，岱兄子也。父演，太子中舍人。绪少知名，清简寡欲，从伯敷及叔父镜、从叔畅并贵异之。镜比之乐广，敷云"是我辈人"。……(齐)建元元年(479)，为中书令。绪善谈玄，深见敬异。仆射王俭尝云："绪过江所未有，北士可求之耳。不知陈仲弓、黄叔度能过之不?"绪长于《周易》，言精理奥，见宗一时。常云："何平叔(晏)不解《易》中七事。"……口不言利，有财辄散之。清淡端坐，或竟日无食。门生见绪饥，为之办餐，然未尝求也。死之日，无宅以殡，遗命"凶事不设柳翣，止以芦葭。輴车引柩，灵上置杯水香火，不设祭"。……追赠散骑常侍、特进、光禄大夫，谥简子。(同上书卷三一《张裕传》附)

融年弱冠，道士同郡陆修静以白鹭羽麈尾扇遗融，曰："此既异物，以奉异人。"……建武四年(497)，病卒，年五十四。遗令建白旌无旒，不设祭，令人捉麈尾登屋复魂。曰："吾生平所善，自当凌云一笑。"三千买棺，无制新衾。左手执《孝经》《老子》，右手执小品《法华经》。(《南齐书》卷四一《张融传》)

杜栖字孟山，吴郡钱塘人，征士京产子也。同郡张融与京产相友③，每相造言论，栖常在侧。(《南齐书》卷五五《杜栖传》)

---

①《汉魏两晋南北朝佛教史》第十三章《佛教之南统》，1997年9月第1版，第303页。

② 郭璞(276—324)字景纯，河东闻喜(今山西闻喜)人。博学多才，精于天文卜筮之术。道教传说璞尸解而去，被奉为仙人。相传璞著有《葬经》云："葬者，乘生气也。经曰：风乘气则散，界水则止，古人聚之使不散，行之使有止，故谓之风水。"或即后世相墓、相宅的堪舆学之所本。

③《南齐书》卷五四《杜京产传》称："杜京产字景齐，吴郡钱塘人。杜子恭玄孙也……世传五斗米道，至京产及子栖。"又称：齐永明十年(492)，孔稚珪、陆澄、虞悰、沈约与时任司徒长史的张融曾表荐京产于朝廷，不报。

> 倕字公佐，少勤学，善属文。于宅内起两间茅屋，杜绝往来，昼夜读书，如此者数岁。所读一遍，必诵于口。尝借人《汉书》，失《五行志》，乃暗写还之，略无遗脱。幼为外祖张岱所异。岱尝谓诸子曰："此儿，汝家阳元也。"(《南史》卷四八《陆慧晓传》附)

> 忽值永嘉人谈述彼山水甚美，复相随度峤，至郡投永宁(今浙江温州)令陆襄。(陶弘景《周氏冥通记》)

从吴郡陆、张两家，或同东晋初被道教奉为仙人的郭璞，或同南朝著名道教领袖陆修静、陶弘景有交往，或同钱塘著名天师道世家杜子恭裔孙关系密切，或精于《易》学，善谈玄理，或谙熟《五行志》，且有辟谷、俭葬倾向等情形看，我们可以推知，出身这两家的知名人物，恐不仅具有奉佛谈玄之名士风范而已，实其家世具有某种道教(或即天师道)信仰传统。笔者一直在思忖:《陆志》之所以特地举出张绪作为誌公在南朝京都现身的第一见证人，除了张氏乃其堂舅，且是名士、高官而外，是否还因为他同誌公在好尚、文化习性及宗教信仰等方面有其相近相通之处呢?

说到陆倕为誌公撰志的难处，还有更深一层的隐衷。一方面，陆氏父子，俱是萧子良文学西邸的旧人，对誌公应早就相识，甚至熟悉。《南史》卷四八《陆慧晓传》："后为司徒右长史。子良西邸抄书，令慧晓参知其事。"同书附《陆倕传》："十七，举本州秀才，(扬州)刺史竟陵王子良，开西邸，延英俊，倕预焉。"这位竟陵王好佛，"数于邸园营斋戒，大集朝臣众僧"，"招致名僧，讲语佛法，造经呗新声，道俗之盛，江左未有也。"(《南齐书·武十七王传》)萧子良在西邸招致的名僧中，保誌及其同乡玄畅，俱在其列。[①]《皎传》亦载，齐武帝拘系誌公在狱，预知"文惠太子、竟陵王子良并送食饷志"事。很可能，陆氏父子，对誌公的身世经历，早有所闻，甚至是熟知的。

另一方面，在"竟陵八友"中，陆倕年最少，追随萧衍时间也最久。对其为人之阴狠，尤其是在他当上皇帝后对臣僚(包括旧友)之严刻，更深有体味[②]。再者，萧衍同竟陵王是本家，且是"八友"中唯一兼具文武才略的领袖人物，同陆倕一样，他对

① 参阅汤用彤:《汉魏两晋南北朝文学史》第十三章《佛教之南统》，北京大学出版社，1997年9月第1版，第324页。

② "八友"中，王融坚决支持萧子良同萧鸾争帝位，因萧衍"倒戈"，被杀；谢朓之子谟，尚梁武次女永世公主，朓遇祸后，悔婚。入梁五人中的沈约，晚岁因"上赤章"事，被迫忧惧死；任昉早岁曾讥萧衍为"兵"，衔恨不重用，死后亦萧条。仅陆倕、萧琛二人，年少，谨事梁武，得善终。参阅曹道衡《萧统评传》第二章中《作为"竟陵八友"之一的梁武帝》一节，南京大学出版社，2001年12月第1版。

誌公来历的底细,也应是清楚的[①]。只是,在他当上皇帝后,为了“崇佛”的政治需要,率性依据誌公在南齐时诡诞无稽的行迹,把他钦定为“神僧”,以愚惑士庶,提升佛教的地位和影响。观其诏书称“誌公迹拘尘垢,神游冥寂,水火不能大熏濡,蛇虎不能侵惧”(《皎传》)云云,刻意神化誌公形象的用意,十分明显。

陆倕,还有王筠,作为文章作手、皇帝近臣,对萧衍的这层用意,自然心领神会。

行文至此,我们对王、陆二人在奉敕为誌公撰碑志时,之所以故意遮遮掩掩,闪烁其词,把他的身世经历(尤其是“由道入佛”的经历),弄得扑朔迷离,模糊不清之谜,也许可以完全解开了。质言之,既有二人自身及其家世信仰等方面的种种顾忌,但更主要的原因,是仰遵圣意,为了把誌公塑造成一位法力无边,半人半神的“神僧”形象,而故意把他的身世经历模糊化。

看来,王筠、陆倕都很好地完成了使命。萧衍对《王碑》与《陆志》是认可的。否则,《陆志》不可能埋入冢内,《王碑》也不可能立于寺门。

当我们不嫌词费,用迂回曲折的笔墨,较大的篇幅来铺陈南北朝的社会政治、思想文化大背景,尤其是南朝“崇佛抑道”的严峻现状之后,再回过头来回答誌公为何由道入佛的问题,就轻松得多了。简单地说,不外乎主客观两方面的原因。

偏安江左的东晋、刘宋及齐梁等几个小朝廷,面对内外交困,交织着民族和阶级矛盾的严峻政治形势,居于统治地位的皇室和世家大族,一方面竞相推行佛教,企图借助于推销廉价的“天国入门卷”,来愚民、防民,消弭其反抗意志;另一方面,又对反映下层民众要求和愿望的民间道教,尤其是富有反抗性、敢于“犯上作乱”的天师道,采取防范禁抑的态度。从陆修静和陶弘景两位著名道教领袖的处境可以看出,在朝南,道教生存的空间,极其有限。当誌公背井离乡,艰苦跋涉,于刘宋末季来到南朝京都建康时,已是人到中年,面对如此严峻的“崇佛抑道”的现状,如果他想在这里生存下去,除了舍道事佛,似乎别无选择。

再从誌公自身的条件看,我们曾强调指出,他出身于普通士人家庭,受过较充分的儒学传统教育,其身份基本上是一位具有方士倾向和某种原始道教信仰的儒生。不错,他确有在红泥沟面壁十年的炼养经历;但那是一个洞外胡骑纵横的封闭环境,客观上没有给他留下从事道教实践活动的社会空间。此后,又是二十多年漂泊四方的云游生涯。因此,在道教学理方面,他没有也不可能达到足以著书立说,乃至开宗立派的造诣和境界。况且,誌公并非一个地道的黄冠羽流,迫于外在巨大的“崇佛抑道”的社会政治压力,由道入佛,对他来说,虽出于不得已,也应该不是什么难事。我们还注意到,对于誌公的半路出家,皈依佛门,史籍中并无关于其师从、受戒及学佛受授经历等载记。加之,誌公从宋齐之交,以“神异”僧形象在建康登场以来,言行诡异,从不持守佛门戒律,朝野士庶,也有意无意地把他神魔化,以至于

③ 萧子良信佛,入齐后的誌公,与之有交往。作为西邸旧人的萧衍,应与誌公相识。另,可参阅萧衍《净业赋并序》。

他到底是“人”还是“神”？是“佛”还是“仙”(道)？似乎谁也弄不明白。梁武帝在对誌公的“解禁”诏书中,先把他渲染成半人半神后,又说:“语其佛理,则声闻以上;谈其隐沦,则遁仙高者。”这里,在彼界世界以“佛”同“仙”对举,而在学理层面,则不啻以“佛”与“道”相提并论。也许,这正是萧衍期望誌公扮演的角色,从而达到他所企望的社会效应。

据此,我们有理由推想,誌公中年后,以神异僧面目混迹佛门,或许,并未完全放弃其此前持守的道教信仰,而是在神魔光圈掩护下的事实上的“佛道双修”。这种情形,在一定的意义上,同晚年的陶隐居颇相类似。只不过,作为一代道教领袖的陶弘景,其被迫的“佛道双修”,是“道”在前,而“佛”在后;而誌公则相反,是“佛”在前,而“道”在后而已。

我们在上文曾多次强调,誌公前半生的基本身份,是一位受过较好的儒学基础教育、文化素质较高的儒生,这纯属臆测,还是有所依据？当然是有依据的。誌公在佛典中虽无立言的机遇,却在儒家著述中留有遗迹。《旧唐书·经籍志上》:“《文字释训》三十卷,释宝誌撰。”又,《新唐书·艺文志》:“僧宝誌《文字释训》三十卷。”文字释训,属儒家小学,不谙熟儒家典籍,没有文字、训诂、音韵方面的扎实功底,是难以完成这部篇幅不小的著作的。我们注意到,佛学史家陈垣说过:修《新唐书》的欧阳修、宋祁“二公皆不喜佛”[①];该书《艺文志》著录沙门著作仅七家,其中却有宝誌的这部著作,其著作权,似不容轻易否定。我们还高兴地发现,上海图书馆主编《中国丛书综录·子目·经部·小学类》著录:“《文字释训》一卷,(梁)释宝誌撰。(民国)龙璋辑《小学蒐佚》上编。”又据该书《总目·类编·经类·小学》著录的信息,辑录《小学蒐佚》的龙璋系民国时攸县人,所辑含宝誌《文字释训》一卷的《蒐佚》一书,有民国攸县龙氏排印本,今北师大及吉林大学图书馆藏有此书。则这残存的《文字释训》一卷,可能是誌公这位方外文化名人唯一留存于霄壤间之著述矣。又,据吴淑《江淮异人录》称:保誌“常为偈,大字书于版。其字皆小篆,体势完俱。”既有小学著述传世,又擅场书法,且娴于小篆,这全面地显示出他作为儒生的高度文化素养;就其精于书法这一点而言,又透露出他作为道教信徒的本色[②]。

若问:在刘宋末季的这十三年,蛰伏钟山的誌公,到底在做些什么呢？我们设想,乍到建康,暂住以河西同乡道猛为僧主的兴皇寺的誌公,在这段时间里,所关注和操劳的,不外乎下述三件事。

第一,经历在南朝地界近二十年的漂泊,誌公对当时“崇佛抑道”的严峻形势和沉重氛围已深有体味。当他入住钟山,投奔兴皇寺道猛时,已清醒地认识到,作为

① 陈垣,《中国佛教史籍概论》,中华书局,1962年11月初版,第92页。

② 参阅陈寅恪:《天师道与滨海地域之关系》一文中《天师道与书法之关系》一节,载于《金明馆丛稿初编》,上海古籍出版社,1980年8月第1版。

外来的方外人士，要想在当地生存下去，除了舍道事佛，别无选择。而半路出家，不得已皈依佛门的誌公，学佛就成为当务之急。上文曾经提到，在南朝，兴皇寺曾一度成为成实学的重要据点。因为寺主道猛，乃什公及门弟子寿春石磵寺僧导的高足，实际上也是什公成实学的再传弟子。不唯精于成实学，且深谙佛学经论。《高僧传》卷七本传称：道猛“力精勤学，三藏、九部、大小数论，皆思入渊微，无不镜彻。而《成实》一部，最为独步。”而且，其师僧导同刘宋皇室关系甚深，宋明帝刘彧对他本人恩遇正隆。于是，道猛便成为誌公学佛入门的最理想的导师。这位同乡，长誌公七岁，卒于宋元徽三年(475)，则誌公师从道猛学佛，长达十年之久。本来是儒生出身，具有较高文化素质的誌公，充分利用这十年光阴，不仅学到了道猛成实学的真传，对佛学基础理论，也可能打下了扎实的基础。否则，在佛教持续炽盛，佛学在朝野相当普及的南朝，他即使以与佛学义理关涉无多的神异僧的角色浪迹于建康的梵刹市井，也非易事；更何况，梁代佛教以义学见称，若不谙悉佛典且深有体悟，他凭什么资质去同学通内外，佞佛而且精于佛理的梁武帝论难和对话呢？[①]

第二，所撰《文字释训》三十卷，这部属于儒家“经部”的小学著作，篇幅不小，其撰著应是一个博览群书，积累素材，最终整理写定的过程。因而，这须有三个必备的条件：安定的环境，充裕的时间，丰富的典籍文献。他早岁在红泥沟修行时，前两个条件是具备的，而第三个条件，即所藏典籍，或有所欠焉。

誌公当年离开誌公洞时，其所著《文字释训》，可能已具有框架或雏形。此时，入住梵刹林立、高僧丛集的钟山，正好借助于这里的文化氛围和经籍典藏资源，利用学佛习禅之余，来充实、修订和完善这部小学著作。我们知道，南朝高僧中，多有出身于世家大族的高逸之士，不但学通内外，且富于典籍庋藏(前引会稽嘉祥寺僧著《高僧传》的慧皎以富于聚书著称，即其显例)。誌公的这部唯一的传世之作，很可能就是充分利用钟山佛寺藏书，最后完成的。

再者，文字作为一种语言符号，乃音、形、义的统一体。《文字释训》一书的学理内涵，实包括辨形、释义及审音三个方面。据陈寅恪先生研究，作为中国音韵学中讲诗词格律基础的推究平上去入的四声谱，即滥觞于南朝刘宋末季至齐永明之际；实际上是当时文人王融、谢朓、沈约、周颙等，受外来善声沙门转读佛经之影响，在诗文创作实践过程中，逐渐约定俗成的。陈先生迳称：“宫商角徵羽者，中国传统之理论也”；“平上去入四声者，西域输入之技术也。”[②]在论及四声说产生的时代契机，陈先生又称：

> 建康为南朝政治文化之中心，故为善声沙门及审音文士共同居住之地。

---

① 请参阅本文第二部分所引僧祐《出三藏记集》卷十二《大梁功德集上卷》所著录有关誌公同梁武帝之间佛事交往文献四篇之篇目。

② 陈寅恪：《四声三问》，载于《金明馆丛稿初编》，上海古籍出版社，1980年，第340页。

二者之间发生互相之影响，实情理之当然也。经声之盛，始自宋之中世，极于齐之初年。……然则竟陵王当日之环境可以推知也。鸡笼西邸为审音文士抄撰之学府，亦为善声沙门结集之道场。永明新体之词人既在"八友"之列，则其与经呗新声制定以前之背景不能不相关涉，自无待言。[①]

誌公蛰伏钟山修撰《文字释训》的时间，同四声说的酝酿肇兴的时机大体上重合。可以想见，受当时文化学术氛围影响，该书之审音部分，必蕴含不少关于所谓"经呗新声"的珍贵史料和信息。遗憾的是，该书绝大部分散佚，仅残存一卷。这不能不是我国文字音韵学史上的一大损失。

第三，在强化学佛力度的同时，密切关注宋齐易代之际，建康时局的变幻，积极为自己以何种面目，选择什么时机亮相于南朝京都而时刻准备着，蓄势待发。我们注意到，誌公是在萧道成用武力强行篡宋立齐的血雨腥风中，以非同寻常的神异僧形象登场的。这是为什么？而且一登场就表现出对南齐政权格格不入的不合作态度，这又是为什么？这些耐人寻味的问题，且留待下一节来讨论。

六、以神异僧形象佯狂南齐，企盼抑暴止杀，拨乱反正

在烽烟胡尘中挺生于塞上金城的誌公，本来是怀着对源远流长的华夏文明的庄严憧憬，历经艰苦跋涉而奔赴南朝京都建康的。然而，当他踏进这座号称"龙盘虎踞"，自古繁华的古都时，不免让他深深地失望了。"人世几回伤往事，山形依旧枕寒流。"虽然，澄江似练，翠峰如簇的风光犹在，但此间充满着暴力和血腥味的污浊政治空气，却令人感到窒息。他带着沉重的失望，十余载蛰伏钟山，盖良有以也。

权力是人性异化的腐蚀剂。它可以使人性扭曲，乃至沦丧；可以使人异化为非人，甚至禽兽不如。偏安江左几个小朝廷的上层统治者们，枉顾强邻虎视，民不堪命，内忧外患煎迫，毫无居安思危的忧患意识。"云压江心天浑噩，虱居豕背地宽饶。"这些"生于深宫之中，长于妇人之手"的皇子王孙们，全然不顾祖宗为他们夺得的江山帝业，时刻处于"燕巢危幕"的险境，照常过着骄奢淫逸，纸醉金迷的享乐腐化生活。当他们在风雨飘摇中苟且偷安，消磨挣扎了约莫一个半世纪；加之谈"无"说"空"的玄风佛化诡诞风气的冲击，儒家素所崇尚的德治仁政实用理性传统，重伦常，尚气节，扬清抑浊，崇正疾邪的人文精神，已被他们践踏得荡然无存。他们的恣意妄为，倒行逆施，在中国历史上留下了最污秽、最黑暗的一页。对此，历代严肃史家，多有指斥披露。兹略举数端如次，以见誌公于宋齐之际奔赴的南朝，事实上是一个弥漫着世纪末氛围的乌烟瘴气的南朝；他之所以以神异僧形象佯狂南齐，盖亦基于救世济人的悲悯和无奈，不得已而为之。

---

① 陈寅恪：《四声三问》，载于《金明馆丛稿初编》，上海古籍出版社，1980年，第337页。

第一,为篡夺、巩固皇权,逞暴嗜杀,既剪灭前朝胤嗣,且宗室内讧,自相屠戮。

综观中国古代历史,每当鼎革易代之际,对前朝帝王子孙,大抵力求给予人性化的优容,以安抚人心,稳定新朝秩序,而不过分使用暴力。然而,到了南朝宋、齐、梁、陈几个小朝廷,情况陡然起了变化。究其根本原因,这可能同这几个小朝廷的"君主领袖",皆出于渡江南来,文化教养素质不高的"北人中善战之武装寒族"有关。[①]其逞暴嗜杀,纲纪废弛,宫闱淫秽乱伦,朝臣不以转仕二姓为耻等等丑行恶德,均缘于此。王应麟《困学纪闻》卷一三称:

> 魏之篡汉,晋之篡魏,山阳、陈留,犹得考终。乱贼之心,尚未肆也。宋之篡晋,逾年而弑零陵,不知天道报施,还自及也。齐梁以后,皆袭其迹,自刘裕始。

这里提到的刘裕,即篡晋自立刘宋,复诛杀已逊位为零陵王的晋恭帝司马德文之宋武帝。宋邵博《邵氏闻见后录》卷九,对上引王氏之文正有所诠释和发挥,兹不殚文繁,移胪如次:

> 尧舜禅让,尚有幽囚野死之野言,况夫假尧舜而为禅让者哉?欲其君臣俱全,自亦难矣。独汉献帝在位三十三年,曹丕奉帝为山阳公,位在诸侯王上,奏事不称臣,受诏不拜……(魏明帝)曹叡青龙二年(234),山阳公薨,逊位已十四年。叡变服,率群臣哭之尽哀。使使吊祭,监护丧事,谥曰:"孝献皇帝。"……用汉天子礼仪,葬于禅陵。陈留王奂(即魏元帝曹奂,禅位于晋司马炎后,封为陈留王)景元元年(260),山阳夫人卒,王临于华林园,使使持节追谥为"献穆皇后"。及葬,车服制度,又皆如汉氏。后四年,陈留王禅位于晋。是魏之尊奉汉帝汉后,与其国尚相终始也。视晋以后之禅让,岂不为盛德之事乎?

关于刘宋篡晋,既夺其位,复杀其人的暴戾行为,《通鉴》卷一一九记述甚详,大意谓:宋武帝永初元年(420),刘裕欲篡晋自立,晋恭帝司马德文,"欣然谓左右曰:'晋氏久已失之,今又何恨?乃书赤书为诏"。逊位后,被封为零陵王。同书同卷永初二年又称:恭帝自逊位后,"深虑祸及,与褚妃共处一室,自煮食于床下,饮食所须,皆出褚妃,宋人莫得伺其隙。"于是刘裕令妃兄淡之往视妃,将妃引开,兵人趁机踰墙而入,"以被掩杀之。"胡三省注:"自此之后,禅让之君罕有全者。"

史实确乎如此。齐之代宋,梁之代齐,都是以武力胁迫孤儿寡妇,操控朝局,先立前朝年尚童稚,易于挟持的末代皇帝为傀儡,一面假惺惺地上演一场推三阻四的

① 陈寅恪:《魏书司马叡传江东民族条释证及推论》,载于《金明馆丛稿初编》,上海古籍出版社,1980年8月第1版,第95页。

"禅让"闹剧,一面假朝廷之名,诛除皇室、权臣中的反对势力,待到一旦时机成熟,便将被玩弄于股掌之上的小皇帝一脚踢开,改元称帝,待自己在皇帝宝座上坐稳后,再把废黜的傀儡杀掉,以斩草除根。如被齐高帝萧道成杀掉的宋顺帝刘准,先废为汝阴王,后被杀于丹阳宫时,年仅十三岁;被梁武帝萧衍杀掉的齐和帝萧宝融,先被废为巴陵王,后被杀于姑孰时,也年仅十五岁。这些血迹斑斑的史实,在《宋书》《齐书》《梁书》《南史》及《通鉴》中,皆有大同小异的载记,不难稽考,且下文论及宋齐皇室子孙自相屠戮时,还将涉及,兹不多赘。

李延寿《南史》卷四三《齐高帝诸子传论》称:"自宋受晋终,(司)马氏遂为废姓;齐受宋禅,刘宗尽见诛夷。"近人史学家陈登原先生,对齐梁开国之君这种假禅让之名,行篡夺之实,"既夺其位,又杀其人"的虚伪而又残暴的卑劣行径,感慨良深。他在其《国史旧闻》卷二一"六朝篡弑"条中多有揭露,又在该书同卷"六朝帝王子孙"条中,引述山渊《亡国遗裔》(载于《青鹤》一卷二三期)一文,以寄托其对禁暴施仁人文理性精神回归的期望之忱:

> 三代以前,每当易代改姓,不以嗜杀为能,其于亡国旧君,待之如礼。后世不能以马上得天下,乃取之于孤儿寡妇之手,既易征伐以为禅让,斯不敢冒虚名而受实祸。故梁受齐禅,沈约助之,乃杀和帝。又自魏晋以来,对于旧君,但有监视。宋齐以后,则更屠戮其裔余,皇室子孙靡有孑遗。洪亮吉为蒋青容乐府《冬青行序》云:"山阳哀痛之诏①,命在何时?乐陵永诀之言②,儿乎奚罪?盖瑕隙相乘,循环无已。以帝王之尊贵,不能自庇其子孙,但愿生生世世,勿生王家。③可哀又孰甚乎?"

在篡弑频仍的南朝,尤其是宋齐两代,贪婪残暴的统治者,为争夺皇位,也为了护恃到手的皇位不致旁落,宗室内讧,自相残杀,几乎成为司空见惯的常态,也是史家侈谈的热门话题。这里仅举宗室相残至为惨酷的两个例子:一个是宋明帝刘彧杀孝武帝子孙;一个是齐明帝萧鸾杀高武子孙。

王夫之《读通鉴论》卷一五称:

> 帝(指文帝十一子宋明帝刘彧)与子勋争立,而尽杀孝武二十八子……二

① "山阳",指汉献帝刘协。魏黄初元年(220),禅位于魏文帝曹丕,被奉为"山阳公"。

② "乐陵",指魏元帝曹奂。晋景元元年(260),禅位于晋武帝司马炎。始封于乐陵(今山东乐陵市),后徙陈留,称"陈留王"。

③ 《宋书》卷八〇《始平孝敬王子鸾传》称:子鸾,孝武帝第八子。"母殷淑仪,宠倾后宫,子鸾爱冠诸子。"前废帝子业,"素疾子鸾有宠,既诛群公,乃遣使赐死,时年十岁。子鸾临死,谓左右曰:'愿身不复生王家。'"

十八王，非皆挟争心者也，而迁忿怒以歼之。骨肉之恩，斩绝不恤……孝武之忌同性亦至矣，子业之虐诸父亦酷矣。至于明帝而抑尤甚焉。

王夫之是大思想家、史论家，似不甚措意于考史。他的这段评述，多有与史实不符之处。据王鸣盛考证，孝武帝刘骏确有二十八子，但其中的十子，因早夭，未及受封，实际上只有"十八王"，不得云"二十八王"。再者，笼统地说明帝刘彧"尽杀孝武二十八子"，也不确。长成并受封为王的孝武十八子中，始平孝敬王子鸾、南海哀王子师，乃前废帝子业所杀。王氏明确指出："然则孝武之子，前废杀其二，明帝杀其十六，其余皆夭亡。至后废帝时，已靡有孑遗矣。"（参阅《十七史商榷》卷五四"后废帝杀孝武子孙"条[①]）如前所述，这位好佛，且敕建过兴皇寺的刘彧，同誌公于泰始初来到建康所依傍的兴皇寺僧主道猛，素有交往，恩遇甚隆。当誌公看到宋明帝大杀孝武子孙，又看到他自己的子嗣被萧道成杀光，"靡有孑遗"时，其心情应是复杂而颇多感触的。这位嗜杀成性，有失君道的刘彧，干的坏事甚多。这里揭露的仅是残虐的一端，其余的，下文还将提到。

赵翼《廿二史札记》卷十二"齐明帝杀高武孙"条称：

宋子孙多不得其死，犹是文帝、孝武、废帝、明帝数君所为[②]。至齐高武子孙，则皆明帝（萧鸾）所杀，其惨毒自古未有也。明帝本高帝兄（道生）子，早孤，高帝抚之，恩过诸子。历高武二朝，爵通侯，官仆射。至郁林王时辅政，因郁林无道，弑之而立海陵。不数月，又弑之而夺其位。自以得不以正，诸子皆幼小，而高武子孙日渐长大，遂灭之无遗种（《临贺王》子岳传）。

又据王鸣盛《十七史商榷》之详确考核，齐高帝萧道成十九男中，除前卒早夭者外，确被萧鸾所杀者，男八人，孙二人；齐武帝萧赜二十三男中，除前卒早夭者外，为萧鸾所杀者，共十六人。"通计高帝之子孙及曾孙三世，为鸾所杀者凡二十九人。而锵、铄（皆高帝子）等之子，子卿（武帝子）等之子，见于史者独有铉（高帝子，封河东王）之二子，在孩抱中见杀。其实所杀必不止此数，当以其幼稚而略之。"（参阅该书卷五五"萧鸾杀高武子孙"条）

作为诗人的赵翼，在其《札记》中撮录《南齐书》《南史》中史料，对萧鸾这位史所罕见的嗜血成性的独夫，其残忍而又虚伪的心理，多有生动而耐人寻味的描述，并

---

① 按王氏此条盖针对《南史·后废帝纪》称："于元徽五年帝被弑之下，述其无道之行，而曰：'孝武二十八子，明帝杀其十六，余皆帝杀之'"，所做的考辨。并指出："后废帝未曾杀一，何得云：'余皆帝杀之乎？'李延寿记事，信手妄载，毫不覆实如此。"

②《廿二史札记》卷十一"宋子孙屠戮之惨"条称："宋武（刘裕）九子，四十余孙，六七十曾孙，死于非命者，十之七八，且无一有后于世者。"其被杀情形，瓯北均有所交待，可参考。

深致感喟。他说：

齐明之忍心害理，亦已至矣。建武中凡三诛诸王。每一行事，帝辄先烧香火，呜咽流涕。人以此知其夜，当有杀戮（武帝子《〔贺王〕子岳传》）。每杀诸王，皆以夜遣兵围宅，或斧砍关，排墙而入（《〔鄱阳王〕锵传》）。当时高武子孙，朝不保夕。每朝见，鞠躬俯偻，不敢正行直视（《〔河东王〕铉传》）。桂阳王铄见帝后，出谓人曰：吾前日见上流涕呜咽，而鄱阳（王锵）、隋郡（王子隆）诛。今日又流涕而有愧色，其在吾耶？是夕果见杀（《铄传》）。宜都王铿咏陆机《吊魏武》云："昔以四海为己任，死则以爱子托人。"左右皆泣，未几赐死（《铿传》）。王敬则起兵向阙，以奉南康王子恪（高帝次子豫章王嶷之次子）为名，子恪逃走，不知所在。明帝欲尽杀高武子孙。乃悉召入尚书省，敕人各两左右自随，孩抱者，乳母随入。其夜太医煮药，都水办棺材数十具，须三更，悉杀之。会子恪自吴奔归，二更刺启入。时刻已至，而帝眠未醒。沈徽孚、单景儁少留其事，及帝觉，乃白子恪已至。帝惊曰：未尽诸王命耶？景儁具以事答。明日，悉遣诸王侯还第（《〔齐竟陵文宣王子良子〕昭胄传》）。盖天良难昧，帝亦动于心之所不安也。然其后又卒皆诛死。然则齐明之残忍惨毒，无复人理，真禽兽之不若矣。卒之高帝子孙既尽，而己之子……亦无一得免祸者[①]。始安王遥光，明帝亲兄（萧凤）子。明帝谋害诸王，皆遥光赞成之。后遥光亦以反诛。真所谓天理昭彰，报施不爽。凡杀人以利己者，可以观于此矣！（《廿二史札记》卷十二"齐明帝杀高武子孙"条）。

《南史》卷五《齐本纪下·论曰》：

明帝（萧鸾）越自支庶，任当负荷，乘机而作，大致歼夷，流涕行诛，非云义举，事苟非安，能无内愧。既而自树本枝，根胤孤弱，贻其所授，属在凶愚，用覆宗祊，亦其理也。

这不仅是中国政治史的珍贵资料，也是研究犯罪心理学的绝佳素材。

第二，闺门无礼，荒淫乱伦，宫闱秽闻，史乘蒙羞。

在君权至上，"朕即国家"的封建社会，最高统治者可以为所欲为，荒乱之君，宫

① 王鸣盛《十七史商榷》卷五五"萧鸾绝后"条称：萧鸾十一子之中，"梁武帝杀其六（引者按：即东昏侯宝卷、和帝宝融，及宝源、宝修、宝嵩、宝贞），东昏杀其一（宝元），魏人杀其一（即宝寅），余早夭者二（名未详），废疾无后而善终者一（宝义）。然则鸾之子凡成人者，皆不良死。盖鸾之后已绝。"

闱秽闻,何代无之?但如江左宋齐二朝,总计不过八九十年间,荒淫乱伦,堪称“家丑国恶”之秽闻,竟至如此之甚且多者,诚史所罕见。赵瓯北读史《札记》卷十二“宋齐多荒主”“宋世闺门无礼”二条,对此有系统揭露,文繁不具引。兹据其所提供线索,参照正史,以年代先后为序,仅略举其荒唐无耻之尤者数端如次。

《宋书》卷四六《赵伦之传》:“(元嘉)五年(428)卒,子伯符嗣。……子倩,尚文帝第四女海盐公主。初,始兴王濬以潘妃之宠,故得出入后宫,遂与公主私通。及适倩,倩入宫而怒,肆詈搏击,引绝帐带。事上闻,有诏离婚,杀主所生蒋美人,伯符惭惧发病卒。”始兴王濬,乃文帝次子。其与海盐私通,乃兄妹成奸乱伦。文帝妄断糊涂官司,不罪始兴与海盐,而杀海盐之母蒋美人,实甚荒唐。前述刘劭弑逆时,曾说到刘劭、刘濬受女巫严道育蛊惑,弑文帝于内殿,后二人又被孝武帝诛杀。岂非纲纪不振,宫闱悖道乱伦以贻之惨祸哉!

《宋书》卷四一《文帝路淑媛传》(《南史》卷十一《孝武昭路太后传》略同):“文帝路淑媛讳惠男,丹阳建康人也。以色貌选入后宫,生孝武帝(文帝第三子),拜为淑媛。年既长,无宠。……上(孝武帝)即位,……奉尊号曰皇太后,宫曰‘崇宪’,太后居显阳殿。上(孝武帝)于闺房之内,礼敬甚寡,有所御幸,或留止太后房内,故民间諠然,咸有丑声。宫掖事秘,莫能辨也。”沈约历仕宋、齐、梁三朝,所撰《宋书》纪传七十卷,完成于南齐永明六年(488)春[①],所述刘宋史实,应无所避忌,若所记路太后“丑声”属实[②],则孝武不啻禽兽矣。

又,《南史》卷十三《南郡王义宣传》:“孝武闺庭无礼,与义宣诸女淫乱,义宣因此发怒,尅孝建元年(454)秋冬举兵”。后因事泄,于同年二月狼狈起兵,败死于江陵,“孝武听还葬旧墓”。同书卷十一《殷淑传》又称:

> 殷淑仪,南郡王义宣女也。丽色巧笑。义宣败后,(孝武)帝密取之,宠冠后宫。假姓殷氏,左右宣泄者多死,故当时莫知所出。及薨,帝常思见之,遂为通替棺,欲见辄引替睹死,如此积日,形色不异。追赠贵妃,谥曰“宣”。……立别庙于都下。……谢庄作哀册文奏之,帝卧览读,起坐流涕……或云,贵妃是殷琰家人入义宣家,义宣败入宫云。

这又是一桩“宫掖事秘,莫能辨也”的疑案。殷淑仪其人,不见于沈约《宋书·后

① 参阅中华书局,1974年10月第1版《出版说明》。

② 王鸣盛《十七史商榷》卷五九“文帝路淑媛被酖”条称:“文帝路淑媛生孝武帝,……即位尊为皇太后。……明帝少失所生,为太后所养。即位后供养礼仪不异孝武帝时,此《宋书》所载也。……据《南史》:太后欲毒死明帝,为明帝所觉,即以所赐毒酒酖杀之,而沈约不书。……孝武帝之子,明帝杀其十六人。兄弟骨肉之间,翦毒有甚寇仇,何有于孝武帝之母?况孝武帝本无人理,路亦素有丑声。此种猜想逆乱之举,想必有之。《南史》为得其实。”

妃传》，但清赵翼采之入其《札记·宋世闺门无礼》条。且《宋书·孝武帝本纪·史臣曰》，对其评价甚苛，称："尽民命以自养，桀、纣之行也。观大明（孝武帝年号，公元456—464）之世，其将尽民命乎！"按孝武乃文帝第三子，义宣乃武帝第六子，若殷淑仪果为义宣女，孝武纳之，乃从兄妹乱伦也。以孝武之暴戾乖劣，干出这种丑事是有可能的；养出前废帝这样行同桀、纣的继位者，也是有其必然性的。

《宋书·前废帝纪》：永光元年（465）冬十月，"以宫人谢贵嫔为夫人，加虎贲靸戟，鸾辂龙旂，出警入跸，实新蔡公主也。"又，同书卷四一《前废帝何皇妃传附何迈》称：

> 后父瑀，……尚高祖（武帝刘裕）少女康长公主……子迈，尚太祖（文帝义隆）第十女新蔡公主讳英媚。迈少以贵戚居显官，好犬马驰逐，多聚才力之士。……废帝纳公主于后宫，伪言薨殒，杀一婢送出迈第殡葬行丧礼。常疑迈有异图，迈亦招聚同志，欲因行幸废立。事觉，废帝自出讨迈，诛之。

对此，王鸣盛《十七史商榷》卷五九"殷淑仪"条，亦慨叹道："孝武之子前废帝……纳文帝第十女新蔡公主于后宫，则其亲姑也，洵可云'家法相承'。是父是子，宋中冓之不可道，一至于此。"

《南史》卷十四《建安王休仁传》称：

> 建安王休仁，文帝第十二子也……前废帝景和元年（465），累迁护军将军……帝欲害明帝（刘彧）及休仁、（晋平刺王）休祐，前后以十数。休仁多计数，每以笑调佞谀酬悦之，故得推迁。常于休仁前，使左右淫逼休仁所生杨太妃。左右并不得已顺命，右卫将军刘道隆，欢以奉旨，尽诸丑状。时廷尉刘蒙妾孕临月，帝迎入后宫，冀其生男，欲立为太子。明帝尝忤旨，帝怒，乃裸之，缚其手脚，以杖贯手脚内，使担负太官，即日屠猪。休仁笑谓帝曰："未应死。"帝问其故，休仁曰："待皇太子生，杀猪取肺肝。"帝意解，曰："且付廷尉"。一宿出之。

同书同卷《南平穆王铄传》称：

> 南平穆王铄字休玄，文帝第四子也……前废帝景和末，召铄妃江氏入宫，命左右于前逼之。江氏不受命，谓曰："若不从，当杀汝三子。"江氏犹不从，于是遣使于第杀敬猷、敬深、敬先等，鞭江氏一百。其夕废帝亦殒。

《宋书》卷七《前废帝本纪》称：

山阴公主淫恣过度，谓帝曰："妾与陛下，虽男女有殊，俱托体先帝。陛下六宫万数，而妾唯驸马一人。事不均平，一何至此！"帝乃为主置面首左右三十人，进爵会稽郡长公主，秩同郡王，食汤沐邑二千户，给鼓吹一部，加班剑二十人。帝每出，与朝臣常共陪辇。主以吏部郎褚渊貌美，就帝请以自侍，帝许之，渊侍主十日，备见逼迫，誓死不回，遂得免。①

《南史》卷二《前废帝本纪》亦称：

先是，帝好游华林园竹林堂，使妇人裸身相逐，有一妇人不从命，斩之。经少时，夜梦游后堂，有一女子骂曰："帝悖虐不道，明年不及熟矣。"帝怒，于宫中求得似所梦者一人戮之。

这位"不仁不孝""反天灭理"的童昏之君，被文帝十一子湘东王刘彧结其左右诛于华林园，刘彧继位称明帝。其残杀宗室子孙之惨酷，已如前述，其荒淫无耻，亦史所罕闻。

《宋书》卷四一《明恭王皇后传》：

皇后讳贞风，琅邪临沂人也。……太宗（明帝）即位，立为皇后。上尝宫内大集，而裸妇人观之，以为欢笑。后以扇障面，独无所言。帝怒曰："外舍家寒乞，今共为笑欢，何独不视？"后曰："为乐之事，其方自多，岂有姑姊妹集聚，而裸妇人形体。以此为乐，外舍之为欢适，实与此不同。"帝大怒，遣后令起。后兄扬州刺史景文以此事语从舅陈郡谢纬曰："后在家为佗弱妇人，不知今段遂能刚正如此。"

同书同卷《明帝陈贵妃传》：

贵妃讳妙登，丹阳建康人，屠家女也。……年十二三，尉见其容质甚美，即以白世祖（文帝），于是迎入宫。在路太后房内，经二三年，再呼，不见幸。太后因言于上，以赐太宗（明帝）。始有宠，一年许衰歇，以乞李道儿。寻又迎还，生废帝，故民中皆呼废帝为李氏子。废帝后每自称李将军，或自称李统。

又，同书同卷《明帝陈昭华传》：

---

① 王鸣盛《十七史商榷》卷六十《山阴公主悦褚渊》条称："考渊尚文帝女南郡献公主，于山阴公主为姑夫。及观何尚之之孙《戢传》，戢美容仪，动止与褚渊相慕，时人号为'小褚公'，选尚孝武女山阴公主。审尔，则公主又何必苦求渊侍己。真可发一大笑。"

陈昭华讳法容,丹阳建康人也。太宗晚年,痿疾不能内御,诸弟姬人有怀孕者,辄取以入宫,及生男,皆杀其母,而以与六宫所爱者养之。顺帝,桂阳王休范子也,以昭华为母焉。明帝崩,昭华拜安成王太妃。顺帝即位,进为皇太妃。顺帝禅位,去皇太妃之号。

由于刘宋宫廷淫秽无礼,以致"士大夫以联姻帝室为畏途。且凡为公主者皆淫妒。人主亦自知之。故江斆(左光禄大夫江湛孙)当尚主(明帝女),明帝使人代斆作辞婚表,遍示诸公主以愧厉之(《孝武文穆王皇后传》)。亦一代得失之林也。"①

瓯北推究刘宋宫闱淫秽乱伦之由,盖由于"宋武起自乡豪,以诈力得天下。其于家庭之教,固未尝及也。是以宫闱之乱,无复伦理。"起自南兰陵(今江苏武进)萧氏的南齐,其家世背景,与刘宋略同,也是出自"北人中善战之武装寒族"(见前引陈寅恪《魏书司马叡传江东民族条释证及推论》),故其朝局昏乱,宫闱淫秽,亦颇似刘宋,甚至有过之而无不及。齐高帝萧道成凭武力篡宋,在位三年而卒。欲革除宫掖奢侈之风,"后宫器物栏槛,以铜为饰者,皆改用铁。"又曰:"使我临天下十年,当使黄金与土同价。"(《南史·齐高帝本纪》)无奈他的子孙们并不争气,照旧荒淫无度。他所开创的南齐小朝廷,虽然只存在了短短的23年,却出现了一位嗜血成性,残杀宗室子孙的暴君明帝萧鸾,两位童昏的废帝,即郁林王昭业、东昏侯宝卷(《南史》俱称"废帝")。在他的继位者长子萧赜(即武帝)身上,"寡人好色"的劣根性就表现得格外突出。

《南史》卷十二《齐豫章文献王嶷传》称:

是时(永明四年,486),武帝奢侈,后宫万余人,宫内不容,太乐、景第、暴室皆满,犹以为未足。嶷后房亦千余人。颍川荀丕献书于嶷,极言其失。嶷咨嗟良久,为书答之,又为之减遣。丕字令哲,后为荆州西曹书佐,……又上书极谏武帝,言甚直,武帝不悦,丕竟于荆州狱赐死。徐孝嗣闻其死,曰:"丕纵有罪,亦不应杀,数千年后,其如竹帛何?"

在封建专制制度下,纳谏,是抑制君主堕落的唯一机制。故曰:"拒谏必亡。"齐武帝萧赜,在南齐立国未久,即护短而杀谏臣,这可不是个好兆头。永明十一年(493)初,其长子长懋即文惠太子辞世,同年七月,他也随之离世,由他亲立的皇太孙(长懋长子)昭业继位,史称郁林王(《南史》称"废帝")。然而,这位曾被他"慈爱曲深",企望他成人后"立守神器",继承大统的萧昭业,长大后却变成一位嗜血好

① 赵翼:《廿二史札记》卷十一"宋室闺门无礼"条。

杀,荒淫乱伦的童昏的暴君,这可能是萧赜所始料未及的。

《南齐书》卷四《郁林王昭业本纪》:

阉竖徐龙驹专总枢密,(周)奉叔、(綦毋)珍之互执权柄,自以为任得其人,表里绸缪,……于是恣情肆意,罔顾天显,二帝姬嫔,并充宠御,二宫遗服,皆纳玩府。内外混漫,男女无别,丹屏之北,为酤鬻之所,青蒲之上,开桑中之肆。……龙驹尤亲幸,为后阁舍人,日夜在六宫房内。昭业与文帝(即其父文惠太子长懋)幸姬霍氏淫通①,龙驹劝长留宫内,声云度霍氏为尼。……皇后亦淫乱,斋阁通夜洞开,内外淆杂,无复分别。

《南史》卷十一《郁林王何妃传》:

何妃讳婧英,庐江灊人,抚军将军戢女也。……妃禀性淫乱,南郡王(即昭业)所与无赖人游,妃择其美者,皆与交欢。南郡王侍书人马澄年少色美,甚为妃悦,常与斗腕较力,南郡王以为欢笑。……又有女巫子杨珉之,亦有美貌,妃尤爱悦之,与同寝处,如伉俪。及太孙即帝位,为皇后,……杨珉之为帝所幸,常居中侍。明帝(萧鸾)为辅,与王晏、徐孝嗣、王广之并面请,不听。又令萧谌、(临汝侯)坦之固请,皇后与帝同席坐,流涕覆面,谓坦之曰:"杨郎好年少,无罪过,何可枉杀。"坦之耳语于帝曰:"此事别有一意,不可令人闻。"帝谓皇后为阿奴,曰:"阿奴暂去。"坦之乃曰:"外间并云杨珉之与皇后有异情,彰闻遐迩。"帝不得已,乃为敕。坦之驰报明帝,即令建康行刑,而果有敕原之,而珉之已死。后既淫乱,又与帝相爱亵,故帝恣之。

《南史》卷十一《文安王皇后传》:

王皇后讳宝明,琅邪临沂人也。……宋世,高帝(萧道成)为文惠太子纳后,建元元年(479),为南郡王妃。(建元)四年(482),为皇太子妃,……永明十一年(493),为皇太孙太妃。郁林即位,尊为皇太后,称宣德宫。置男(男宠,面首)左右三十人,前代所未有也。

刘宋前废帝刘子业,应其姊山阴公主之请,为置"面首左右各三十人",已属荒唐;南齐郁林王萧昭业,为皇太后"置男左右各三十人",更骇人听闻,虽"前代所未有",却未必没有可能。还须注意者,在篡弑频仍的齐梁之际,这位宣德太后曾被迫

①《南史》卷五《废帝郁林王昭业本纪》:此句后,增"改姓徐氏"四字。

扮演过重要的政治角色。萧鸾先后废弑郁林王昭业、海陵王昭文,自立为明帝;萧衍杀东昏侯宝卷篡齐立梁,皆假这位宣德太后诏令以行之。王西庄为之浩叹云:"一妇人也,而两朝篡夺,皆托其名以欺人,真如儿戏!"(《十七史商榷》卷五五"宣德太后令"条)

萧昭业干的荒唐事,还不止此。他在占有高、武"二帝姬嫔、并充宠御",后宫爆满的情况下,犹不满足。竟演出了令其内侍带刀闯入曾同齐高帝一道打天下的元老重臣司空王敬则宅"夺妓"的闹剧。《南史》卷四六《周盘龙传附奉叔传》称:

> 奉叔,勇力绝人,……善骑马,帝(郁林王)从其学骑,尤见亲宠,得入内,无所忌惮。陵铄朝士,就司空王敬则换米二百斛,敬则以百斛与之,不受。敬则大惧,乃更饷二百斛并金铪等物。敬则有一内妓,帝令奉叔求。奉叔不通径前,从者执单刀皆半拔,敬则跣走入内。既而自计不免,乃出,遥呼奉叔曰:"弟那忽能顾?"奉叔宣旨求妓意。乃得释。

明帝萧鸾杀尽高武子孙篡夺来的皇位,很快就被其继任者东昏侯宝卷断送掉了。在《南史》宋齐二代几位童昏的"废帝"中,东昏侯虽然只活了十七岁,但其《本纪》的篇幅却是最长的。盖因其秉性乖戾,委任佞倖,诛杀大臣,残虐百姓,暴殄天物,奢靡淫乱,作恶多端故也。为了不打乱行文结构,关于他干的诸多天怒人怨的恶行丑事,下文将予具体揭露。在此且先披露其禽兽不如,淫及姊妹的最丑恶的一端。

《南史》卷五《废帝东昏侯宝卷本纪》:

> 潘妃放恣,威行远近。……帝小有失,潘则与杖,……虽畏潘妃,而与诸姊妹淫通。每游走,潘氏乘小舆,宫人皆露裈,着绿丝屩,帝自戎服骑马随后。又开渠立埭,躬身引船,埭上设店,坐而屠肉。于是百姓歌云:"阅武堂,种杨柳[①],至尊屠肉,潘妃酤酒。"

《南史》卷十一《东昏褚皇后传》:

> 褚皇后讳令璩,河南阳翟人,太常澄之女也。建武二年(495),纳为皇太子妃而无宠。帝谓左右曰:"若得如山阴主无恨矣。"山阴主,明帝长女也,后遂与之为乱。

①《南史》卷五《废帝东昏侯宝卷本纪》:"又以阅武堂为芳乐苑,穷奇极丽。当暑种树,朝种夕死,死而复种,率无一生。于是征求人家,望树便取,毁彻墙屋,以移植之。大树合抱,亦皆移掘,插叶系华,取玩俄倾。"

明帝即萧鸾。东昏与山阴主为乱，乃与亲姊妹乱伦。《本纪》称：“与诸姊妹淫通”。这种乱伦的丑事，绝不会仅此一桩。

历观前史，荒乱之君，何代无之？然如江左宋齐二代，运祚不足百年，其间，残忍嗜杀，荒淫乱伦，童昏狂暴之君之多，肆虐之烈之惨者，实属罕见。究其缘由，瓯北喟然有感曰：

> 盖劫运之中，天方长乱。创业者不永年，继体者必败德。是以一朝甫兴，不转盼而辄覆灭。此固气运使然也。①

第三，朝士只知有家，不知有国，易代之际，“以一家物又与一家”②成为惯态，枉顾名节，寡廉鲜耻。

中国古代士大夫所追求的传统价值观，是立德、立功、立言，即所谓“三不朽”；但同时，又格外重名誉，尚气节。他们把生前身后的名节，看得比生命还重要。为了名节，可以“杀身成仁，舍生取义”；为了名节，可以置生死于度外：“人生自古谁无死，留取丹心照汗青！”

正因为有了一大批“时穷节乃见”的志士仁人，成为历史长河中的亮点，我们从中可以依稀看到古老华夏民族的脊梁和灵魂。

然而，到了篡弑频仍，“你方唱罢我登场”的南北朝，许多出身于高门世族的权臣、士大夫们，却只知有家，不知有国，每当江山易色的易代之际，他们不殚青史贻羞，落得“贰臣”的骂名，往往卖身投靠，充当“以一家物又与一家”的政治掮客，即所谓“佐命大臣”，从而坐收“主位虽改，臣任如初”，“平流进取，坐致公卿”③的政治实惠。正如清代著名史家王鸣盛所说：这种卑劣的廊庙风尚，是“南北朝为人臣者之惯态”④。在这里，让我们以宋齐易代之际的两位“佐命”大臣褚渊、王俭为例，稍加剖析，以概见当时士大夫的堕落与无耻，已达到何等程度。

无独有偶，这两位世代衣冠、位列三公的权臣，俱有累世招为驸马，成为皇亲国戚的显赫家世，却又有累世出卖前朝的不光彩记录。

《南齐书》卷二三《褚渊传》称：“褚渊字彦回，河南阳翟人也。祖秀之，宋太常。父湛之，骠骑将军，尚宋武帝女始安哀公主。渊少有世誉，复尚文帝南郡献公主，姑侄二世相继。”褚氏同刘宋之姻亲关系，尚不止此。又据《南史》卷二八(彦回弟)《褚澄传》：“澄字彦道，彦回弟也。初，湛之尚始安公主，薨，纳侧室郭氏，生彦回。后尚

①《廿二史札记》卷十一“宋齐多荒主”条。

②《十七史商榷》卷六十“王宏传自相违反”条。

③《南齐书》卷二三《褚渊王俭传·史臣曰》。

④《十七史商榷》卷六十“王宏传自相违反”条。

吴郡主(即武帝第五女吴郡宣公主),生澄。彦回事主孝谨,主爱之。湛之亡,主表彦回为嫡。澄尚宋文帝女庐江公主,拜驸马都尉。"据上可知,褚氏父子三人,尚宋室四公主,其家世之显贵确乎非常。说到这里,我们有必要引据《宋书》,澄清一处史籍中关于其家世载记的重要谬误,并从而窥知:褚氏一门之所以衣冠鼎盛,世禄不替,盖缘于联姻帝室,既为刘宋之皇亲,亦是晋室之国戚;亦缘于卖身投靠,不唯亡宋之"贰臣",亦灭晋之帮凶也。

按《南齐书》褚渊本传、《南史》褚彦回本传①,皆称褚渊之祖父为秀之。这是不确的。王鸣盛《十七史商榷》卷六十"褚贲传互有短长"条亦称:"渊之祖秀之与弟淡之,为晋亲臣,而贰于宋武帝"云云,盖缘其误。据《宋书》卷五二《褚叔度传》称:

> 褚叔度,河南阳翟人也。曾祖裒,晋太傅。祖歆,秘书监。父爽,金紫光禄大夫。长兄秀之字长倩,历大司马琅邪王从事中郎,黄门侍郎、高祖(宋武帝刘裕)镇西长史。秀之妹,(晋)恭帝后也,虽晋氏姻戚,而尽心于高祖……高祖受命,徙为太常。元嘉元年(424)卒官,年四十七。秀之弟淡之,字仲源,亦历显官……高祖受命,为侍中。淡之兄弟并尽忠事高祖,恭帝每生男,辄令方便杀焉,或诱赂内人,或密加毒害,前后非一。及恭帝逊位,居秣陵宫,常惧见祸,与褚后共止一室,虑有酖毒,自煮食于床前。高祖将杀之,不欲遣人入内,令淡之兄弟视褚后,褚后出别室相见,兵人乃踰垣而入,进药于恭帝。帝不肯饮,曰:"佛教自杀者不得复人身。"乃以被掩杀之……(景平)二年,淡之卒,时年四十五。

又称,"叔度名(裕之)与高祖(刘裕)同,故以字行。"因助刘裕平卢循、征刘毅有功,刘裕建宋,封番禺县男,食邑四百户。寻加散骑常侍。永初三年(422),出为使持节,监雍凉南北秦四州荆州之南阳、竟陵等六郡诸军事。次子寂之,著作佐郎,早卒。"子暧,尚太祖(宋文帝)第六女琅邪贞长公主,太宰参军,亦早卒。"《叔度传》又称:

> 秀之弟湛之,字休玄,尚高祖第七女始安哀公主,拜驸马都尉、著作郎。哀公主薨,复尚高祖第五女吴郡宣公主。诸尚公主者,并用世胄,不必皆有才能。湛之谨实有意干,故为太祖(宋文帝)所知。历显位……大明四年(460)卒,时年五十。追赠侍中、特进、骠骑将军,给鼓吹一部,左仆射如故。谥曰敬侯。子渊庶生,宣公主以渊有才,表为嫡嗣。渊,升明末为司空。

① 褚渊字彦回。《南史》成书于唐初,为避唐高祖李渊讳,故以字行。

由上可见，渊之祖父，乃晋金紫光禄大夫爽，共生四子：秀之、淡之、裕之(即叔度)及渊父湛之。则秀之，实乃其大伯父，而非祖父也。再者，褚氏子弟在宋世之所以多尚公主、招驸马，满门公卿，势焰熏天，其秘密即在于身为晋臣，而贰于刘宋，用司马氏胤嗣的鲜血，以染红褚门公卿的官缨。褚渊作为刘宋的资深驸马，顾命大臣，当宋齐易代之际，贰于萧道成佐命立齐，以保全身家，换取富贵，正是蹈袭其先辈惯用的卑劣伎俩。

萧道成篡宋立齐得以成功，从总体时势看，固有其必然性，但在同反齐势力决战的紧要关头，褚渊作为"内应"，无疑发挥了关键作用。撰《南齐书》的萧子显，是萧道成的孙子。书中对作为叛宋附齐的佐命功臣褚渊，不免多有回护。这里，适当参酌《南史》本传及《通鉴》中史料，力求还原这位"贰臣"的本来面目。

《南齐书》卷二三《褚渊传》称：

> 明帝(刘彧)疾甚，驰使召渊，以付后事……明帝崩，遗诏以为中书令、护军将军，加散骑常侍，与尚书令袁粲受顾命，辅幼主……元徽二年(474)，桂阳王休范反，渊与卫将军袁粲入卫宫省，镇集众心。渊初为丹阳，与从弟炤同载出，道逢太祖(萧道成)，渊举手指太祖车谓炤曰："此非常人也。"出为吴兴，太祖饷物别，渊又谓之曰："此人材貌非常，将来不可测也。"及顾命之际，引太祖预焉……苍梧酷暴稍甚，太祖(道成)与渊及袁粲言世事，粲曰："主上幼年微过易改，伊、霍之事，非季代所行，纵使成功，亦终无全地。渊默然，归心太祖。及废苍梧，群公集议，袁粲、刘秉既不受任，渊曰："非萧公无以了此。"手取书授太祖。太祖曰："相与不肯，我安得辞！"事乃定。顺帝立，改号卫将军，开府仪同三司，侍中如故……齐台建，渊白太祖引何曾自魏司徒为晋丞相，求为齐官，太祖谦而不许。建元元年(479)，进位司徒、侍中、中书监如故。封南康郡公，邑三千户。

在宋齐易代的转折关头，褚渊之所以早就"心归太祖"，是因为凭他的政治敏感，预见到握有兵权实力的萧道成，可能成为他未来的主子。至于他在"顾命之际"，之所以能够"引太祖预焉"，是因为他作为宋室的资深驸马和权臣，得到更大的信任，拥有更大的权力。①所谓"引太祖预焉"，实指在宋顺帝刘准作傀儡的升明年间，把控有兵权的萧道成，拉进包括袁粲、刘秉、褚渊在内的所谓"四贵"权力核心。这是促成萧道成篡宋得手的关键性的一步。

---

① 据《宋书·明帝本纪》：豫泰元年(472)四月，明帝临终时，"袁粲、褚渊、刘秉、蔡兴宗、沈攸之同被顾命。"又据《南史》卷二八《褚彦回传》：明帝病危时，将彦回自吴兴太守召回，曰："吾近危笃，故召卿，欲使着𧝏𧜁。……𧝏𧜁，乳母服也。"盖欲托孤于渊，辅佐幼主。是故"粲等虽同见托，而意在彦回。"可见，褚渊在诸顾命大臣中，更被信任，有更多话语权，故得以"引太祖预焉。"

《十七史商榷》与《廿二史札记》俱指出，较之《南齐书》，《南史》本传对褚渊的“贰臣”面目，披露了更多实质性的细节。请看：

及袁粲怀贰，曰：“褚公眼睛多白，所谓白虹贯日，亡宋者终此人也。”他日，粲谓彦回曰：“国家所倚，唯公与刘丹阳及粲耳，愿各自勉，无使竹帛所笑。”彦回曰：“愿以鄙心寄公之腹则可矣。”然竟不能贞固。及高帝辅政，王俭议加黄钺，任遐曰：此大事，应报褚公。帝曰：“褚脱不与，卿将何计？”遐曰：“彦回保妻子，爱性命，非有奇才异节，遐能制之。”果无违异。……时朝廷机事，彦回多与议谋，每见从纳，礼遇甚重。上（齐武帝萧道成）大宴集，酒后谓朝臣曰：“卿等并宋时公卿，亦当不言我应得天子。”王俭等未及答，彦回敛板曰：“陛下不得言臣不早识龙颜。”……于时百姓语曰：“可怜石头城，宁为袁粲死，不作彦回生。”[①]

以上所引史料，除“不得言臣不早识龙颜”一条外，皆《南史》彦回本传所增。王鸣盛谓“此篇所添颇有意”；并对《南齐书》无视褚渊“如此负国怀奸，而犹以讥之者为轻薄子”[②]，深致不满。至于前引《南史》所谓“袁粲怀贰”云云，有必要给予澄清。撰《南史》的李延寿，把作为刘宋顾命重臣的袁粲，秘密组织力量，企图阻止萧道成篡宋的行为称作“怀贰”，显然是因为其史识背离了奉正朔、分邪正的传统史学观念。据《通鉴》所载，所谓“袁粲怀贰”，实际上是作为顾命大臣的袁粲，眼见萧道成重兵在握，势焰逼人，篡宋立齐的野心毕露的危急关头，为挽救宋室覆灭所做的一次最后努力。其具体计划是，联络刘秉、刘韫、卜伯兴、任候伯、黄回等宋室朝臣，“矫太后令，使韫、伯兴帅宿卫兵攻道成于朝堂，回等帅所领为应，刘秉、任候伯等并赴石头”（《通鉴·宋纪十六·顺帝升明元年〔477〕》）。这本来是一桩攸关生死存亡的高度机密，万万不可泄漏的。但存心忠厚的袁粲，虽不无犹疑，为顾全大局，仍亲自告知了褚渊。《通鉴》同卷《升明元年》又称：

及沈攸之事起[③]，道成与渊议之。渊曰：“西夏衅难，事必无成，公当先备其内耳。（胡注：谓备袁粲等耳。）粲谋既定，将以告渊，众谓渊与道成素善，不可告。粲曰：“渊与彼虽善，岂容大作同异！今若不告，事定便应除之。”乃以谋告渊，渊即以告道成。

①《南史》卷二八《褚彦回传》。

②《十七史商榷》卷六十“南齐书不讥褚渊”条。

③ 指刘宋顾命大臣之一的沈攸之，据荆州起兵讨萧道成。后兵败被杀。事详《通鉴·宋纪十六·升明元年》，可参阅。

在双方决战的紧要关头，褚渊卖给萧道成的这份机密“情报”，可帮了萧道成的大忙。使他得以预作周密部署，并先下手争取主动，从而导致反齐集团被轻易击溃。“四贵”中的袁粲、刘秉，俱父子死难，其余宋臣中的参与者，亦先后被诛除。据《通鉴》同卷所载，袁粲父子临难不苟，死得十分悲壮：

> 道成遣军主会稽戴僧静帅数百人向石头……自亥至丑，戴僧静分兵攻府西门，焚之。粲与秉在城东门，见火起，欲还赴府。……粲下城，列烛自照，谓其子最曰：“本知一木不能支大厦之崩，但以名义至此耳。”僧静乘暗踰墙独进，最觉有异人，以身卫粲，僧静直前斫之。粲谓最曰：“我不失忠臣，汝不失孝子！”遂父子俱死。百姓哀之，谣曰：“可怜石头城，宁为袁粲死，不作褚渊生！”

舆论和民意的褒袁卑褚，也折射出萧道成的以诈力篡宋立齐，于道义有亏，是不得民心的。正如王夫之所说：“齐无尺寸功于天下，乘昏虐而窃其国，弑其君，尽灭其族，神人之所不容，义之必讨者也。”[①]所以，在南齐，对褚渊这位“贰臣”的讥斥，也意味着对南齐皇权的“大不敬”，必将遭到严惩，乃至虐杀。这一颇有意味的话题，且留待下文叙及。这里，且让我们先来审视一下，作为褚渊对立面的袁粲，究竟何许人也？

上引《通鉴》同卷称：

> 粲简淡平素，而无经世之才；好饮酒，喜吟讽，身居剧任，不肯当事；主事每往谘决，或高咏对之。闲居高卧，门无杂宾，物情不接，故及于败。

复引述裴松之曾孙在梁代以史才文名著称的裴子野的评述称：

> 裴子野论曰：袁景倩，民望国华，受付托之重；智不足以除奸，权不足以处变，萧条散落，危而不扶。及九鼎既轻，三才将换，区区斗城之里，出万死而不辞，盖蹈匹夫之节而无栋梁之具矣。（胡注：裴子野之论，有《春秋》责备贤者之意，故《通鉴》取之。）

裴子野和司马光，显然是以史家“经世致用”的眼光，“循吏”的标准来评价袁粲的。请注意，这位袁粲正是上文曾论及的王筠的外祖父。对王筠赏誉有加的沈约，曾称赞说：“王郎非唯额类袁公，风韵都欲相似。”又在他始撰于齐，定稿于梁初的《宋书》卷八九中，给袁粲留下一篇突出其名士风韵，笔端不无同情惋惜，评价不失

①《读通鉴论·齐高帝（二）》。

公允的传记。据《宋书》本传："袁粲字景倩，陈郡阳夏人，太尉淑兄子也。父濯，扬州秀才，早卒，祖母哀其幼孤，名之曰愍孙。"直到宋明帝泰始初，始更名为粲。又称：

> (大明)七年(463)，转吏部尚书，左卫如故。其年，皇太子(前废帝子业)冠，上(孝武帝)临宴东宫，愍孙劝颜师伯酒，师伯不饮，愍孙因相裁辱，师伯见宠于上，上常嫌愍孙以寒素凌之，因此发怒，出为海陵太守[①]……顺帝即位，迁中书监，司徒、侍中如故。……时齐王(萧道成)功高德重，天命有归，粲自以为身受顾托，不欲事二姓，密有异图。

这篇传记应写于南齐永明五年(461)前后[②]，"齐王功高德重，天命有归"的谀辞，不得不说。至于"密有异图"云云，即前《南史》所说的"怀贰"。沈约用"异图"一词来表述袁粲谋划的反齐行动，显然比李延寿关于"怀贰"的措辞，公允恰切得多。在《史臣曰》又说："及其赴危亡，审存灭，岂所谓义重于生乎。虽不达天命，而其道有足怀者。"字里行间，透露出惋惜同情的意味。窃以为，沈约所撰《袁粲传》的最大特色，是在刻意突出其"清标简贵"不同流俗的名士风韵的一面。他不嫌辞费，不惜篇幅地写道：

> 愍孙清整有风操，自遇甚厚，常著《妙德先生传》以续嵇康《高士传》以自况，曰："有妙德先生，陈国人也。气志渊虚，姿神清映，性孝履顺，栖冲业简，有舜之遗风。先生幼夙多疾，性疏懒，无所营尚，然九流百氏之言，雕龙谈天之艺，皆泛识其大归，而不以成名。家贫尝仕，非其好也，混其声迹，晦其心用，故深交或迕，俗察罔识。所处席门常掩，三迳裁通，虽杨子寂寞，严叟沉冥，不是过也。修道遂志，终无得而称焉。"
>
> 又尝谓周旋人曰："昔有一国，国中一水，号国狂泉。国人饮此水，无不狂，唯国君穿井而汲，独得无恙。国人既并狂，反谓国主之不狂为狂，于是聚谋，共执国主，疗其狂疾，火艾针药，莫不毕具。国主不任其苦，于是到泉所酌水饮之，饮毕便狂。君臣大小，其狂若一，众乃欢然。我既不狂，难以独立，比亦欲

① 颜师伯乃延之从子。《南史》卷三四有传，称：善于附会，大被孝武帝知遇。累迁侍中、吏部尚书、右军将军、尚书右仆射。"专情独断，奏无不可。"关于粲裁辱颜师伯事，《南史》卷二六粲本传记述更详，称："愍孙劝师伯酒，师伯不饮，愍孙因相裁辱曰：'不能与佞人周旋。'师伯见宠于上，上常嫌愍孙以寒素陵之，因此发怒曰：'袁濯儿不逢朕，员外郎未可得也，而敢以寒士遇物！'将手刃之，命引下席，愍孙色不变，沈(庆之)、柳(元景)并起谢，久之得释。出为海陵太守。"

② 据中华书局1974年10月第1版《宋书》编辑部《出版说明》可知，沈约所撰《宋书》纪传七十传，完成于南齐永明五年春至六年春。

试饮此水。”

《妙德先生传》，盖欲追慕“竹林七贤”的高士之风；“狂泉”寓言，则流露出生当“举世皆醉”的末世，断难持守人格上的“唯我独醒”的悲哀与无奈。我们要感谢沈约，出于避忌，他虽然未敢把“宁为袁粲死”的民谚采入其本传；却刻意把袁氏自撰的足以突显其风操的两则妙文，完整地纳入了他的本传。从而使得袁粲成为宋齐之交，朝局昏乱，士大夫谄佞成风的衰乱之世中的一个“异类”，一个亮点，或者更确切地说，使他成为“一塌胡涂的泥塘里的光彩”[①]。

历史毕竟是公道的。虽然《南齐书》不讥褚渊这位“贰臣”，无奈其败德失节的劣迹，事实俱在，使其子嗣亲属为之耻愧蒙羞，士大夫为之齿冷，是故史乘中留下的讥诮与骂名，亦复不少。首先是其长子贲，因褚渊“背袁粲等附高帝（萧道成），贲深执不同，终身愧恨之，有栖退之志……辞爵，让与弟蓁，仍居墓下。”[②]王鸣盛《十七史商榷》卷六十《褚贲传互有短长》条亦称：

夫父在观其志，父没观其行。贲于渊死后不拜官，称疾让封，愧恨乃父之意显然……力表其谢病庐墓，绝食拒客，钉塞门户，延寿是也……（渊父淡之）妹为晋恭帝后，杀后所生男非一，又弑恭帝。渊又以宋驸马而求为齐臣（见前引《南齐书》本传），累世卖国，丑声真自不堪。

褚渊之族弟炤，对其卖宋附齐，有辱家声，反应尤为激烈。《南史》卷二八《褚炤传》称：

炤字彦宣，彦回从父弟也。……常非彦回身事二代。彦回子贲往问讯炤，炤问曰：“司空今日何在？”贲曰：“奉玺绂，在齐大司马（萧道成）门。”炤正色曰：“不知汝家司空将一家物与一家，亦复何谓。”彦回拜司徒，宾客满坐，炤叹曰：“彦回少立名行，何意披猖至此！门户不幸，乃复有今日之拜。使彦回作中书郎而死，不当是一名士耶？名德不昌，遂有期颐之寿。”彦回性好戏，以轺车给之，炤大怒曰：“著此辱门户，那可令人见。”索火烧之，驭人奔车乃免。

此外，前宋室公卿之裔孙及士大夫，亦多鄙视褚渊，并深致讥诮。《南史》卷十九《谢超宗传》（《南齐书》卷三六《谢超宗传》略同）称：

灵运子凤，坐灵运徙岭南，早卒。凤子超宗，随父凤岭南，元嘉末得还……

① 鲁迅：《南腔北调集·小品文的危机》。

②《南史》卷二八《褚贲传》。

齐高帝为领军,爱其才,卫将军袁粲闻之,谓高帝曰:"超宗开亮,善可与语。"取为长史、临准太守。粲诛,高帝以超宗为义兴太守。升明二年(478),坐公事免……为人恃才使酒,多所陵忽,在直省常醉。上召见,语及北方事,超宗曰:"虏动来二十年矣,佛出亦无如之何。"以失仪出为南郡王中军司马。人问曰:"承有朝命,定是何府?"超宗怨望,答曰:"不知是司马,为是司驴;既是驴府,政应是司驴。"为有司奏,以怨望免,禁锢十年。后司徒褚彦回因送湘州刺史王僧虔,阁道坏,坠水,仆射王俭惊跣下车。超宗抚掌笑曰:"落水三公,坠车仆射。"彦回出水,沾湿狼藉。超宗先在僧虔舫,抗声曰:"有天道焉,天所不容,地所不受。投畀河伯,河伯不受。"彦回大怒曰:"寒士不逊。"超宗曰:"不能卖袁、刘得富贵,焉免寒士。"前后言诮,稍布朝野……超宗为子娶张敬儿女为妇,帝(齐武帝萧赜)甚疑之。及敬儿诛,超宗谓丹阳尹李安人曰:"往年杀韩信,今年杀彭越,君欲何计?"安人具启之。上(齐武帝)积怀超宗轻慢……诏徙越巂,行至豫章,上敕豫章内史虞悰赐尽,勿伤其形骸。

谢灵运这位恃才傲物的孙子,语犯两位"佐命"大臣,本已触及南齐皇室的痛处,再加上他同以谋逆之嫌刚遭到"兔死狗烹"下场的张敬儿结为儿女亲家,自然非死不可。

另一位才士刘祥,乃曾助刘裕打天下的宋室开国元勋刘穆之的曾孙,也因为凌辱褚渊而开罪于他所投靠的南齐,遭到与谢超宗类似的下场。《南史》卷十五《刘祥传》(《南齐书》卷三六《刘祥传》略同)称:

祥字显徵,式之(穆之子)孙也……少好文学,性韵刚疏,轻言肆行,不避高下。齐建元中,为正员郎。司徒褚彦回入朝,以腰扇障日,祥从侧过,曰:"作如此举止,羞面见人,扇障何益。"彦回曰:"寒士不逊。"祥曰:"不能杀袁、刘,安得免寒士。"永明初,撰《宋书》,讥斥禅代,尚书令王俭密以启闻,上衔而不问……王奂为尚书仆射,祥与奂子融同载,行至中堂,见路人驱驴,祥曰:"驴,汝好为之,如汝人才,皆已令仆。"著《连珠》十五首,以寄其怀。其讥议者云:"希世之宝,违时必贱,伟俗之器,无圣则沦。是以明玉黜于楚岫,章甫穷于越人。"有以祥《连珠》启上(武帝),上令御史中丞任遐奏其过恶,付廷尉。上别遣敕祥曰:"我当原卿性命,令卿万里思愆。卿若能改革,当令卿得还。"乃徙广州。不得意,终日纵酒,少时卒。

义不仕齐,有高逸之风的何点,乃宋名臣侍中、中书令何尚之之孙,对褚渊、王俭之流,自然不屑正眼相看。《南史》卷三十《何点传》(《南齐书》卷五四《何点传》略同)称:

点字子晳……容貌方雅，真素通美，不以门户自矜。博通群书，善谈论……遨游人间，不簪不带，以人地并高，无所与屈，大言踑踞公卿，敬下。或乘柴车，蹑草屩，恣心所适，致醉而归。故世论以点为孝隐士，弟胤为小隐士，大夫多慕从之。时人称重其通，号曰“游侠处士”。兄求亦隐吴郡武丘山。求卒，点菜食不饮酒，讫于三年，腰带减半……初，褚彦回、王俭为宰相，点谓人曰：“我作《齐书》已竟，赞云：‘渊既世族，俭亦国华。不赖舅氏，遑恤国家。’”王俭闻之，欲候点，知不可见，乃止。豫章王嶷命驾造点，点从后门遁去。司徒竟陵王子良闻之，曰：“豫章王尚望尘不及，吾当望岫息心。”后点在法轮寺，子良就见之，点角巾登席，子良欣悦无已，遗点嵇叔夜酒杯、徐景山酒鎗[①]……梁武帝与点有旧，及践祚，手诏论旧……点以巾褐引入华林园，帝赠诗酒，恩礼如旧，仍下诏征为侍中。捋帝须曰：“乃欲臣老子。”辞疾不起……天监二年(503)卒。

何点不事二姓，以诗酒徜徉于南齐，不接世务，统治者不耽心他会闹出什么乱子，故得善终。及至南齐中叶，士大夫仍把褚渊当作反面典型来说事。《南齐书》卷五五《孝义·乐预传》称：

(乐颐)弟预亦孝……官至骠骑录事。隆昌(齐郁林王昭业年号)末，预谓丹阳尹徐孝嗣曰：“外传藉藉，似有伊、周之事，君蒙武帝(萧赜)殊常之恩，荷托付之重，恐不得同人此举。人笑褚公，至今齿冷。”孝嗣心甚纳之。

在篡弑频仍的南朝宋齐之际，朝士为全禄位、保妻子，苟且诡随，“党篡逆而叨佐命三赏者多矣”，为何舆论民情总是揪住褚渊不放，而深致苛责？对此，王夫之曾表示过深切的见解，有曰：

渊者，联姻宋室，明帝任之为冢宰者也。其时，齐高一巴陵王休若之偏裨耳，渊不藉之以贵，抑未尝与协谋面相得，恩所不加，志所不合，势不相须，权不相下。乃其决于逆党而终成乎篡弑者，无他，已则不孝，脱衰干进，而忌袁粲之终丧，欲夺粲以陷之死，宋不亡，齐不篡，则粲不死，遂以君授人而使加以刃，遂倾其祚，皆快意为之而不恤，于是永为禽兽，不足比数于人伦。故闺门之内，弟愿其死，子畏其污，子弟不愿以为父兄，而后虽流风颓靡之世，亦不足以容。不然，何独于渊而苛责之邪？[②]

① 鎗(撑)通“铛”。温酒器。《南齐书·萧颖胄传》：“欲铸坏大官元日上寿银酒鎗。”

②《读通鉴论·齐高帝(三)》。

出身于乌衣巷王氏高门的王俭，与褚渊同为助萧道成篡宋立齐的佐命元勋，故在《南齐书》中二人合传，置于群臣列传之首。当时有宗宋情结的士大夫，虽对二人俱多有讥刺，但锋芒所指，确有侧重于褚的偏向。王西庄尖锐地看出这一点，特在《十七史商榷》卷六十"王俭首倡逆谋"条中予以驳议之：

> 刘裕篡晋，王弘为佐命；萧道成篡宋，弘弟昙首之孙俭首倡逆谋。王氏世以君国输人者也。刘祥、谢超宗讥褚渊而不讥俭何哉？
>
> 俭自幼笃学，手不释卷。观其引述《汉书》《三都赋》《晋百官表》，腹笥便便，专以学术为佞谀之资。华林宴集，跪齐高帝前，诵相如《封禅书》，其谄弥甚。殆不知人间有羞耻事者！
>
> 俭弟逊，升明中为丹阳丞，告刘彦节事，不蒙封赏。建元初为晋陵太守，有怨言。俭虑为祸，因褚渊启闻，伏诛。又，刘祥撰《宋书》，直书禅代事，俭又密以启闻。武帝衔之，致流窜死。事见《南齐·祥传》。俭真小人。

王俭祖父昙首，乃晋丞相王导之曾孙（见《南史·王弘传》），论门第，似高于褚渊；父僧绰，尚宋文帝武康公主[1]，王俭亦因袁粲"言之于（宋）明帝，尚阳羡公主"（《南齐书·王俭传》），则父子俱招为宋室驸马，与褚氏约略相似。故前引处士何点有"不赖舅氏，遑恤国家"之语，以讥褚、王。又，王西庄说："刘祥、谢超宗讥褚渊而不讥俭"，也不确。前引超宗所谓"落水三公，坠车仆射"云云，盖褚、王一并讥之也。至于刘祥，确无直接触忤王俭的言论；但他"撰《宋书》，讥斥禅代"，必将触犯"首倡逆谋"的王俭。故王俭"密以启闻"（犹言"打小报告"），招致齐武帝衔恨远贬致死。再者，上文提到的颍川名士荀丕，因切谏齐武帝荒淫，后宫爆满，拘系于荆州狱中赐死，很可能同时任中书令的王俭有关。因为其时荀丕曾"与俭书曰：'足下建高人之名，而不显高人之迹，将何以书于齐史哉？'"（事详见《南史》卷四二《豫章文献王嶷传附荀丕传》）《南齐书》卷五二《丘灵鞠传》著录的这位江南才士，对卖宋附齐的王俭也不买账，称：

> 丘灵鞠，吴兴乌程人也。祖系，秘书监。灵鞠好文学，善属文。……世祖（齐武帝）即位，转通直常侍，寻领东观祭酒。灵鞠曰："久居官不愿数迁，使我终身为祭酒，不恨也。"永明二年（484），领骁骑将军。灵鞠不乐武位，谓人曰："我应还东掘顾荣冢。江南地方数千里，士子风流，皆出此中。顾荣忽引诸伧

---

① 史籍中关于王俭嫡母有两说：一为宋文帝武康公主，一为文帝东阳公主。《南齐书》，中华书局1972年1月第1版，第442页注30考辨称："盖始封武康，进封东阳耳。"

渡[1],妨我辈涂辙,死有余罪。"改正员常侍。灵鞠好饮酒,臧否人物,在沈渊座见王俭诗,渊曰:"王令文章大进。"灵鞠曰:"何如我未进时?"此言达俭。灵鞠宋世文名甚盛,入齐颇减。蓬发弛纵,无形仪,不治家业。王俭谓人曰:"丘公仕宦不进,才亦退矣。"

灵鞠对王俭的轻蔑,反映出宋室旧臣对南齐新朝的疏离感;其对顾荣的憎恶,更折射出南北世族之间始终存在隔膜,对南来武人(如刘裕、萧道成之流)的窃取最高权力,尤其深致不满。

《十七史商榷》拈出"王俭首倡逆谋",可谓独具只眼。西庄与瓯北均注意到萧子显《南齐书》叙及宋齐"禅代"事,颇多讳饰,兹谨引述《南史》卷二二《王俭传》,以见这位宋室驸马,在宋齐易代之际,如何贰于新主子萧道成,"不赖舅氏,遑恤国家"的真实嘴脸。本传称:

升明二年(478),……齐高帝为相,欲引时贤参赞大业,时谢朏为长史,帝夜召朏,却人与语久之,朏无言。唯有二小儿捉烛,帝虑朏难之,仍取烛遣儿,朏又无言。帝乃呼左右。俭素知帝雄异,后请间言于帝曰:"功高不赏,古来非一,以公今日位地,欲北面居人臣,可乎?"帝正色裁之,而神采内和。俭因又曰:"俭蒙公殊眄,所以吐所难吐,何赐拒之深。宋以景和、元徽之淫虐,非公岂复宁济,但人情浇薄,不能持久,公若小复推迁,则人望去矣,岂唯大业永沦,七尺岂可得保?"帝笑曰:"卿言不无理。"俭又曰:"公今名位,故是经常宰相,宜礼绝群后,微示变革。当先令褚公知之,俭请衔命。"帝曰:"我当自往。"经少日,帝自造彦回,款言移晷,乃谓曰:"我梦应得官。"彦回曰:"今授始尔,恐一二年间未容便移。且吉梦未必便在旦夕。"帝还告俭,俭曰:"褚是未达理。"虞整时为中书舍人,甚闲辞翰,俭乃自报整,使作诏。及高帝为太尉,引俭为右长史,寻转左,专见任用。大典将行,礼仪诏策,皆出于俭,褚彦回唯为禅诏,又使俭参怀定之。……高帝践祚,与俭议佐命功臣,从容谓曰:"卿谋谟之功,莫与为二,卿止二千户,意以为少。赵充国犹能自举西零之任,况卿与我情期异常。"俭曰:"昔宋祖创业,佐命诸公,开国不过二千,以臣比之,唯觉超越。"上笑曰:"张良辞侯,何以过此。"

尚未坐稳南齐小朝廷帝位的萧道成,便志得意满地以王俭比留侯,自属拟于不

[1]《世说新语·言语类》云:"(晋)元帝始过江,谓顾骠骑(荣)曰:'寄人国土,心常怀惭。'荣跪对曰:'臣闻王者以天下为家,是以耿亳无定处,九鼎迁洛邑,愿陛下勿以迁都为念。'"顾荣作为江东文化世族的代表人物,带头接纳渡江南来的北方士庶,对稳定东晋初期政局,起了极大作用。可参阅陈寅恪《述东晋王导之功业》一文。

伦；而且，这意味着自比于刘邦，更属忝不知分。不过，在这里我们要感谢李延寿，他用类似着力刻画人物心理活动细节的文学笔触，通过对王俭的趁势卖身投靠的急不可耐，同谢朏的高逸峻整、褚渊的颟顸呆滞、萧道成的沉着老辣进行对比，栩栩如生地凸显出这位“道倡逆谋”的贰臣的厚颜无耻。为了谄媚萧道成，王俭跪诵《封禅书》的丑态，《南史》本传也描述得很精彩。这可是南齐开国初，包括佐命大臣、开国元勋在内的文武班底合演的一台大戏，我们不容错过：

> 帝幸乐游宴集，谓俭曰：“卿好音乐，孰与朕同？”俭曰：“沐浴唐风，事兼比屋，亦既在齐，不知肉味。”帝称善。后幸华林宴集，使各效伎艺。褚彦回弹琵琶，王僧虔、柳世隆弹琴，沈文季歌《子夜来》，张敬儿舞。俭曰：“臣无所解，唯知诵书。”因跪上前诵相如《封禅书》。上笑曰：“此盛德之事，吾何以堪之。”后上使陆澄诵《孝经》，起自《仲尼居》。俭曰：“澄所谓博而寡要。臣请诵之。”乃诵《君子之事上章》。上曰：“善，张子布更觉非奇也。”于是，王敬则脱朝服，袒以绛纠髻，奋臂拍张[①]，叫动左右。上不悦曰：“岂闻三公如此。”答曰：“臣以拍张，故得三公，不可忘拍张。”时以为名答。

在这场文武同台演出的闹剧中，“长袖善舞”，表现欲特强，极尽谄佞之丑态的，自然首推王俭。与他同台演出的张敬儿、王敬则，从《南史》本传看，俱是胸无点墨的市井无赖，因以武力助萧道成行篡弑有功——实属太史公所谓的“功狗”[②]之类人物（后二人俱以谋反之嫌见诛，遭到“兔死狗烹”的悲剧下场），居然与世代公卿的王、褚同列三公之位[③]，这既是对南朝大力推行的门阀制度的一个讽刺，也反映出南齐的朝中无人。其运祚短促，未及二纪而亡，殆非偶然。

萧子显撰《南齐书》，虽在齐亡入梁以后，但作为齐室亲贵，对建齐有功的褚渊、王俭二位佐命大臣，仍然心存感激。故在其褚、王列传合卷的总评“史臣曰”和“赞曰”中，有违阳秋褒贬的传统史德，全然不顾这两位寡廉鲜耻的贰臣在民情舆论中的声名狼藉，把他们评价得十分正面和完美，其德其能，似乎足堪垂范后世。

在“赞曰”中，称赞王俭说：“文宪济济，辅相之体。称述霸王，纲维典礼。期寄两朝，绸缪宫陛。”在萧子显的笔下，不以仕二姓为耻的贰臣，“以一家物又与一家”

---

① 拍张，一种武术，亦可作为游艺节目表演。《南史》卷四五《王敬则传》：“善拍张，补刀戟左右。”

② “功狗”，语本《史记·萧相国世家》：“高帝（刘邦）曰：‘夫猎，追杀兽兔者狗也，而发踪指示兽处者人也。今诸君徒能得走兽耳，功狗也。至如萧何，发踪指示，功人也。’”

③《南史》卷四五《王敬则传》称：“王俭与敬则同日升开府仪同三司。”时徐孝嗣于崇礼门候俭，因嘲之曰：“今日可谓连璧。”俭曰：“不意老子遂与韩非同传。”这反映出王俭的无奈和善于解嘲。

的政治掮客,反倒成为"期寄两朝,绸缪宫陛"的"佐命"功臣矣!

在"史臣曰"中,他虽然不能枉顾褚渊"怀贰"的史实,不得不承认:"世之非责渊者众矣。"但紧接着发了一通洋洋洒洒的议论,来为这位贰臣做辩护。称:

> 夫汤、武之迹,异乎尧舜,伊、吕之心,亦非稷、契。降此风规,未足为证也。自金、张世族,袁、杨鼎贵,委质服义,皆由汉氏,膏腴见重,事起由斯。魏氏君临,年祚短促,服褐前代,宦成后朝。晋氏登庸,与之从事,名虽魏臣,实为晋有。故主位虽改,臣任如初。自是世禄之盛,习为旧准,羽仪之隆,人怀羡慕,君臣之节,徒致虚名。贵仕素资,皆由门庆,平流进取,坐到公卿,则知殉国之感无因,保家之念宜切。市朝亟革,宠贵方来,陵阙虽殊,顾眄如一。……褚渊当泰始初运,清涂已显,数年之间,不患无位,既以民望而见引,亦随民望而去之。夫爵禄既轻,有国常选,恩非己独,责人以死,斯固人主之所同谬,世情之过差也。

这是萧子显以肇始于汉魏之际,以"世卿世禄"为实质内容的门阀制度为论据,为世代公卿的褚渊之流不顾名节的"贰臣"劣迹所做的辩护。认为凭借其尊贵的门第,褚渊就理所当然的可以"平流进取,坐致公卿,则知殉国之念无因,保家之念宜切。"为什么?因为,在当时,"贵仕素资,皆由门庆","羽仪之隆,人怀羡慕,君臣之节,徒致虚名","主位虽改,臣任如初",已成为一种难以逆转的趋势和惯态。因此,士大夫抛却"耻事二姓"的传统价值观,只知有家,不知有国,眼见旧主子行将垮台,立即迫不及待地投入新主子的怀抱,最要紧的是保住其家世的富贵尊荣。所以,萧子显认为,在这样的历史大背景下,褚渊出卖其"舅氏"刘宋,贰于萧道成以佐命立齐的卑劣行径,不宜"责人以死",揪住不放。这真是中国政治史上一篇绝妙的"贰臣论"。无奈《南齐书》毕竟不是萧子显的家谱,他站在南齐皇室亲贵的立场,在列传中为褚渊所做的回护,实际上无济于事。历史是一个公正的审判台。作为一个历史人物,千秋功罪,只能任人评说。姑无论前引当时士人对褚渊的许多辛辣讥斥,仅凭"宁为袁粲死,不作褚渊生"这两句民谚,就把褚渊、王俭之流永远钉在了历史的耻辱柱上。

以上发生在建康的篡弑频仍,宗室内讧,血腥屠杀,闺门无礼,宫闱淫秽乱伦;朝堂之上,君昏臣谀,士大夫谄佞成风,透露出末世颓风的光怪陆离的乱象,大抵就发生在誌公刚到南朝的刘宋泰始初(约465),以迄于南齐亡于梁(501)这段时间里。面对这些如同发生在誌公眼皮子底下,令人触目惊心的怪现象,他能够熟视无睹,无动于衷么?

《陆志》说:"齐宋之交,稍显灵迹"。这是为什么?我们应当留意誌公走出钟山,以“神异”僧形象亮相于南朝京都建康这个重要的时间节点。

“南朝四百八十寺,多少楼台烟雨中。”至少自东晋以来,这几个偏安江左的小朝廷都是累世崇佛的。他们不惜挥霍百姓的血汗钱,大建佛寺、凿佛窟、塑佛像,翻译编纂佛经,开讲座宣讲佛经,甚至用行政手段倡导士庶信佛,有的皇帝还假装虔诚,跪在高僧大德膝下顶礼受戒。但是,其贪婪残暴的阶级本性,同佛教去恶向善、普济众生的宗旨是背离的。他们口是心非,言行不一,连佛教徒起码应信守的“不杀生”“不淫邪”“不妄语”等最基本的戒律,也被他们抛到九霄云外。用汤用彤先生惯用的说法:则南朝统治者倡导之佛教可知矣!

沙门的口头禅是:“扫地休伤蝼蚁命,爱惜飞蛾纱罩灯。”“不杀生”,是佛徒遵奉的首条戒律。当然奉行广义的“不杀生”,像有的佛徒那样用自己的血肉去滋养虱子,未免迂阔。但佛家倡导的“不杀生”的本真涵义是禁暴止杀,博爱众生,这是有助于社会的和谐稳定,是富有人文理性精神的。被誌公赶上的刘宋末季和短命的南齐二代,正是一个颇多嗜杀成性的暴君昏主的黑暗时代。迫于时势,刚刚皈依佛门的誌公,在眼看着兴皇寺僧主道猛和他本人俱不陌生的宋明帝刘彧,杀光了孝武帝子孙,又看着齐高帝萧道成先后杀了宋后废帝刘昱和顺帝刘准,进而杀光了刘彧的子嗣,使“宋之王侯,无少长皆尽矣”(赵翼《廿二史札记》卷十二“宋子孙屠戮之惨”条)。他似乎再也按捺不住了。作为一个以慈悲为怀的佛徒,他分明感到了自己有责任为这个苦难的红尘世界做点什么。经过一番考量和准备,在钟山蛰伏十余年后的“齐宋之交”,他终于出山了。

誌公带着除禅杖外,与一般佛徒有些异样的剪、刀、尺、帛之类的行头,几乎是冒着宗宋同拥齐两军对垒方酣的硝烟烽火与悲风杀气,应和着“宁为袁粲死,不作褚渊生”的低沉悲壮的民谚,而亮相于石头城的。他选择的这个让人敏感的出场时机,有意或无意地显示出其宗宋远齐的政治倾向性。这很可能是他在南齐不受最高统治者的关注,几乎在整个南齐都基本上处于被禁锢和管制状况的原因所在。

那么,誌公选择在“齐宋之交”的时机亮相,究竟要给人们传递什么样的信息?表达怎样的诉求?这一点,我们可以从他作为一个沙门,不同寻常的衣着打扮,诡异反常的言行,特别是他所随身携带的那些不伦不类,令人费解的什物,也许可以看出一些端倪。关于这方面的情形,《陆志》记述颇简略,称:

> 齐宋之交,稍显灵迹,被发徒跣,负杖挟镜,或征索酒肉,或数日不食。预言未兆,悬识他心。一时之中,分身数处。

而《皎传》,则详细得多:

> 至宋泰始初,忽如僻异。居止无定,饮食无时。发长数寸,常跣行街巷,执

一锡杖，杖头挂剪刀及镜，或挂一两匹帛。齐建元中，稍见异迹，数日不食，亦无饥容。与人言语，始若难晓，后皆效验。时或赋诗，言如谶记。京土士庶，皆共事之。

以上关于二者在叙事时间起点上的不同，这涉及誌公生平梗概的分期，上文已做解析，兹不再重复。窃以为，这里值得关注的有两个问题：

一是带着超自然神秘光圈的"神异"，该如何理解？他那些诡异的言行，特别是见诸史乘的那些"谶言"，该如何解读？

二是与普通沙门不同，他随身携带的那套行头，或者说"道具"，有什么寓意？想通过它们传达什么样的信息？

头一个问题，牵涉面广，说来话长，留待后面来说。这里，且让我们先就他随身携带的那套曾经带来许多附会，引出不少历史掌故的什物（或者说"道具"），试做一番切合历史实际，富有人文社会内涵的重新解读。

据佛典所载，沙门作为一个特殊的社会群体，他们日常的生活用品，似乎都带有某种神秘色彩的规定性。因而有所谓"三衣六物""十八物""百一物""百一供身"之说。"百"，盖言其多，并非确指；"一"，盖规定各种用品只许有一件。余者为"长物"。《行事钞》卷下一称："百一物各得蓄一，百一之外皆是长物。"其实，沙门也是人。他们的日常生活用品，除其中有的可以称作"法衣""法器"外，绝大多数都是普通的日常生活用品。兹举任继愈《宗教辞典》所列僧人用品，[①]以说明其大概情形：

据《菩萨戒经》，大乘比丘乞食游方之时，随身携带十八种用品：(1)杨枝（剔牙签）；(2)澡豆（豆末，用来洗手）；(3)三衣；(4)净水瓶；(5)钵；(6)坐具；(7)锡杖；(8)香炉；(9)滤水囊；(10)手巾；(11)刀子；(12)火燧（打火用）；(13)镊子（拔鼻毛用）；(14)绳床；(15)经卷；(16)律，即《梵网经》；(17)佛像；(18)菩萨像（即文殊、弥勒像）。

《菩萨经》中所列古印度游方僧所带用品，仅有参考价值，当然不完全符合中国佛徒的实际情形。但像誌公那样，他携带的物品，以及其携带的方式，都不能不令人感到异样和特别。他为什么要携带那些东西？他想通过那些东西，向尘世的芸芸众生，发出怎么的召唤？向社会表达怎样的诉求？正是他的这些让人难以捉摸的异样和特别，引出了人们像猜谜一样的许多不着边际的推测和解读，甚至让许多文化名人也卷入其中，使之成为一桩至今仍沾满历史尘埃的悬而未决的公案。

誌公在石头城亮相时，究竟带了些什么物品？《陆志》云："负杖挟镜。"四字而

① 任继愈：《宗教辞典》，上海辞书出版社，2009年12月第1版，第15页。

已。《皎传》称:“常跣行街巷,执一锡杖,杖头挂剪刀及镜,或挂一两匹帛。”把这两项最原始的记录加在一起,不过是锡杖、剪、刀、镜、帛等五样东西而已。其中,锡杖,是佛徒用具“十八物”之一。亦称“声杖”“鸣杖”,高与眉齐,头有锡环,本是僧人行路或乞食时,振环作响,以警示脚下的生物,免遭践踏,也可用以防牛犬等外物的侵扰,后遂成佛教的一种法器。“飞锡”“巡锡”“驻锡”“挂锡”“卓锡”等用语,俱本此。但像誌公那样,把剪、刀、镜、帛等物挂在杖头,招摇过市,不能不令人感到异常,并引来种种猜测。

从文献记载看,最先对此做出明确解读的,是唐代大诗人李白。宋杨齐贤集注《李白集分类补注》卷二九《誌公画赞》云:

> 水中之月,了不可取。虚空其心,寥廓无主。锦幪鸟爪,独行绝侣。刀齐尺梁,扇迷陈语。丹青圣容,何往合所?

宋人李纲《登钟山宝公塔》诗有句云:“杖携刀尺拂,语隐齐梁陈。”把李白《画赞》中的“隐语”(齐、梁、陈),进一步点破了。在此后的和尚语录中,更成为常见的话题。如《智觉普明国师语录》卷五《誌公和尚》三首之二有句云:“宝刀皇尺龟毛拂,并把三朝付一枝。”[①]这里所谓的“三朝”,亦即齐、梁、陈,其看法,同太白、李纲,一脉相承。[②]

我们注意到,为了把誌公的“预言”、“谶记”神秘化,而玩的这套以誌公随身携带的实物来影射历史朝代的文字游戏,所依据的版本,并非《陆志》《皎传》所载的“原版”。因为,按“原版”所载,除锡杖外,不过剪、刀、镜、帛四者而已。仅凭这四件东西,无论从谐音或切义的角度,都不可能引申出代表朝代的“齐、梁、陈”三个字来的。诚然,从《皎传》所载剪、刀,取其裁割以齐一万物义,可引申出“齐”字。但按照这套文字游戏的逻辑,“梁”,是从尺的度量功能,取“量”与“梁”谐音,而引申出来的;“陈”,是从扇或拂子有用以拂尘的功能,取“尘”与“陈”谐音,而引申出来的。但据笔者所见文字史料,誌公巡行时,杖头上挂“尺”,始见于北宋真宗时道原撰《景德传灯录》[③];而誌公杖头挂“拂子”的载记则更晚,始见于南宋理宗释普济所撰《五灯

---

①《智觉普明国师语录》,见《大正藏》续诸宗部十一第八十卷。

② 这个谶语,到明代还在发酵。何元朗《丛说》称:“杖上悬尺者,梁也;拂者,陈也;剪者,齐也;镜者,大明也。其谶甚明。”周晖亦称:“誌公葬于钟山(明)太祖迁其地而葬之,此更是一大谶也。誌公真神僧也。”朱元璋格外尊崇誌公,或与此有关(引文俱见《金陵琐事》卷一“誌公谶”条)。

③《景德传灯录》卷二七《金陵宝誌禅师》:“发长数寸。徒跣执锡杖,头擐剪、刀、尺,铜鉴或挂一两尺帛。”

会元》[1]。据此可知，李白赞语中“刀齐尺梁，扇迷陈语”二句，并非据文字载记中誌公巡行时的形象而写，乃是依据誌公留在绘画作品中的图像而作的。说到此，我们有必要涉及“三绝碑”。《金陵梵刹志》卷三《钟山灵谷寺·古迹·三绝碑》称：

> 唐张僧繇画大士像，李白赞，颜真卿书，为三绝。下复有赵孟頫书《誌公十二时歌》。

所谓“三绝”，自然是就画、赞（诗）、书法三者而言。《皎传》称：“传其遗像，处处存焉。”僧传中多有梁代著名画家张僧繇为誌公画像的记载。如《五灯会元》卷二《金陵宝誌禅师》称：“（梁武）帝尝诏画工张僧繇写师像，僧繇下笔辄不自定。”则“三绝碑”誌公像可能确系张僧繇所绘，唐时为吴道子重绘，故仍称“唐张僧繇”。吴道子、李白俱盛唐人，颜真卿乃中唐人。则以誌公为主题，为唐代三位顶尖艺术家所聚焦的“三绝碑”这件艺术珍品的面世，确有悠久的历史了。裴敬撰并立于唐武宗会昌三年(843)的《翰林学士李公墓碑》称：“又尝游上元蒋山寺，见翰林赞誌公云：‘水中之月，了不可取。刀齐尺量，扇迷陈语。’文简事备，诚为作者。”裴所记赞语乃节录，个别文字（如“尺梁”，误作“尺量”），也有歧异，原文即《誌公画赞》，见本集卷二九[2]。据此，则钟山灵谷寺“三绝碑”，至迟在公元九世纪中叶的晚唐前期，就已经存在了。

诚然，谁也不敢斗胆怀疑“诗仙”李白的旷世天才，但我们也不可盲目地迷信他玩的这套以隐语暗示历史朝代的文字游戏。我们知道，誌公以剪、刀、镜、帛等悬于杖头巡行街巷，时间是在“齐宋之交”，即公元479年前后。而齐亡梁兴，是在23年

---

①《五灯会元》卷二《金陵宝誌禅师》：“发而徒跣……以剪、尺、拂子拄杖头，负之而行。”

② 清王琦注《李太白全集》卷二八《誌公画赞》，注引《神僧传》云：“每行游市中，其锡杖上尝悬剪刀一事、尺一枝、麈尾扇一柄……盖隐语历齐、梁、陈三朝耳。”又称：“杨士奇曰：今灵谷寺有石刻《誌公画赞》，吴道子画，李白赞，颜真卿书，世称三绝。旧刻已坏，此重刻者，不复见书法之妙矣。”清叶亦苞《金石录补》卷十七：“唐《誌公画像赞》：右像吴道子画，李白赞词，颜真卿书。誌公即宝誌。此碑于宣德中，后灵谷寺僧本初以旧搨勒石，去原本远也。石在扬州。”清释法守《重勒宝公像碑跋》亦称：“灵谷寺宝誌像，为吴道子手笔，唐时勒石，元代重刊，明宣德间，寺毁碑亦遂亡。乾隆丁丑(1757)春，翠华重幸。臣僧法守觅得旧藏拓本，敬谨装潢，恭呈御览，奏允重勒。蒙恩赐题‘净土指南’四字于额，真禅林千载胜事，岂特宝誌面目增辉已哉！住持臣僧法守恭记。”又，“三绝碑”，后又缀元赵孟頫书附会为誌公作《十二时颂》，及乾隆书“净土指南”碑额，称“五绝碑”者。元赵孟頫《重镌十二时歌碑跋》称：“宝公圣师小相，辞既刻石，又一碑阴小篆师十二时歌，妙绝当世，缘兵燹久毁。今北□诸师重命工摹镌，但失篆歌，委余著笔，手拙心愧，岂敢媲美前贤哉！奉直大夫集贤学士、三教弟子、吴兴赵孟頫谨识。”（僧录司右觉义正禧、广安，住持文伟同立。）又据明刘珝《成化重泐碑跋》可知，唐三绝碑，毁于明宣德间，今所见者，乃本初嘉上人，于明成化间重镌。有刘珝“成化丙申(1476)岁二月上浣”题款可证。

之后的公元502年；梁亡陈兴，则更是距此近80年的公元557年。誌公卒于梁天监十三年(514)。当陈朝的开国之主陈霸先灭梁称帝之际，誌公已去世43个年头了。难道世界上真有无所不能的所谓“神僧”么？难道誌公真的具有这种预知未来的超自然的神秘能力么？否！这显然是依据成为过去的既成的历史事实，玩弄并不高明的文字游戏，[①]来蛊惑世人，以神化和抬高誌公的形象。况且，即使被说准了“齐、梁、陈”这样的朝代更迭的历史顺序，又有何意义？难道誌公刻意在杖头挂上剪、刀、镜、帛等什物，招摇过市的异常举动，仅仅是为了达到这样的目的么？这个问题，倒是值得我们好好回味一下的。虽然后世的李纲等人，认可了李白关于“齐、梁、陈”的解读，[②]但，比李白的年辈稍晚的中唐著名诗僧皎然，对李白的“解读”就未敢苟同。他在其所作《宝公赞》(见《杼山集》卷九)中，婉转地同李白唱了反调，结句称：“尝携刀尺，精意谁通？”

是的，“尝携刀尺，精意谁通？”这个问题提得好。确实值得我们深入思索，严肃认真地做出符合历史实际的回答。首先，应当正视和肯定，誌公把刀、尺、镜、帛之类什物，挂在杖头上巡行街市的行为，并不是无意识的，不经意的，而是一种刻意介入红尘，“有所为”而采取的干预社会现实的自觉行为。这一点，宋以后的禅僧也注意到了。他们把“誌公不是闲和尚”，当作一个热门“公案”，常常挂在嘴边。如：

宋僧介谌上堂云：“尺量刀剪遍世间，誌公不是闲和尚。”[③]另一名禅师则上堂云：“从他野老自颦眉，誌公不是闲和尚”[④]还有人问南宋僧道颜：“如何是佛？”颜曰：“誌公和尚。”曰：“学人问佛，何答誌公？”颜曰：“誌公不是闲和尚”[⑤]等等。[⑥]

如果，我们把“誌公不是闲和尚”这一禅门公案，换一个角度来看，“把神学问题变为世间问题”(马克思《关于犹太人问题》)，这难道不也正是一个富有社会现实意

① 写到此，笔者回想起1957年秋，上西北师大中文系二年级时，发生在课堂上的一个小插曲：当时，彭铎教授接替刚被打成“右派”的郑文师为我们讲授魏晋南北朝文学。他举出“无边落木萧萧下”这句杜诗，说：“工部这句诗，也是一个字谜，打一朝代名。请诸位猜猜看。”全场默然，无以对。彭师只好自己来解开，说：“萧齐，萧梁之下，不是‘陈’么？”这个隐括“齐、梁、陈”三朝，富有文人雅趣的字谜，引起全场活跃。岁月沧桑，二师早已作古。予亦垂垂老矣，思之怅然。

② 据学者研究(如郭沫若《李白与杜甫》等)，天才诗人李白，具有浓厚的道教信仰。《画赞》中关于“齐、梁、陈”的牵强附会，滞碍难通的解读，可能因受到神仙方术神秘思想的影响有关。

③ 徐象梅：《两浙名贤录·外录》卷七《介谌传》。

④《续传灯录》卷十九《扬州建隆原禅师》。

⑤《明高僧传》卷六《宋江州东林寺沙门释道颜传》。

⑥ 请参阅严耀中：《论宝誌和尚的形象》，佛缘网站，http://www.foyuan.net/article-108231-1.html.

义，具有鲜明的警世、醒世价值取向的命题么？下面，笔者不揣冒昧，拟就誌公巡行时挂在杖头的刀、剪、尺、镜、帛等物，密切结合“齐宋之交”的历史背景和誌公的思想实际，试图做出全新的合理的解读。

刀、剪。刀，既是用以砍杀的兵器（如大刀、短刀、朴刀等），也是用以切割的日常生活用具（如菜刀、腰刀、小刀等）。刀兵二字连缀成词，可引申用以指战争、暴力。剪，本来是用以铰断、裁截的工具，引申有削弱、剪灭、剪除义，也隐涵暴力的意义。如：《诗·鲁颂·閟宫》：“实始剪商。”“剪商”，谓弱商也。又，魏收《为侯景叛移梁朝文》：“抽薪止沸，剪草除根。”“剪草除根”，犹言“斩草除根”也。总之，誌公把刀和剪一起挂在杖头，向世人昭示的是止杀去暴，企盼安宁和平的愿景。因为，从刘宋泰始初到“齐宋之交”这十多年来，眼见的篡弑和杀戮，纷至沓来，令人感到恐怖和厌恶。他再也不能在悲风杀气的笼罩下，无动于衷，冷眼旁观了。

尺。俗称尺子，日用量长度的器具。《墨子·经说下》：“夫名，以所明证所不智，不以所不智疑所明，若以尺度所不知长。”清孙诒让《间诂》：“言以所明正所不知，若不知物之长，而以尺度之也。”正因为尺有度量之功用，故引申有尺度、标准义。《六韬·农器》称：“丈夫治田有亩数，妇人织纴有尺度。”又引申为准则、法度。宋苏洵《与梅圣俞书》云：“唯其平生不能区区附会有司之尺度，是以至此穷困。”清曾国藩《武昌张府君墓表》亦称：“近世有司，乃并无所谓绳，无所谓尺。若闭目以探庾中之豆，白黑大小，唯其所值。”面对刘宋末季及“齐宋之交”的乱离之世，偏多荒暴之君，导致纲纪伦理败坏，法度废弛，是非颠倒，公道沦亡的昏乱局面，誌公把象征着法度、准则的尺子高悬于杖头，显然寄寓着要求拨乱反正，恢复正常的社会秩序，让挣扎在苦海中的平民百姓 过上和平安定生活的强烈期望。

镜。在誌公生活的南北朝时期，镜乃以铜铸成，多呈圆盘状，正面磨光，利用其光洁度可以照人，背面有纹饰。《说文·金部》：“镜，景也。”段王裁注：“景者，光也。金有光可照物，谓之镜。”因其鉴照功能，而引申有明察、明道义。《淮南子·齐俗》：“抱大圣之心，以镜万物之情。”亦即“观风俗，镜得失”（清包世臣《广艺舟双楫·艺文类序》）之意。又，《文选·颜延之〈皇太子释奠会作〉》：“庶士倾风，万流仰镜。”李善注：“《雒书》曰：‘秦失金镜。’郑玄曰：‘金镜，喻明道也。’”很显然，誌公高悬铜镜于杖头，绝非将它当作无谓的装饰品，而是寓有警示深陷劫难中的士庶大众，明察政局国策的是非得失，力挽濒于浇薄颓危的世道人心，找到出离迷途，脱离苦海之津逮的深刻用心。

帛。乃丝织物的总称。除用作衣饰之外，古时多以五匹为一束，称币帛或束帛，以作祭祀、会盟、朝聘之用。《尚书大传》云：“舜修五礼，三玉三帛。”《论语·阳货》：“礼云礼云，玉帛云乎哉？”这里的玉帛，即指圭璋和束帛，古时通用的祭祀、会盟、朝聘的礼品。于是玉帛一词，就引申为寓有和解、和好、和平的意义，成为比喻和平的信息符号。后来，汉语中就有了“化干戈为玉帛”的成语。语本《左传·哀公七年》:“禹合诸侯于涂山,执玉帛者万国。”(《淮南子·原道训》略同,文繁不具引。)在这个成语里,干戈,指古代兵器,比喻战争、杀戮;玉帛,指古代诸侯会盟、朝聘所带的礼物,比喻和平。因此,用这个成语来比喻把战争或矛盾纠纷化解为和平。誌公把象征和平的帛,同象征暴力、杀戮的刀、剪之类一同挂在杖头上,窃以为其用意分明是在警醒那些贪狠残暴,嗜血成性,荒淫乱伦,恣意枉为的最高统治者,迷途知返,禁暴止杀,化干戈为玉帛,化业障为菩提,放下屠刀,立地成佛!

的确,凭着誌公的这些基于悲天悯人的善良愿望而采取的异乎寻常的举动,“誌公不是闲和尚”这一命题,是可以成立的。诚然,他的善良愿望也许过于天真,不切实际,难见成效。但是,在“齐宋之交”,特别在南齐那夜气如磐,不见尽头的漫漫黑夜中,我们未尝不可把誌公所做的努力,看作一丝闪烁着人文理性精神的微茫的亮光。

在此岸的红尘世界,果真有什么神通广大法力无边[①],无所不能的所谓“神异僧”或“神僧”么?笔者一向崇信这样的观点:

> 我们不是把世间问题变为神学问题,我们要把神学问题变为世间问题。(马克思《关于犹太人问题》)

因此,不相信现实世界有什么“神僧”;而且,也不是把誌公当做“神僧”来看待和研究的。

但是,我们不能无视佛教“神通”,以及与此相关联的“神僧”的存在,是佛教(特别是早期佛教)发展过程中的一个必然的历史现象。印度佛教和中国本土佛教,都是如此。质言之,所谓“神僧”的出现,不过是宗教和政治(或者说皇权)为了各自的利益和需要,相与烘托和附会出来的。由于中国固有的道教神仙方术,同佛教“神通”有某种相似和相通之处,这就为“神僧”在中国佛教土壤中的孳长,提供了可资借助的文化资源。我们看到,在中国历代高僧传的“神异”“感通”科目中,都著录了不少所谓“神僧”。前有明成祖朱棣永乐十五年(1417)序,明人所辑《神僧传》九卷,虽未称完备,也竟著录达208人之多。应当承认,在佛教发展过程中,那些具有佛教神通的所谓“神僧”,利用其类似于不可思议的“特异功能”、武功绝技或魔幻术的

① 据巴利语《长尼迦耶·沙门果经》描述,通过习禅,僧徒可获得多种超自然的智能,主要有“六神通”,即:神变通(一身变多身,隐身,穿墙,飞天行水等),天耳通(能听出无论远近神或人的声音),他心通(能洞悉人或者其他生物的心理状态),宿命通(能知自己前生一世乃至万世的生活),天眼通(能看见众生的生死及其业报轮回的状况),漏尽通(能悟解并摆脱一切烦恼,获得最高智慧达到涅槃的境界)。这些超自然的神通,是无法证实的。只能认为是僧徒将禅定中的幻觉视为真实;或者说出于对自身意念力量的夸张。——请参阅郭良鋆《佛教神变通》一文。

眩惑力，吸引信众，震慑强暴，从而发挥过其"弘教"和"济世"的一定作用。但是，我们也不宜过高的估计神通在中国佛教发展历史上的地位。笔者认可并赞赏下述对于佛教神通的允当的评价：

> 在中国佛教发展过程中，真正受到推崇的是那些在译经和义解方面作出贡献的高僧，如慧远、鸠摩罗什、法显、僧肇、玄奘、义净和慧能等。他们代表着中国佛教的主流。生命力尤为强大的禅宗，一向注重的也是佛性，而不是神通。真正重视神通的倒是中国古代的小说家。所以，佛教神通观对于中国文化的贡献，主要还是在想象领域，促进了中国志怪故事向神话小说发展。这应该说是佛教神通观在中国文化土壤上的一个美好的归宿。（中国社科院亚太研究所郭良鋆《佛教神通观》）

我们还注意到，我国目前风行的几部有一定权威的佛教史著作，都没有对被视为神僧的誌公，给予足够的关注。汤用彤著《汉魏两晋南北朝佛教史》第十九章中有《誌公与傅大士》一节，评述誌公，约六百字耳。约莫是《皎传》的缩写，无多发明。至于任继愈先生之高足杜维文主编的《佛教史》及《中国禅宗通史》，竟连誌公的名字也没有提及过。这正好印证了前引关于佛教神通不是中国佛教主流的论断。

慧皎撰《高僧传》，持论甚高，标准甚严。坚持德行第一，名气第二。宁可"高而不名"，不取"名而不高"（语见《高僧传·序录》）。他以神异类僧人入传，也是坚持这样的标准和理念的。僧传神异类"总论"称：

> 神道之为化也，盖以抑夸强，摧侮慢，挫凶锐，解尘纷。至若飞轮御宝，则善信归降；竦石参烟，则力士潜伏。当知至治无心，刚柔在化。……如不系念，民命何全？

他还指出："夫理之所贵者，合道也；事之所贵者，济物也。"作为佛徒，他强调具有佛教神通的异僧，要勇于承担起"抑夸强""挫凶锐""泽润苍生"的社会责任，切不可走上"夸炫方伎，左道乱时"（以上引文俱见前引"总论"）的邪路。"总论"还特地点出："保誌分身员户[①]，帝王以之加信。光虽和而弗污其体，尘虽同而弗渝其真。"被他采入僧传神异类的誌公，正是遵循他所高标的准则和理念行事的。如前所述，他悬刀剪、尺、镜、帛等物于杖头，巡行街市，向世俗社会表达抑暴止杀，拨乱反正的愿景和诉求，既符合慧皎对神异僧的行为，须以"泽润苍生"为目的之准则，也符合我

① 员，通"圆"。《孟子·离娄上》："规矩，方员之至也。""员户"，指佛寺。

国以儒学为正宗的文化传统所张扬的富有人文理性精神的“仁民爱物”的价值观。

于是,在这里,我们就遇到了一个有必要给予回答的问题:誌公的这些看似异常,实则有益于世道人心的行为,是基于佛教神通的宗教神学立场,抑或是以富有人文理性精神的世俗价值观为出发点?

笔者的回答,是后者。窃以为,誌公所采用的那些看似诡异的言行举止,其实分明是带着清醒的人文理性的主体自觉的行为,只不过借助于其佛徒的身份,披上了一层佛教神通的神秘外衣而已。我们不妨用古汉语中“佯狂”一词来解释他的这种行为。何谓“佯狂”?直白地说,即假装疯癫。《韩诗外传》卷六:“比干谏而死。箕子曰:‘知不用而言,愚也;杀身以彰君之恶,不忠也。二者不可,然具为之,不祥莫大焉。’遂被发佯狂而去。”《史记·宋徽子世家》:“箕子被发佯狂而为奴。”东方朔《非有先生论》:“接舆避世,箕子被发佯狂,皆避浊世以全其身者也。”汉赵晔《吴越春秋·王僚使公子光传》:“(伍)子胥之吴,乃被发佯狂,跣足涂面,行乞于市。”宋苏轼《方山子传》,也有“佯狂污垢”一语。从上述故纸堆里,我们不难发现,“佯狂”的用意,在于假装疯癫以“避世全身”;而“佯狂”的行为表现,无非是“被发”(披头散发)、“跣足”(赤脚)、“涂面”等几种而已。这几种装疯的表现,同记述在《陆志》《皎传》及《南史·隐逸》本传中誌公的表现,几乎完全吻合,甚至有过之而无不及。如,他不但“被发”,而且“发长数寸”;不但“跣足”,而且“盛冬袒行”;不但“涂面”,而且“以墨涂其身”(俱见《皎传》)。

综观存留于《陆志》《皎传》及《南史·隐逸》本传中关于誌公的神异事迹,其实并不算多。但总的来看,具有两个鲜明的特点:一是大都具有政治预言性质的所谓“符谶”“谶预”的特色;二是具有反对南齐暴虐衰乱之政的鲜明政治倾向。

誌公好作政治预言式的谶语,有其主客观两方面的原因。就主观方面而言,这与他早岁深受两汉以来,儒道兼容互补,带有“天人感应”神学目的论迷信色彩的谶纬学说的影响有关。加之,他具有较高的文化素养,丰富的人生阅历,以谶言(实多近乎谣谚)形式来预测政治态势、人或事的盛衰成败,吉凶祸福,应是得心应手,殆非难事。就外在客观原因来说,符谶盛行于南朝,是当时社会政治的需要。盖偏安江左的南朝,是一个王道式微,霸道风行,攘夺踵继,篡弑频仍的衰乱之世。那些野心勃勃的小朝廷的开国之主,大多以武力胁迫,假“禅让”之名,行篡夺之实,得之非正,做贼心虚,亟须借图谶、符瑞来为其践祚的合法性,作“奉天承运”的神学论证。这一点,颇具史识的赵翼,曾有深刻的评述:

> 古来只有禅让、征诛二局。其权臣夺国,则名篡弑,常相戒而不敢犯。王莽不得已,托于周公辅成王,以摄政践祚;然周公未尝有天下也。至曹魏则欲移汉之天下,又不肯居篡弑之名,于是假禅让为攘夺。自此例一开,而晋、宋、

齐、梁、北齐、后周以及陈、隋，皆效之。[①]

誌公因缘时会，正好赶上了齐高代宋、梁武代齐的易代之际，需要符谶为其鼎革践祚大造舆论的好时机，再加上他身上披着一层“神僧”的外衣，使其谶预具有不可替代的神秘性和权威性。于是，那些散见于僧传，史乘，真伪莫辨的关于他的谶言，竟被附会成所谓《誌公符》，其影响甚至及于海外，“高丽闻之，遣使赍棉帽供养。”[②]

清赵翼曾注意到：“梁时沙门释宝誌，精于佛学，能知未来，其谶记往往流传于后世……不惟为时人所敬信，并人主亦崇信之，此岂得无传？乃《梁书》无《方伎》一门，遂少此传。《南史》附传于陶弘景之后，可补《梁书》之缺矣。”（《廿二史札记》卷九“梁书有止足传无方伎传”条）于是，乃于《南史》中举《梁武纪》（偈诗“昔年三十八”）、《王僧辩传》（谶语“太岁龙”）、《徐陵传》（赞陵为“天上石麒麟”，《陈书·徐陵传》略同）三例；复举《梁书》中《何敬容传》（谶言“君后必责，终是何败何耳”）、《刘歊传》（赞歊“隐居学道，清净登佛”）、《王筠传》（赞《王碑》“词甚丽逸”）等三例[③]，以证成其说。

其实，瓯北所举数例中，如《刘歊传》《王筠传》《徐陵传》，乃对具体的人和事的赞评，均不具有“谶预”的性质。倒是有几条关于梁武和侯景命运盛衰成败的谶言，被他忽略了。如《梁书》卷五六《侯景传》（《南史卷》卷八〇《侯景传》略同）称：

> 天监中，有释宝誌曰：“掘尾狗子自发狂，当死未死啮人伤，须臾之间自灭亡，，起自汝阴死三湘。”[④]又曰：“山家小儿果攘臂，太极殿前作虎视。”掘尾狗子、山家小儿，皆猴状。景遂覆陷都邑，毒害皇室。

关于侯景与梁武二人运命之纠葛，《隋书》卷二二《五行志上·诗妖》，假誌公之名，以谶预形式，附会得更为生动具体，称：

> 梁天监三年（504）六月八日，武帝讲于重云殿，沙门誌公忽然起舞歌乐，须臾悲泣，因赋五言诗曰：“乐哉三十余，悲哉五十里。但看八十三，子地妖灾起。佞臣作欺妄，贼臣灭君子。若不信吾语，龙时侯贼起。且至马中间，衔悲

①《廿二史札记》卷七“禅让”条。

②《南史》卷七六《陶弘景传附释宝誌传》。

③《南史·隐逸传下·陶弘景传附释宝誌传》：“天监十三年（514）卒……先是，琅邪王筠至庄严寺，宝誌遇之，与交言欢饮。至亡，敕命筠为碑，盖先觉也。”

④《南史·侯景传》补充诠释称：“起自悬瓠，即昔之汝南。巴陵有地名三湘，景奔败处。其言皆验。”

不见喜。"梁自天监至于大同,三十余年,江表无事;至太清二年(548),台城陷,帝享国四十八年,所言"五十里"也。太清元年(547)八月十三,而侯景自悬瓠来降,在丹阳之北,子地。帝惑朱异之言以纳景。景之作乱,始自戊辰之岁。至午年,帝忧崩。(天监)十年(511)四月八日,誌公于大会中又作诗曰:"兀尾狗子始著狂,欲死不死啮人伤,须臾之间自灭亡。患在汝阴死三湘,横尸一旦无人藏。"侯景小字狗子。初自悬瓠来降,悬瓠则古之汝南也。巴陵南有地名三湘,即景奔败之所。

由于后世好事者,对萧衍同侯景这对带有传奇色彩的人物之运命交集颇感兴味,直到北宋初年,还有人借助誌公的神异光圈,继续演绎他俩的故事。《太平广记》卷九〇《释宝誌》,依据唐张鷟《朝野佥载》卷六提供的传闻,为誌公添加了一则谶言:

晋安王萧纲初生日。梁武遣使问誌。誌合掌云:"皇子诞育幸甚。然冤家亦生。"于后推寻历数与侯景同年、月、日而生也。

按《梁书·简文帝(纲)本纪》,萧纲乃武帝第三子。"天监二年(503)十月丁未,生于显阳殿。(天监)五年,封晋安王。"大宝二年(551)十月,被侯景遣人杀于永福殿,时年四十九。《广记》卷一四六《定数一·宝誌》又称:

梁简文之生,誌公谓武帝:"此子与冤家同年生。"其年侯景生于雁门。乱梁,诛萧氏略尽。(出《朝野佥载》)

对如此这般出于逸事传闻,借助于誌公"神僧"的身份,而附会出的所谓谶言,难道值得我们当作"信史"去覆按和诠释么?让我们尽快摆脱"把世间问题变为神学问题"的羁绊,把目光投向誌公生存的南齐,力求把他在南齐制造的"神学问题变为世间问题"(马克思《关于犹太人问题》)。

如果把前述在"齐宋之交",誌公把刀、剪、镜、帛等物高悬杖头,招摇过市的异常行为,看作一个最具社会现实意义的重大符谶,那么,他对于红尘世界所要传递和张扬的信息,那就是反对暴虐荒淫,纲纪废弛,期望抑暴止杀,拨乱反正,济世宁民。这一点,我们在僧传中,不难找到内证。

作为以慈悲为怀的佛徒,誌公对南齐过分使用暴力的血腥政治,无疑是格外厌恶和反感的。《皎传》称:"誌后假武帝神力,见高帝于地下,常受锥刀之苦,帝自是永废锥刀。"这是说,誌公赋予齐武帝萧赜以神力,让他们在阴间看见他父亲高帝萧道成经常受到锥刺、刀砍的折磨,从而促使他永远废除了锥刺、刀砍的酷刑。剥去这则神话的外衣，其现实寓意，显然是在谴责南齐的过分使用暴力。其用心，盖企图利用佛教因果报应的神学理念，借萧道成在篡宋立齐过程中滥杀刘宋子嗣，使之了无孑遗，并残酷镇压反齐势力遭到的报应，来警示和告诫萧赜，以宽仁为怀，去暴止杀，勿步乃父萧道成的后尘。因为据史乘所载，萧赜执政，似乎比其父更严劾。如前述谢超宗、刘祥、荀丕等才士，都是因为骂褚渊、王俭之流贰臣，流露出宗宋反齐情绪的言论而被他处死的。至于誌公本人，先是被齐武"谓其惑众，收驻建康"，关进大狱，又因为誌公显示了预知文惠太子和竟陵王"并送饷志"，及分身数处的神通，才把他迎入华林园，"居之后堂"（俱见《皎传》）。实际上，是把他"软禁"了起来。可以设想，如果没有他头上那层"神异"光圈的保护，作为一个名不见经传的沙门，恐怕也早就成为齐武刀下之鬼了。

《南史·隐逸下·释宝誌传》称："（武）帝乃迎入华林园。少时，忽重着三布帽，亦不知于何得之。俄而武帝崩，文惠太子、豫章文宪王相继薨，齐亦于此季矣。"李延寿作为《南史》的作者，当然知道豫章王嶷卒于永明十年（492），文惠太子长懋卒于永明十一年（493）春正月，齐武卒于同年七月（据《南齐书》《南史》纪传）。这里记叙其凶讯在时序上的颠倒，盖着眼于其政治地位之尊卑也。当时，誌公被软禁在大内的华林园后堂，虽然行动受到限制，但他可以就近观察朝局的变化，乃至洞悉皇帝及诸王的健康状况，他头着"三重布帽"来预示诸王的相继而薨的凶讯，殆出于对事实的实地观察，并不具有什么"谶预"的神秘性。很可能，他已敏感到，南齐皇室上层出现了内讧的征兆。如豫章王嶷之死，很可能由于文惠太子的猜忌，乃至毒害，至今仍是一桩疑案。①随着萧嶷、萧长懋、萧赜的相继而亡，李延寿说："齐亦于此季矣"。这个判断是准确的。本来就不景气的南齐政局，由此发生了陡然转折，仅仅过了八年，就被萧衍建立的梁朝所取代了。期间，出现了郁林王萧昭业、东昏侯萧宝卷的童昏荒淫，再加上起自庶支的明帝萧鸾的肆行篡夺，进而大杀高武子孙殆尽，其昏暴荒乱情形，前已述及，兹不复赘。

《南史》本传又称："永明中，住东宫后堂，从平旦门中出入。（永明）末年忽云'门上血污衣'，褰裳走过。至郁林见害，果以犊车载尸出自此门，舍故阉人徐龙驹宅，而帝颈血流于门限焉。"誌公常住大内，本来是郁林王祸败杀身的直接见证人。物极必反。郁林倒行逆施，荒暴至极，杀身之祸，危在旦夕，本可计日而待。这则基于现实判断带有血腥味的预言，说它是"谶言"亦无不可。

---

①《南史》卷四二《豫章文宪王嶷传》："嶷薨后，忽见形于沈文季曰：'我未应便死，皇太子加膏中十一种药，使我痈不差，汤中复加药一种，使利不断。吾已诉先帝，先帝还东邸，当判此事。'因胸中出青纸文书示文季曰：'与卿少旧，因卿呈上。'俄失所在。文季秘而不传，甚惧此事，少时太子薨。"王鸣盛《十七史商榷》卷六二《沈约不作豫章王碑》称："约谦避作碑，当亦知齐武帝之子文惠太子与豫章王有嫌故耳。"但对李延寿之"说鬼"，则认为出于"附会"。可参阅该书同卷"豫章王嶷传与齐书微异"条。

《南齐书》卷五五《江泌传》(《南史》卷七三《江泌传》略同)称:“世祖(萧赜)以为南康王子琳待读。建武中,明帝(萧鸾)害诸王后,泌忧念子琳,诣誌公道人问其祸福。誌公覆香炉灰示之曰:‘都尽,无所余!’及子琳被害,泌往哭之,泪尽,继之以血。”南康王子琳字云璋,武帝第十九子,《南齐书》《南史》俱有传。以母宠,特见钟爱。明帝永泰元年(498)见杀,年十四。这是史传中,见到的唯一的一条誌公对齐宗室自戕明确表态的珍贵史料。从“都尽,无所余”的语气看,他对这种无休止的攘夺杀戮,既厌恶,也满含无可奈何的浩叹。这也是基于对齐末险恶政治态势的现实判断,不必把它看作什么谶言。

《皎传》中还有两个类似的例子:

> 齐卫尉胡谐病,请誌。誌往疏云:“明屈。”明日竟不往。是日谐亡。载尸还宅。誌云:“明屈者,明日尸出也。”
>
> 齐太尉司马殷齐之随陈显达镇江州,辞誌。誌画纸作一树,树上有乌,语云:“急时可登此。”后显达逆节。留齐之镇州。及败,齐之叛入庐山。追骑将及。齐之见林中有一树。树上有乌,如誌所画。悟而登之,乌竟不飞。追者见之,谓无人而返。卒以见免。

按胡谐,应作“胡谐之”。《南齐书》卷三七、《南史》卷四七,俱有传。其祖廉之,父翼之,兄谌之,谟之;出身于傒族,因其早岁跟随齐武征战,建齐有动,“欲奖以贵族盛姻,以谐之家人语傒音不正”,乃止。根据其祖孙、父子、兄弟之间不避讳以“之”字为名,及其出身于傒族二端,胡谐之很可能出身于天师道世家。[①]《南史》本传称:

> 既居权要,多所征求。就梁州刺史范柏年求佳马。柏年患之,谓使曰:“马非狗子,那可得应无极之求。”接使人薄,使人致恨归,谓谐之曰:“柏年云,胡谐是何傒狗,无厌之求。”谐之切齿致忿。……及柏年下,(武)帝欲不问,谐之又言:“见兽格得而放上山。”于是赐死。(永明)十年,谐之转度支尚书,领卫尉。明年(永明十一年,493)卒,谥肃侯。

齐武帝萧赜,卒于永明十一年(493)七月,则胡谐之可能卒于萧赜之前,所以还能享受“肃侯”的封谥。则《皎传》所记胡氏官职及病卒时间,与正史大体吻合。至于释道兼修的誌公,在这里玩弄的“明屈”的字谜,盖亦基于其高明的医学素养,就病入膏肓的胡谐之所下的“病危通知书”,并不具有什么“谶预”的神秘性。倒是他

① 陈寅恪《魏书司马叡传江东民族条释证及推论》称:“今观胡氏祖孙三代之名俱系‘之’字,溪人之为天师道信徒,于此可证。”——《金明馆丛稿初稿》,1980年8月第1版,第84页。

对贪婪阴狠的胡谐之这位齐室权要,相当冷漠乃至厌恶的态度,折射出他对南齐政权的并不认同的政治态度,值得我们注意。

这一点,从誌公对殷齐之、陈显达同对胡谐之的态度的对比中,就可以看得分明。齐太尉司马殷齐之何许人,正史无考。但陈显达在《南齐书》卷二六、《南史》卷四五中俱有传,在南齐可是一位曾跟萧道成打天下,并为之眇一目的开国元勋。据《南史》本传,在南齐末季的乱局中,当王敬则被逼起兵造反败死后,“显达亦怀危怖”,“以为江州刺史,镇盆城。”“及东昏立,弥不乐还都,得此授甚喜。……闻都下大相杀戮,徐孝嗣等皆死,传闻当遣兵袭江州。显达惧祸,(永元元年,499)十一月十五日举兵,欲直袭建邺,以掩不备。”同年十二月,兵败石头城下,被杀,“时年七十三。”

关于殷齐之的这则谶言,看似神奇,颇具六朝志怪小说情节的生动性。其实,以誌公之睿智,且洞悉当时波诡云谲的政治态势,他不难料定陈显达必然被迫起兵反齐,而且难逃兵败被杀的厄运。但在这种前提下,当殷齐之前往辞行时,仍为之画一纸,为其预作避祸全身之计。他的这种对反齐势力的主动关怀和深切同情,不正好折射出他一贯反对南齐的鲜明政治态度么?

当齐东昏侯萧宝卷倒行逆施,不辨忠奸,竟连把一向忠于朝廷的尚书令萧懿(萧衍胞兄)也杀掉了。于是,萧衍再也按捺不住了,自襄阳起兵,先据有荆州,然后挥师东下,直捣石头城。仅仅存在了二十三年的南齐政权,终于走到了尽头。这对一直处于被“软禁”状态的誌公来说,意味着一次“解放”,他一直企盼的“拨乱反正”的新局面,终于到来。

萧衍这次进军建康,是打着“吊民伐罪”,拨乱反正的堂皇正大的旗帜行事的。他成竹在胸,志在必得。所以,对分明是以“禅让”之名行篡夺之实的登基大典时机的选定,也拿捏得十分沉着老道,直到“太史令蒋道秀陈天文符谶六十四事,事并明著,群臣重表固请,乃从之。”(《梁书·武帝》本纪上)对十分看重并迫切需要借助符谶支持的萧衍,如前所述,著名道士陶弘景,曾玩弄拆字法奉献过“水、丑、木为梁字”的大礼;论理,在政治上一直持反齐态度的誌公,对梁武的践祚也应有所表示,才符合逻辑。情形端的如何?且待下节讨论。

七、际遇梁武,晚景光昌,身后影响绵远

当萧衍篡齐建梁,改元天监称帝时,誌公已经八十四岁了。他在梁武帝统治之下,又活了十三年,直到天监十三年(514)冬圆寂,享年97岁。晚岁的这十三年,他很可能常住大内华林园后堂,被尊为“国师”,享受着“国宾”的待遇。这无疑是遭逢乱离,大半生漂泊的誌公,一生中过得最宁静、最舒心的一段日子。

誌公与萧衍,如前所述,很可能曾在南齐竟陵王萧子良文学西邸相识。但二人的真正遇合,应是在萧衍践祚称帝以后。但是,窃以为,誌公晚岁的际遇梁武,既是他的大幸,也是他的大不幸。说是他的大幸,首先是梁武把他从南齐王朝的禁锢中

“解放”出来，使他获得充分的自由，并让他晚景光昌，过了一段安富尊荣的日子；在他辞世后，又敕葬钟山独龙阜，责令陆、王为撰墓志、碑文，并为之建寺树碑，备极哀荣。说是他的大不幸，盖正是由于梁武的非常宠遇，不但以敕令的形式，给他的头上戴上了一顶“神僧”的桂冠，[①]特别是在他身后赐予的殊常荣宠，这不啻在他身上加盖了一道“御用”的印记——这就使得中国封建社会后期的历代帝王们，大都趁势把他当作一个神学符号而充分加以利用，甚至把他当作其皇权国祚的保护神而加以崇奉。可是，这样一来，封建帝王们把他捧得愈高，势必同社会下层劳苦民众的距离，拉得愈来愈远。甚至，在他的故乡金城（今甘肃兰州市），他的身影也变得模糊而微茫，孳生了“佛耶道耶”的困惑。以至于他到底出生在塞上还是江南？他到底是示现于鹰巢抑或是菩萨的化身？这些让人们感到扑朔迷离的问题，也极少有人去关心和过问了。这难道不是誌公的大不幸乃至大悲剧么？

我们所从事的以为誌公“寻根正名”为目的的研究，正是力求坚持“把神学问题变为世间问题”的大方向，试图遵循历史唯物主义的原则和方法，摒除宗教神学和世俗政治，特别是梁武帝附会和强加在他头上的灵异光圈和神秘色彩，还他以本来的面目。为此，本节讨论的重点，将专注于两个侧面，一是首先须对萧衍作为一个颇具争议的历史人物，一生的是非成败，给予扼要恰切的历史定位；二是依据僧传载记，对作为朝野尊崇的高僧大德，但已进入暮年的誌公，在梁初有限的作为和行动及其产生的影响，特别是对梁武帝的影响，给予实事求是的解读和评价。总而言之，晚岁的誌公，同身为帝王而又佞佛的梁武，关系特殊而又密切。我们必须把他们联系起来加以考察，同时，又必须把他们剥离开来加以评价，这样，我们才能真切地认识誌公，并准确地评价誌公。

在偏安江左的南朝诸帝中，萧衍无疑是一位不容小觑的人物，但也是一位争议颇大的人物。

他生于宋孝武帝大明八年（464），卒于梁太清三年（549），享年86岁。由他一手创建的梁朝，总共存在了56年，而由他亲自主政达48年之久；也由于他晚岁溺于释教，拒谏饰非，朝政措置多乖，终致颠覆。总的看，就其高寿、在位久，且集“创业之主”与“亡国之君”于一身这几点而言，至少在南朝是独一无二的。

平心而论，至少在萧衍主政的前半期（即天监初至普通末）这二十多年间，即紧承宋末、南齐约莫半世纪荒乱之政后的梁初，确有一番“拨乱反正”后的承平气象。对此，出自魏征手笔的《梁书》卷六《本纪总论》，曾多有肯定，盛称其“大修文教，盛

①《皎传》称：先是，齐时多禁誌出入。今上（梁武）即位，下诏曰：“誌公迹拘尘垢，神游冥寂，水火不能燋濡，蛇虎不能侵惧。语其佛理，则声闻以上；谈其隐沦，则遁仙高者。岂得以俗士常情空相拘制，何其鄙狭一至于此。自今行来，随意出入，勿得复禁。”这道诏令，有同南齐“反其道而行之”的用意。但极力神化誌公，不啻给他加封了“神僧”的头衔。

饰礼容,鼓扇玄风,阐扬儒业,介胄仁义,折冲尊俎,声振寰宇,泽流遐裔,干戈载戢,凡数十年。济济焉,洋洋焉,魏、晋以来,未有若斯之盛也。"对史家笔下的这种溢美之词,自然不可全信。魏征把梁武前期政绩捧得如此之高,也许是为了映衬其乍兴乍灭,"覆败之速"。且看下文他对梁武覆亡原因的深刻剖析:

> 然不能息末敦本,斫雕为朴,慕名好事,崇尚浮华,抑杨孔、墨,流连释老,或经夜不寝,或终日不食,非弘道以利物,惟饰智以惊愚。且心未遗荣,虚厕苍头之伍;高谈脱屣,终恋黄屋之尊。夫人之大欲,在乎饮食男女,至于轩冕殿堂,非有切身之急。高祖屏除嗜欲,眷恋轩冕,得其所难而滞于所易,可谓神有不达·智有所不通矣。逮乎精华稍竭,凤德已衰,惑于听受,权在奸佞,储后百辟,莫得尽言。险躁之心,暮年愈甚。见利而动,愎谏违卜,开门揖盗,衅起萧墙,祸成戎羯,身殒非命,灾被亿兆,衣冠毙锋镝之下,老幼粉戎马之足。……自古以安为危,既成而败,颠覆之速,书契所未闻也。《易》曰:"天之所助者信,人之所助者顺。"高祖之遇斯屯剥[①],不得其死,盖动而之险,不由信顺,失天人之所助,其能免于此乎!

李延寿《南史》卷七《梁武帝纪论》,对梁武为政之成败得失的评述,亦颇全面。但唯其全面,对方方面面,大都点到为止,未免失之肤泛,使人不得要领。考虑到梁武是我国历史上以佞佛而至于"舍身"著称,甚至把宗教同政治混同起来,自称"皇帝菩萨"的一个特殊人物,为此,我们感到有必要结合正史及后世史家之评述,就其人文素质及朝政得失之大端,略做综括性的剖析,其中或有可资后世引以为鉴戒者。

第一,步宋、齐后尘,假"禅让"之名,行篡夺之实,未得民情舆论宾服,政治基础薄弱。梁武的得天下,不唯走的刘裕、萧道成的老路,其机心权诈,抑或过之。早在齐永明十一年(493),文惠太子萧长懋、齐武帝萧赜相继辞世,竟陵王萧子良任用其文学西邸才智之士,同萧鸾争夺继承权的紧要关头,由于具有军事才能且职事军主的萧衍联合其胞兄萧懿,倒向萧鸾一边,从而导致萧子良集团失败,王融被杀,皇祚落入出自庶支的萧鸾之手;这位独夫大杀高武子孙,南齐政局自此每况愈下,以迄覆灭。对此,《南史·梁本纪》曾直书其事:"初,皇考(萧顺之)之薨,不得志,事见《齐·鱼复侯(即巴东王子响)传》[②]。至是,郁林失德,齐明帝作辅,将为废立计,帝

---

① 屯、剥,皆《易》卦名。屯,艰难;剥,剥落。二者合用称衰乱之世。

② 据《南史》卷四四《鱼复侯子响传》:鱼复侯子响,武帝第四子。曾过继豫章王嶷为嗣。永明六年(488)还本,封巴东郡王。七年为都督、荆州刺史。因擅杀其部属八人,并以武力抗拒朝庭问责。丹阳尹萧顺之(萧衍之父)受命前往处置。"顺之将发,文惠太子素忌子响,密遣不许还"。子响见顺之,"欲自申明,顺之不许,于射堂缢之。""及顺之还,上心甚怪恨。……顺之惭惧,感病,遂以忧卒。"萧衍之"助齐明,倾齐武之嗣,以雪心耻。"盖缘于此。

(萧衍)欲助齐明,倾齐武之嗣,以雪心耻,齐明亦知之,每与帝谋。”对这一问题,王鸣盛说得更直白:“梁武帝本齐明帝之谋主,代为定计,助成篡弑。后竟弑其子东昏侯宝卷,伪立其弟宝融,而又弑之篡之,并尽杀明帝之子宝源、宝修、宝嵩、宝贞,又纳东昏侯之妃吴氏、余氏以为妃。[①]乃舍身奉佛,以麦为郊庙牺牲,一何可笑。”(《十七史商榷》卷五五《沈约劝杀巴陵王》)仅据上述史实即可看出,萧衍算不上一位宽仁厚德的开国之主,倒是更像一位工于心计权诈,雄猜阴狠,残忍好色的政客。因之,当“齐季告终,君临昏虐,天弃神怒,众叛亲离”(《梁书》卷三《武帝纪论》)之际,乘势继立的梁初,虽不无革故鼎新的气象,但并未获得民情舆论的热烈响应。作为舆情风向标的名人士大夫,对梁武多持“敬而远之”的态度。如出身于高门世族的“谢朏与何点、何胤同征不赴”,即其显例。后来,谢朏虽“忽自至,……且受三事之命,终不省录职事。”王夫之认为,谢朏盖受“子弟之迫”,为保全其家族利益,不惜牺牲个人名节,而勉强出山的。他说:“盖谢氏于此,历三姓而皆为望族,朓死而势衰,朏终隐而其族之气焰熄矣。”(《通读鉴论·梁武帝〔二〕》)。《南史》卷二十《谢朏传》亦称:朏仕宋,曾为卫将军袁粲长史,颇以名节自矜。后虽屈节以事梁武,但虚与应付,“及居台铉,兼掌内台,职事多不览,以此颇失众望。”他对梁朝,事实上没出什么力,天监五年(506)冬,就去世了。

第二,任人唯亲,赏罚不明,自隳法度,纲纪不振。萧衍在位48年,其间,几乎没有出现过堪称辅弼之才的宰臣,也没有出现过有勇有谋,战无不胜的名将。这是什么原因?这固然与他本人过于强势,过于自信,缺乏宽以御下,用人不疑的雅量有关;更主要的原因,恐怕还是出于其封建宗法的阶级意识,宁可将重位大权授予童稚甚至昏暴不肖的宗室子弟,也不愿授予异姓的才智之士有关。更有甚者,不唯“任人唯亲”,而又不能制之以法,任其恣意妄为,有过不罚,无功受赏,从而导致法制败坏,纲纪废弛,人心涣散。萧梁之所以速亡,其据有要津,成事不足,败事有余的不争气的宗室子弟,帮了很大的倒忙,应是重要的原因之一。下面,让我们以萧衍的异母弟行六的萧宏及其子萧正德为例,稍加说明。

萧宏与其子正德,《梁书》《南史》俱有传。这一对父子,同萧衍的关系颇为特殊。因萧衍早年无子,曾过继正德为嗣。后来,昭明太子萧统出生,且萧衍当上了皇帝,萧正德只好又回到萧宏名下。这样,就使他失去了继承皇位的机缘。这对父子也由此对梁武深怀怨恨,屡欲仿效齐明帝萧鸾行篡弑,窃取大位,甚至不惜叛国投敌。也由于萧衍的一再优容宽纵,养痈贻患,而终受其祸。鉴于《梁书》对其父子之劣迹多有隐讳,谨据《南史》提供的史料,揭示其过恶之荦荦大者数端如下。

《南史》卷五一《临川靖惠王宏传》称:“宏字宣达,文帝(萧顺之)第六子也。长八尺,美须眉,容止可观。”但生性“好内乐酒,沈湎声色”。是一个贪婪庸懦的纨绔

①《梁书》卷十三《范云传》:“梁台建,迁侍中,时高祖纳齐东昏余妃,颇妨政事。”后听范云谏言,以余妃赐予其心腹爱将王茂。

子弟。天监四年(505),梁武诏令萧宏帅重兵伐魏。"宏以帝之介弟,所领皆器械精新,军容甚盛,北人以为百数十年所未之有。军次洛口,前军剋克梁城。宏部分乖方,多违朝制,诸将欲乘胜深入,宏闻魏援近,畏懦不敢进,召诸将欲议旋师。"当时战局态势本来对梁军有利,且其帐下不乏如韦叡、裴邃、柳惔、马仙琕、张惠绍等一批能征善战之将领,因而遭到众将的坚决反对。"宏不敢便违群议,停军不前。"甚至遭到北军的羞辱,歌曰:"不畏萧娘与吕姥,但畏合肥有韦武。"[①]于是,有人建议"遣裴邃分军取寿春,大众停洛口。宏固执不听,乃令军中曰:'人马有前行者斩。'自是军政不合,人怀愤怒。"(以上引文,俱见《南史》本传)

就这样坐失战机,空耗粮饷,稽延至五年(506)九月,"己丑,夜,洛口暴风雨,军中惊,临川王宏与数骑逃去。将士求宏不得,皆散归。弃甲投戈,填满水陆,捐弃病者及羸老,死者近五万人。宏乘小船济江,夜至白石垒,叩城门求入。临汝侯渊猷(萧懿之子)登城谓曰:'百万之师,一朝鸟散,国之存亡,未可知也。恐奸人乘间为变,城不可夜开。'宏无以对,乃缒食馈之。"(《通鉴》卷一四六《梁纪二·武帝天监五年〔506〕》)

对萧宏身为北伐统帅,却畏敌如虎、坐贻战机;且师久无功,不战自溃,丧师辱国,造成重大损失的重罪,萧衍不但未予追究责罚,反而不断给予加官晋爵。《南史》本传称:"(天监)六年,迁司徒,领太子大傅。八年为司空、扬州刺史。十一年正月,为太尉。其年冬,以公事左迁骠骑大将军、开府仪同三司之仪,未拜,迁扬州刺史。十二年,加司空。十五年,所生母陈太妃死,去职。寻起为中书监,骠骑大将军、扬州刺史如故。"

即使在萧宏官运亨通,坐享威福期间,他捅的乱子也不少,但萧衍大都未予深究。只是有一次,因其爱妾之弟吴法寿,"性粗狡,恃宏无所畏忌,辄杀人。死家讯,有敕严讨。法寿在宏府内,无如之何。武帝制宏出之,即日偿辜。南司奏免宏司徒、骠骑、扬州刺史。武帝注曰:'爱宏者兄弟私亲,免宏者王者正法,所奏可。'"因恐这一命案惹起民愤,这次萧衍总算动了点真格,让歹徒偿命,萧宏免官。不过,所谓"免官",仅走走过场而已,不久即官复原职。

《南史》本传又称:"宏以介弟之贵,无它量能,恣意聚敛。库室垂有百间,在内堂之后,关钥甚严。有疑是铠仗者,密以闻。"武帝耽心萧宏私藏甲仗,欲行弑逆。乃乘夜微服私访宏宅。后察知宏后堂所藏并非兵器,乃"见钱三亿余万",才放下心来。不唯不追究这富可敌国的现钱从何而来,[②]甚至还"大悦,谓曰:'阿六,汝生活大可。'方更剧饮,至夜举烛而还。兄弟情方更敦睦。"

---

① "萧娘",讥萧宏;"吕姥",讥前军司马吕僧珍。"韦武",指梁将以豫州刺史攻占合肥的韦叡。

② 据《南史》本传:"宏都下有数十邸出悬钱立券,每以田宅邸店悬上文券,期讫便驱券主,夺其宅。都下东土百姓,失业非一。"这可能是其敛财的重要手段之一。

更为骇人听闻的是，萧宏曾先后两次阴谋行刺萧衍，竟然均获得宽宥。《南史》本传称："宏自洛口之败，常怀愧愤"，顿生谋逆之念。"（天监）十七年，帝将幸光宅寺，有士伏于骠骑航待帝夜出。帝将行心动，乃于朱雀航过。事发，称为宏所使。帝泣谓宏曰：'我人才胜汝百倍，当此犹恐颠坠，汝何为者。我非不能为周公、汉文，念汝愚故。"宏顿首曰："无是，无是。"于是以罪免。另一次弑逆，情节更为严重。《南史》本传又称："宏又与帝女永兴公主私通，因是遂谋弑逆，许事捷以为皇后。帝尝为三日斋，诸主并豫，永兴乃使二僮衣以婢服。僮踰阈失屦，阁帅疑之，密言于丁贵嫔，欲上言惧或不信，乃使宫帅图之。帅令内舆人八人，缠以纯绵，立于幕下。斋坐散，主果请间，帝许之。主升阶，而僮先趋帝后。八人抱而擒之，帝惊坠于扆。搜僮得刀，辞为宏所使。帝秘之，杀二僮于内，以漆车载主出。主恚死，帝竟不临之。"对这桩涉及宫闱乱伦秽闻的谋逆大案，萧衍只好忍气吞声，秘而不宣，咬着牙做了"冷处理"。而禽兽不如的恶徒萧宏，却依然逍遥法外。"未几，复为司徒。普通元年（520），迁太尉、扬州刺史，侍中如故。（普通）七年（526）四月薨，……谥曰：'惠靖'。"（《南史》本传）像萧宏这种怙恶不悛的衣冠禽兽，竟然也得善终，这对萧衍素所佞信的"善善，恶恶，施报不爽"的佛家报应之说，真是莫大的讽刺！不过，萧衍之所以一再对死有余辜的萧宏优容姑息，盖其早岁自恃雄强，根本就没把像萧宏这样的贪婪愚顽的宵小之徒放在眼里，且不愿留得杀弟的恶名，才一次又一次地饶过了他。

至于萧宏之子萧正德，《南史》本传称："少而凶慝，招聚亡命，破家屠牛，兼好弋猎。"其顽劣根性，有逾于乃父。又因为他同萧衍有"犹子"之情的曲折经历，不免使其心理发生了扭曲。"天监初，封西丰县侯，累迁吴郡太守。正德自谓应居储嫡，心常怏怏，每形于言。"（《南史》本传）再加上萧衍的格外姑息，从而使他走上了"多行不义必自毙"的不归之路。

萧正德干的第一桩大逆不道的蠢事，是叛国投魏。《南史》本传称："普通三年（522），以黄门侍郎为轻车将军，置佐史。顷之奔魏。……至魏称是被废太子。"魏人疑而"不礼之"，乃"又自魏逃归。见于文德殿，至庭叩头。武帝泣而诲之，特复本封。"犯了死有余辜的叛国重罪，仅仅叩了几个头，萧衍的心肠就软下来，一风吹了，"特复本封"。其宽大无边，真可谓"漏网吞舟"矣！于是，正德我行我素，继续作恶。《南史》本传称：在东府"志行无悛，常公行剥掠"，与其弟乐山侯正则，潮沟董当门世子暹，南岸夏侯夔世子洪等勋豪子弟，纠集在一起，"为百姓巨蠹，多聚亡命，黄昏杀人于道"，父祖不能制，尉暹不能御，时人谓之"四凶"。后因故"三人既除[①]，百姓少安"。而"正德淫虐不革，寻除给事黄门侍郎。"可见，萧正德向邪路上继续下滑，萧衍实难逃宽纵之责。

《南史》本传又称："（普通）六年（525），为轻车将军，随豫章王（萧综）北侵。正

① 据《南史》卷五一正德本传："后正则为劫，杀沙门，徙岭南死。（夏侯）洪为其父夔奏系东冶，死于徒。（董）暹坐与永阳王妃王氏乱，诛。"

德辄弃军委走，为有司所奏下狱。”这一次犯的是临阵弃军脱逃的重罪，且拘系在狱，萧衍不得不亲自下诏处置，看似要动点真格的了。先动之以情，谓“汝以犹子，怀兼常爱，故越先汝兄，剖符连郡”。接着，数落其“杀戮无辜，劫盗财物”，“夺人妻妾，略人子女”[①]，“匹马奔亡，志怀反噬”，“包藏祸心，志欲覆败国计，以快汝心”等等罪状，萧衍下了狠心，打算贬往远郡，让其思过自新，“于是，免官削爵土，徙临海郡”，可后来心又软了下来，“未至徙所，道追赦之。八年(527)复封爵。”萧衍对他，真可谓仁至义尽。在此后的约二十年间，曾特封他为临贺郡王（大中通四年，532)，“后为丹阳尹，坐所部多劫盗，复为有司所奏，去职，出为南兖州，在任苛刻，人不堪命。广陵沃壤，遂为之荒，至人相食啖。既累试无能，从是黜废，转增愤恨，乃阴养死士，常思国衅。”

及至梁太清二年(549)秋，侯景反，知正德素怀“奸心”，乃派亲信持书与之联络，诈许事成后让他当皇帝，正德信以为真，大喜过望，许以为内应。“及景至，正德潜运空舫，诈称迎荻，以济景焉。朝廷未知其谋，以正德为平北将军，屯朱雀航。景至，正德乃北向望阙三拜跪辞。歔欷流涕，引贼入宣德门。与景交揖马上，退据左尉府。……贼以正德为天子，号曰正平元年。……正德乃以见理为太子，以女妻景。景为丞相，与约曰：‘平城之日，不得全二宫。’……及台城开，正德率众挥刀欲入，贼先使其徒守门，故正德不果。乃复太清之号，降正德为侍中、太司马。正德入问訊，拜且泣。武帝曰：‘啜其泣矣，何嗟及矣。’正德知为贼所卖，深自咎悔，密书与鄱阳嗣王契，以兵入。贼遮得书，乃矫诏杀之。”(《南史》本传)

“开门揖盗，弃好即仇”的萧正德，“皇帝梦”还没有进入角色，自己的人头便落了地。不过，从政教得失的层面来检讨，萧正德的祸败身亡，以及梁武的亲子之间，“迁延坐视，内自相图，骨肉相吞，置帝之困饿幽辱而不相顾”，王夫之认为，皆缘于萧衍的“慈过而伤慈”有以致之。他喟然感慨道：“慈而无节，宠而无等，尚妇寺之仁，施禽犊之爱，望恩无已，则挟怨益深，诸子之恶，非武帝陷之，而岂其不仁至此哉？”[②]这一点，确实值得后世之操权握国者，予以深长思之的。

第三，刚愎自是，恶闻谠言，杜塞忠谏之路。萧衍作为文武兼资，颇为强势的一代开国之主，确有“护前之失”，恶闻其短的毛病。但在其执政的前期，对臣下的诤谏，虽未必完全听信，尚有容纳直言的雅量。如天监中，郭祖深舆榇诣阙上封言事，畅论朝政得失，尤直言其佞佛，导致“家家斋戒，人人忏礼，不务农桑，空谈彼岸”，“蠹法伤俗”，耗财伤民，有碍刑政。“帝虽不能悉用，然嘉其正直，擢为豫章钟陵令，

① 正德之昏淫乱伦，亦甚于乃父。《南史》本传称：“正德妹长乐主适陈郡谢禧，正德奸之，烧主第，缚一婢，加玉钏于手，以金宝附身，声云主被烧死，检取婢尸并金玉葬之。仍与主通，呼为‘柳夫人’，生二子焉。”后正德夺黄门郎张准雉媒，事发。皇太子（萧统）恐帝闻之，令还雉媒，事乃平。

② 王夫之：《读通鉴论·梁武帝（二九）》。

员外散骑常侍。”(参阅《南史》卷七十《郭祖深传》)

可是,随着萧衍的年事已高,及至其执政的后期,他对待诤谏的态度则完全不同了。当散骑常侍贺琛,鉴于“武帝年高,任职者缘饰奸谄,深害时政”,乃条陈四事以针砭时弊,其大略,一曰:“宜趁北境暂安,以为生聚教训之时”,省州郡苛繁之政,轻徭薄赋,以救民不堪命,户口流失之弊。二曰:禁侈靡,尚节俭,“贬黜雕饰,纠奏浮华”,“使人守廉隅,吏尚清白”,以救“风俗侈靡”,宰守“贪残”之弊。三曰:崇正疾邪,以绝斗筲之人“诡竞求进,不说国之大体”,“但务吹毛求疵,擘肌分理,……以深刻为能,以绳逐为务”,“责其公平之效,黜其谗愚之心,则下安上谧,无徼幸之患矣”。[1]四曰:趁“魏氏和亲,疆场无警”,“应内省职掌,各检其所部”,裁减繁冗机构,以“息费休民”;“使之生聚,减省国费,令府库蓄积”,以固国本。勿使“国弊民疲”,“一旦异境有虞,……事至方图,知无及矣。”(参阅《梁书》卷三八《贺琛传》,《南史》卷六二《贺琛传》略同。)

据《梁书》本传,贺琛会稽山阴(今浙江绍兴市)人,家贫。“伯父玚,步兵校尉,为世硕儒。琛幼,玚授其经业,一闻便通义理。……尤精《三礼》。”故贺琛所言四事,皆婉约而切时弊,并无难以接受的过激之辞。但仍遭来“高祖大怒,召主书于前,口授敕责”,逐条加以驳斥,以自炫其“圣明”。对此,清代学者钱大昕感触颇深,著《梁武帝论》,洋洋千言,以切论之,今撮录其大要如次:

> 然则梁何以遽亡?曰:梁之亡,亡于拒谏而自满也。方创业之始,沈(约)、范(云)、周(捨)、徐(勉),大都非骨鲠之彦,护前之失,休文(沈约)已早识之。及临御日久,旧臣彫落,以为天下皆莫己若也,而恶人之谠言;谠言不至于前,则所用者皆容悦谄谀之徒,无有为梁任事者,而梁之亡形成矣。观于贺琛之谏,非甚激切,而武帝口授主书,诮让几二千言,曰“贪残”,曰“奸猾”,则诘其主名;曰“深刻”,曰“烦费”,则穷其条目,必使之谢过不敢复有指斥而后已。呜呼,武帝岂诚以长吏为无一贪残,百司为无一深刻,朝廷无一妨民费财之事也哉。不过涂饰一时耳目,以箝谏者之口,谓可欺天下后世尔……夫琛所陈四事者,虽中当时之弊,犹不至于亡也,病在自以为是而恶人之言。言事于人主之前,人情之至难也。引而进入犹惧其弗言,责而怒之,谁复为言者。以四海之大,百司之众,无一人能为朝廷直言而国不亡者,未之有也……虽然,以武帝之聪明才略,岂不知为其身与其国计,特以自信太过,视谏诤之言皆浮而不切于务,徒足以损己之名,故拒之甚力也,庸讵知祸之一至于斯哉。是故有天下而

① 王夫之《读通鉴论·梁武帝(二七)》:贺琛上书言事,“最要者,听百司莫不奏事,使斗筲诡进,坏大体以窃威福,此亡国败家,必然之券也。妄言干进者,大端有二:一则毛举小务之兴革也,一则鉤索臣下之纤过也。若此者,名为利国,而实以病国;名为利民,而实以病民。害莫烈焉。”

能保之者，必自纳谏始。①

第四，"留心俎豆，忘情干戚"，武备废弛，国防空虚。齐高与梁武同宗，俱出于南兰陵（今江苏武进）萧氏之将门世家。陈寅恪径称："梁武本是将种。平生特长骑稍之技，江左同时辈流，迥非其比。固宜文武兼资，卒取齐室之帝位而代之也。"②但建梁以后，却多"留心俎豆，忘情于戚"（《南史·梁武帝纪论》），颇专注于礼制文教之建设，而对于武备国防，似不甚关注。这可能与其早岁乃萧子良文学西邸"竟陵八友"中之佼佼者，擅长而且爱好经史文辞有关；也与当时南朝高门世族尚文轻武，尤其看不起"兵"有关。③所以登极后，不但躬自孜孜好学，勤于撰著，而且大力倡导。因此，虽遭侯景乱梁兵燹之余，但见于《隋书·经籍志》，以梁武之名著录的经史文籍，犹有二十余种之多。对此，后世学者不"因人废言"，多有称道。明胡应麟称：梁武"著述之饶，尤为惊绝。经则《九经义疏》二百余卷，《三礼断疑》一千余卷；史则《历朝通史》六百卷；子则《二氏经解》数百卷；集则自制诗文百二十卷；其富皆古今未有。而所命诸儒纂辑《华林遍略》六百卷弗与焉……今诸书无一传者，湘东之亡，付煨烬矣。"又称："六代经学独盛于梁，以武帝究心儒术故也。"④明张溥亦称：梁武"艺能博学，人君罕有，惜羯寇滔天，台城煨烬，制旨二百余卷，五礼一千余卷，通史六百卷，无繇诵读。今得其诏令书敕诸篇，置帝王集中，则魏、晋风烈，间有存者。"⑤上有所好，下必甚焉。因梁武好学尚文，其子嗣朝士亦彬彬效之，蔚然成风。其太子萧统编有《文选》三十卷，出自东宫的刘勰著《文心雕龙》十卷传世，至今犹成为文献学、文学批评史领域之显学，绝非偶然。总之，萧衍在我国学术文化史上，自应占有一席之地。

然为政之道，文武不可偏废。梁武帝业的式微，且终致败亡，与其尚文轻武，特别晚岁疏于武备，有极大关系。在梁武主政的前期，南北交争，互有胜负，总的态势是大体上持平，抑且北略强于南。故梁朝多次北伐，俱无功而返。及至梁中大通末年（534），北魏分裂为东、西魏，随着边防压力的减轻，武备更加松懈。加之，自宋、齐以来，偏重文教，疏于振军经武，相习成风，及至梁代，凡永嘉渡江南来善战寒族

① 钱大昕：《潜研堂文集》卷二《梁武帝论》，上海古籍出版社，2009年版，第31页。

② 陈寅恪：《魏书司马叡传江东民族条释证及推论》，载于《金明馆丛稿初编》，1980年8月第1版，第99页。关于梁武擅"骑稍之技"，可参阅《南史》卷六三《羊侃传》。

③《世说新语·方正篇》：桓温欲与王坦之结为儿女亲家，其父王述怒斥曰："兵，那可嫁女与之！"《南齐书·张欣泰传》：欣泰本将门子。偶遇褚渊，渊问曰："张郎弓马多少？"张恶言将门，答曰："性怯畏马，无力牵弓。"又，同书《沈文季传》：褚渊曰："'陈显达、沈文季当今将略，足委以边事。'文季讳称将门，因是发怒。"

④《少室山房笔丛》卷三八《华阳博议上》。

⑤《汉魏六朝百三家集题辞·梁武帝集》。

北人之子孙，及文化高门之士大夫族裔，俱已蜕化为"肤脆骨柔"，弱不轻风之"废物"，别说上战场杀敌御侮，连步行、乘马逃难的能力，也几乎丧失了。这一点，梁亡之后，自江陵投奔北齐的颜之推《颜氏家训·涉务篇》，给我们提供了一条生动的史料：

> 梁世士大夫，皆尚褒衣博带，大冠高履。出则车舆，入则服侍。郊郭之内，无乘马者。周弘正为宣城王所爱，给一果下马，常服御之，举朝以为放达。至乃尚书郎乘马，则纠劾之。及侯景之乱，肤脆骨柔，不堪行步，体羸气弱，不耐寒暑。坐死仓猝者，往往而然。建康令王复性既儒雅，未尝乘骑，见马嘶喷陆梁，莫不震慑，乃谓人曰：正是虎，何故名为马乎？其风俗至此！

梁末，士庶体质之羸弱至此，武备之废弛至此，以至于一旦侯景乱起，朝廷已无兵可调，无将可用。正如陈寅恪《魏书司马叡传江东民族条释证及推论》一文所指出的："侯景之围建邺，全恃(新自北来之降人羊)侃一人，以资抵御。①迨侃一死，而台城不守矣。……更赖新自北来之降人王僧辩，以破灭侯景。"②则梁之亡，与梁武的毫无忧患意识，以危为安，武备不修，有极大关系。孟子曰："无敌国外患者，国恒亡。"(《孟子·告子下》)信然！

第五，佞佛怠政，惑乱人心，纵游惰、逃赋役，耗财残民。历代封建帝王，大都懂得"儒以治世，佛以治心，道以治身"的道理，无不施行以儒家的纲常教化为主，以释、道作为礼乐刑政的辅助手段的三教兼容并包的思想文化政策。但像梁武这样，自天监初敕令"舍道归佛"以来，一直以浮屠为国教，老而弥笃，至死不悔，在历代帝王中，确是绝无仅有的。论者将梁武亡国的原因归咎于佞佛，未免言之太过；但佞佛怠政，确是导致其政昏民疲，走向败亡的重要原因之一，则是不争的事实。王夫之曾批评说："夫浮屠之祸人国，岂徒糜金钱、营塔庙、纵游惰、逃赋役已乎？其坏人心、隳治理者，正在疑庄、疑释，虚诞无实之淫辞也。"(《读通鉴论·梁武帝〔二五〕》)盖谓梁武佞佛之要害，正在于愚惑人心，导致政局国策的紊乱。

---

①《南史》卷六三《羊侃传》(《梁书》卷三九《羊侃传》略同)略云：羊侃，泰山梁父人。雅好文史，膂力过人，能开二十石弓，擅骑稍，任魏累迁泰山太守。侃于大通三年(529)投梁至建邺，授徐州刺史，累迁太子左卫率、侍中。梁武以其北人降者中之衣冠余绪，甚爱重之。侯景围台城，赖其奋力捍卫，支撑百余日。太清二年(549)末病卒。《颜氏家训·慕贤篇》亦称：侯景围台城，"得百余日抗拒凶逆。于是城内四万许人，王公朝士，不下一百，便是恃侃一人安之。"

②《梁书》卷四五《王僧辩传》(《南史》卷六三《五神念传附僧辩传》略同)略云：王僧辩，太原祁人，右卫将军神念之子也，以天监中随父来奔。世祖(元帝萧绎)命僧辩即率巴陵诸军，沿江讨侯景。于是逆寇悉平，京都克定。承圣三年(554)被陈霸先所杀。

剖析梁武佞佛的原因，不外乎政治与心理两个方面。大抵前期重在政治的考量，后期则偏重于心理精神的解脱。文武兼资的梁武，自然深知，为政之道，离不开儒家的礼乐刑政、纲常教化；而道家的清静无为、知足知止，对于抑竞躁、息纷争，安定社会秩序，也不无裨益。所以，天监三年(504)，出于利用佛家祸福果报及持戒的说教以"劝善""息恶"，强化其专制统治之目的，梁武毅然提出"舍道事佛"的国策，并在敕文中抵斥老子、周公、孔子，称他们的学说是"外道"，是"邪见"，不但他自己坚决表示要"舍道事佛"，并号召"公卿百官，侯王宗室，宜为反伪就真，舍邪入正"，一心向佛。[①]但是，我们考察萧衍主政的实际情形，至少在其前期(特别是天监、普通这二十多年间)，大体上是儒、释、道兼容并包的。如(天监)四年春正月，"诏曰：'今九流常选，年未三十，不通一经，不得解褐。若才同甘、颜，勿限年次。'置《五经》博士各一人。"同时，他以身作则，万机之余，颇致力于经史文籍的撰著。我们翻检《隋书·经籍志》，发现该书著录梁武著作，竟达29种之多，凡数百万言。其中，以儒家经典为多，包括《周易》《尚书》《毛诗》《乐论》《孝经》等等。《孔子正言》二十卷、《中庸讲疏》一卷、《老子讲疏》六卷，尤其值得我们注意。

我们尤须注意，萧衍本出身于天师道世家。正如他在天监三年(504)《舍道事佛疏文》中承认的："弟子经迟迷荒，耽事老子，历叶相承，染此邪法。"《隋书·经籍志·道经部》亦称："(梁)武帝弱年好事，先受道法。及即位，独自上章。朝士受道者众。三吴及海边之际，信之逾甚。"按上章，乃天师道信徒上表求神灵祛病免灾特有的科仪。如《晋书·王献之传》："献之遇疾，家人为上章。"又，《梁书·沈约传》亦称："呼道士上赤章于天，称禅代之事，不由己出……及闻赤章事，(梁武)大怒，中使谴责者数焉。约惧遂卒。"前引陈寅恪《天师道与滨海地域之关系》一文，已明确指出，琅琊王氏、吴兴沈氏俱是天师道世家。则上引史料足以证明，南兰陵萧氏也属于天师道世家，及至梁武即位之初，仍分明是一位虔诚的天师道信徒。观其初登大位，犹"独自上章"，可知也。据此，我们可以直截了当地说，梁武在天监初的"舍道事佛"，其所舍弃的"道"，并非笼统地指作为我国本土宗教的道教，更不是作为思想学派的道家[②]；他所要真正舍弃并禁绝的，其实正是他本人及其家族世代信仰，并所熟知的具有"犯上作乱"叛逆性的天师道。由孙恩、卢循发起的蔓延东南沿海广大地域，持续十余年之久，规模浩大，导致东晋灭亡的天师道大起义，殷鉴不远。登上帝位不久的萧衍，当然耽心天师道闹出什么乱子来，威胁到他刚刚夺得的江山社稷。这才是他"舍道事佛"，并大力推行"崇佛抑道"国策的深层的政治原因。历代史家，对六朝帝王既崇佛而又兼容儒、道，三教并用以强化其专制统治的政治用心，多有揭露。近人陈登原先生指出："以无为为循良，独夫更可畅所欲为；以绝欲为持戒，

① 参阅《全上古秦汉三国魏晋南北朝文·全梁文卷四〈敕舍道事佛〉》。

② 颜之推：《颜氏家训·勉学篇》称："洎乎梁氏，兹风复阐。《庄》《老》《易》总谓三玄。武皇、简文，躬自讲论。"

独夫更可恣其所欲。佛家教义，与老庄之清净，儒生之忠孝，曾为六代野心之家所默契之三宝。此殆当时佛教所以隆盛之又一因素矣。”[①]话虽说得激切，却颇切中要害。

梁武因佞佛而怠政、蠹政，以至于乱政而身死国灭，主要呈现于其身心衰竭的主政晚期。这可能与其深受佛家“心亡罪灭”，即可化烦恼为菩提，达于澄明的涅槃之境的说教的熏习，确有灵魂内疚，企图通过忏悔以求自新的心理需要有关。汤用彤先生认为：梁武既是“宗教实行家”，又“于佛教特重义学”。就其重“实行”而言，他重视禅定，又注重持戒，于天监十八年(519)，“尝亲受菩萨戒”，并“制断酒肉”，“故在位宗庙荐馐用蔬果”，“天监中便血味备断，日唯一食，食止菜蔬”。又“自谓并远房室，不服医药，四十余年”。据《南史》载，“帝设大会十六次，舍身四次，立十无尽藏。”等等。持戒事佛的梁武，俨然一苦行僧，真所谓“皇帝菩萨”也。就其“重义学”而言，其在位“搜求佛典，整理经籍。其学问宗旨，在《般若》《涅槃》，曾作《义记》数百卷，躬自讲说。”(参阅《汉魏两晋南北朝佛教史》第十三章《佛教之南统·梁武帝》)曾敕令释宝亮撰《涅槃义疏》，并亲为之作序称：“佛性开其本有之源，涅槃明其归极之宗。”梁武晚岁，自知罪孽深重，企图遵循佛家“一切众生，皆有佛性”，“人皆可成佛”的涅槃学说，通过忏悔自新之路，达到自在无碍的涅槃境界。

我们注意到，王夫之《读通鉴论》颇注重梁武，撰论达二十九节，洋洋逾万言，对其才能、事功，多有肯定，但对他作为一代开国之君的人品德行，却持否定态度，甚至迳称其为“贼”。他说：“刘彧乘君弑而受君于贼，萧鸾与萧衍比而弑其君，皆贼也，而后贼乘之以进。……已为贼，而欲弭人之弗贼也不能。“(《读通鉴论·梁武帝〔二二〕》)由此言之，则这一点，很可能是梁祚之所以“沤起幻灭”的根本原因所在。王夫之视梁武为“贼”，显然是就其早岁嗜杀好色，肆行篡弑以窃取大位而言。故其晚岁，灵魂不无内疚，欲凭借佛徒“心亡罪灭”之说，通过忏悔自新，以摆脱负罪的心结，求得灵魂自安。据清俞樾《茶香室丛钞》卷十三载：后世广为流传的《梁皇忏》十卷，即梁武敕令真观法师增广萧子良撰《净住子》中“忏悔篇”，又称《六根大忏》而成。这条史料也折射出，梁武晚岁的沉溺释教，确有忏悔赎罪，改过自新的心理需求。诚然，能起意“放下屠刀”，毕竟是好的，但未必能收“立地成佛”之效。正如王夫之所指出的：

> 乃圣人之教，非不奖人以悔过自新之路；而于乱臣贼子，则虽有丰功伟绩，终不能盖其大恶，登进于君子之途。帝于是彷徨疚愧，知古今无可自容之余地，而心滋戚焉。五无间者，其所谓大恶也，而或归诸宿业之相报，或许其忏悔之皆除，但与皈依，则覆载不容之大恶，一念而随皆消陨。帝于是欣然而得其

① 陈登原：《国史旧闻》卷一八“六朝佛教何以隆盛”条。

愿,曰:唯浮屠之许我以善,而我可善于其中也。断内而已,绝肉而已,捐金粟以营塔庙而已,夫我皆优为之,越三界,出九地,翛然于善恶之外,弑君篡国,沤起幻灭,而何伤哉?……苟非无疚于屋漏者,谁能受君子之典型,而不舍以就彼哉?淫坊酒肆,佛皆在焉,恶已贯盈,一念消之而无余愧,儒之狡者,窃附之以奔走天下,曰无善无恶良知也。善恶本皆无,而耽酒渔色,罔利逐名者,皆逍遥淌漾,自命为圣人之徒,亦此物此志焉耳。①

毋庸讳言,作为思想家的王夫之,是以醇儒的眼光,站在捍卫儒家纲常名教的立场,来批评梁武、指斥佛教的。难免不带有历史局限性,我们不必完全认同其观点。但他敏锐地看出,梁武的沉溺于释教,盖由于做"贼"心虚,既没勇气面对儒家名教的历史审判台,又佞信佛家轮回报应之说,惧怕沉沦于地狱苦海,于是选择了遁入彼岸的佛国世界,去寻求自欺欺人的解脱。②这一点,的确是深刻而发人深省的。

说到梁武的佞佛蠹政,我们不妨试举其舍身和开无遮大会讲经二事为例,稍加说明,以见其为害之烈。

梁武晚岁舍身事佛,一般都认为是三次。但汤用彤先生据《南史》认定为四次,很可能是把太清元年(547)三月那次舍身算作两次了,似不确。③兹据《梁书·武帝纪下》,依次引述,并略加说明:

(中大通)元年(529)秋九月癸巳,舆驾幸同泰寺,设四部无遮大会,因舍身,公卿以下,以钱一亿万奉赎。冬十月己酉,舆驾还宫,大赦,改元。

(中大同)元年(546)三月庚戌,法驾出同泰寺大会,停寺省讲《金字三慧经》。夏四月丙戌,于同泰寺讲解,设法会。大赦,改元……是夜,同泰寺灾。④

---

① 王夫之:《读通鉴论·梁武帝(一四)》。

②《南史》卷五四《建安王大球传》:"侯景已围台城。梁武皈心佛教,每曰:'若有众生,应受诸苦,悉衍身代'。时大球甫七岁,惊而语母曰:'官家尚尔,儿安敢辞。'乃六时礼佛。亦曰:'凡有众生,应受苦报,悉大球代受。'"陈登原先生叹曰:"顾以大球之事考之,则此皇帝菩萨,本欲欺人,而乃陷于欺子。"(参阅《国史旧闻》卷二一"梁武崇佛"条)又按:梁武之被困台城,已年逾八旬,而其幼子大球甫七岁。则梁武侈谈的"四十后便断房室"之说,盖亦欺人之谈耳。

③《南史》卷七《武帝纪下》称:"(太清)元年(574)三月庚子,幸同泰寺,设无遮大会。上释御服,服法衣,行清净大舍,名曰'羯磨'。……乙巳,帝升光严殿,坐师子坐,讲《金字三慧经》,舍身。夏四月庚午,群臣以钱一亿万奉赎皇帝菩萨,……丁亥,服衮冕,御辇还宫。"以舍身仪式计,可算二次;似应以从入寺到奉赎还宫计,算作一次为宜。

④《梁书·武帝纪》未书"舍身"及奉赎事。《南史·武帝纪下》称:"中大同元年(546)……(三月)庚戌,幸同泰寺讲《金字三慧经》,仍施身。夏四月丙戌,皇太子以下奉赎,仍于同泰寺解讲,设法会,大赦,改元。是夜,同泰寺灾。"

(太清)元年(547)三月庚子,高祖幸同泰寺,设无遮大会,舍身,公卿等以钱一亿万奉赎……夏四月丁亥,舆驾还宫,大赦天下,改元。

这里的所谓"舍身",并非如佛教故事所说的"以身饲虎",或"割肉以救饥民",[①]而是自命为"皇帝菩萨"的梁武的一大发明,并非真要他舍弃身家性命,不过是放下皇帝架子,脱去衮冕,白衣入寺,充当杂役,自讨苦吃,以赎罪愆。他的这种"做戏",或者说"作秀"对他自己自然不会失去什么,或许还可以获得某种"赎罪"的心理上的满足。可是,我们不妨粗略地算一笔账,这种仅仅为了满足他个人宗教感情的"舍身"表演,朝廷为付出的代价可是十分惊人的。让我们先计算一下他每次从入寺舍身,到奉赎还宫的时间:第一次,从中大通九月癸巳,到十月己酉,共17日;第二次,从中大同元年三月庚戌,到夏四月丙戌,共37日;第三次,从太清元年三月庚子,到夏四月丁亥,共38日。三次舍身加起来超过三个月,这对日理万机,宵衣旰食犹恐不逮的帝王来说,难道不会怠误朝政么?况且,当时的梁朝已日渐式微,亦非可以垂衣而治的太平岁月,而是危机四伏,距侯景兵围台城的日子越来越逼近了。再看因舍身而奉赎对国家财力的巨大耗费。即按每次舍身赎金一亿万计,三次舍身所耗赎金,可就是三亿万,虽借用"公卿"的名义,可其中的一分一厘,莫非民脂民膏啊!再者,每次舍身都伴随着兴师动众的讲经和设无遮大会,动辄上万人,甚至达数万人(《南史·武帝纪下》称:大中通元年十月,"设四部无遮大会,道俗五万余人")。这难道不劳民伤财,并搅扰社会的安定么?何谓"无遮会"?《宗教辞典·无遮会》称:"意谓贤圣道俗上下贵贱无遮,平等行财施和法施的大会。"又称:"中国的无遮大会始于梁武帝。《佛祖统纪》卷三七:'中大通元年(529),帝于重云殿为百姓设救苦斋,以身为祷。复幸同泰寺,设四部(即比丘等四众)无遮大会……亲升法座为众开涅槃经题,群臣以钱一亿万奉赎,皇帝设道俗大斋,五万人。'"[②]又据萧子显《御讲摩诃般若经序》称:

中大通(七)[五]年(533)太岁癸丑,二月己未朔二十六日甲申,舆驾出大通门,幸同泰寺发讲,设道俗无遮大会。……自皇太子、王侯已下,侍中、司空袁昂等,六百九十八人;其僧正慧令等义学僧、镇座,一千人。昼则同心听受,夜则更述制义。其余僧尼及优婆塞、优婆夷,众男冠道士、女冠道士、白衣居士,波斯国使、于阗国使、北馆归化人,讲肆所班,供帐所设,三十一万九千六百四十二人。又二宫武卫宿直之身,植葆戈驻金甲,并蒙讲馔,列锡泉府,复数万人,不在听众之例……

① 参见《高僧传》卷一二《宋高昌释法进传》。

② 任继愈主编:《宗教辞典》,上海辞书出版社,2009年12月第1版,第132-133页。

仅仅为了"皇帝菩萨"的一次讲经，竟然惊动朝廷上下道俗信众，近四十万人之多，而且据萧子显说，费时近半月之久，则其劳民伤财，蠹政误国，为害之深剧，可概见矣！

综合上述五个方面来考察，可见梁武费尽心机夺得的江山，旋即覆亡，完全为其自身素质所决定，由其自己一手造成的。正如北齐杜弼《檄梁文》所指责的：

> 年既老矣，耄又及之。政荒民流，礼崩乐坏。改换朝章，变易官品，虽事易汉朝，而事同新室。加以用舍乖方，立废失所，矫情动众，饰智惊愚。毒螫满怀，妄敦戒业；躁竞盈胸，谬治清净。内恣鸱靡，外逞残贼，人人厌苦，家家思乱。灾异降于上，凶譌兴于下……

在这种内外交困，众叛亲离，民怨沸腾，人心思乱的形势之下，以危为安，仍然做着"皇帝菩萨"梦的梁武帝，其走向败亡，是有其历史必然性的。而由他自己酿成的侯景之乱，只不过是一个偶然性的外因而已。

作为一代亡国之君的梁武，似乎是至死也不悟，不悔；其自我感觉，似乎也无怨无悔。《东坡志林》云："梁武帝稔侯景之祸，毒流江左。乃曰：'自我得之，自我失之，亦复何恨？'……如穷儿呼卢，骤胜骤负，无所爱惜。特付之一拚耳。呜呼，安得此亡国之言哉！"（转引自萧参《希通录·论亡国之主》）

在南朝诸帝中，萧衍作为一代开国之君，无疑是一位不容小觑的历史人物。但全面考量其一生的德业事功，及其是非成败，再把他放到华夏文明的历史长河中加以观照，我们发现，在他身上足堪垂范后世的东西，确实并不多。据笔者所知，由南京大学匡亚明主编的《中国思想家评传丛书》，原计划是将萧衍作为历代帝王入传者之一，[①]列为传主的，并约请西北一位中年学者写出近30万字的初稿。后来觉得不妥，乃改变计划，不为萧衍立传；另约请老专家曹道衡撰成《萧统评传》近30万字。该书第二、三、四是专写萧衍的，但只是把他作为该书的历史景背加以评述而已。除了称其在学术文化方面有所贡献而外，对萧衍作为一个历史人物的总体评价，相当负面。窃以为，这样处理是恰当的。

在厘清了萧衍的历史定位之后，我们便可以进而深入地探讨誌公晚年在萧衍统治下的这段独特的经历了。好在，二人密切交往的天监前期这十三年，正值萧衍践祚初期，很想拨乱反正，革故鼎新，有所作为的时机。他对在政治上抑齐拥梁的誌公，确实给予了极高的尊宠；而誌公也依然保持着他作为方外高逸之士的淡定从

① 以帝王身份作为传主列入这套《丛书》的共八人，即：秦始皇、汉武帝、曹操、拓跋宏、李世民、成吉思汗、朱元璋、康熙。集"开国之主"与"亡国之君"于一身的萧衍，同诸人比并，的确罔非其伦也。

容,从未做出过什么恃宠自矜,“寡德适时,名而不高”(《高僧传·序录》)的事来。我们还注意到,由齐入梁后的誌公,在他的身上似乎蜕去了许多彼岸世界的神异性,而凸显出更多此岸世界的人文理性精神。也许,我们不宜过高地估计,被梁武俨然尊为“国师”乃至“国事顾问”的誌公,曾经对梁武产生过多么巨大的正面影响,但据僧传所载,他至少不曾把梁武诱导到邪路上去。

前面曾提到,梁武与誌公,很可能是在萧子良文学西邸的旧相识,但誌公真正进入梁武的视线,应是在梁武自樊、邓起兵,进军建康,篡齐立梁之际。

进入暮年的梁武,对其早岁充当萧鸾的“谋主”,任其杀尽齐高、武子孙“以雪心耻”,而他自己又进而对萧鸾的后裔弑之篡之,使之绝嗣,不免神明内疚,因而想效法魏武作《述志令》,为其篡汉做辩解,于是乃作《净业赋并序》,[①]为自己的篡齐做辩解。观其在《序》中,把他的起兵灭齐,恬不知耻地自比于汤、武的“吊民伐罪”可知。耐人寻味的倒是,为了证成其说,他顺手把具有反齐倾向的誌公拉来说事。请看:

> 属时多故,世路屯蹇,有事戎旅,略无宁岁。上政荒虐,下竖奸乱。君子道消,小人道长。御刀应敕梅虫儿、茹法珍、俞灵韵、丰勇之如是等多辈。誌公者,是沙门宝誌。行服不定,示现无方。于时群小,疑其神异,乃羁之华林外阁。公亦怒而言曰:“乱戴头,乱戴头,各执权轴,入出号令,威福自由,生杀在口。”忠良被屠馘之害,功臣受无辜之诛。服色齐同,分头各驱,皆称帝王,人云尊极。用其诡诈,惑乱众心。出入盘游,无忘昏晓。屏除京邑,不脱日夜。属纩者,绝气道傍,子不遑哭;临月者,行产路侧,母不及抱。百姓懔懔,如崩厥角……[②]

令人高兴的是,这则出自梁武笔下的珍贵史料,让我们联想并悟解了不少不无困惑的问题。

首先,梁武引述的出自誌公之口,具有鲜明政治倾向性的这则《乱戴头》的佛偈,其著作权无疑应属于誌公。我们注意到严可均校辑的《全梁文》释宝誌名下辑录的文字,实在贫乏得可怜。但他未将散见于僧传及正史中被附会为“誌公符”的谶偈尽行搜罗阑入,是值得称道的。[③]窃以为,这则著作权毫无问题的《乱戴头》,连

---

① 梁武《净业赋并序》称:“复断房室,不与嫔侍同屋而处,四十余年矣”;又称:“常自为方,不服医药,亦四十余年矣。”据此可知,此赋应是梁武八十岁左右所作。又,明张溥《汉魏六朝百三家集题辞·梁武帝集》称:“梁武帝《净业赋序》,即曹孟德之《述志令》也。”

② 唐释道宣撰:《广弘明集》卷二九上《净业赋并序》。

③ 但严氏将显然出于后人附会的《伏龟山埋白石函铭》《铜碑记谶》及《南史·王僧辩传》的“天监中谶”,辑入誌公名下,是不当的。

同前文提及的其所著《文字释训》三十卷中尚残存的一卷，应进一步加以发掘，一并补入《全梁文》誌公名下。

其次，坐实了至少在东昏侯乱齐时，誌公曾被其佞幸爪牙拘禁于华林园外阁，是梁武兵克建康时，才使他获得“解放”。而且，是梁武用他的“御笔”亲自肯定了誌公身上具有“形服不定，示现无方”的“神异”性。我们由此联想到，《皎传》所说：“先是，齐时多禁誌出入，今上即位，下诏曰”云云，可知这道诏令，即为誌公“解禁”，使他获完全自由的诏令。而且，这道诏令应是在梁武刚登极后不久下达的。尤须注意者，这道诏令的意义，并非仅仅为了准允其“随意出入，不得复禁”，而是重在进一步强化了誌公的“神异”性，如称赞他“迹拘尘垢，神游冥寂，水火不能熏濡，蛇虎不能侵惧”，神通广大，法力无边；并称赞他释道兼修：“语其佛理，则声闻以上；谈其隐论，则遁仙高者。”显然，梁武在极力渲染誌公身上那种超轶于“俗士常情”的方外高逸之士的风采。可是正由于梁武如此格外的尊宠，这在事实上，不啻给誌公御赐了一顶“神僧”的桂冠。成书于梁代的慧皎《高僧传》，将誌公列入《神异类》的最后一位高僧，在一定程度上可能受到了梁武这种对誌公格外尊崇的态度的影响。再者，天监十三年（514）誌公圆寂时，受敕为誌公撰墓志、碑文的陆倕、王筠，之所以故意把誌公的身世经历写得扑朔迷离，让人摸不着头脑，盖亦揣摩梁武出于宗教和政治的需要而神化誌公的意图，而有意这样做的。

第三，正如《皎传》所说，当梁武在天监初颁布为誌公“解禁”的诏令后，“志自是多出入禁中”。考虑到当萧衍践祚称帝时，誌公已进入了84岁的耄耋之年。虽然他可以随意出入禁中，但出于梁武对他的尊崇，很可安排他常住禁中华林园后堂，以便于同他切磋佛学，咨询国事。如前所述，梁武崇佛，虽重实行，亦重义学。在梁武倡导下，被称为三大《成实》师的僧旻、法云和智藏，颇风行于梁初[①]。如果我们的推论不错，出自南朝《成实论》重要据点兴皇寺僧主《成实论》高僧道猛门下的誌公，对《成实》学应有相当高的造诣，完全具备同梁武进行佛学义理交流切磋的资质。梁僧祐撰《出三藏记集》卷十二《大梁功德集》上卷十三，著录有关于梁武同誌公佛事交往的文献四篇，即是有力的证明。令人遗憾的是，这些可能保有关于誌公原始资料的珍贵文献，今已散佚。但仅从篇目亦可看出，梁武同誌公之间的佛事交往相当密切，而且可据以推断，誌公很可能多住或常住华林园后堂。据《皎传》所载誌公临终前情形，华林园后堂，很可能是他暮年养老的处所。

萧子显撰于梁中大通五年（癸丑，532）二月的《御讲摩诃般若经序》中，曾提及关于誌公的一件往事，称：

> 先是，宝誌法师者，神通不恻，灵迹甚多，自有别传。天监元年（502），上始

① 请参阅杜维文主编：《佛教史》，第四章第四节《佛教在中国魏晋南北朝的急剧发展》中关于南朝《成实学》的论述，中国社会科学出版社，1991年12月第1版，第208-210页。

光有天下，方留心礼乐，未遑汾阳之寄。法师以其年九月，自持一麈尾、扇及铁锡杖奉上，而口无所言，上亦未取其意。于今三十余年矣。①

据《梁书·武帝纪中》，萧衍是"天监元年(502)夏四月丙寅"即皇帝位的。即位之初，颇思有所作为，接连下诏表示：要"分遣内使，周省四方，观政听谣，访贤举滞"；又称："朕夕惕思治，念崇政术，斟酌前王，择其令典。"可见，誌公于同年九月，主动地去晋见梁武，并敬献麈尾、扇和铁锡杖三物，绝不是轻率之举，而是在梁武降心求治意向感召下，企图通过上述三物传递出某种信息，以期对梁武新政之初的政局国策施加有益的影响。那么，惯于以"谶预"的方式传递信息、表达诉求的誌公，这次郑重地向梁武进献麈尾、扇和铁锡杖等三物，到底想传递什么信息？对此，我们该做如何解读？

麈，似鹿而大，俗称"四不像"，亦称驼鹿。魏晋人谈玄，以麈之尾为拂子，用以指授听众，称麈尾；又称清谈为"麈谈"。《晋书·王衍传》："衍既有盛才美貌，明悟若神，妙善玄言，唯谈老庄为事。每捉玉柄麈尾，与手同色。"《世说新语·容止》篇亦称："王夷甫(衍)容貌整丽，妙于谈玄。恒捉白玉柄麈尾，与手都无分别。"《名苑》云："鹿之大者曰麈，群鹿随之，皆视麈所往、麈尾所转为准，于文主鹿为麈，古之谈者挥焉。"此说似经不起动物学的验证，不免附会。林景熙《访僧临庵次韵》有句云："寂寥午夜松风响，疑是神仙接麈谈。"从上引材料可见，麈尾似乎乃玄学家清谈专用的"道具"，与玄学、道家思想关联密切。当然，也可以用作拂尘的日常生活用品。欧阳修《和(梅)圣俞聚蚊》诗云："抱琴不暇抚，挥麈无由停。"是说蚊子太多，不停地挥动麈尾(拂尘)驱赶，顾不上抚琴了。

窃以为，誌公以麈尾献给梁武，并把它放在首位，似乎意在提醒萧衍，在紧接齐末暴政的梁初，宜施行轻徭薄赋，省罚慎刑，清静无为，与民休息的黄老之道。以安抚民心，稳定社会秩序。

其次，关于扇，我们紧承上文的思路，就其象征的政治意义试做一解读。扇，本来是用以煽动气流，产生风力以纳凉的日常用具。《方言》云："自关而东谓之箑，自关而西谓之扇。"由扇有产生风力的功能，申引而有风化、风教义。《晋书·袁宏传》："宏出为东扬郡，(谢)安一扇授之。宏应声答曰："辄当奉扬仁风，慰彼黎庶。"唐抑宗元《国子司业阳城遗爱碣》："昔公之来，仁风扇扬。"我们知道，仁，是我国古代儒家的一种富有人文理性精神，含义广泛的道德规范和哲学理念。《礼记·中庸》："仁者，人也，亲亲为大。"本来指人与人之间的互相亲爱。故孔子言仁，以"爱人"为核心。《论语·学而》："泛众而亲仁。"而"己所不欲，勿施于人"(《论语·卫灵公》)，"己欲立而立人，己欲达而达人"(《论语·雍也》)，就是施行"仁"的方法。孔子关于"仁"思

① 唐释道宣撰：《广弘明集》卷一九。

想理念，对中国后世的政治思想和道德伦理观念产生了深远的影响。与“苛政”相对立，以“爱人”为出发点的宽仁之政，叫“仁政”。在政治实践中高扬仁德的作用和影响，使下民得到仁德的实惠，谓之“仁风”。

由此说来，誌公敬献给梁武的扇，乃是以仁德为核心的儒家思想的象征。其出发点是期盼梁武施仁政于下民，以舒解其倒悬之苦。

至于铁锡杖，不言而喻，是“佛”，即佛教的象征。

将上述三者关联起来，再结合梁武在新政之初，确有亟待着眼全局从速解决施政的总体路线方针的现实需要来考量，则誌公“口无所言”的用意，很可能意在敦促梁武，施行儒、释、道三教兼容并用的传统模式。至于萧子显说，“上亦未取其意”云云，这恐怕是出于他个人揣测。如前所述，至少在梁武执政的前期，事实上是实行的三教并用的政策。当然，梁武之所以这样做，在多大程度上是因为受了誌公的影响，那又当别论了。

也许有人会说，到了天监三年(504)，梁武不是就敕令“舍道事佛”了么？这是否因为受了誌公这次敬献麈尾、扇、铁锡杖三物的影响有关？我们的回答是否定的。第一，以敬献上述三物的行动，去敦促和影响梁武“事佛”，显然“文不对题”。再者，佛教在南朝已经持续高涨了几个世纪，在佛刹林立，梵音盈耳的建康称帝的梁武，他的佞信并大力推行佛教，盖出于其阶级本性和政治需要。难道还需要誌公去做什么“夏日献曝”的蠢事，去敦促和影响他么？

年届耄耋，入住华林园，进入“休眠”养老状态的誌公，在他身上似乎少了些神异性，多了些人文理性。黄卷青灯，参禅入定之余，他的心仍然寂寞不下来，仍然时刻关注着此岸的红尘世界。据《皎传》所载，处于晚景中的誌公，甚少有三件事值得我们给予关注：一是吁请朝廷求雨救旱，二是同梁武关于“问药”的对话，三是对“神灭”“神不灭”大论战的间接反应。

《皎传》称：

> 天监五年(506)冬旱，雩祭备至，而未降雨。誌勿上启云：“志病不差，就官乞活。若不启白，官应得鞭杖。愿于华光殿讲《胜鬘》请雨。”上即使沙门法云讲《胜鬘》，讲竟，夜便大雪。誌又云：“须一盆水，加刀其上。”俄而雨大降，高下皆足。

中世纪的南朝，是一个靠天吃饭的纯粹的农业社会。若因天旱而严重影响到稼禾收成，不仅农民没有活路，甚至会危及社会的安定。所以，誌公扶病上书，并语气严厉责令当事的官吏急速转呈，自告奋勇要求登坛讲经求雨。我们应须注意的，倒是他作为一位垂暮之年且身罹重病的方外人士，对红尘世界芸芸众生所给予的急切的人文关怀和高尚的精神境界。对于求雨过程中带有神异色彩的细节描述，似不宜做过分的解读。其实，如果我们"把神学问题变成世问题"，即气象学问题来解读，则一切都不难理解。我们知道，滨海的江南地区，本来属于海洋性气候，冬春之际，偶遇天旱，偶尔飞雪，时而雪变成雨雪，甚至大雨滂沱，这些都是可能出现的气候现象。正如《三国演义》描绘的诸葛亮故弄玄虚登坛作法"借东风"火烧曹营的故事一样，他实际上借助的也是关于气象学的知识和经验。谁能相信诸葛亮同誌公，真的具有什么"呼风唤雨"的神力呢？

《皎传》又称：

> 上尝问誌云："弟子烦恼未除，何以治之？"答云："十二。"识者以为十二因缘治惑药也。又问十二之旨，答云："旨在书字时节刻漏中。"识者以为书字在十二时中。又问："弟子何时得静心修习？"答云："安乐禁。"识也以为禁者止也，至安乐时乃止耳。

这段记述，涉及许多深邃的佛学义理问题。比如，出自佛典《俱舍论》卷九关于阐明"三世轮回"基本教义的"十二因缘"说，就相当繁杂琐屑，我们不必耗费篇幅去做深入解读。考虑这则记述，曾对后世产生过深远影响，我们有必要结合有关史料，略做梳理。从文本的描述看，这里把俱重义学的梁武、誌公二人之间的关系，描绘得很近切，这可能是实情。但把向誌公"问药"、请教的梁武写得过分谦恭，不但屈尊自称"弟子"，而且完全是以下问上的问难求教的谦卑口吻，则不免言过其实。事实上，身居九五之尊的梁武，颇为雄猜自是，而且不但佞佛，对佛学义理亦造诣颇深。他不妨把誌公当作一个神学符号，从政治上加以充分利用；也不妨把誌公当成一个可以与之切磋佛学的对象，共同商榷探讨佛学义理；但若让他对誌公恭敬地执弟子礼，诚恐未必能做到。慧皎在这里把誌公写得高高在上，而梁武却显得虚心下气，显然是出于宗教的立场，有意抬高誌公。可是，《皎传》中这段关于梁武向誌公"问药"、请教的未必真实的描述，却对后世产生了深远的影响，并生发出许多故事来。如前文提到的四川广元、大足石窟关于誌公与梁武故事的雕塑，近年在陕南安康古寺中发现的关于誌公与梁武故事的壁画，都是以《皎传》中这段描述的情节为题材的。

我们还注意到，慧皎笔下这段关于梁武提问，而誌公则给予简约而充满禅趣机锋的回答，这种不同寻常的语气、笔调，很可能对后世尚机锋，重妙悟，强调"不由理路，不落言筌"，神机天发，顿悟成佛的禅宗南宗产生了颇大的影响。因此，有的研究者把誌公奉为中国佛教禅宗的先驱。著录于《景德传灯录》卷二九的偈诗《誌公和尚十二时颂十二首》、及《誌公和尚大乘赞十首》《誌公和尚十四科颂》等，虽皆出于后人的附会，但很可能是因为受到了这段描述的启发。

发生在天监六年(507)的围剿范缜《神灭论》的大论战,是震动朝野的一件大事。战斗的无神论者范缜,高举《神灭论》的旗帜,是具有鲜明的反佛倾向的。他在《神灭论》中明确表示:“浮屠害政,桑门蠹俗,风惊雾起,驰荡不休。吾哀其弊,思拯其溺。”作为佛徒的誌公,对他亲身经历的这件关系到佛教的兴衰存亡的大事,应该是不能无动于衷的。但《皎传》中未见著录。笔者认为,从《皎传》描述的,他对受命组织围剿范缜《神灭论》的法云讲《法华》经时,就“黑风”有无的问题,所流露出的异乎寻常的“论难”乃至调侃的态度中,也许可以找出一点蛛丝马迹。这件事,很可能发生在反《神灭论》大论战之后不久。《皎传》说:

> 后,法云于华林寺讲《法华》,至“假使黑风”[①]。誌忽问风之有无。答云:“世谛故有,第一义则无也。”誌往复三四番,便笑云:“若体是假有,许亦不可解,难可解。”其辞旨隐没,类皆如此。

对这段记述,我们有必要从三个方面来加以解读。第一,关于“黑风”有无的论难,这涉及佛教神学世界观的一个核心理念。同任何宗教一样,佛教为了自身的利益及政治赋予它的使命,其世界观是反常的、颠倒的。许多佛教的基本经典,往往通过“有”与“空”(无)、“真”与“假”、“实”与“虚”这些字面,玩弄概念游戏,导化信众把客观存在的真实世界,看作“四大皆空”的虚无世界。如由《般若经》派生出来的“本无”“即色”“心无”等所谓“六家七宗”等流派;《成实论》主张的“人、法两空”(即“人空”“法空”),“其基本意义都是企图证明客观世界为虚幻的,是不真实的”。[②]《般若心经》云:“空即是色(物),色即是空。”六祖慧能口偈云:“菩提本无树,明镜亦非台。世间无一物,何处惹尘埃。”这才是佛徒们所追求的心物两空,杳冥澄澈的境界。沙门的参禅入定,面壁苦修,所追求的也是这种境界。上文已提到,法云是南朝梁代三大《成实》师之一,而誌公也是中国《成实》学的祖师鸠摩罗什再传弟子道猛的门徒,二人均具备说“空”谈“无”,玩弄什么“俗谛”“真谛”的概念游戏的义学资质。关于“有”与“无”(空)的命题,按佛学教义经典性的解释是:把客观现象看作“有”(存在),这是世俗的看法,谓之“世谛”或“俗谛”;而佛学教义,所谓“真谛”(或“第一义谛”)的解释,它们把世谛所谓的“有”,称作“假有”,或叫作“假有真空”。可是,这种纸面上的文字游戏,无论说得多么天花乱坠,但一经同实际结合,往往会露出破绽来。请注意:当法云讲到“假使黑风”时,誌公当即揪住不住,再三发问:“风之有无?”这实际上给能言善辩的法云出了一道难以回答的难题。若说“有”,则背

① “假使黑风”,语见鸠摩罗什译《妙法莲华经》的《观世音菩萨普门品》。大意谓:假使在海上行船遇到“黑风”(即暴风),只要口念观世音菩萨名,即可免灾,平安无事。

② 任继愈:《南朝晋宋间佛教“般若”、“涅槃”学说的政治作用》,人民出版社,1973年4月第1版,第33页。

离了佛教“真谛”(即“第一义谛”)所谓“假有真空”的教义;若说“无”,则意味着海上既无“黑风”,那又何须祈求观世音菩萨前来救难免灾?誌公略施“二律背反”的逻辑伎俩,就把法云给套住了。所以,他似乎颇为得意,“笑云:若体是假有,许亦不可解,难可解。”“若体是假有”一句,是问题的关键。所谓“体”,即佛教所指的“实相”,等于哲学上的终极本体。既然“第一义谛”认为终极本体也是“假有真空”,则真所谓“世间无一物”了,则海上也不能真有“黑风”了。针对“体”是“假有真空”,所以誌公带着得意而讪笑的口吻说“黑风”的有无:“许亦不可解,难可解!”我们曾经指出,誌公本来是一位深受儒家传统文化熏陶,具有某种原始道教信仰和方士倾向的儒生,迫于时势,中年半路出家,皈依佛门的。他在这里,对登坛讲经的法云,在众目睽睽之下提出论难和挑战,似乎反映出他对组织围剿范缜《神灭论》,风头正盛的法云流露出的某种不屑(详后说);同时,也折射出被迫由道入佛的誌公,由于本来是带着“子不语怪力乱神”的儒家传统文化深厚底蕴而接近佛门的。因此,他对于佛教的某些基本教义,未必完全认可,并盲目信从。上举对“黑风”有无的质疑,就是一个显例。

“灵魂不死”,即“神不灭”的理念,是一切宗教的神学基础。发生在南朝齐、梁的范缜《神灭论》同《神不灭论》的大论战,是我国思想史和佛教史上的一件大事。上文在谈到介入过这场论战的陆倕、王筠时,曾约略提及,在此,也不可能脱离本文的正题,过多地去讨论这个问题:我们只是打算从誌公对这场论战的组织者法云的态度,试图进而窥测出誌公对这场论战所持的态度而已。[①]

据胡适20世纪的研究,《神灭论》与“神不灭论”在南朝的论战有两次:第一次可能发生在南齐永明七年(489)竟陵王萧子良文学西邸的佛事聚会上,是以萧子良同范缜直接对话的形式展开的。第二次发生在梁武帝天监六年(507),这也是范缜《神灭论》以定稿的版本正式发表的时间。[②]其犀利的核心论点是:“神之于质,犹利之于刃;形之于用,犹刃之于利。利之名非刃也,刃之名非利也。然而,舍利无刃,舍刃无利;未闻刃没而利存,岂容形亡而神在?”范缜《神灭论》鲜明的神形唯物一元论,切中了佛家信奉的形灭神(即“灵魂”)不灭的形神唯心二元论的要害。引起了以佛教为国教的梁代朝野的震骇。因为“神不灭论”是佛家“因果报应”“三世轮回”等基本教义的神学理论支柱。如果“神不灭论”被驳倒,意味着佛教也难以立足。所以佞佛的梁武帝亲自出马组织了声势浩大的对范缜《神灭论》的围剿。他写出了《立神明成佛义记》(见《弘明集》卷九),从正面立论,为“神不灭论”张目。接着,又

① 梁武帝《敕答臣下神灭论》、释法云《与王公朝贵书》并六十二人答,俱完整地保存在梁释僧祐撰《弘明集》第十卷中。又,潘富恩、马涛著《范缜评传》,南京大学出版社,1996年3月第1版。有兴趣的读者可以参考。

② 胡适:《考范缜发表神灭论在梁天监六年》,载于上海《大公报·文史周刊》,民国三十六年(1947)八月十二日。

作《敕答臣下〈神灭论〉》，矛头直指范缜。与此同时，又责令以《成实论》大师活跃于京都的释法云作《与王公朝贵书》，颁发朝野，代表朝廷动员舆论力量，对范缜发动围攻。在这种几乎是"人人过关"的压力之下，竟有多达62位大臣作《答》，表态支持梁武钦定的"神不灭"的论点。而萧琛《难神灭论并序》，曹思文《难神灭论》《重难神灭论》（均见《弘明集》卷九），尚不在上述62人之列。这次论战介入人数之众多，声势之浩大，可谓空前。若问：这次论战谁胜利了？从形式上看，梁武动员朝野的舆论力量，似乎把范缜压服下去了。而事实上，战斗的无神论者范缜《神灭论》的唯物一元论的理论锋芒，将光跃千古，共日月而永光。

按之誌公在南朝的行迹，先后发生在齐、梁时期这一小一大两次关于《神灭论》的论战，虽未见他有所表态，但有可能均亲身经历了。根据其由道入佛的经历，及其自身较高的人文素质，他很有可能被范缜《神灭论》缜密的逻辑力量、明晰透彻的理论锋芒所吸引，从而产生欣赏、同情乃至折服的倾向。碍于梁武的淫威，他的这种感情倾向，自然只能埋藏在心里，不敢轻易地流露出来。但他终于在围剿《神灭论》实际组织者释法云的身上找到一个发泄点。当法云宣讲《法华经》时，他似乎带有恶作剧的调侃意味的"论难"诘问，几乎让法云下不了台，其用意是否想借此煞一煞正踌躇满志、风光十足的法云的风头，替范缜出一口恶气呢？这倒是一个耐人寻味的问题。

我们还可以从信仰的层面，不妨再把问题往深里挖一挖。陈寅恪曾明确指出："为保持家传之道法，而排斥佛教，其最著之例为范缜"。[①]潘富恩、马涛所撰《范缜评传》完全赞同陈说，并在该书第十二章《道家与范缜的〈神灭论〉》中，进一步加以发挥。认为范缜《神灭论》曾深受道家"天道自然"和"生死气化"学说的影响。同时，其形神一元论的形成，也借鉴了魏晋玄学家关于对立统一的思想，特别是受到王弼关于"体""用"统一的思维模式的影响。由此看来，誌公之所以同情范缜并认可其《神灭论》，是否与誌公本来具有深厚的道家思想底蕴有关，也是一个值得深入探讨的问题。

誌公的暮年，正赶上梁武篡齐立梁的天监初期，社会趋于安定，稍显承平气象。虽然受到佞佛的萧衍格外尊宠，但他仍以宠辱不惊的从容恬淡的心态，走完了他最后的十三年的生命历程。《皎传》对其临终及萧衍给予的高规格殡葬的情景，描述得颇具体且大体上真实可信。其中提供的不少信息，可资追溯其显得迷离模糊的生平行迹，也可以启迪我们去解读誌公身后之所以留下如此巨大影响的缘由。兹具引如下：

誌知名显奇四十余载，士女恭事者数不可称。梁天监十三年（514）冬，于

---

① 陈寅恪：《陶渊明之思想与清淡之关系》，载于《金明馆丛稿初编》，1980年8月第1版，第195页。

台后堂谓人曰:“菩萨将去。”未及旬日,无疾而终。尸骸香软,形貌熙悦。临亡然一烛,以付后阁舍人吴庆。庆即启闻。上叹曰:“大师不复留矣。烛者,将以后事属我乎?”因厚加殡送,葬于钟山独龙之阜。仍于墓所立开善精舍。敕陆倕制铭辞于冢内,王筠勒碑文于寺门。传其遗像,处处存焉。

初誌显迹之始,年可五六十许,而终不老,人咸莫测其年。有徐捷道者,居于京师九日台北。自言是誌外舅弟,小誌四年,计誌亡时应年九十七。

对这段记述中如对临终时日的预测,以“烛”授后阁舍人吴庆之类的符谶性质的问题,似可不必理会。倒是梁武何以用超常的高规格殡葬誌公(这对誌公身后的荣显有极大的影响),以及涉及誌公生平行迹的有关情节,值得认真予以解读。

第一,把钟山的“风水宝地”独龙阜赐给誌公安葬,这应是他最大的幸运。古都金陵之所以形胜东南,与所谓“钟阜龙盘”有极大关系。朱元璋称帝后,看上了誌公的墓地,建明孝陵于其地,足证这确是一块风水宝地。正因为有梁武厚葬誌公并建开善寺于前,朱元璋隆重迁葬于后,并建宝公塔、灵谷寺以安置其遗骸并予以祀奉这些历史渊源,从而大大提高了誌公在我国宗教史和文化史上的地位。

第二,敕令当时文坛翘楚为誌公撰写墓誌和碑文,这也不是一般沙门,哪怕是所谓的高僧所能享受得到的破格的殊荣。前文已对陆、王之所以刻意把誌公的身世经历写得扑朔迷离的缘由,做过深入剖析。这里不妨再着重强调一下,说到底,根本的原因在于:当时,以佛教为国教,佞佛方酣的梁武,基于宗教和政治两方面的考量,他迫切需要把誌公塑造成一个半人半神的“神僧”的标本,以之作为神学符号,以推进其崇佛的现行国策。因之,二人迎合梁武的意图,王筠在碑文中干脆只字不提誌公;而《陆志》也尽可能地把誌公生平故意写得十分模糊。对此,梁武应是认可,并满意的。

第三,《皎传》说:“传其遗像,处处存焉。”这应该也是遵照梁武的旨意行事的。僧传中曾有充满神秘色彩的关于当时著名画家张僧繇为誌公画像的传说。很可能,张僧繇确曾为誌公画像。梁武示意广为传布的誌公遗像,应是出自张氏的手笔。这也应是誌公的极大幸运。很显然,若无张僧繇所绘遗像传世,也就不可能有唐代大画家吴道子据以重绘誌公遗像,当然更不会有唐代大诗人李白的画赞,及大书法家颜真卿的书法,一齐聚焦到誌公身上的“三绝碑”,流传至今,灵谷寺作为镇寺之宝。“三绝碑”的传世,无疑大大提高了誌公作为一位方外文化名人在我国历史上的知名度和影响。历览前史,试问:在中国文化史上,有谁能像誌公这样同时受到像吴道子、李白和颜真卿这样的艺术界顶尖人物的关注。这难道不是誌公可遇而不可求的莫大幸运和殊荣么?

第四,我们要特别感激释慧皎,用史家纪实的笔墨,有根有据地记述了誌公的确享有97岁的高龄。据此,我们可以逆推出,誌公应生于公元418年(即东晋义熙十四年)。弄清了誌公的年龄,就可以进而确切地弄清他的生年和卒年,这对本来身世模糊的誌公来说，是有重要意义的。它为我们进一步探索誌公的生平梗概，提供了重要的依据和线索。

剥开历史的尘封，摒除宗教和政治加于誌公身上的附会，我们遵循人、事和时代背景三位一体的考史的方法，大体上弄清了誌公97岁漫长的一生行实的梗概，剖析了其信仰由道入佛主客观方面的缘由。我们为誌公寻根正名的目的，基本上达到了。我们认为，他出生于乞伏鲜卑占据陇右时的塞上名城金城（今甘肃兰州市），这就是他的"根"。他早岁为躲避胡尘，遁入红泥沟誌公洞修习的是"道"，而不是"佛"；他的由道入佛，是中年云游到南朝后，迫于时势而发生的事。今兰州誌公道观祀奉誌公为先祖，是有历史依据的，名正言顺的。这也就是我们要正的"名"。

总的看，誌公是一位由道入佛、释道双修的方外文化名人。他具有较高的传统文化根底，富有人文理性精神。他算得上他生活的那个离乱之世的一代文化精英。他以神异僧的形象佯狂于衰乱之世，盖出于无奈和不得已。除却附会在他头上的神异光圈，他分明是一位"身入空门，心系苍生"的值得人们敬仰的人，而并非真有什么超自然的神通的神僧、圣僧。

这就是我们的初步结论。

余 论

有几点不便直接写入正文，或有的在正文中说得不透的问题，或在行文过程中偶尔的感触之类，琐屑饾饤，卑之无甚高论，一并附缀于此，姑名之曰"余论"。

一、任何一门学问，都包括学理和历史两方面的问题。就学理而言，笔者对浩如烟海的佛经、道藏鲜有涉猎，发言权不多。因而，只能用考史的方法，就学术界尚待解决的誌公生平梗概及其信仰由道入佛嬗变之缘由，做一些力所能及的探索。由于宗教和政治的附会，誌公至今仍被尘封在半人半神的迷雾里，可资利用的史料很有限。为此，笔者颇关注有关誌公一生行实的几个关键性的时间节点，如：生年（418），卒年（514）；始见于南朝的泰始初（465），稍显灵迹的宋齐之交（479）；以及早岁生活在北方少数民族割据政权统治之下其政权频繁更迭的时间点，特别是他中年云游到晋南闻喜"避乱"的时间（444），等等。我们正是借助这几个关键性的时间节点的支撑，并结合其他因素加以综合考量，从而勾勒出其一生行实的大致轮廓的。再者，笔者尤其注重进一步坐实誌公出生于塞上重镇金城（今甘肃兰州市）这一关键问题。很显然，誌公到底出生于塞上，抑或是出生在江南？这对其一生的解读是迥异的。我们注意到，包括佛学大师汤用彤在内的许多学者，都认同《高僧传》的载记，认为六七岁童稚之年的誌公曾师承僧俭，特别是畺良耶舍习禅（甚至还是佛教密宗的传人）。这显然是认为誌公出生在江南，故尔持如是观。如果确认誌公本来出生在金城（这有史籍载记及方志中大量遗迹为坚证），恐怕问题就不那么简单，如果不举出有力的旁证,是很难令人信服的。

二、梁释慧皎《高僧传》、明成祖朱棣为之作序的《神僧传》,还有许多僧传佛典,都把誌公视为“神僧”“圣僧”。在此岸的红尘世界,果真有什么具有超自然力的、无所不能的神通、法力无边的“神僧”么?笔者崇信“把神学问题变为世间问题”(马克思《关于犹太人问题》)的观点,坚持把誌公当作“人”,而不是当作“神”来研究。誌公以神异僧形象佯狂于南齐,盖基于其自觉的人文理性精神,迫于时势,一半为了“济世”,一半为了“自卫”。他之所以以神异僧形象昭著于后世,其根本原因在于佞佛的“皇帝菩萨”梁武出于宗教和政治的目的,特地赐给他一顶“神僧”的桂冠。这既抬高了他在后世上层社会的知名度(以明太祖朱元璋为代表的历代皇室,视他为皇权的“保护神”,盖缘于此。有关史料,可参阅明葛寅亮撰《金陵梵刹志》卷三《钟山灵谷寺》),同时也拉开了他同社会底层的距离。这到底是誌公的幸运,抑或是不幸?值得人们深思。

三、灵魂不死的观念,是宗教的重要标志,也是宗教的神学基础。我国宪法和有关政策规定,公民享有信仰宗教的充分自由,同时也享有不信仰宗教和宣传无神论的充分自由。神学迷信思想同富有人文理性精神的无神论思想,无疑是相互矛盾而互为消长的。改革开放以来,个别别有用心的不法分子,利用人们一时分辨不清合法的宗教同非法的邪教的区别,利用宗教的外衣,大肆宣传畸形的邪教信仰,通过制造、散布迷信邪说等手段,蛊惑、蒙骗他人,发展、控制成员,神化首要分子,制造事端,危害社会。如:前有“法轮功”,后有“全能神”,都是这样的邪教组织。最近,受境外“藏独”分子的蛊惑,国内有的藏区个别受蒙骗的佛教徒,妄图通过“焚身”来制造混乱,以达到煽动民族分裂的目的,也值得我们高度警惕。以上事例说明,在我国思想文化战线上,坚持唯物主义无神论宣传的任务还十分艰巨。这也是我们在从事誌公研究活动中,始终坚持无神论的大方向的现实原因。我们认为,只有通过无神论的教育宣传,让广大人民群众无神论的认识水平普遍提高了,他们自然会有能力识别并自觉地远离邪教。这样,邪教就无隙可乘,从而失去生存的土壤。

四、在当前市场商品经济大潮的冲击下,国内某些宗教圣地,尤其是像五台山、峨眉山、九华山、普陀山及少林寺等佛教圣地,出于营利的目的,有的已经上市,有的正在积极筹备上市,这已引起国内外媒体的关注和批评。有人指出:信仰是精神层面的东西,不是钱可以买得到的。国家宗教事务司的一位负责人严肃指出:寺庙道观是满足信教群众活动需求的地方,是民间非营利组织。“纵观世界其他国家,从没有将宗教活动场所打包上市的先例。”(请参阅《参考消息》2012年9月30日第八版《中国佛教过度商业化》一文)考虑到,我们所从事的为誌公这位方外文化名人“寻根正名”的研究,一旦取得成效,并产生社会影响之后,就位于兰州市五泉山南麓红泥沟的誌公道观所具备的人文和自然资质而言,也可能面临着进行文化建设和旅游开发的机遇。我们期望,以誌公道观为中心,把红泥沟建设成为一个弘扬道教和道家文化活动中心,成为一个富有文化历史内涵,环境清幽,供市民休憩消闲的胜地。切勿走到过度商业化的道路上去。也许,这些话说得早了些。就算是言之在先,勿谓言之不预的"杞人之忧"吧。

五、在我国文化史,尤其是宗教史上,请问:有哪一位历史人物能有像誌公那样的幸运和影响力,能够吸引像吴道子、李太白、颜真卿那样的一时代绘画、诗歌、书法艺术的顶尖人物把目光聚焦到自己身上,并把他们的艺术精品凝聚到"三绝碑"上,流传至今?仅仅举出这一点,已足以证明誌公作为一位方外文化名人,在我们文化史上的知名度和巨大影响力了。这难道不值得甘肃人,特别是兰州人为之骄傲,并觉得应该为他做点什么吗?令人振奋的是,日前读2013年2月19日《人民日报》和《光明日报》,欣悉两报对国务院关于甘肃省开建华夏文明传承创新区的批复及其新闻发布会,做了突出报道和大力宣传。可以料想,把地处边陲、经济发展相对滞后的甘肃建成文化大省,把陇上名城兰州建成历史文化名城的前景是光明的。我们为誌公有幸赶上了这一千载难逢的历史机遇而不胜欣慰。我们恳切地吁请甘肃省领导、兰州市政当局及社会贤达,对誌公这位罕见的乡土文化名人给予应有的重视,为其文化建设立项,并给予足够的资金投入。笔者初步的具体建议是:第一,据方志及乡土文献载记,皋兰山南麓红泥沟东崖的誌公洞遗址,距今已有约1500年历史。历经千载风雨沧桑,今虽洞址犹存,但已坍塌成断壁危崖。建议立即投入专项资金,进行抢救性修缮;并觅一巨石置洞前,镌清乾隆陇右著名诗人吴镇《誌公洞歌》于其上,以丰富这一古老文化遗存的历史文化内涵。第二,鉴于誌公道观占地不足十亩,过于逼仄,无条件做进一步建设开发。吁请有关当局进一步落实政策,将山门外原属道观被别单位侵占的数十亩庙产,归还给道观,以备扩建之用。第三,据清《光绪重修皋兰县志》载记:誌公洞原有"塑像着道士装"。应据此载记,重塑一尊有一定艺术水平的"着道士装"的誌公塑像置于道观奉祀,还历史以本来的面目。第四,积极同南京灵谷寺联系,争取对方大力支持,尽快复制一方"三绝碑"置于红泥沟道观内,供大众瞻仰,以扩大誌公的知名度和影响,并提高道观的文化品位。

意犹未尽,爰缀七律三首于后:一说誌公,一叹六朝,一述撰著艰难。诗曰:

呱呱坠地大河滨,不信鹰巢现此身。
面壁十年耽孔老,奔波万里济疲民。
茫茫北国胡尘暗,岌岌南朝王气泯。
三绝碑藏灵谷寺,兼修佛道证前因。

六朝夜气信如磐,过眼风花不计年。
宰轴干戈等儿戏,缙绅庙略尚空玄。

不怜舅氏讥王俭,遑恤翁家笑褚渊。
剩有秦淮旧时月,仍笼逝水咽寒烟。

期年矻矻蛰蜗居,梦里常萦释老书。
莫讶神僧曾悟道,须知高隐解佯舆(楚狂接舆)。
蛛丝马迹穷搜讨,灰线草蛇勤抉梳。
鼹鼠饮河唯腹满,拼将衰朽奋三馀。

癸巳二月龙抬头之日午夜于保定旅次。

梁慧皎《高僧传·梁京师释保誌》笺释

雷恩海

释保誌，本姓朱，金城人。

陆倕《誌法师墓志铭》："法师自说姓朱，名保誌。其生缘桑梓，莫能知之。"

保誌，亦作宝誌。梁武帝萧衍《净业赋》序称："誌公者，是沙门宝誌。形服不定，示见无方。于时群小疑其神异，乃羁之华林外閤，公亦怒目而言曰：'乱戴头，乱戴头。'"

金城，金城郡，西汉始元六年（前81）置，治所在允吾（今青海民和县南古鄯镇北古城），辖境约当今甘肃兰州市以西，青海省青海湖以东的河、湟二水流域和大通河下游地区。东汉末辖境西部缩小，仅至今大通河下游以东。西晋初迁治榆中县（今甘肃兰州市城关区东岗镇一带）。十六国前凉迁治金城县（今兰州市西北）。北魏时辖境缩小至今兰州市及其以南一带。西魏治子城县。隋开皇初移治今兰州市。三年（583）废。大业初改兰州复置，治金城县（今兰州市）。隋末治五泉县。唐武德二年（619）改为兰州。咸亨二年（671）治金城县。天宝元年（742）复为金城郡。乾元元年（758）改为兰州。另，金城县，西汉置，属金城郡。治所即今甘肃兰州市西北西固城。《汉书·地理志》金城郡注引应劭曰："初筑城得金，故曰金城。"臣瓒曰："称金，取其坚固也。"十六国前凉为金城郡治。西秦曾迁都于此。北魏废。隋大业初改子城县复置，为金城郡治。治所即今甘肃兰州市。

另有名金城者，乃指城池，名金城，取其坚固如金铁之意。

其一，在今江苏南京市东北长江南岸。相传为三国吴筑。东晋南渡后曾侨置琅琊郡于此。《晋书·元帝纪》：东晋永昌元年（322），王敦以诛刘隗为名举兵，"刘隗军于金城"，即此。宋张敦颐《六朝事迹编类》卷三"城阙门·金城"条："《建康实录》：金城，吴筑，晋桓温咸康七年出镇江乘之金城。后温北伐经金城，见为琅琊时所种柳皆十围，因叹曰：'木犹如此，人何以堪！'因攀枝执条，泫然流涕。杨修之《金城》诗亦引此为据。又按《古图经》：晋中宗于金城立琅琊郡，温尝为琅琊内史，至咸康七年出镇金城，前云琅琊，盖指此也。今去府城三十五里。"又，余嘉锡《世说新语笺疏·言语》"桓公北征经金城，见前为琅邪时种柳"条，余嘉锡笺疏有曰："《建康实录》

九引《图经》云:'金城,吴筑,在今县东北五十里。中宗于此立瑯琊郡也。'《通鉴》九十七:康帝建元二年,以褚裒为左将军,都督兖州、徐州之下琅琊诸军事,兖州刺史,镇金城。注云:'金城在江乘之蒲州。琅玡侨郡,亦以为治所。'景定《建康志》十五云:'晋元帝于江乘之金城立琅玡郡,在旧江宁县东北五十里。'又卷二十引《旧志》:'金城在城东二十五里,吴筑。今上元县金城乡地名金城戍,即其地。'并附《考证》云'吴后主宝鼎二年,以灵舆法驾迎神于明陵。后主于金城门外露宿。晋大兴中,王氏举兵反,将军刘隗军于金城。咸康中,桓温出镇江东之金城。后温北伐,经金城,见为琅玡时所种柳'云云。然则金城即南琅邪郡治,先有金城,而后有琅邪。钱(大昕)氏谓琅邪、金城皆在江乘,郝(懿行)氏以金城为琅邪郡下小地名,皆非也。钱氏又云:'《晋书·桓温传》:"温自江陵北伐,行经金城,见少为琅邪时所种柳皆已十围。"乃因庾信《枯树赋》有"昔年移柳,依依汉南"之语,遂疑金城为汉南地耳。不知赋家寓言,多非其实。即以此赋言之,殷仲文为东阳太守,在桓玄事败之后,而篇末乃言"桓大司马闻而叹曰",岂非子虚亡是之谈乎?此事出《世说·言语》篇,但云北征,本无江陵字。'嘉锡以为:此非独唐修《晋书》之误,其先盖亦有所承也。何以言之?《建康实录》自卷五至卷十,皆叙东晋之事,与今《晋书》异同极夥,不知本之何家。其卷九《桓温附传》'寻又北伐,经金城'云云,虽不言自江陵北伐,然叙在大破姚襄于伊之前,与今《晋书》合。此必臧荣绪诸家有采用《世说》,而误以金城为在汉南者。故庾信摭以入赋。唐修《晋书》又因袭之耳。赋家固多寓言,亦何必悠谬其词,移之千里哉!至于《世说》所叙,本无可疑。而郝氏不加详考,强指为误,则其史学不精之过也。"实际上,此金城,即为军事驻地,景定《建康志》所说之"今上元县金城乡地名金城戍",可证。

其二,在今江苏句容县北。《晋书·桓温传》:"温自江陵北伐,途经金城",即此。

其三,在今云南嵩明县西南。顾祖禹《读史方舆纪要》卷一一四"嵩明州":金城"在州西南。汉人所筑。《志》云,金城南有诸葛武侯与夷酋盟台。嵩盟之名盖本于此。"

宝誌卒于梁天监中,梁武帝天监凡十八年(502—519),而誌公卒于天监十三年(514)。考史志,在天监十八年之前,称"金城"而置为郡县者,唯有金城郡与金城县。称城池者,乃上文所列三地。按史传通例,传主籍贯为其祖籍,或占籍,或为郡望,皆为郡县,而非城池名称。故宝誌"金城人",乃金城郡、金城县,即今甘肃省兰州市。《明一统志》卷三六"临洮府":"宝誌,金城人。"《嘉庆重修一统志》兰州府"仙释":"(梁)宝誌,金城人。"临洮府、巩昌府之金城,皆指兰州。《甘肃通志》卷四一:"梁宝誌,金城狄道人,七岁出家,长修禅业,止江东道林寺。"狄道,即今甘肃临洮。战国时秦置狄道邑,秦统一六国后置县,治所在今甘肃临洮县。清乾隆三年(1738)升为狄道州。1913年复降为狄道县,1928年改名临洮县。认为誌公乃金城郡之狄道县人,不知何据。光绪《重修皋兰县志》卷二七"释道":"案:宝誌,史称不知何许人,《甘肃通志》作金城狄道人。考《魏书·地形志》、宋齐二书《州郡志》,金城郡俱不领狄道,《通志》似误。《神僧传》以宝誌为金城人,今从之。”光绪《重修皋兰县志》所说甚是,当信从。另,任继愈主编《宗教词典》(修订本)“保誌”条说:“保誌(418—514),亦作‘宝誌’。南朝齐、梁僧人。据《高僧传》卷十载,俗姓朱,金城(今甘肃兰州)人。出家师事僧俭,修枝习禅业。”又,佛教导航网之介绍南京“灵谷寺”,有曰:“灵谷寺,位于南京市中山陵东面1.5公里处,原称蒋山寺,在今明孝陵处。灵谷寺始建于南朝梁天监十三年(514),是梁武帝为安葬名僧宝誌而建立的寺院。据《高僧传》卷十记载,宝誌又作保誌,俗姓朱,金城(甘肃兰州)人。出家后师事僧俭,修习禅学,有很深的佛学造诣。”综上可知,誌公实乃甘肃兰州人。

《南史》卷七六《陶弘景传》附《宝誌传》:“时有沙门释宝誌者,不知何许人。”

张敦颐《六朝事迹编类》卷八“谶记门·宝公铜牌记”条:“按《高僧传》:公讳宝誌,宋元嘉中,现形于东阳镇古木鹰巢中。朱氏闻巢中儿啼,遂收育之,因以朱为姓,施宅为寺。”

宋释惠洪《石门文字禅》卷三○《钟山道林真觉大师传》:“梁大菩萨僧宝公,以宋元嘉中生于金陵之东阳。民朱氏之妇上巳日闻儿啼鹰巢中,梯树得之,举以为子。面方,莹彻如镜,手足皆乌爪。”

《佛祖历代通载》卷八:“初,金陵东阳民朱氏之妇,上巳日闻儿啼鹰巢中,梯树得之,举以为子。”

《江南通志》卷一七四曰:“梁宝誌,金陵东阳民朱氏妇上巳日闻儿啼鹰巢中,举以为子。”

明瞿汝稷《指月录》卷二“宝誌禅师”:“金陵东阳民朱氏夫妇,上巳日闻儿啼鹰窠中,梯树得之,举以为子。”

《三教搜神大全》卷二“宝誌禅师”:“宝誌禅师,宋元嘉中见形于东阳镇古木鹰巢中,朱氏闻巢中儿啼,遂收育之,因以朱为姓,施宅为寺焉。”

光绪《重修安徽通志》卷三四八“仙释”:“宝誌禅师,金陵朱氏妇上巳日闻儿啼鹰窠中,梯树得之,举以为子。七岁出家,宋太始间,披发徒跣,着锦袍,往来潜山皖水间,梁武帝极礼重之。”

谓宝誌乃金陵东阳人,误。《六朝事迹编类》《江南通志》皆误读《高僧传》而以讹传讹,遂使金城县(甘肃兰州市)之誌公,误为建康东阳之“金城”(城池),殊昧于史传著录籍贯之体例。诸书皆记誌公生于鹰巢中,乃谓誌公生而神异。

少出家,止京师道林寺,师事沙门僧俭为和上,修习禅业。

京师,国都,指建康,即今江苏南京市。自晋室南渡,以建康为京师,其后宋、齐、梁、陈皆以此为国都。道林寺,其旧址即钟山东南之独龙阜。张敦颐《六朝事迹编类》卷八"谶记门·宝公铜牌记":"公自少出家,依于钟山道林,有铜牌记多谶未来事。"同书卷一一"寺院门·蒋山太平兴国禅寺"条:"据《高僧传》及《宝公实录》,公讳宝誌,宋元嘉中现形于东阳郡古木鹰巢中。朱氏妇闻巢中儿啼,遂收育之,因以朱为姓,乃施宅为寺焉。公自少出家,依于钟山道林寺。"《江南通志》卷四三"舆地志"江宁府:"灵谷寺,在府钟山东南。旧于独龙阜建道林寺。梁武帝为宝誌禅师建塔于玩珠峰前,名开善,宋改太平兴国,后改蒋山。明洪武初,徙山之东偏,改名灵谷。自山门入,松径五里,乃至寺大殿,皆垒甓空洞而成。后有浮图,即梁宝誌禅师幻身改葬于此。塔前有石泉,石旁有古松偃干,明高帝月夜挂衣处。"

又,《方舆胜览》卷四八"淮西路·庐州":"浮槎山,在梁县东南三十五里。按隋志云,有浮阇山,俗传自海上来。昔有梵僧过而指曰:'此耆阇一峰也。'梁天监间,帝女揔持大师于此建道林寺。无诸释用孙尝题诗云:'山为浮来海莫沉,萧梁曾此布黄金。梵僧亲指耆阇路,帝女归传达磨心。地控好峰排万刃,涧余流水落千寻。灵踪断处人何在,日夕云霞望转深。'人谓可得山中大概。欧阳公水记云:'碑阴有元丰七年洛阳景谟游山留刻云,寺有榴花,根干伟茂,世传昔梁武帝女尼所植也。有井泉,陆羽所谓乳泉漫流者也。'欧阳公水记:浮槎山与龙穴山皆在庐州界内,较其水味,不及浮槎远甚。"明董斯张《广博物志》卷五:"浮槎山,相传自海上浮来,有梵僧过而指曰:'此耆阇一峰也。'梁武帝女为尼,于此山建道林寺。"《嘉庆重修一统志》卷八五"庐州府":"道林寺,在浮槎山,亦名福岩寺。碑略云:梁武帝女梦入一山为尼,帝取名山图,展得此山。以天监三年创道林寺。成,祝发,号名持大师。有梁女墓,在殿东百余步。"

据此,有钟山道林寺、浮槎山道林寺。宝誌出家之道林寺,乃京师道林寺,乃系后世之灵谷寺。

沙门,梵语的译音。或译为"娑门""桑门""丧门"等。一说,"沙门"等非直接译自梵语,而是吐火罗语的音译。原为古印度反婆罗门教思潮各个派别出家者的通称,佛教盛行后专指佛教僧侣。晋袁宏《后汉纪·明帝纪下》:"浮屠者,佛也……其精者,号为沙门。沙门者,汉言息心,盖息意去欲而归于无为也。"《文选·〈头陀寺碑文〉》:"头陀寺者,沙门释慧宗之所立也。"李善注引《瑞应经》:"沙门之为道,舍妻子,捐弃爱欲也。"《魏书·释老志》:"诸服其道者,则剃落须发,释累辞家,结师资,遵律度,相与和居,治心修净,行乞以自给。谓之沙门,或曰桑门,亦声相近,总谓之僧,皆胡言也。"

和上,即和尚。梵语在古西域语中的不确切的音译,为印度对亲教师的通称。在中国则常指出家修行的男佛教徒,有时也指女僧。南朝齐王琰《冥祥记》:"(张应)欲呼师名,忘昙铠字,但唤:'和上救我!'"《晋书·艺术传·佛图澄》:"和尚神通,傥发吾谋,明日来者,当先除之。"

僧俭,事迹不详。

宋释惠洪《石门文字禅》卷三〇《钟山道林真觉大师传》:“七岁,去依钟山大沙门僧俭为童子,俭名之曰宝誌。”《佛祖历代通载》卷八:“七岁,依钟山大沙门僧俭出家,专修禅观。”《江南通志》卷一七四曰:“七岁,依钟山僧俭出家,专修禅院。”《甘肃通志》卷四一:“七岁出家,长修禅业,止江东道林寺。”

明瞿汝稷《指月录》卷二“宝誌禅师”:“七岁,依钟山大沙门僧俭出家,专修禅观。”

《三教搜神大全》卷二“宝誌禅师”:“公自少出家依于钟山道林寺。”

至宋太始初,忽如僻异。居止无定,饮食无时,发长数寸,常跣行街巷。执一锡杖,杖头挂剪刀及镜,或挂一两匹帛。

太始,即泰始,宋明帝刘彧年号,凡七年(466—471)。嗣后为后废帝刘昱(473—477)、顺帝刘准(477—479)。顺帝升明三年(479),齐高帝萧道成取代刘宋,建立齐政权。僻异,谓行止乖张。

梁陆倕《誌法师墓志铭》曰:“齐故特进吴人张绪、兴皇寺僧释法义,并见法师于宋太始初。出入钟山,往来都邑,年可五六十岁,未知其异也。齐宋之交,稍显灵迹。被发徒跣,负杖挟镜。或征索酒肴,或数日不食。豫言未兆,悬识他心。一时之中,分身数处。”

《南史》卷七六《陶弘景传》附《宝誌传》:“有于宋太始中见之,出入钟山,往来都邑,年已五六十矣。齐宋之交,稍显灵迹,被发徒跣,语嘿不伦。或被锦袍,饮啖同于凡俗,恒以镜铜剪刀镊属,挂杖负之而趍。或征索酒肴,或累日不食,预言未兆,识他心智。一日中分身易所,远近惊赴,所居噂諮。”

宋释惠洪《石门文字禅》卷三〇《钟山道林真觉大师传》:“长而落发,专修禅观,坐必越旬,久之,忽无定居,多往来皖山剑岭之下,发而徒跣,着锦袍,饮啖同于凡俗,恒以镜、铜剪、刀镊属,挂杖负之而趋,经聚落,儿童哗逐之。”

《佛祖历代通载》卷八:“宝誌大士,于是年往来皖山剑水之下,被发而徒跣,着锦袍,俗呼为誌公。面方而莹彻如镜,手足皆鸟爪……至是显迹,以剪尺拂子挂杖头,负之而行,经聚落,儿童哗逐之。或征索酒,或累日不食。”

明瞿汝稷《指月录》卷二“宝誌禅师”:“宋太(泰)始二年,发而徒跣,着锦袍往来皖山剑水之下,以剪尺拂子拄(挂)杖头,负之而行。”“师尝数日不食,无饥容。时或歌吟,词如谶记,灵迹炳着,士庶皆共事之。”

明周晖《金陵琐事》卷一“誌公谶”条引何元朗《丛说》谓:“杖上悬尺者,梁也;拂者,陈也;剪者,齐也;镜者,大明也。”剪(或刀)、尺、拂、镜,此谐音在金陵建都之齐、梁、陈、明四朝。

《三教搜神大全》卷二“宝誌禅师”:“常持一锡杖悬刀尺及镜、拂之类,或挂一两尺帛。数日不食,无饥容。时或歌吟,词多谶记,士庶皆共事之。”

嘉庆《重刊江宁府志》卷五一“仙释”:“释宝誌,太始中出钟山,往来都邑,被发徒跣,语默不伦,豫言未兆,远近惊赴。梁武帝尤深敬事,呼为誌公。好为谶记,所谓誌公符是也。”

齐建元中,稍见异迹,数日不食,亦无饥容。与人言语,始若难晓,后皆效验。时或赋诗,言如谶记。京土士庶,皆共事之。

建元,齐高帝萧道成年号,凡四年(479—482)。萧子显《南齐书》卷一《高帝本纪》:“太祖高皇帝讳道成,字绍伯,姓萧氏,小讳斗将……中朝乱,淮阴令(萧)整字公齐,过江居晋陵武进县之东城里。寓居江左者,皆侨置本土,加以南名,于是为南兰陵人也。”“太祖密谋废立。五年七月戊子,帝微行出北湖,常单马先走,羽仪禁卫随后追之,于堤塘相蹈藉,左右张互儿马坠湖,帝怒,取马置光明亭前,自驰骑刺杀之,因共屠割,与左右作羌胡伎为乐……时杀害无常,人怀危惧。(杨)玉夫与其党陈奉伯等二十五人同谋,于毡屋中取千牛刀杀苍梧王,称敕,使厢下奏伎,因将首出与王敬则,敬则送太祖。太祖夜从承明门乘常所骑赤马入,殿内惊怖,既知苍梧王死,咸称万岁。及太祖践祚,号此马为‘龙骧将军’,世谓为‘龙骧赤’。”

齐武帝谓其惑众,收驻建康。明旦人见其入市,还检狱中,誌犹在焉。誌语狱吏:“门外有两舆食来,金钵盛饭,汝可取之。”既而齐文慧太子、竟陵王子良,并送食饷誌,果如其言。

齐武帝,萧赜。萧子显《南齐书》卷三《武帝本纪》:“世祖武皇帝讳赜,字宣远,太祖长子也。小讳龙儿。生于建康青溪宅。”建元四年(482)三月即皇帝位,凡在位十一年,永明十一年七月卒,年五十四,葬景安陵。史称武帝“刚毅有断,为治总大体,以富国为先。颇不喜游宴、雕绮之事,言常恨之,未能顿遣”,又曰:“世祖南面嗣业,功参宝命,虽为继体,事实艰难。御衮垂旒,深存政典,文武授任,不革旧章,明罚厚恩,皆由上出,义兼长远,莫不肃然。外表无尘,内朝多豫,机事平理,职贡有恒,府藏内充,民鲜劳役,宫室苑囿,未足以伤财,安乐延年,众庶所同幸。”

齐文慧太子,齐武帝萧赜长子萧长懋。萧子显《南齐书》卷二一《文惠太子传》:“文惠太子长懋字云乔,世祖长子也。世祖年未弱冠而生太子,为太祖所爱。姿容丰润,小字白泽……建元元年,封南郡王,邑二千户。江左未有嫡皇孙封王,始自此也。进号征虏将军。”萧赜即位,立为皇太子。而长懋“善立名尚,礼接文士,畜养武人,皆亲近左右,布在省闼”。“太子与竟陵王子良俱好释氏,立六疾馆以养穷民。风韵甚和,而性颇奢丽。宫内殿堂,皆雕饰精绮,过于上宫。开拓玄圃园,与台城北堑等。其中楼观塔宇,多聚奇石,妙极山水。虑上宫中望见,乃傍列修竹,内施高鄣,造游墙数百间，施诸机巧，宜须鄣蔽，须臾成立，若应毁撤，应手迁徙。善制珍玩之物，织孔雀毛为裘，光彩金翠，过于雉头矣。以晋明帝为太子时立西池，乃启世祖引前例，求东田起小苑，上许之。永明中，二宫兵力全实，太子使宫中将吏更番役筑，宫城苑巷，制度之盛，观者倾京师。上性虽严，多布耳目，太子所为，无敢启者。后上幸豫章王宅，还过太子东田，见其弥亘华远，壮丽极目，于是大怒，收监作主帅，太子惧皆藏匿之，由是见责。太子素多疾，体又过壮，常在宫内，简于遨游，玩弄羽仪，多所僭儗，虽咫尺宫禁，而上终不知。”卒于永明十一年(493)，年三十六。史传以为：“太子年始过立，久在储宫，得参政事，内外百司，咸谓旦暮继体，及薨，朝野惊惋焉。上幸东宫，临哭尽哀，诏敛以衮冕之服，谥曰文惠，葬崇安陵。世祖履行东宫，见太子服玩过制，大怒，敕有司随事毁除，以东田殿堂为崇虚馆。”郁林王萧昭业即位，尊为文帝，庙号世宗。

竟陵王子良，字云英，齐武帝萧赜第二子，封竟陵郡王。萧子显《南齐书》卷四〇《萧子良传》：“子良敦义爱古……后于西邸起古斋，多聚古人器服以充之。”“世祖即位，封竟陵郡王，邑二千户。为使持节、都督南徐兖二州诸军事、镇北将军、南徐州刺史。永明元年，徙为侍中、都督南兖兖徐青冀五州、征北将军、南兖州刺史，持节如故……子良少有清尚，礼才好士，居不疑之地，倾意宾客，天下才学皆游集焉。善立胜事，夏月客至，为设瓜及甘果，著之文教。士子文章及朝贵辞翰，皆发教撰录。”“与文惠太子同好释氏，甚相友悌。子良敬信尤笃，数于邸园营斋戒，大集朝臣众僧，至于赋食行水，或躬亲其事。世颇以为失宰相体。劝人为善，未尝厌倦，以此终致盛名……文惠太子薨，世祖检行东宫，见太子服御羽仪，多过制度，上大怒，以子良与太子善，不启闻，颇加嫌责。”隆昌元年(494)卒，年三十五。史载“帝(郁林王萧昭业)常虑子良有异志，及薨，甚悦”。

《南史》卷七六《陶弘景传》附《宝誌传》：“齐武帝忿其惑众，收付建康狱。旦日咸见游行市里，既而检校，犹在狱中。其夜，又语狱吏：‘门外有两舆食，金钵盛饭，汝可取之。’果是文惠太子及竟陵王子良所供养。”

宋释惠洪《石门文字禅》卷三〇《钟山道林真觉大师传》：“相传始惊异，时时题诗，初不可晓，后皆有验。建元间，异迹甚著。丞相高嵩为武帝言之，以礼自皖山迎至都舍，于陈征虏之家，辄自厘其面，分披之，出十二首观世音，慈严妙丽，倾都聚观，欲争尊事之。武帝念其惑众，收付建康狱。旦夕咸见游行市里，既而检校，犹在狱中。其夜，又语吏：‘门外有两舆，金钵盛饭，汝可取之。’果文惠太子、竟陵王送供至。”

建康令吕文显以事闻武帝，帝即迎入，居之后堂。一时屏除内宴，誌亦随众出。既而景阳山上，犹有一誌，与七僧俱，帝怒遣推检，失所在。阁吏启云："誌久出在省，方以墨涂其身。"

建康，即今之南京。西晋建兴初改建业(邺)为建康，为东晋、南朝都城。主要有四城：中为台城，东晋成帝时建。在今鸡鸣山南、乾河沿北。为皇宫及台省所在地；西为石头城，东汉建安十七年(212)孙权建。在今清凉山一带。为军事重镇。又西为西州城，在今朝天宫西望仙桥一带，系扬州刺史治所；东为东府城，又称东城，东晋安帝时建，在今通济门一带，系诸王府第、丞相及扬州刺史住宅。《太平寰宇记》卷九〇引《金陵记》："梁都之时，城中二十八万余户，西至石头城，东至倪塘，南至石子冈，北过蒋山，东西南北各四十里。"梁代侯景之乱，遭到严重破坏，陈代加以修葺，"中外人物不迨宋、齐之半"。隋平陈，城邑宫室全遭破坏，遂改为江宁县。

吕文显，乃当时倖臣，为建康令，在永明五年(487)。萧子显《南齐书》卷五六《倖臣传》："吕文显，临海人也。初为宋孝武斋干直长，升明初，为太祖录尚书省事，累位至殿中侍御史，羽林监，带兰陵丞、令，龙骧将军，秣陵令。封刘阳县男。永明元年，除宁朔将军，中书通事舍人，本官如故。文显治事以刻核被知。三年，带南清河太守，与茹法亮等迭出入为舍人，并见亲幸。四方饷遗，岁各数百万，并造大宅，聚山开池。五年，为建康令，转长水校尉，历带南泰山、南谯太守，寻为司徒中兵参军，淮南太守，直舍人省。累迁左中郎将，南东莞太守，右军将军。高宗辅政，以文显守少府，见任使。历建武、永元之世，尚书右丞，少府卿。卒。"

武帝，谓齐武帝萧赜。萧子显《南齐书》卷三《武帝本纪》："世祖武皇帝讳赜，字宣远，太祖长子也。小讳龙儿。生于建康青溪宅，其夜，陈孝后、刘昭后同梦龙集据屋上，故字上焉。"建元四年(482)三月壬戌，高帝萧道成崩，萧赜即位，次年，改元永明，在位十一年。

景阳山，南朝宋于华林园垒石为山，名景阳山，于其上建有景阳楼，故址在今南京市鸡鸣寺南古台城内。唐许嵩《建康实录》卷一二：宋元嘉二十三年(446)，兴景阳山于华林园，"造景阳楼以通天观，至孝武大明中，紫云出景阳楼，因改为景云楼"，寻复旧名。《南齐书·皇后传》：永明中，"上游幸诸苑囿，载宫人从后车，宫内深隐，不闻端门鼓漏声，置钟于景阳楼上，宫人闻钟声，早起装饰，至今此钟唯应五鼓及三鼓也"。《景定建康志》卷二一："景阳楼，今法宝寺西南，精锐中军寨内，遗址尚存，里俗称为景阳台。〔考证〕《舆地志》：宋元嘉二十二年修广华林园，筑景阳山，始造景阳楼。孝武大明元年，紫云出景阳楼，状如烟，回薄久之，诏改为庆云楼(《宫苑记》云：景云楼)。齐武帝时，置钟景阳楼上，应宫中，宫人闻钟声，并起妆饰。"

推检，审问追查。《晋书·山涛传》："后毅事露，槛车送廷尉，凡所受赂，皆见推检。"《北齐书·祖珽传》："事发，文宣付从事中郎王士雅推检。"

《南史》卷七六《陶弘景传》附《宝誌传》:“县令吕文显以启武帝,帝乃迎入华林园。少时忽重著三布帽,亦不知于何得之。俄而武帝崩,文惠太子、豫章文献王相继薨,齐亦于此季矣。”

宋释惠洪《石门文字禅》卷三〇《钟山道林真觉大师传》:“建康令吕文显以事启帝,帝迎至禁中,俄有旨,屏除后宫,为家人宴。公例常与众出,已而犹见行道于景阳山,比丘七辈从其后。帝怒,遣使至,阍吏曰:‘公久出在省中。’吏就视之,身如涂墨然。武帝闻之大惊。”

明瞿汝稷《指月录》卷二“宝誌禅师”:“初,齐建元中,武帝谓师惑众,收付建康狱。既旦,人见其入市,及检狱如故。建康令以闻,帝延之于华林园。忽一日,重著三布帽,亦不知于何所得之,俄豫章王、文惠太子相继薨,齐亦以此矣,由是禁师出入。”

《三教搜神大全》卷二“宝誌禅师”:“齐建元中,武帝谓师惑众,收付建康狱。既久,人见其入市,及检狱如故。建康尹以事闻,帝延于宫中之后堂。师在华林园,忽一日重著三布帽,亦不知于何所得之。俄豫章王、文惠太子相继薨,齐亦以此贵(当为‘隤’)矣。由是,禁师出入。”

时僧正法献,欲以一衣遗誌,遣使于龙光、罽宾二寺求之,并云:“昨宿旦去。”又至其常所造厉侯伯家寻之,伯云:“誌昨在此行道,旦眠未觉。”使还以告献,方知其分身三处宿焉。

僧正,僧官之一。后秦姚苌始以僧䂮为僧正。宋赞宁《僧史略》卷中:“僧正者何? 正,政也。自正正人,克敷政令,故曰也。盖以比丘无法,如马无辔勒,牛无贯绳,渐染俗风,将乖雅则,故设有德望者,以法而绳之,令归于正,故曰僧正也。”

法献,宋齐梁时的名僧,住上定林寺。梁慧皎《高僧传》卷一三《齐上定林寺释法献》:“释法献,姓徐,西海延水人。先随舅至梁州,乃出家。至元嘉十六年(439),方下京师,止定林寺。博通经律,志业强捍。善能匡拯众许,修葺寺宇。先闻猛公西游,备瞩灵异,乃誓欲忘身,往观圣迹。以宋元徽三年(475),发踵金陵,西游巴蜀,路出河南,道经芮芮。既到于阗,欲度葱岭,值栈道断绝,遂于于阗而反。获佛牙一枚,舍利十五身,并《观世音灭罪咒》及《调达品》,又得龟兹国金锤鍱像,于是而还……献赍牙还京师,十有五载,密自礼事,余无知者。至文宣感梦,方传道俗……献以永明中,被敕与长干玄畅同为僧主,分任南北两岸。畅本秦州人,亦律禁清白,文惠太子奉为戒师。献后被敕三吴,妙简二众,畅亦东行,重申受戒之法。时畅与献二僧皆少习律检,不竞当世,与武帝共语,每称名而不坐……帝曰:‘畅、献二僧,道业如此,尚自称名,况复余者。挹拜则太甚,称名亦无嫌。’自尔沙门皆称名于帝王,自畅、献始也。畅以建武初亡,春秋七十有五。献以建武末年卒,与畅同窆于钟山之阳。献弟子僧祐为造碑墓侧,丹阳尹吴兴沈约制文。献于西域所得佛牙及像,皆在上定林寺。"

龙光,《景定建康志》卷四六:"龙光寺,在城北覆舟山下。宋元嘉二年,号青园寺。《高僧传》云:西竺道生后还上都青园寺,寺是惠恭皇后褚氏所立,本种青处,因以为名。其年,雷震青园寺佛殿,龙升于天光影西壁,因改龙光。本朝嘉祐三年,《佛殿记》云:宋元嘉五年,有黑龙见覆舟山之阳,帝舍果园,东建青园寺,西置龙王殿,今沼沚见存。至会昌年废,咸通一年重兴,敕赐龙光院额。旧志以为在龙光门外者,非也。"又,《至大金陵新志》卷一一下"龙光寺"条:"今按乾道《志》,龙光禅院在城之西,宋元嘉二年,号青园寺,后改额为龙光禅院,以在龙光门外也。会昌中废,咸通初建,为月灯禅寺,升元二年重修。"王安石《临川文集》卷二九《忆金陵三首》:"覆舟山下龙光寺,玄武湖畔五龙堂。想见旧时游历处,烟云渺渺水茫茫。"苏泂《泠然斋诗集》卷六《金陵杂兴二百首》:"龙光寺里只孤僧,玄武湖如掌样平。更上鸡笼山上望,一间茅屋晋诸陵。"

罽宾,汉西域国名,在北印度。新称迦湿弥罗,即今克什米尔一带之地。汉武帝通西域,罽宾始相交通。荀悦《前汉纪》卷一二:"罽宾国,王治修苏城,去长安万二千里,土地平坦,温和,有苜蓿、杂果、奇木,种五谷稻,多蒲桃、竹、漆,治园池。民雕文刻镂,治宫室,织罽,刺文绣,好酒食。有金银铜锡以为器。有市肆,以银为钱,文为骑马,曼为人面。出封牛、水牛、犀、象、大狗、沐猴、孔雀、珠玑、珊瑚、琉璃。其他畜与诸国同。"罽宾乃佛教东传之必经之地。名僧昙无谶即从罽宾而入中土。《魏书》卷九九《李暠传》:"罽宾沙门曰昙无谶,东入鄯善,自云能使鬼治病,令妇人多子。"梁慧皎《高僧传》卷二《晋河西昙无谶》:"昙无谶,或云昙摩忏,或云昙无忏,盖取梵音不同也。其本中天竺人,六岁遭父丧,随母佣织毯为业。见沙门达摩耶舍,此云法明,道俗所崇,丰于利养,其母美之,故以谶为其弟子。""谶明解咒术,所向皆验,西域号为大咒师。"河西王沮渠蒙逊借据凉州,自称为王,闻昙无谶名,召见,接待甚厚,翻译佛经。拓跋焘闻其有智术,遣使召请,遂入中原。此处指罽宾寺,乃建康之佛寺,具体地址不详。

宋释惠洪《石门文字禅》卷三〇《钟山道林真觉大师传》:"僧法平欲以衣献公,不知所寓,遣使遍求之龙光、罽宾两寺,皆曰:'夜宿此,黎明去矣。'又尝所厚善厉侯伯家,侯伯曰:'公夜行道于此,今睡未兴。'使人视之,笑去。公在华林园,忽重着三布□,亦不知自何得之,俄而武帝崩,文惠太子、豫章文献王相继崩,齐亦于此年(季)矣。"

常盛冬袒行。沙门宝亮欲以衲衣遗之,未及发言,誌忽来引纳而去。

盛冬,隆冬,严冬。《汉书·李寻传》:"盛冬雷电,潜龙为孽。"晋干宝《搜神记》卷一一:"王延性至孝,继母卜氏尝盛冬思生鱼,敕延求而不获,杖之流血。"袒,袒露右肩。佛教徒表示恭敬的一种方式。《法苑珠林》卷二八："依《律》云：偏露右肩，或偏露一肩，或偏露一膊，所言袒者，谓肉袒也……故知肉袒肩露，乃是立敬之极。"清蔡德晋《袒裼袭解辨》："至佛氏始有偏袒右肩之语，梅诞生云：'袒，偏脱衣。'则是佛氏之袒，非古人之袒也。"

宝亮，齐梁时灵味寺名僧。梁慧皎《高僧传》卷八《梁京师灵味寺释宝亮》："释宝亮，本姓徐氏，其先东莞胄族，晋败，避地于东莱弦县。亮年十二出家，师青州道明法师。明亦义学之僧，名高当世。亮就业专精，一闻无失。及具戒之后，便欲观方弘化。每惟训育有本，未能远绝缘累……年二十一至京师，居中兴寺，袁粲一见而异之。粲后与明书曰：'频见亮公，非常人也。比日闻所未闻，不觉岁之将暮。珠生合浦，魏人取以照车；璧在邯郸，秦王请以华国。天下之宝，当与天下共之，非复上人之贵州所宜专也。'自是学名稍盛。及本亲丧亡，路阻不得还北，因屏居禅思，杜讲说，绝人事。齐竟陵文宣王躬自到居，请为法匠，亮不得已而赴。文宣接足恭礼，结菩提四部因缘。后移憩灵味寺，于是续讲从经，盛于京邑。讲《大涅槃》凡八十四遍，《成实论》十四遍，《胜鬘》四十二遍，《维摩》二十遍，其大小品十遍。《法华》《十地》《优波塞戒》《无量寿》《首楞严》《遗教》《弥勒下生》等，亦皆近十遍。黑白弟子三千余人，咨禀门徒常盈数百。"宝亮为人神情爽岸，俊气雄逸，"及开章命句，锋辩纵横。其有问论者，或豫蕴重关，及亮之披解，便学宗旨涣然，忘其素蓄。"梁武帝萧衍建国，深受尊崇："今上龙兴，尊崇正道，以亮德居时望，亟延谈说。亮任率性直，每言辄称贫道，上虽意有间然，而挹其神出。"天监八年(509)初，梁武帝敕宝亮撰《涅槃义疏》十余万言，并御撰序目。宝亮以天监八年十月四日卒于灵味寺，年六十六，葬于钟山之南，立碑墓所，"陈郡周兴嗣、广陵高爽，并为制文，刻于两面。弟子法云等又立碑寺内，文宣图其形象于普弘寺焉"。

《南史》卷七六《陶弘景传》附《宝誌传》："灵味寺沙门释宝亮欲以纳被遗之，未及有言，宝誌忽来牵被而去。"

宋释惠洪《石门文字禅》卷三〇《钟山道林真觉大师传》："灵味寺沙门宝亮欲以衲帔遗之，未及有言，公忽来牵帔而去。"

又时就人求生鱼鲙，人为办觅，致饱乃去。还视盆中，鱼游活如故。

《太平广记》卷九〇"释宝誌"："长(尝)于台城，对梁武帝吃鲙，昭明诸王子皆侍侧。食讫，武帝曰：'朕不知味二十余年矣，师何谓尔？'誌公乃吐出小鱼，依依鳞尾。武帝深异之。如今秣陵尚有鲙残鱼也。"

宋释惠洪《石门文字禅》卷三〇《钟山道林真觉大师传》："尝从食鲙者求鲙，食者与而心笑之，即起，吐水中，皆成鱼。"

《佛祖历代通载》卷八："尝遇食鲙者，从求之，食者分□之，而有轻薄心，誌即吐水中，皆成活鱼。时时题诗，初若不可解，后皆有验。”

明葛寅亮《金陵梵刹志》卷三“钟山灵谷寺·宝誌公行实”：“师尝于台地雄霸武帝吃鲙，昭明诸王子皆侍侧。帝曰：‘朕不知其味二十余年，师何尔？’师乃吐出小鱼，依依鳞尾，帝浑异之。如今秣陵尚有鲙残鱼是也。”

明瞿汝稷《指月录》卷二“宝誌禅师”：“师问一梵僧：‘承闻尊者唤我作屠儿？曾见我杀生么？’曰：‘见。’师曰：‘有见见，无见见，不有不无见。若有见见，是凡夫见；无见见，是声闻见；不有不无见，是外道见。未审尊者如何见？’梵僧曰：‘你有此等见耶？’师垂语曰：‘终日拈香火，不知身是道场。’又曰：‘京都邺都浩浩，还是菩提大道。’又曰：‘如我身空诸法空，千品万类悉皆同。’”

《三教搜神大全》卷二“宝誌禅师”：“或一日封，帝食鲙，帝曰：‘一不知味二十余年，师何为尔？’师乃吐出小鱼，鳞尾依然。今建康尚有鲙残鱼是也。”

誌后假武帝神力，见高帝于地下，常受锥刀之苦，帝自是永废锥刀。

武帝，齐武帝萧赜；高帝，谓齐高帝萧道成。《太平广记》卷九〇“释宝誌”：“后假齐武帝神力，使见高帝于地下常受锥刀之苦，帝自是永废锥刀。武帝又常于华林园召誌，誌忽著三重布帽以见。俄而，武帝崩，文惠太子及豫章王相继而薨。”

宋释惠洪《石门文字禅》卷三〇《钟山道林真觉大师传》：“帝初繁刑，公假以神力，令见高祖受极苦于地下。自是省刑。”列于天监五年之后，则“帝”指萧衍，而“高祖”当为“高帝”之误，指齐高帝萧道成。

明葛寅亮《金陵梵刹志》卷三“钟山灵谷寺”引《释氏编年录》：“帝始用刑惨酷，师现六神通力，令见高祖（当为‘高帝’）于地下受极苦相之状。繇是，息刀锯之害。天监六年，帝假师神力，见地狱苦。问：‘何以救之？’师曰：‘夙世定业，不可顿减。唯闻钟声，其苦暂息。’帝于是诏天下寺院击钟，当舒徐其声，欲以停其苦也。”

《三教搜神大全》卷二“宝誌禅师”：“皇后郗氏崩数月，帝常追悼之。昼则闷闷不乐，宵则耿耿不寐。居寝殿，闻外骚窣声，视之，乃见蟒蛇，盘蹦上殿，睒睛呀口，以向于帝。帝大惊骇，无所逃遁，不得已，蹶然而起，谓蛇曰：‘朕宫殿严警，非尔蛇类所生之处，必其妖孽，欲祟朕耶？’蛇为人语，启帝曰：‘蟒则昔之郗氏也。妾以生存，嫉妒六宫，其性惨毒，怒一发则火炽矢射，损物害人。死以是罪，谪为蟒耳。无饮食可实口，无窟穴可庇身，饥窘困迫，力不自胜。又鳞甲有虫唼啮肌肉，痛苦其剧，若加锥刀焉。蟒非常蛇，亦复变化而至，不以皇居深重为阻耳。感帝平昔眷妾之厚，故托丑形骸，陈露于帝，祈一功德以见拯拔也。’帝闻之，呜呼感激。既而求蟒，不复见。帝明日磊集沙门于殿庭，宣其由，问善之最，以赎其言。师对曰：‘非礼佛忏，涤悃欵不可。’帝乃然其言。搜索佛经，录其名号，兼亲抒睿思，洒圣翰，撰悔文，共成十卷，皆采摭佛语，削去闲词，为其忏礼。又一日，闻宫室内异香馥郁，良久转美，初不知所来。帝因仰视，乃见一天人，容仪端丽，谓帝曰：‘此则蟒后身也。蒙帝功德，已得超升利天，今呈本身以为明验也。'殷勤致谢，言讫而去。此见梁武忏序。"

南朝鼎革之际，前朝帝室子孙，多被杀戮，惨无人道。宋王应麟《困学纪闻》卷一三："魏之篡汉，晋之篡魏，山阳陈留，犹获考终，乱贼之心，犹未肆也。宋之篡晋，踰年而弑零陵（即恭帝）。不知天道报施，还自及也。齐梁以后，皆袭其迹。自刘裕始。"

《资治通鉴》卷一一九：永初元年，刘裕将篡，晋恭帝"欣然谓左右曰：'晋氏久已失之，今又何恨？'乃书赤纸为诏。"永初二年，"初，帝（刘裕）以毒酒一罂，授前琅邪郎中令张伟，使酖零陵王（晋恭帝）。伟叹曰：'酖君以求生，不如死。'乃于道自饮而卒……太常褚秀之、侍中褚淡之，皆王之妃兄也。王（晋恭帝）每生男，帝（刘裕）辄令秀之兄弟方便杀之。王（晋恭帝）自逊位，深虑祸及，与褚妃共处一室，自煮食于床前。饮食所资，皆出褚妃，故宋人莫得伺其隙。九月，帝令淡之与兄右卫将军叔度往视妃，妃出就别室相见，兵人踰垣而入，进药于王。王不肯饮，曰：'佛教：自杀者不复得人身。'兵人以被掩杀之。"胡三省注曰："自是之后，禅让之君罕得全矣。"

清赵翼《廿二史札记》卷一一"宋子孙屠戮之惨"条："武帝（刘裕）七子，惟义季善终有报，其余皆死于非命，且无后也。""文帝（刘义隆）十九子，惟孝武（刘骏）及明帝（刘彧）嗣位，绍及宏善终，昶奔魏，休业、休倩、夷父早卒，其余皆不得死，且亦无后也。孝武帝二十八子，夭殇者十，为前废帝（刘子业）所杀者二，为明帝所杀者十六。当明帝时，以孝武子孙诛杀已尽，转以己子武陵王赞为孝武后，则孝武子孙已无一在者可知也。案《刘休传》，明帝素肥痿，不能御内，诸王妾有孕者，密取入宫，生子则闭其母于后房。顺帝（刘准）本桂阳王休范子也，苍梧亦非帝子，陈太妃先为李道儿妾，故苍梧自称李统云。然则明帝虽有十二子，皆非亲子也，而何以自护其假子，而尽杀祖宗之子孙？卒之十二子中，后废帝（刘昱）及顺帝（刘准），皆为萧道成所弑，随阳王翙、新兴王嵩、始建王禧，亦为道成所杀，智井、燮、跻皆出继，而燮亦为道成所杀。""然则宋武九子、四十余孙，六七十曾孙，死于非命者十之七八，且无一有后于世者。当其勃焉兴与，子孙繁衍，为帝为王，荣贵富盛，极一世之福；及其败也，如风之卷箨，一扫而空之，横尸喋血，斩艾无噍类，欲求为匹夫之传家保世而不可得。斯固南北分裂时劫运使然，抑亦宋武以猜忍起家，肆虐晋室，戾气所结，流祸于后嗣。孝武、明帝又继以凶忍惨毒，诛夷骨肉，惟恐不尽。兄弟子姓悉草薙而禽狝之，皆诸帝之自为屠戮，非假手于他族也。卒至宗支尽，而己之子孙转为他族所屠，岂非天道好还之明验哉！……孝武既以多杀文帝子而绝嗣，明帝又以多杀孝武子，而其子亡国殒身，无复孑遗，真所谓自作之孽也。"

萧道成诛杀前朝刘宋之子孙殆尽，惨无人道，而其后继者明帝萧鸾诛杀萧氏宗室殆尽。李延寿《南史》卷四四《萧子伦传》：齐明帝派茹法亮诛杀武帝子巴陵子萧子伦，"子伦正衣冠，出受诏，谓法亮曰：'积不善之家，必有余殃。昔高皇帝（萧道成）残灭刘氏，今日之事，理数固然。'举酒谓亮曰：'君是身家旧人，今衔此命，当由事不获已。此酒差非劝酬之爵。'因仰之而死，时年十六。"又，《廿二史札记》卷一二"齐明帝杀高武子孙"条："至齐高（萧道成）、武（萧赜）子孙，则皆明帝（萧鸾）一人所杀，其惨毒自古所未有也。明帝本高帝兄子，早孤，高帝抚之，恩过诸子。历高、武二朝，官仆射，至郁林王时辅政，因郁林无道，弑之而立海陵，不数月，又废弑之而夺其位。自以得不以正，亲子皆幼小，而高、武子孙日渐长大，遂尽灭之无遗种。……统计高帝后，惟豫章王嶷有子子廉、子恪、子操、子范、子显、子云等有后于梁，其余诸子，及武帝、文惠诸子孙，大半皆被明帝之祸，且俱无后。按齐高尝戒武帝曰：'宋氏若不骨肉相残，他族岂得乘其衰敝。'故终武帝世，诸兄弟尚得保全。然齐高但知宋之自相屠戮，而不知己之杀刘氏子孙之惨。当巴陵子伦被害时，谓茹法亮曰：'先朝杀灭刘氏，今日之事，理数固然。'是天理即人心，杀人子孙者，人亦杀其子孙。金翅下殿，捕食小龙无数。（《子夏传》。明帝名鸾，即金翅鸟也。）斯固齐高之自取也，然齐明之忍心害理，亦已至矣。""当时高、武子孙，朝不保夕，每朝见，鞠躬俯偻，不敢正行直视……明帝欲尽杀高、武子孙，乃悉召入尚书省，敕人各两左右自随，孩抱者乳母随入。其夜太医煮药，都水办棺材数十具，须三更悉杀之。""然则齐明之残忍惨毒，无复人理，真禽兽不若矣。卒之高、武子孙既尽，而己之子东昏侯宝卷、和帝宝融，皆被废杀之祸。"

齐高帝萧道成诛杀刘宋子孙甚多，武帝萧赜尚能保全宗室子弟性命，赵翼《廿二史札记》卷一二"齐明帝杀高武子孙"条谓："齐高尝戒武帝曰：'宋氏若不骨肉相残，他族岂得乘其衰敝。'故终武帝世，诸兄弟尚得保全。"梁武帝萧衍在齐时，亦曾助纣为虐，助明帝萧鸾诛戮；禅让代齐之时，遂诛杀明帝子孙，且滥用刑罚。因此，《高僧传》说誌公假神力，令齐武帝萧赜见高帝萧道成在地下受锥刀之苦，以期谏止易代鼎革之际的惨毒滥杀。萧衍亦应知悉此一传说，此亦为萧衍之佞佛、相信轮回报应张本。

李延寿《南史》卷四三《史臣论》曰："自宋受晋终，马氏遂为废姓。齐受宋禅，刘宗尽见诛夷。梁武革齐，弗取前辙。"同书卷四二《萧子廉传》："子恪与弟子范等，尝因事入谢。梁武帝在文德殿引见，谓曰：'夫天下之宝，本是公器。苟无期运，虽有项籍之力，终亦败亡。宋孝武为性猜忌，兄弟粗有令名者无不因事鸩毒，所遗唯景和。至朝臣之中，疑有天命而致害者，枉滥相继。于时虽疑，卿祖无如之何。如宋明帝本为庸常，被免，岂疑得全。又复我于时已年二岁，彼岂知我应有今日。当知有天命者，非人所害，害亦不能得。我初平建康城，朝廷内外皆劝我云：时代革异，物心须一,宜行处分。我于时依此而行,谁谓不可?政言江左以来,代谢必相诛戮,此是伤于和气,国祚例不长。'”

赵翼《廿二史札记》卷一二“梁武存齐室子孙”条:“宋之于晋,齐之于宋,每当革易,辄取前代子孙尽殄之。梁武帝父顺之在齐时,以缢杀鱼侯子响事,为孝武所恶,不得志而死。故梁武帝赞齐明帝除孝武子孙,以复私仇,然亦本明帝意,非梁武能主之也。后其兄懿又为明帝子东昏侯所杀,故革易时,亦尽诛明帝子以复之,所谓自雪门耻也。至于齐高帝子孙犹有存者,则皆保全而录用之……姚察论曰:魏晋革易,皆抑前代宗支,以绝民望,然刘晔、曹志犹显于新朝。及宋遂令司马氏为废姓,齐之代宋,戚属皆歼,其祚不长,抑亦由此。梁受命而子恪兄弟及群从并随才受任,通贵满朝,君子以是知高祖之量,度越前代矣。”

齐卫尉胡谐病,请誌,誌往疏云:“明屈。”明日竞不往。是日谐亡,载尸还宅。誌云:“明屈者,明日尸出也。”

卫尉,战国时,秦始置,西汉沿置,秩中二千石,列位九卿。掌皇帝所居未央宫禁卫,主管宫门屯驻卫士,专司昼夜巡警和检查出入者之门籍。南朝刘宋时,三品,专掌宫禁及京城防卫,梁陈及北朝称为“卫尉卿”。梁位列十二卿,掌宫门宿卫屯兵,巡行宫外,纠察不法,管理武器库藏,领武库、公车司马令。

胡谐,当为胡谐之。萧子显《南齐书》卷三七《胡谐之传》:“胡谐之,豫章南昌人也。”胡谐之颇为武帝萧赜倚重,“世祖顿盆城,使谐之守寻阳城,及为江州,复以谐之为别驾,委以事任。文惠太子镇襄阳,世祖以谐之心腹,出为北中郎征虏司马、扶风太守、爵关内侯。在镇毗赞,甚有心力。建元二年,还为给事中,骁骑将军,本州中正,转黄门郎,领羽林监。永明元年,转守卫尉,中正如故。明年,加给事中。三年,迁散骑常侍,太子右率。五年,迁左卫将军,加给事中,中正如故。”胡谐之为武帝心腹,“风形瑰润,善自居处,兼以旧因见遇,朝士多与交游”,“谐之有识计,每朝廷官缺及应迁代,密量上所用人,皆如其言,虞悰以此称服之”,乃一时闻人,故为释保誌所交游。胡谐之为卫尉,一在永明元年(483),一在永明八年(490),十年(492)转度支尚书,领卫尉,十一年(493)卒,年五十一。

《太平广记》卷九〇“释宝誌”:“永明中,常住东宫后堂。一日平明,从门出入,忽云:‘门上血污衣。’褰衣走过。及郁林见害,车载出此,帝颈血流于门限。齐卫尉胡谐疾,请誌,誌注疏云:‘明日。’竟不往。是日,谐亡,载尸还宅。誌曰:‘明日尸出也。’”

宋释惠洪《石门文字禅》卷三〇《钟山道林真觉大师传》:“卫尉胡谐卧病,以书哀诉,幸以屈临,庶几疾有瘳。公题其书尾曰‘明屈’,翌日果卒。”

齐太尉司马殷齐之随陈显达镇江州，辞誌，誌画纸作一树，树上有乌，语云："急时可登此。"后显达逆，即留齐之镇州。及败，齐之叛入庐山，追骑将及，齐之见林中有一树，树上有乌，如誌所画，悟而登之，乌竟不飞，追者见乌，谓无人而反，卒以见免。

太尉，官名，战国时秦置，职掌选拔人才，主管赏罚爵禄。西汉初，为武将最高称号之一，秩万石。有兵事则设，事毕则省，担任临时性的高级军事统帅，或为皇帝的军事顾问，并无发兵领兵的实际职权。东汉光武帝建武二十七年(51)改大司马为太尉，列三公之首，与司徒、司空共同行使宰相职能，名位甚重。或与太傅并录尚书事，综理全国军政事务，考核地方长官，参议大政，名义上分部太常、卫尉、光禄勋三卿。开府辟僚属，设长史等属僚，置诸曹分管各种行政事务，相当于西汉的丞相府。魏晋南北朝列三公之首，为名誉宰相，位居一品，多为大臣加官，无实际职掌。

司马，官名，掌管军政、军赋、马政的执政大臣。亦称大司马。相传商朝已经设置，历朝职掌皆有所变化。据传文，殷齐之阶官为太尉，而职掌为司马，乃陈显达之属官，则此司马，当为军府高级幕僚。两晋南北朝州郡长官多带将军名号开府，皆置为幕僚，掌参军务，管理府内武职，位仅次于长史。两汉魏晋南北朝诸将军府等皆置，其品秩随府主而定，高低不等。

殷齐之，事迹不详。

陈显达，萧子显《南齐书》卷二六《陈显达传》："陈显达，南彭城人也。宋孝武世，为张永前军幢主。景和中，以劳历驱使……泰始四年，封彭泽县子，邑三百户。历马头、义阳二郡太守，羽林监，濮阳太守。""显达谦厚有智计，自以人微位重，每迁官，常有愧惧之色。有子十余人，诫之曰：'我本志不及此，汝等勿以富贵陵人！'家既豪富，诸子与王敬则诸儿，并精车牛，丽服饰……显达谓其子曰：'麈尾扇是王谢家物，汝不须捉此自逐。'"明帝萧鸾建武年间，陈显达"心怀不安，深自贬匿，车乘朽故，导从卤簿，皆用羸小，不过十数人"。陈显达位高权重，"以显达为都督江州军事、江州刺史，镇盆城，持节本官如故"，及"闻京师大相杀戮，又知徐孝嗣等皆死，传闻当遣兵袭江州，显达惧祸"，遂于永元元年(499)十一月十五日于江州举兵反叛，于十二月十四日兵败被斩，传首京师，时年七十二。

江州，西晋元康元年(291)置，治所在南昌县(今江西南昌市)。东晋咸康六年(340)，徙治寻阳县(今湖北黄梅县西南)。南朝刘宋昇明元年(477)徙治柴桑县(今江西九江市西南)，梁太平二年(557)，徙治南昌县，陈天嘉初复移治湓口城(今九江市)。隋大业三年(607)改为九江郡，唐武德四年(621)复为江州，天宝元年(742)改为浔阳郡，乾元元年(758)复为江州。齐时之江州，治所在今江西省九江市。

庐山，又名匡山、匡庐山、南障山，即今江西九江市南庐山。

宋释惠洪《石门文字禅》卷三〇《钟山道林真觉大师传》:“陈显达镇江州,大司马叚齐之从行,往辞公,公无他语,但引纸画鸦,画毕授之曰:‘缓急可用此。’显达叛,齐之遁去,显达大怒,遣骑追之,将及,齐之窘甚,见鸦林,必非人所寄,遂去。齐之方悟公意也。”

齐屯骑桑偃将欲谋反,往诣誌,誌遥见而走,大呼云:“置台城,欲反逆,斫头破腹。”后未旬,事发,偃叛往朱方,为人所得,果斫头破腹。

屯骑,即屯骑校尉。西汉武帝始置,为北军八校尉之一,秩二千石,有丞、司马等属官,位次列卿。掌本营骑士,戍卫京师,兼任征伐。东汉初改名“骁骑校尉”,建武十五年(39)改复“屯骑校尉”,掌宿卫禁兵。三国两晋南北朝沿置,而职位渐轻。南朝时充任皇帝的侍卫武官,隶中领军,宋四品,梁七品,陈六品,秩千石。

桑偃,据萧子显《南齐书》卷四〇《武十七王传·昭胄》,桑偃曾为竟陵王萧子良故防閤,陈显达起兵时,为梅虫儿军副,“结前巴西太守萧寅,谋立昭胄”,其他事迹则不详。明葛寅亮《金陵梵刹志》卷三“钟山灵谷寺”:“文惠太子迎释僧惠至京师,遇师,拊其背曰:‘赤龙子也。’惠终以辩才显闻。其徒齐屯骑桑偃将欲谋反,往谒誌。誌遥见而走,大呼云:‘围台城,欲反逆,破头破腹。’后未旬,事发,偃叛走朱方,为人所得,果破头破腹。”

朱方,春秋时吴地名。治所在今江苏省丹徒区东南。《左传·昭公四年》:“秋七月,楚子以诸侯伐吴……使屈申围朱方。”杜预注:“朱方,吴邑。”《史记·吴太伯世家》:“王余祭 三年,齐相庆封有罪,自齐来犇吴。吴予庆封朱方之县,以为奉邑。”裴骃集解引《吴地记》:“朱方,秦改曰丹徒。”南朝宋谢灵运《庐陵王墓下作》诗:“晓月发云阳,落日次朱方。”唐萧颖士《江有归舟三章并序》:“南条北固,朱方旧里。”

台城,本三国吴后苑城,东晋成帝加以改建,称为台城,在今江苏南京市鸡鸣山南乾河沿北。侯景之乱,梁武帝饿死于此。

梁鄱阳忠烈王,常屈誌来第会。忽令觅荆子甚急,既得,安之门上,莫测所止。少时王便出为荆州刺史,其预见之明,此类非一。

梁鄱阳忠烈王,姚思廉《梁书》卷二二《太祖五王传》:“鄱阳忠烈王恢,字弘达,太祖第九子也。幼聪颖,年七岁,能通《孝经》《论语》义,发擿无所遗。既长,美风表,涉猎史籍。齐隆昌中,明帝作相,内外多虞,明帝就长沙宣武王懿求诸弟有可委以腹心者,宣武言恢焉。明帝以恢为宁远将军,甲仗百人卫东府,且引为骠骑法曹行参军。明帝即位,东宫建,为太子舍人,累迁北中郎外兵参军,前军主簿。宣武之难,逃在京师。高祖义兵至,恢于新林奉迎,以为辅国将军。时三吴多乱,高祖命出顿破岗。建康平,还为冠军将军,右卫将军。天监元年,为侍中、前将军、领石头戍军事。封鄱阳郡王,食邑二千户。”萧恢出为荆州刺史在天监十一年(512),本传曰:“十一年,出为使持节、都督荆湘雍益宁南北梁南北秦九州诸军事、平西将军、荆州刺史,给鼓吹一部。”

荆子,即荆条。

誌公神异之事,所传甚多,如:

《南史》卷七六《陶弘景传》附《宝誌传》:“蔡仲熊尝问仕何所至,了自不答,直解杖头左索绳掷与之,莫之解。仲熊至尚书左丞,方知言验。永明中,住东宫后堂,从平旦门中出入,末年忽云:‘门上血污衣。’褰裳走过。至郁林见害,果以犊车载尸出自此门。舍故阉人徐龙驹宅,而帝颈血流于门限焉。梁武帝尤深敬事,尝问年祚远近,答曰‘元嘉元嘉’,帝欣然,以为享祚倍宋文之年。虽剃须发,而常冠,下裙帽纳袍,故俗呼为誌公。好为谶记,所谓誌公符是也。高丽闻之,遣使赍绵帽供养。”

《南史》卷七《梁本纪》:“始,天监中,沙门释宝誌为诗曰:‘昔年三十八,今年八十三。四中复有四,城北火酣酣。’帝使周舍封记之。及中大同元年,同泰寺灾,帝启封见舍手迹,为之流涕。帝生于甲辰,三十八,克建邺之年也;遇灾岁,实丙寅,八十三矣。四月十四日,而起火之始,自浮屠第三层。三者,帝之昆季次也。”

《南史》卷六三《王神念传》附《王僧辩传》:“天监中,沙门释宝誌为谶云:‘太龙岁,将无理。萧经霜,草应死。余人散,十八子。’时言萧氏当灭,李氏代兴。及湘州贼陆纳等攻破衡州刺史丁道贵,而李洪雅又自零陵称助讨纳。”

《南齐书》卷五五《江泌传》:“江泌,字士清,济阳考城人也。父亮之,员外郎……世祖以为南康王子琳侍读。建武中,明帝害诸王后,泌忧念子琳,诣誌公道人,问其祸福。誌公覆香炉灰示之曰:‘都尽无所余。’及子琳被害,泌往哭之,泪尽继之以血,亲视殡葬乃去。”

《梁书》卷五六《侯景传》:“天监中,有释宝誌曰:‘掘尾狗子自发狂,当死未死啮人伤,须臾之间自灭亡,起自汝阴死三湘。’又曰:‘山家小儿果攘臂,太极殿前作虎视。’掘尾狗子,山家小儿,皆猴状。景遂覆陷都邑,毒害皇室。”

《陈书》卷二六《除陵传》:“徐陵,字孝穆,东海剡人也……母臧氏,尝梦五色云,化而为凤,集左肩上,已而诞陵焉。时宝誌上人者,世称其有道,陵年数岁,家人携以候之,宝誌手摩其顶曰:‘天上石麒麟也。’”

《隋书》卷一六《律历志》:“开皇官尺,即铁尺,一尺二寸。此后魏初及东西分国,后周未用玉尺之前,杂用此等尺。甄鸾《算术》云:‘周朝市尺得玉尺九分二厘。’或传梁时有誌公道人作此尺,寄入周朝云‘与多须老翁’,周太祖及隋高祖各自以为谓己,周朝人间行用,及开皇初,著令以为官尺,百司用之,终于仁寿。大业中,人间或私用之。”

《隋书》卷二二《五行志》:“诗妖:梁天监三年六月八日,武帝讲于重云殿,沙门誌公忽然起舞歌乐,须臾悲泣,因赋五言诗曰:‘乐哉三十余,悲哉五十里。但看八十三,子地妖灾起。佞臣作欺妄,贼臣灭君子。若不信吾语,龙时侯贼起。且至马中间,衔悲不见喜。’梁自天监至于大同,三十余年,江表无事,至太清二年,台城陷,帝享国四十八年,所言五十里也。太清元年八月十三,而侯景自悬瓠来降,在丹阳之北子地,帝惑朱异之言以纳景,景之作乱,始自戊辰之岁,至午年,帝忧崩。十年四月八日,誌公于大会中又作诗曰:‘兀尾狗子始着狂,欲死不死啮人伤。须臾之间自灭亡,患在汝阴死三湘,横尸一旦无人藏。’侯景,小字狗子,初自悬瓠来降,悬瓠则古之汝南也。巴陵南有地名三湘,即景奔败之所。”

《新唐书》卷二〇四《袁天纲传》:“王远智,系本琅邪后,为扬州人,父昙选为陈扬州刺史。母昼寝,梦凤集其身,因有娠,浮屠宝誌谓昙选曰:‘生子当为世方士。’远知少警敏,多通书传,事陶弘景,传其术,为道士。”

宋释惠洪《石门文字禅》卷三〇《钟山道林真觉大师传》:“鄱阳忠烈王饭公于私第,顾左右觅荆枝,有折以献者,则以安门上而去。俄有旨以王领荆州。”“蔡仲熊尝问仕何所至,公不自答,直解杖头左索绳掷与之,莫之解。仲熊果至尚书左丞。永明中,住东宫后堂,平旦门中出入,末年忽云‘门上血污衣’,褰裳走过,至郁林见害,果以犊车载尸自此门。舍,故阉人徐龙驹宅,而帝头血流于门限焉。建武中,明帝害诸王,高士江泌忧念南康王子琳,以访公,问其祸福。公覆香炉示之曰:‘都尽无余。’后皆如其语。徐陵儿时,其父携诣公,公拊之曰:‘天上石麒麟也。’陵果名誉显于世。又文惠太子迎释僧惠至京师,惠过公,公拊其背曰:‘亦龙子也。’慧终以辩才显闻。其徒屯骑桑偃有不臣之心,公见之,戟手诟曰:‘若乃欲反耶?奈斫头穴胸。’何偃汗下不敢仰视,遁去。”又,“帝尝从容问:‘国祚有留难否?’公但指喉示之。侯景之乱,尤追绎公言也。有僧浮杯来谒帝,帝方与客棋,吟曰:‘杀之。’棋罢,命僧,侍卫奏曰:‘适蒙旨,已杀之矣。’帝嗟悼不已,以问公,公曰:‘陛下前身蚯蚓也。僧尝为薙草者,误杀之,今偿夙债耳。’”

《明一统志》卷三六“临洮府”:“忽知僻异,言若谶记。或一身三处宿焉。齐武帝召之,著三重布帽以见,俄而帝崩。梁武即位,下诏曰:‘誌公神游冥寂,勿禁出入。’……皇子生,志曰:‘冤家亦生。’后知与侯景同日生。”

嘉庆《洛阳县志》卷五三“二氏传”:“宝公,《伽蓝记》不知何许人,居白马寺,形貌丑陋,预睹三世。胡太后问以世事,对曰:‘把粟与鸡,呼朱朱。’人莫之解。逮建义元年,后为尔朱荣所害,其言始验。又有俗人赵法和请占早晚当有官爵,宝公曰:‘大竹箭,不须羽。东厢屋,急手作。’经月余,法和父没,始悟大竹者,杖;东厢者,倚庐。”

《古诗纪》卷一五六“释宝誌”:“梁沙门宝誌铜牌,多□未来事。‘有一真人名冀川,开口张弓在右边,子子孙孙万万年。’江南李璟,其子曰弦冀,吴越钱镠诸子,皆连弘字，期以应之，而真宗讳正当之。”“誌公尝画鹿负鞍走山中，诗云：‘两角女子绿衣裳，却也越太行趍君王，一止之月必销亡。’后禄山乱，盖两角即鹿，鹿即禄，女子即安字，太行，山名，一止之月，果正月败亡。”（《唐宋遗史》）

誌多去来兴皇、净名两寺。及今上龙兴，甚见崇礼。

兴皇，在今南京。《南史·孙玚传》：时兴皇寺朗法师，该通释典，玚每造讲筵，时有抗论，法侣莫不倾心。《梁书·刘歊传》：释宝誌遇歊于兴皇寺，惊起曰：“隐居学道，清净登佛。”《法苑珠林》：隋开皇中，蒋州兴皇寺丈六金铜大像，并二菩萨俱长丈六，戴颙所造。

净名，即净名居士。即 Vimaiakirti，旧称维摩诘，翻为净名；新作毗摩罗诘，译曰无垢。净者，清净无垢之谓；名者，名声远布之谓。称佛在世毗耶离城之居士也。自妙喜国化生于此，委身在俗，辅释迦之教化，法身之大士也。佛在毗耶离城菴摩罗园，城中五百长者诣佛所请说法时，彼故现病不往，为欲令佛遣诸比丘菩萨问其病床，以成方等时弹诃之法，故其经名为维摩经。此处指梁武帝时所建之净名寺。《江南通志》卷四三：“翼善寺，在府东南，相传晋谢安高卧东山，及与张元围棋赌墅，即其处。梁资福院，武帝建净名院，神僧宝誌说法于此。宋元改净名寺，明正统间重建，赐今额。”

今上，指梁武帝萧衍。龙兴，龙飞腾上天。汉王充《论衡·龙虚》：“虎啸谷风至，龙兴景云起。”比喻王者兴起。扬雄《剧秦美新》：“臣伏惟陛下以至圣之德，龙兴登庸。”姚思廉《梁书》卷一《武帝本纪》：萧衍字叔达，小字练儿，南兰陵中都里人。“起家巴陵王南中郎法曹行参军，迁卫将军王俭东阁祭酒。俭一见深相器异，谓庐江何宪曰：‘此萧郎三十内当作侍中，出此则贵不可言。’竟陵王子良开西邸，招文学，高祖与沈约、谢朓、王融、萧琛、范云、任昉、陆倕等并游焉，号曰八友。融俊爽，识鉴过人，尤敬异高祖。每谓所亲曰：‘宰制天下，必在此人。’”齐和帝中兴二年（502），萧衍代齐建梁，建元天监。

《广弘明集》卷一九萧子显《御讲摩诃般若经序》：“先是宝誌法师者，神通不测，灵迹甚多，自有别传。天监元年，上始光有天下，方留心礼乐，未遑汾阳之寄。法师以其年九月，自持一麈尾扇及铁锡杖奉上，而口无所言，亦未取其意，于今三十馀年矣。其扇柄系以小绳，常所绾楔指迹之处，宛然具存。至是御乃鸣锡升堂，执扇讲说。故知震大千而吼法者，抑有冥符。”

《江南通志》卷一七五：“（安庆府）南北朝梁白鹤道人，武帝时方士，爱舒州潜山奇绝，时浮屠宝誌亦爱之，武帝命二人各以物识其地，得者居之。道人以鹤止处为记，宝誌以卓锡处为记，已而鹤先去，忽闻空中锡飞声，遂卓于山麓，而鹤止他处，各因所识筑室焉。”

先是，齐时多禁誌出入，今上即位，下诏曰："誌公迹拘尘垢，神游冥寂。水火不能燋濡，蛇虎不能侵惧。语其佛理，则声闻以上；谈其隐伦，则遁仙高者。岂得以俗士常情，空相拘制？何其鄙狭一至于此！自今行道来往，随意出入，勿得复禁。"誌自是多出入禁内。

尘垢，犹世俗。《庄子·齐物论》："无谓有谓，有谓无谓，而游乎尘垢之外。"明王廷相《〈近海集〉序》："其蓬莱、方丈、扶桑、灵槎、瑶草、羽人之属，虽非真有，亦足以寄兴于超旷。凡以使我忘夫弃斥之琐尾而乐于尘垢之外者，非兹乎哉？"

冥寂，静默，谓仙佛境界。《文选·郭璞〈游仙诗〉之三》："绿萝结高林，蒙笼盖一山。中有冥寂士，静啸抚清弦。"李善注："冥，玄默也。"唐李白《春陪商州裴使君游石娥溪》："萧条出世表，冥寂闭玄关。"燋濡，火烧水浸。《庄子·逍遥游》："藐姑射之山，有神人居焉。肌肤若冰雪，绰约若处子，不食五谷，吸风饮露，乘云气，御飞龙而游乎四海之外。其神凝，使物不疵疠而年谷熟。""之人也，物莫之伤，大浸稽天而不溺，大旱金石流，土山焦而不热，是其尘垢粃糠，将犹陶铸尧舜者也。"

声闻，梵文意译。为佛之小乘法中弟子，闻佛之言教，证四谛之理、思见思之惑而入于涅槃的得道者，为佛道中之最下根。常指罗汉。《胜鬘宝窟》上："声闻者，下根从教立名，声者，教也。"《大乘义章》卷十七："观察四谛而得道者，悉名声闻。"又，"从佛声闻而得道者，悉名声闻。"《敦煌变文集·维摩经押座文》："五百声闻皆被诃，住相法空分取证。"

《太平广记》卷九〇"释宝誌"："誌多往来兴皇、净名两寺。及梁武即位，下诏曰：'誌公迹均尘垢，神游冥漠，水火不能焦濡，蛇虎不能侵惧。语其佛理，则声闻无上；谈其隐沦，则道行高著，岂得以俗士凡情，空相拘制，何其鄙陋，一至于此。自今行来，随意出入，勿得复禁。'誌自是多出入禁中。"

明瞿汝稷《指月录》卷二"宝誌禅师"："至梁，乃下诏褒师，令勿复禁。"

《三教搜神大全》卷二"宝誌禅师"："梁高祖即位，下诏曰：'誌公迹拘尘垢，神游冥寂，水火不能燋濡，蛇虎不能侵惧。语其佛理，则声闻以上；谈其隐沦，则遁仙高者。岂以俗士常情，空相拘只？何其愚陋至于此！自今勿得复禁。'"

天监五年(506)冬旱，雩祭备至，而未降雨。誌忽上启云："誌病不差，就官乞治。若不启百，官应得鞭杖，愿于华光殿讲《胜鬘》请雨。"上即使沙门法云讲《胜鬘》，讲竟，夜便大雪。誌又云："须一盆水，加刀其上。"俄尔雨大降，高下皆足。

雩祭，古代求雨的祭祀。汉董仲舒《春秋繁露·精华》："大旱雩祭而请雨，大水鸣鼓而攻社。"王充《论衡·龙虚》："龙与云相招，虎与风相致，故董仲舒雩祭之法，设土龙以为感也。"

启百，当为"启白"，《太平广记》卷九〇"释宝誌"作"启白"，汤用彤《高僧传校注》谓“三本、金陵本、《珠琳》‘百’作‘白’。”

《胜鬘》,即《胜鬘师子吼一乘大方便方广经》之略名。此经一卷,刘宋求那跋陀罗译,大宝积经第四十八胜鬘夫人会之异译也。佛在孤独园,波斯匿王、末利夫人共致书于其女阿踰阇国王妃胜鬘夫人称扬佛德。胜鬘得书欢喜说偈,遥请佛来现,佛即现身。胜鬘说偈赞叹其德,佛为授记,胜鬘复发十弘愿,感天花天音,乃至说大乘了义、广明二乘不了义,佛赞印是放光升空而还独园,告阿难及天帝释结名付属。此经旨趣以一乘为宗,与《妙法莲花经》同。《妙法莲花》广说,此经略说。法华有三会及种种权实,此则有二死五住之言,广略虽异,理可互明。此经后世又有注述本,如:《胜鬘经宝窟》六卷,隋吉藏撰;《胜鬘经义记》上卷,下卷缺,隋慧远撰;《胜鬘经述记》二卷,唐沙门基说;《义令记》《胜鬘经疏义私钞》六卷,日本圣德太子疏,唐明空私钞。

法云,释道宣《续高僧传》卷五《梁杨都光宅寺沙门释法云传》:“释法云者,姓周氏,义兴阳羡人。晋平西将军处之七世也。母吴氏,初产坐草,见云气满室,因以名之。七岁出家,更名法云,从师住庄严寺。为僧成玄趣、宝亮弟子,而隽朗英秀,卓绝时事。年十三,始就受业,太昌僧宗、庄严僧达,甚相称赞。宝亮每曰:‘我之神明,殊不及也。方将必当栋梁大法矣。’齐永明中,僧柔东归,于道林寺发讲,云咨决累日,词旨激扬,众所叹异。年小坐远,声问难叙,命置小床,处之于前,共尽往复,由是显名。与同寺僧旻等年腊,齐名誉,历采众师,且经且论,四时游听,寒暑不辍。或讲前讲末,初夜后夜,覆述文义,间隙游习,于路思义,辄不自觉,行过所造,其勤励专至,类皆如此。曾观长乐寺法调讲论,出而顾曰:‘震旦天子之都,衣冠之富,动静威仪,勿易为也。’……年登三十,建武四年夏初,于妙音寺开《法华》《净名》二经,序正条源,群分名类,学徒海凑,四众盈堂。佥谓理由言尽,纸卷空存。及至为宾,构击纵横,比类纷鲠,机辩若疾风,应变如行雨,当其锋者,罕不心瞀。宾主咨嗟,朋僚胥悦,时人呼为作幻法师矣。讲经之妙,独步当时。齐中书周颙、瑯琊王融、彭城刘绘、东莞徐孝嗣等,一代名贵,并投莫逆之交。”“永元元年,曾受毗陵郡请,道俗倾家,异端必集,弘振风猷,道被京城,鼓舞知归,巾褐识反。及梁氏高临,甚相钦礼。天监二年,敕使长召,出入诸殿,影响弘通之端,赞扬利益之渐。”天监七年,梁武帝请讲经,敕为光宅寺寺主,创立僧制,雅为后则。范缜著《神灭论》,法云与之辩难,法云乃遍与朝士书论之,“文采虽异,而理义伦通”,“云以天监末年,欲报施主之恩,于秣陵县同下里中,造寺一所,敕以法师建造,可仍以法师为名,即禅岗之西山也”。“云欲发起中表菩提之心,舍己身外亲施之物,通启于华林园光华殿,设千僧大会,分此诸物为五种功德。”法云于大通三年(529)三月二十七日卒,年六十三,“二宫悲惜,为之流恸,敕给东园秘器,凡百丧事,皆从王府下,敕令葬定林寺侧。太子中庶瑯琊王筠为作铭志,弟子周长胤等有犹子之慕,创造二碑,立于墓所,湘东王萧绎各为制文。”

《太平广记》卷九〇“释宝誌”:“天监五年冬旱,雩祭备至,而未降雨。忽上启云:‘誌病不差,就官乞活。若不启白,官应得鞭杖。愿于华光殿讲《胜鬘经》请雨。’梁武即使沙门法云讲《胜鬘》,竟夜便大雨。誌又云:‘须一盆水,加刀其上。’俄而天雨大降,高下皆足。”

宋释惠洪《石门文字禅》卷三〇《钟山道林真觉大师传》:“天监五年冬旱,雩祭备至,而雨不降,公谓左右曰:‘吾病,不差就官乞活,傥不奏,百官应得祸。’即上启,愿于华光殿讲《胜鬘》经请雨,帝即命沙门讲之,终夕雨。公又以刀横水盂,良久又雨。”

上尝问誌云:“弟子烦惑未除,何以治之?”答云:“十二。”识者以为十二因缘治惑药也。又问十二之旨,答云:“旨在书字时节刻漏中。”识者以为书之在十二时中。

烦惑,烦闷惑乱;烦躁疑惑。汉扬雄《反离骚》:“舒中情之烦惑兮,恐重华之不累与。”亦指杂乱可疑的事物。晋袁宏《后汉纪·桓帝纪上》:“救世之术,岂必尧舜而治哉!期于纽绝拯挠,去其烦惑而已。”《隋书·经籍志一》:“张禹本授《鲁论》,晚讲《齐论》,后遂合而考之,删其烦惑。”

十二,佛教有十二佛、十二神、十二礼、十二灯、十二愿、十二藏、十二轮、十二类、十二大愿、十二上愿、十二因缘、十二妄想、十二真如、十二无为等。

十二因缘,亦作十二缘起、因缘观、支佛观,是为辟支佛之观门,说众生涉三世而轮回六道之次第缘起也。一、无明,过去世无始之烦恼也。二、行,依过去世烦恼而作之善恶行业也。三、识,依过去世之业而受现世受胎之一念也。四、名色,在胎中心身渐发育之位也。名者心法,心法不能以体示之,但以名诠之,故谓为名。色者即眼等之身。五、六处,即六根,为六根具足将出胎之位也。六、触,二三岁间对于事物未识别苦乐,但欲触物之位也。七、受,六七岁以后渐对事物识别苦乐而感受之之位也。八、爱,十四五岁以后,生种种强盛爱欲之位也。九、取,成人以后,爱欲愈盛愈驰,诸境取求所欲之位也。十、有,依爱取之烦恼,作种种之业,定当来之果位也。有者业也,业能有当来之果,故名为有。十一、生,即依现在之业,于未来受生之位也。十二、老死,于来世老死之位也。

刻漏,古计时器。以铜为壶,底穿孔,壶中立一有刻度的箭形浮标,壶中水滴漏渐少,箭上度数即渐次显露,视之可知时刻。汉荀悦《汉纪·哀帝纪上》:“刻漏以一百二十为度。”按,《汉书·哀帝纪》作“漏刻以百二十为度”。颜师古注:“旧漏昼夜共百刻,今增其二十。”唐杜甫《冬末以事之东都湖城东因为醉歌》:“岂知驱车复同轨,可惜刻漏随更箭。”《明史·天文志一》:“明太祖平元,司天监进水晶刻漏,中设二木偶人,能按时自击钲鼓。”清沈初《清西笔记·纪职志》:“交泰殿大钟,宫中咸以为准。殿三间,东间设刻漏一座。”古代刻漏之法,分刻多寡不一。

明瞿汝稷《指月录》卷二“宝誌禅师”：“梁武帝诏问：‘弟子烦惑未除，何以治之？’答曰：‘十二。’帝问：‘其旨如何？’答曰：‘在书字时节刻漏中。’帝益不晓。帝又问：‘弟子何时得以静心修习？’师曰：‘安乐禁。’”

《古诗纪》卷一五六《释宝誌》引苕溪渔隐曰：“余观誌公《十二时颂》，自非深悟上乘，同佛知见，岂能作此语也。是时达磨犹未西来，誌公已明此理，所谓先得我心之所同然者。誌公没于天监十三年，而达磨以普通八年至金陵，由此之魏，传佛心印，禅宗方兴。近世学佛者往往忽此颂而勿观，盖贵耳而贱目也。余尝手书此颂，置之座右，朝夕味之，尤爱其最后一首云：‘鸡鸣丑，一颗圆珠明已久。内外推寻觅，总无境上施为。浑大有，不见头，又无手，世界坏时终不朽。未了之人听一言，只这如今谁动口。’以至三祖《信心铭》、永嘉《证道歌》，皆禅学之髓，初地之人所当服膺焉。”

又问：“弟子何时得静心修习？”答云：“安乐禁。”识者以为禁者止也，至安乐时乃止耳。

修习，修行。晋葛洪《抱朴子·自叙》：“将登名山，服食养性，非有废也，事不兼济，自非绝弃世务，则曷缘修习玄静哉！”唐谷神子《博异志·张竭忠》：“天宝中，河南缑氏县东太子陵仙鹤观，常有道士七十余人，皆精专修习，法箓斋戒皆全。”宋范成大《吴船录》卷上：“（王继业）诣阙进所得梵夹舍利等，诏择名山修习。”

安乐，身安心乐。身无危险故安，心无忧恼故乐。西方极乐世界有安乐十胜，即化生所居，所化命长，国非界系，净方无欲，女人不居，修行不退，净方非秽，国土庄严，念佛摄情，十念往生。此为慈恩大师所说。

宋释惠洪《石门文字禅》卷三〇《钟山道林真觉大师传》：“梁武帝受禅，尤深敬事。前朝以超放，动辄禁锢，至是下诏释之。尝问曰：‘弟子烦惑未除，何以治之？’答曰：‘十二。’又问：‘十二之旨在何？’答曰：‘书字时节刻漏中。’又问：‘何时得净心修习？’答曰：‘安乐禁之。’又问年祚远近，答曰‘元嘉元嘉’，帝欣然以为享祚倍宋文之年。”

后法云于华林寺讲《法华》，至假使黑风。誌忽问风之有无，答云：“世谛故有，第一义则无也。”誌往复三番，便笑云：“若体是假有，此亦不可解，难可解。”其辞旨隐没，类皆如此。

据唐释道宣《续高僧传》卷五《梁杨都光宅寺沙门释法云传》：“释法云，姓周氏，义兴阳羡人。晋平西将军处之七世也。母吴氏初产坐草，见云气满室，因以名之。七岁出家，更名法云，从师住庄严寺，为僧成玄趣、宝亮弟子，而俊朗英秀，卓绝时世。年十三，始就受业，太昌僧宗、庄严僧达甚相称赞，宝亮每曰：‘我之神明，殊不及也。方将必当栋梁大法矣。'齐永明中,僧柔东归,于道林寺发讲,云谘决累日,词旨激扬,众所叹异。年小坐远,声问难叙,命置小床处之于前,共尽往复,由是显名。与同寺僧旻,等年腊,齐名誉,历采众师,且经且论,四时游听,寒暑不辍。或讲前讲末,初夜后夜,复述文义,间隙游习,于路思义,辄不自觉,行过所造。其勤励专志,类皆如此。曾观长乐寺法调讲论,出而顾曰:'震旦天子之都,衣冠之富,动静威仪,勿易为也。前后法师,或有词无义,或有义无词,或俱有词义面过无威仪,今日法座俱已阙矣。皆由习学不八成,未应讲也。'及年登三十,建武四年夏初,于妙音寺开法华、净名二经,序正条源,群分名类,学徒海凑,四众盈堂。"法云乃一代名僧,在齐建武四年(497)夏初在妙音寺开讲法华、净名二经。据传文,法云于华林寺讲《法华经》,与宝誌辩难,应在天监七年(508)至十三年(514)间。

华林寺,在华林园内。唐许嵩《建康实录》卷一二:"(元嘉二十三年)九月乙犯,上临试诸生于国学,赐学官帛有差。吴郡获野稻,嘉禾秀于华林园殿,甘露降于长宁陵。是岁,堰玄武湖于乐游苑北,兴景阳山于华林园,役及居民,民有怨者。是岁,置华林园东五里。"原书注曰:"案《地舆志》:吴时旧宫苑也。晋孝武更筑立宫室,宋元嘉二十二年重修广之,又筑景阳、武壮诸山,凿池,名天渊,造景阳楼以通天观。至孝武大明中,紫云出景阳楼,因改为景云楼。又造琴堂,东有双树连理,又改为连玉堂。又造灵曜前后殿,又芳香堂、日观台。元嘉中,筑蔬圃,又筑景阳东岭,又造光华殿,设射棚,又立凤光殿、醴泉堂、花萼池,又造一柱台、层城观、兴光殿。梁武又造重阁,上名重云殿,下名兴光殿,及朝日夕月之楼,登之而阶道,绕楼九转。自吴晋宋齐梁陈六代,互有构造,尽古今之妙陈。永初中,更造听讼殿。天嘉三年,又作临政殿,其山川制置,多是宋将作大匠张永所作。其宫殿数多旧来不用,乃取华林园以为号,陈亡悉废矣。"在佛教经典中,华林园乃弥勒成道后说法之僧园名。中有龙华树,故曰华林园。弥勒佛于此园龙华树下成道,且以三会之说法,悉度应度之众生。鸠摩罗什译《弥勒下生经》:"尔时于华林园,其园纵广一百由旬,大众满中,初会说法。九十六亿人得阿罗汉。第二大会说法,九十四亿人得阿罗汉。第三大会说法,九十二亿人得阿罗汉。"

法华,即《法华经》,《妙法莲华经》之略名。经中法师品曰:"是法华经藏,深固幽远,无人能到。"安乐行品曰:"此法华经,诸佛如来秘密之藏,于诸经中最在其上。"该经七卷或八卷,姚秦鸠摩罗什译,《法华经》有三译,此其第二译也。

黑风,暴风;狂风。天晦暴风吹海,名为黑风。《法华经·普门品》曰:"入于大海,假令黑风,吹其船舫。"鸠摩罗什译《仁王经》下:"黑风、赤风、青风、天风、地风、火风、水风。"《长阿含经》二十一曰:"有大黑风,暴起吹海水。"《魏书·元叉传》:"元叉本名夜叉,弟罗实名罗刹,夜叉、罗刹,此鬼食人,非遇黑风,事同飘堕。"唐杜牧《大雨行》:"东垠黑风驾海水,海水卷上天中央。"

世谛,"二谛"之一。谓有关世间种种事相的真理。世者世间、世俗;谛者事实、道理。世间之事实、世俗人所知之道理，谓之世谛。又曰俗谛、世俗谛等。《涅槃经》："如出世人所知者，第一义谛，世间人所知，名为世谛。"《仁王经》上曰："世谛幻化起，譬如虚空花。"《大智度论》卷三八："佛法中有二谛，一者世谛，二者第一义谛。为世谛故，说有众生；为第一义谛故，说众生无所有。"唐玄奘《大唐西域记·德慧伽蓝》："尔曹世谛之净行，我又胜义谛之净行；净行既同，何为见拒？"

第一义，即第一义谛。"二谛"之一。对于世俗谛之称，又云真谛、圣谛、胜义谛、湿透、真如、实相、中道、法界、真空等，总以名深妙之真理。谛者真实之道理也，此道理为诸法中第一，故云第一义，真实故云真；为圣者所见，故云圣；为殊胜之妙义，故云胜义。《大乘义章》一曰："第一义者，亦名真谛。第一是其显胜之目，所以名义。真者，是其绝妄之称。世与每审实不谬，故通名谛……彼世谛若对第一，应名第二。若对真谛，应名妄谛；第一义谛若对世谛，应名出世；若对俗谛，应名非俗；若对等谛，应名非等，立名一一不可返对。是故事法，但名世谛、俗谛等谛。理法，但名第一义谛乃至真谛。"

体是假有。体，物之一定不变而为差别支分之所依根本者，谓之体。对此而名能依之差别为相。此体相有性相二宗之别。假，借也。诸法各无实体，借他而有，故名假。如诸蕴而有众生，借栋梁而家屋，故假者，虚妄不实之义也。假名，有二义。一就名所释，诸法本无名，以人为假付名者，故一切之名，虚假不实，不契实体，如贫贱之人与以富贵之名，是即假名。《大乘义章》一曰："诸法无名，假与施名，故曰假名。如贫人假称富贵。"《起信论》曰："一切言说，假名无实。"二就法而释，诸法为因缘和合而成，无真实之体，故不可自差别，假名仅有差别之诸法，离名则无差别之诸法，故指诸法为假名。《注维摩经》曰："什曰：缘会无实，但假空名耳。"《大乘义章》一曰："诸法假名而有，故曰假名。是义云何？废名论法，法如幻化，非有非无，亦非非有，亦非非无。无一定可可以自别，以名呼法，法随名转，方有种种。诸法差别假名故有，是故诸法说为假名。"假名有，乃三有之一。如色香味触四事之因缘和全，假名为酪。是酪者，其实为色香味触，无酪之自体，而以假名之故有酪，是即假名有也。体是假有，谓物之本身，乃假名而有。

《太平广记》卷九〇"释宝誌"："然好用小便濯发，俗僧暗有讥笑者。誌亦知众僧多不断酒肉，讥之者饮酒食猪肚，誌勃然谓曰：'汝笑我以溺洗头，汝何为食盛粪袋？'讥者惧而惭服。"

宋释惠洪《石门文字禅》卷三〇《钟山道林真觉大师传》："法云寺云光师讲经，天为之雨华。帝意其证圣，夜于含光殿焚疏，命公、云光、僧俭、傅大士齐。翌日，独云光不至。公尝听法云讲《妙法莲华经》，至假使黑风，问风果有否，答曰：'世故有，第一义谛故无。'公曰：'若体是假，有此亦可解耶？'法云默然。公则自为主客，辩难锋生，一坐尽倾，然莫有解者。"

有陈御虏者，举家事誌甚笃。誌尝为其现真形，光相如菩萨像焉。誌知名显奇四十余载，士女恭事者数不可称。

陈御虏，事迹不详。

真形，真实之形体，谓佛之无相真身。《临济录》引傅大士之颂曰："有身非觉体，无相乃真形。"

光相，对佛像的敬称。南朝梁慧皎《高僧传·释道安》："众共抽舍，助成佛像，光相丈六，神好明者。"亦指宝光，佛光。慧皎《高僧传·康僧会》："舍利威神，岂直光相而已。"宋范成大《吴船录》卷上："凡佛光欲现，必先布云，所谓兜罗绵世界，光相依云而出，其不依云则谓之清现，极难得。"

《太平广记》卷九〇"释宝誌"："晋安王萧纲初生日，梁武遣使问誌，誌合掌云：'皇子诞育幸甚，然冤家亦生。'于后推寻历数，与侯景同年月日而生也。会稽临海寺有大得，常闻扬州都下有誌公，语言颠狂，放纵自在。僧云：'必是狐狸之魅也，愿向都下觅猎犬以逐之。'于是轻船入海，趋浦口，欲西上，忽大风所飘。意谓东南，六七日始到一岛中，望见金装浮图，干云秀出，遂寻径而往，至一寺，院宇精丽，花卉芳菲，有五六僧，皆可年三十，美容色，并著员绯袈裟，倚杖于门树下言语。僧云：'欲向都下，为风飘荡，不知上人此处何州国？今四望环海，恐本乡不可复见。'答曰：'必欲向扬州，即时便到。今附书到钟山寺，西行南头第二房，觅黄头付之。'僧因闭目坐船，风声定，开眼如言，奄至西岸，入数十里至都，径往钟山寺访问，都无有黄头者。僧具说委曲，报云：'西行南头第二房，乃风病道人誌公，虽言配在此寺，在都下聚药处，百日不一度来，房空无人也。'问答之间，不觉誌公已在寺厨上，乘醉索食，人以斋过日晚，未与间，便奋身恶骂，寺僧试遣沙弥绕厨侧，漫叫黄头。誌公忽云：'阿谁唤我？'即逐沙弥，来到僧处，谓曰：'汝许将猎犬捉我，何为空来？'僧知是非常人，顶礼忏悔，授书与之。誌公看书云：'方丈道人唤我，不久亦当自还。'誌公遂屈指云：'某月日去。'便不复共此僧语，众但记某月日。"

宋释惠洪《石门文字禅》卷三〇《钟山道林真觉大师传》："诏画工张僧繇写公像，藏禁中，僧繇下笔辄不自定，叩头哀恳，公笑曰：'毗婆尸佛早留心，直至而今不得妙。'帝偶与公临流纵望，有物泝流而上，公举杖引之，随杖而至，盖紫栴檀也。诏供奉官俞绍雕公像，顷刻而肖，神情如生。帝大悦，命置内庭，为子孙世世福田。"

《吴兴备志》卷二五："叶助，字天佑，收蜀范琼画《梁武帝写誌公图》一幅，武帝白冠衣褐(米元章《画史》)。"

明瞿汝稷《指月录》卷二"宝誌禅师"："帝尝诏画工张僧繇写师像，僧繇下笔辄不自定。师遂以指剺面门，分披出十二面观音，妙相殊丽，或慈或威，僧繇竟不能写。他日与帝临江纵望，有物溯流而上，师以杖引之，随杖而至，乃紫栴檀也。即以属供奉官俞绍，令雕师像，顷刻而成，神彩如生。"

至天监十三年冬，于台后堂谓人曰："菩萨将去。"未及旬日，无疾而终。尸骸香软，形貌熙悦。

天监十三年，梁武帝萧衍年号，即公元514年。

熙悦，和乐；和悦。《列子·力命》："在家熙然有弃朕之心，在朝谔然有敖朕之色。"《文选·潘岳〈关中诗〉》："惴惴寡弱，如熙春阳。"李善注："如悦春阳。"刘勰《文心雕龙·知音》："譬春台之熙众人，乐饵之止过客。"

陆倕《誌法师墓志铭》："天监十三年，即化于华林门之佛堂。先是，忽移寺之金刚像，出置户外，语僧众云：'菩萨当去。'尔后旬日，无疾而殒。沈舟之痛，有切皇心。殡葬资须，事丰供厚。望方坟而陨涕，瞻白帐而拊心。爰诏有司，式刊景行。"

萧子显《御讲金字摩诃般若波罗蜜经序》："先是，保誌法师者，神通不测，显迹甚多，自有别传。天监元年(502)，上始光有天下，方留心礼乐，未遑汾阳之寄。法师以其年九月，自持一麈尾及铁锡杖奉上，而口无所言。上亦未取其意。于今三十余年矣，其扇柄系以小绳，常所绾楔。指迹之处，宛然具存。"(《广弘明集》卷一九《法义篇第四之二》)萧子显此序，作于中大通五年(533)，此时保誌早已化去。

《南史》卷七六《陶弘景传》附《宝誌传》："天监十三年卒。将死，忽移寺金刚像出置户外，语人云：'菩萨当去。'旬日，无疾而终。"

唐李顾行《开善寺修誌公堂石柱记》："誌公和尚者，实观音大士之分形者欤？然迹见近代，《梁书》具载其事……初，誌公之未迁灭也，梁武帝命工人审像而刻之，相好无遗，俨然若对，建窣堵波于金陵之开善寺。圣功冥化，历代瞻敬，人钦其神者。"

宋释惠洪《石门文字禅》卷三〇《钟山道林真觉大师传》："天监十三年，公移华林园，金像置所居房。帝闻之曰：'师将去我耶？'是岁十二月，忽命奏丝竹，彻昼夜，至六日，终于兴皇寺。"

释志磐《佛祖统纪》卷五三《历代会要志第十九之三》"圣贤出化"条："誌公观音化身，始宋明帝十一年，终梁武天监十三年。"

释念常《佛祖历代通载》卷九"梁"："天监十三年，誌公和尚示寂。"

明葛寅亮《金陵梵刹志》卷三"钟山灵谷寺·宝誌公行实"："天监十三年，公移华林园金像，置所居房。帝问师曰：'师将去我耶？'又问：'国祚有留难否？'公但指喉示之。厥后侯景之乱，尤追绎公言也。帝复询社稷存亡、远近之事，公曰：'贫僧塔坏，陛下社稷随坏。'于十二月，忽闻奏丝竹，声彻昼夜。至初六日，无疾脱化于兴皇寺……念公之言，以金二十万易其地，敕造木五级，用皇女永定公主遗下奁具成之，仍以无价宝珠置其上。塔前建开善精舍，敕陆倕制铭于冢内，王筠制碑于寺门，处处传其遗像焉。毕工，驾御寺，公忽现云端，万众欢呼，声震山谷。敕谥广济大师。厥后，帝思前言，木塔其能久乎？遂命撤之，改创石塔，贵图不配，以应其谶。拆塔才毕,侯景之兵果至。"

《三教搜神大全》卷二"宝誌禅师":"师于梁天监十三年冬,将卒,忽告众僧,令移寺金刚神像,出置于外,乃密谓人曰:'菩萨将去矣。'未及旬日,无疾而终,举体香软。在世九十七年。"

临亡,然一烛,以付后阁舍人吴庆。庆即启闻,上叹曰:"大师不复留矣,烛者将以后事属我乎?"因厚加殡送,葬于钟山独龙之阜,仍于墓所立开善精舍。

后阁舍人,官名,南朝齐后宫置,以宦者担任。吴庆,一作"吴庆之",后宫中宦者,事迹不详。唐许嵩《建康实录》卷一七:梁武帝萧衍普通五年,"置众造寺,西南去县五十里,后阁舍人吴庆之造。置善觉尼寺,在县东七里,穆贵妃造,其殿宇房廊,刹置奇绝,元帝绎为寺碑。"

钟山,即今江苏南京市中山门外紫金山。诸葛亮所谓"钟山龙蟠"即指此山,为江南名山。独龙阜,又叫独龙冈、青林冈。形如屏障,因冈上多桂树,又名桂岭。宋张敦颐《六朝事迹编类》卷一一"寺院门":"蒋山明庆寺后,别有小岭,碧石青林,幽邃如画,世人呼为屏风岭。"又,同书卷二"形势门·钟阜":"《图经》云:在县东北,周回六十里,高一百五十八丈,东连青龙山,西临青溪,南自锺浦,下入秦淮,北接雉亭山。汉末,有秣陵尉蒋子文逐盗死于钟山,吴大帝为立庙,封曰蒋侯。《吴录》云:大帝祖讳锺,因改名曰蒋山。按《丹阳记》云:京师南北并连山岭,而蒋山岧峣嶷异,其形象龙,实作扬都之镇。诸葛亮尝至京,观秣陵山阜云'钟山龙盘',盖谓此也。又按《舆地志》云:钟山本少林木,宋时使诸州刺史罢职还者栽松三千株,下至郡守各有差焉。山之最高峰地有五愿树,树,柞木也。宋元嘉中,百姓祈祷,率有应验。《寰宇记》云:自梁以前立寺七十所,今存者六。又按《南史》,宋散骑常侍刘勔经始锺岭之南,以为栖息,聚石蓄水,朝士雅素者多从之游。又雷次宗元嘉中开馆鸡笼山,文帝为筑室于钟山西岩下,谓之招隐馆。至齐,周颙亦于钟山西立隐舍,休沐则归。后颙出为海盐令,孔稚圭作《北山移文》以讥之。《旧经》云:晋谢尚、齐朱应、吴苞、孔嗣之、梁阮孝绪、刘孝标并隐于此。"

开善精舍,即开善寺。精舍,道士、僧人修炼居住之所。《三国志·吴志·孙策传》"建安五年"裴松之注引晋虞溥《江表传》:"时有道士琅邪于吉,先寓居东方,往来吴会,立精舍,烧香读道书,制作符水以治病,吴会人多事之。"《魏书·外戚传上·冯熙》:"熙为政不能仁厚,而信佛法,自出家财,在诸州镇建佛图精舍,合七十二处。"唐白居易《香山寺新修经藏堂记》:"寺有佛像,有僧徒,而无经典。寂寥精舍,不闻法音,三宝阙一,我愿未满。"开善寺,梁武帝为宝誌所建的寺,使智藏法师居之。

道宣《续高僧传》卷五《智藏传》:"圣僧宝誌迁神,窀穸于钟阜,于墓前建塔,寺名开善,敕藏居之。"

陆游《入蜀记》卷一:乾道六年七月,“八日晨,至钟山道林真觉大师塔,焚香。塔在太平兴国寺上,宝公所葬也。塔中金铜宝公像,有铭在其膺。盖王文公守金陵时所作。僧言古像取入东都启圣院,祖宗时每有祈祷,启圣及此塔皆设道场,考之信然。”

宋刘岑《蒋山大佛殿记》:“宝公道场,始于梁武,其女号曰永定公主,割舍私财,创为精舍。当时词臣陆倕、王筠作为文章,以纪其事。我本朝大中祥符,赐榜太平兴国禅寺,加封宝公‘道林真觉’。庆历改元,翰林学士叶清臣来守是邦,以禅易律。元丰,主僧曰法泉者,经营辛苦,成大丛林。焚于建炎,复于绍兴云。大佛殿前,又有大毗卢阁,两翼为行道阁属之殿。其余堂庑极其雄丽,皆绍兴以来所建。淳熙十六年九月晦,一火而烬。今累年营缮,骎骎复盛矣。宝公旧像,父老相传以沉香为之。国初,取归京师。陈轩《金陵集》载狄咸游蒋山诗云:‘旃檀归象魏,窣堵卧烟霞。’盖谓此也。本朝太平兴国七年,舒氏柯萼遇老僧往万岁山,指古松下掘之,得石篆,乃宝公记‘圣祚绵远’之文。于是遣使致谢,谥曰‘宝公妙觉’。治平初,更谥‘道林真觉大师’。按《建康实录》:开善寺有誌公履,唐神龙初,郑克俊取之,以归长安。今洗钵池尚在,塔西二里,法云寺基方池是也。寺西有曰道光泉,以僧道光穿斫得名。曰宋熙泉,以近宋熙寺基之侧。有八功德水,在寺东悟真庵之后。一云泉,在寺北高峰绝顶。寺东山巅有定心石,下临峭壁。寺西百余步,有白莲庵,庵前有白莲池,乃策禅师退居之所。寺后向东北,有娄禅师之塔。”

宋张敦颐《六朝事迹编类》卷一一“寺院门”:“梁武帝天监十三年,以钱二十万,易定林寺前冈独龙阜,以葬誌公。永定公主以汤沐之资,造浮图五级于其上。十四年,即塔前建开善寺。”

《景定建康志》卷四六:“蒋山太平兴国禅寺,去城一十五里。考证:梁武帝天监十三年,以定林寺前冈独龙阜葬誌公。永定公主以汤沐之资造浮图五级于其上,十四年,即塔前建开善寺,今寺乃其地也。唐干符中,改为宝公院。南唐升元中,徐德裕重修,后主又改为开善道场。国朝太平兴国五年,改赐今额,庆历二年,叶公清臣奏请为十方禅院。”

元张铉《至正金陵新志》卷一一“祠祀志”:“梁武帝天监十三年,以定林寺前冈独龙阜葬誌公。永定公主以汤沐之资,造浮图五级于其上。十四年,即塔前建开善寺。”

明宋濂《文宪集》卷三《游钟山记》:“(玩珠)峰,独龙阜也。梁开善道场宝誌大士葬其下,永定公主造浮图五成覆之,后人作殿四阿,铸铜貌大士,实浮图。浮图或现五色宝光,旧藏大士履。神龙初,郑克俊取入长安。殿东木末轩,舒王所名。俯瞰山足,如井底。出,度第一山亭,亭颜,米芾书。亭左,有名僧娄慧约塔,塔上石,其制若圆楹,中斫为方,下刻二鬼擎之,方上书曰‘梁古草堂法师之墓’,有融㓜法定,为梁人书。复折而西,入碑亭,碑凡数辈,中有张僧繇画大士相,李白赞,颜真卿书,世号三绝。”

明葛寅亮《金陵梵刹志》卷三“钟山灵谷寺”:“在都城东钟山左独龙岗麓,离朝阳门十里。钟山,即蒋山。梁天监十三年,武帝为誌公建塔于山南玩珠峰前,名开善精舍,更为寺。唐乾符中,改宝公院。开宝中,改开善道场。宋太平兴国五年,改太平兴国寺。庆历二年,府尹叶清臣奏改十方禅院。寻复寺额。国初,名蒋山寺。因塔迩宫禁,洪武十四年,敕改今地,赐额‘灵谷禅寺’。”

《嘉庆重修一统志》江宁府“祠庙”:灵谷寺,“本朝康熙四十六年,圣祖仁皇帝南巡,赐御书扁额、对联;乾隆十六年,高宗纯皇帝南巡,御制灵谷寺六韵诗,御赐扁额;二十二年、二十七年、三十年、四十五年、四十九年皆有御制灵谷寺诗;四十九年,仁宗睿皇帝随扈,御制灵谷寺诗。”

宋释惠洪《石门文字禅》卷三〇《钟山道林真觉大师传》:“临亡,然一烛以付后阁舍人吴庆以闻。帝叹曰:‘大师不复留矣!烛者将以后事嘱我乎?’帝昔与公登钟山之定林,指前冈独龙阜曰:‘此为阴宅,则永其后。’帝曰:‘谁当得之?’公曰:‘光行者。’至是念公,以此言以金二十万易其地以葬焉。皇女永康公主薨,尽施其妆奁,建浮图五层,于其上置以无价宝珠,仍建开善精舍,敕陆倕制铭于冢内,王筠勒碑于寺门,处处传其遗像焉。毕工,驾御寺,公忽现于云间,万众欢呼,声振山谷,敕谥广济大师。”

瞿汝稷《指月录》卷二“宝誌禅师”:“天监十三年冬,将卒,忽告众僧,令移寺金刚神像,出置于外。乃密谓人曰:‘菩萨将去。’及旬日,无疾而终,举体香软。临亡,然一烛以付后阁舍人吴庆,庆以事闻,帝叹曰:‘大师不复留矣!烛者,其以后事嘱我乎!’因厚礼葬于钟山独龙阜。仍令开善精舍,敕陆倕制铭于冢内,王筠立碑于寺门,处处传遗像焉。”

《三教搜神大全》卷二“宝誌禅师”:“帝以钱三十万,易定林寺前冈独龙阜以葬师。永定公主以汤沐之资,造浮图七级于其上。帝命陆倕制铭,锡玻黎珠以饰塔表。”

《江南通志》卷四三“寺观”:“(江宁府)灵谷寺,在府钟山东南,旧于独龙阜建道林寺。梁武帝为宝誌禅师建塔于玩珠峰前,名开善。宋改太平兴国,后改蒋山,明洪武初,徙山之东偏,改名灵谷。自山门入,松径五里,乃至寺大殿,皆垒甓空洞而成。后有浮图,即梁宝誌禅师幻身改葬于此。塔前有石泉,石旁有古松偃干,明高帝月夜挂衣处。国朝康熙四十六年,圣祖仁皇帝南巡,临幸,赐御书‘灵谷禅林’四字匾额,御书‘天香飘广殿,山气宿空廊’对联,御书石刻《金刚经》一部,御书泥金《心经》一卷,御书白居易绝句金扇一柄,‘烟满秋堂月满庭,香花漠漠磬铃铃。谁能来此寻真谛,白老新开一藏经。’”

敕陆倕制铭辞于冢内，王筠勒碑文于寺门。传其遗像，处处存焉。

陆倕，姚思廉《梁书》卷二七《陆倕传》："陆倕，字佐公，吴郡吴人也。晋太尉玩六世孙，祖子真，宋东阳太守；父慧晓，齐太常卿。倕少勤学，善属文，于宅内起两间茅屋，杜绝往来，昼夜读书，如此者数载。所读一遍，必诵于口。尝借人《汉书》，失《五行志》四卷，乃暗写还之，略无遗脱。幼为外祖张岱所异，岱尝谓诸子曰：'此儿，汝家之阳元也。'年十七，举本州秀才。刺史竟陵王子良开西邸延英俊，倕亦预焉。辟议曹从事参军、庐陵王法曹行参军。天监初，为右军安成王外兵参军，转主簿。倕与乐安任昉友善，为《感知己赋》以赠昉。"陆倕文名重于当时，为梁武帝年赏识，"是时礼乐制度，多所创革。高祖雅爱倕才，乃敕撰《新漏刻铭》，其文甚美。迁太子中舍人，管东宫书记。又诏为《石阙铭记》，奏之。敕曰：'太子中舍人陆倕所制《石阙铭》，辞义典雅，足为佳作。昔虞丘辨物，邯郸献赋，赏以金帛，前史美谈。可赐绢三十匹。"迁太子庶子、国子博士。故而，梁武帝敕陆倕撰宝誌铭文，即《誌法师墓志铭》。

王筠，姚思廉《梁书》卷三三《王筠传》："王筠，字元礼，一字德柔，琅邪临沂人。祖僧虔，齐司空简穆公；父楫，太中大夫。筠幼警寤，七岁能属文。年十六，为《芍药赋》，甚美。及长，清静好学，与从兄泰齐名。陈郡谢览，览弟举，亦有重誉，时人为之语曰：'谢有览、举，王有养、炬。'炬是泰，养即筠，并小字也。起家中军临川王行参军，迁太子舍人，除尚书殿中郎。王氏过江以来，未有居郎署者，或劝，逡巡不就，筠曰：'陆平原东南之秀，王文度独步江东，吾得比踪昔人，何所多恨。'乃欣然就职。尚书令沈约，当世辞宗，每见筠文，咨嗟吟咏，以为不逮也。尝谓筠：'昔蔡伯喈见王仲宣，称曰王公之孙也，吾家书籍悉当相与。仆虽不敏，请附斯言。自谢朓诸贤零落已后，平生意好，殆将都绝，不谓疲暮，复逢于君。'约于郊居宅造阁斋，筠为草木十咏，书之于壁，皆直写文词，不加篇题。约谓人云：'此诗指物呈形，无假题署。'""筠为文能压强韵，每公宴并作，辞必妍美。约常从容启高祖曰：'晚来名家，唯见王筠独步。'累迁太子洗马，中舍人，并掌东宫管记。昭明太子爱文学士，常与筠及刘孝绰、陆倕、到洽、殷芸等游宴玄圃，太子独执筠袖，抚孝绰肩而言曰：'所谓左把浮丘袖，右拍洪崖肩。'其见重如此。筠又与殷芸以方雅见礼焉。出为丹阳尹丞、北中郎咨议参军，迁中书郎。奉敕制《开善寺宝誌大师碑》，文词甚丽逸。又敕撰《中书表奏》三十卷，及所上赋颂，都为一集。""筠状貌寝小，长不满六尺。性弘厚，不以艺能高人，而少擅才名，与刘孝绰见重当世。"

《南史》卷七六《陶弘景传》附《宝誌传》："先是琅邪王筠至庄严寺，宝誌遇之，与交言欢饮，至亡，敕命筠为碑，盖先觉也。"

南唐敕文："前梁广济大师宝誌公，生已济民，寂称祐世。朕今日恭敬其灵，追谥曰‘妙觉菩萨’。”

宋太宗赵炅《致斋宝誌公青词》:“宋太平兴国七年,舒民柯萼诣万岁山,遇异僧,以拄杖指松下取宝。掘之,果得石,上有篆文,乃宝公所记宋祚兴废之数。太宗皇帝览之增敬,大士降现禁中。帝闻绪语,乃遣使持青词入山致斋。其文略曰……诏自今不可以名斥,以显尊异,宜赐号‘道林真觉菩萨’。”

元释念常《佛祖历代通载》卷一八:“舒州柯萼遇异僧于万岁山,以杖指松根,使萼镢之,得瑞石,篆文谶圣朝国祚无疆。萼进石于京师,诏藏秘府。他日,大士宝誌降现禁中。帝亲闻绪言,致祭钟山,赐号‘道林真觉菩萨’。”

《至大金陵新志》卷一三下之下:“宋大中祥符五年,诏于龙图阁取太平兴国中舒州所获誌公石,以示辅臣,上作诗纪其事,又作赞目曰:‘神告帝统石。’仍加谥誌公曰‘真觉’。遣知制诰陈尧咨诣蒋山致告,其后又加谥‘道林真觉’,令天下公私,无得斥誌公名。高宗绍兴中,加谥‘慈应’,今天历戊辰,加号‘道林真觉慧感慈应普济禅师’。”

《明太祖文集》卷一八《祭保誌法师文》:“昔者师能出世,异人性,备六道,景张佛教,使凶顽从化,善者愈良,及其终也,择地于钟山之阳,阴其宅而居之,经今八百六十七年。今朕建言在迩,其为师焚修者,俯而视之。因勅中书下工部造浮图于山之左,今将完成,徙师于是。于戏!漏尽母生,人我劫终,勿堕尘埃,惟师神通。尚飨!”

《三教搜神大全》卷二“宝誌禅师”:“南唐保大七年,加号‘妙觉’,塔名‘应世’。宋太宗太平兴国七年,舒民柯萼遇老僧往万岁山,指古松下,掘之,得石篆,乃宝公记‘圣祚绵远’之文。于是遣使致谢,谥曰‘宝公妙觉’。治平初,更谥‘道林真觉大师’。按《建康实录》闻善寺有誌公履,唐神龙初,郑克俊取之,以归长安。今洗钵池,尚在塔西二里,法云寺基方池是也。”

誌公造像、祭祀遗址有多处:

《江南通志》卷一八六“安州”:“齐头山,在州西南七十里,高千八百丈,层峦叠翠,顶正方平,山麓有水晶庵,石泉井,雷公洞,魁星崖诸胜迹,巅有宝誌公道场,相传为宝誌说法之所。”

《江南通志》卷三四“安庆府”:“锡泉,在潜山县,梁宝誌公卓锡得泉处。”

《江南通志》卷四三“寺观”:“(江宁府)慧居寺,在府治东六十里。句容县界宝华山,相传为梁宝誌公道场,故名宝华。久废,明嘉靖间,僧普照建宝公庵,万历间,僧妙峰奉敕建铜殿,赐名圣化隆昌寺。国朝顺治二年,僧见月建白石戒坛,康熙四十二年,圣祖南巡,敕赐慧居寺额,御书《心经》一卷、《金刚经》一卷。四十六年,南巡,驾幸山中,赐飞白大书‘莲畍云香’四字额,悬于铜殿,‘精持梵戒’四字额悬于戒坛。雍正十二年,总督赵弘恩奉旨重修。”又,“鸡鸣寺,在府城北鸡笼山,与台城相接。晋永康间，倚山为室，始建道场。明洪武二十年，改创鸡鸣寺，置门三，曰秘密关、观由所、出尘径，皆赐额也。迁灵谷寺宝誌公法函，瘗于山麓，建浮图五级。国朝康熙四十四年，御书‘鸡鸣古迹’四字匾额。”

又，同书卷四五“寺观”：“（常州府）誌公寺，在无锡县西北四十五里青城乡，誌公禅师尝居其地，故名。宋建炎二年僧昙显建。”

又，同书卷四六“寺观”：“（扬州府）禅智寺，即上方寺，在府北五里蜀冈，一名竹西寺。天朗气清，南徐诸山，苍然在襟袖间。寺有石刻吴道子画宝誌公像，李白作赞、颜真卿书，谓之三绝碑。又有苏轼、李孝博诗石刻。寺侧有蜀井。按刘长卿《怀演如上人诗序》云，寺即上人所建。明魏尚书骥碑又云：炀帝尝梦夜游兜率天宫，听弥勒佛说法，既寤，遂以离宫施为寺。二说不同，并存以俟参考。”

又，同书卷四七“寺观”：“（安庆府）山谷寺，在县北十五里，旧名乾元寺，梁僧宝誌卓锡之地。宋太宗时有舒民柯萼，遇老僧住万岁山，指古松下，掘得石篆，乃誌公记圣祚绵远之文，进之朝，名瑞石，遣使致谢，谥曰宝公，赐号‘道林真觉禅师’。”

《江西通志》卷八“瑞州府”：“石台山，在新昌县南二十里，下有清凉院，东坡、子由尝游此，有诗。又南十里为志留山，旧传梁时誌公驻锡于此，下有定慧院。”

《浙江通志》卷二〇“山川”：“（瑞安县）五公山，万历《温州府志》在县西三十里，世传梁僧誌公、化公、朗公、唐公、宝公会此，故名。有五公石，石上有剪尺拄杖迹。”

又，同书卷二二七“寺观”：“（临安县）东天目山昭明禅寺，成化《杭州府志》在县西四十五里，王亮《东天目山记》梁昭明太子修禅处，大同间创建，名昭明院。僧宝誌飞锡居之。嘉靖《临安县志》：元末毁，明洪武二十年重建。《东天目志》：寺毁已久，临安黄令倡缘新之，左誌公堂。（黄汝亨《东目纪游》内有宝誌公像，及昭明太子像，皆朗秀绝伦。）”

《湖广通志》卷一〇“山川志”：“（房县）明月山，去县四十里下有崖，誌公修行处，夜望光如朗月。”又，“誌公岩，县西四十里，相传誌公结庵处。”

又，同书卷七八“古迹志”：“（房县）誌公岩寺，在县西北二十五里，誌公禅师碑存。”

《山东通志》卷九“古迹志”：“醴泉寺誌公碑，在邹平县醴泉寺，额曰‘大唐齐州章邱县常白山醴泉寺誌公之碑’，开元三年立。”

又，同书卷三五之一上“艺文志”引王士禛《醴泉谒誌公像观唐碑》（开元三年乙卯立碑）：“早读神僧传，缅怀誌公迹。剑水踪已遥，钟山事成昔。岂知长白峰，留此千年石。鸟爪带铜绿，镜面莹藓碧。磨灭开元碑，虫鸟纷难译。披萝究遗文，剥苔埋残画。断阙发见闻，樵牧增叹惜。陆铭圮寒冢，王碑委荒僻。庐陵傲珠犀，东武比博奕。沦弃多名珍，何惮穷钩索。一勺醴泉水，供此风雨夕。（《神僧传》：誌公面莹彻如镜，手足皆鸟爪，碑有云陆倕制铭于冢内，王筠勒碑于寺门，皆与传合。）”

《山西通志》卷二六“山川”：“（五台县）誌公洞，在清凉石南，法华洞在誌公洞前。”

又,同书卷一六〇“仙释”:“(绛州)誌公,闻喜南丘村有誌公寺,内有石刻记,相传誌公避乱驻锡于此。”

又,同书卷一七一“寺观”:“(闻喜县)誌公寺,在南丘村,今名黄花洞寺,有古石佛碑刻记曰:母丘氏僧四十人。又县侯村有梁武帝庙,万历间孝子吕辛陵募重建,岁久倾圮,功德寺僧大智尝静修于此,重修。”

《陕西通志》卷九“山川”:“(醴泉县)誌公泉,在县城北泥河北岸,相传誌公卓锡于此,喜其泉之甘洌,取以瀹茗,因名。”

又,同书卷一三“山川”:“(长武县)画阁山,在县南三十里有画阁寺,为誌公说法处,旁有温泉,冬月不冻,可为汤沐。山在亭口里,接平凉府灵台县界,又相近有屏山。县志。”

《四川通志》卷二二下“津梁”:“(剑州)誌公铺,在州东七十里。”

又,同书卷二八“寺观”:“(剑州)誌公寺,在州北八十里,誌公和尚入寂于此。”

阮元《关中胜迹图志》卷三“大川”:“泥河,在醴泉县城北,源出泥泉,东流入泔水,北岸有誌公泉,相传梁僧宝誌卓锡于此。”

曹学佺《蜀中广记》卷二六“名胜记”:“(剑州)有誌公殿,刘竢记云:‘剑阁之下,有寿圣寺,在石壁之西偏,由益昌道中望之,隐隐如行僧顶伽□。每秋时出,或见光景。’陆游《剑南诗稿》云:‘剑门东石壁间影,有若僧负杖者,杖端仿佛有刀尺拂子状。’”

初,誌显迹之始,年可五六十许,而终亦不老,人咸莫测其年。有徐捷道者,居于京师九日台北。自言是誌外舅弟,小誌四年,计誌亡时应年九十七矣。

徐捷道,事迹不详。

九日台,萧子显《南齐书》卷三《武帝本纪》:永明五年,“九月己丑,诏曰:‘九日出商飙馆,登高宴群臣。’辛卯,车驾幸商飙馆。馆上所立,在孙陵岗,世呼为九日台者也。”宋都穆《方舆胜览》卷一四:“九日台,《四蕃记》:齐武帝九月九日宴群臣于孙陵冈,即此也。去城南十五里。王介甫诗:‘九日无欢可得追,飘然随意历山陂。蒋陵西曲风烟澹,也有黄花一两枝。’”宋张敦颐《六朝事迹编类》卷四“九日台”条:“《南史》:齐武帝永明四年四月,作商飙馆于孙陵冈,世呼为九日台。《十道四蕃志》云:武帝九月九日,以宴群臣孙陵冈,即吴大帝蒋陵,今在钟山乡蒋庙之西南,俗呼为松陵冈,去县十二里。杨修之有诗云:‘甲光如水戟如霜,御酒杯浮菊半黄。东日西风满天仗,箫韶一部奏清商。’”

宋释惠洪《石门文字禅》卷三〇《钟山道林真觉大师传》:“公显迹之著,数可五六十许,及终,亦不老,莫测其年。有徐犍道者,年九十三,自言是公外舅弟,小公四岁,计其时九十七矣。李氏有国日,谥曰妙觉。公作《四柱记》《五公符》《十二时偈》《璧记》《心镜图》数千言,传于世。本朝太平兴国七年,舒州民柯萼者遇异僧于岁山下,以杖指松根,令萼镢之,得瑞石一,篆文皆谶"圣宋国祚无疆",萼进其石于京师,太宗皇帝遣中使置斋于钟山,诏:'自今不可以名斥,以显尊异。'赐号道林真觉大师。"

《明一统志》卷六"南京·仙释":"宝誌,俗姓朱,往来都邑,已五十六年……梁天监中,无疾而终,葬钟山独龙之阜。元天历间,累加号'道林真觉慧威慈应普济禅师'。"

明葛寅亮《金陵梵刹志》卷三"钟山灵谷寺·宝誌公行实":"天监十三年,公移华林园金像,置所居房。帝问师曰:'师将去我耶?'……于十二月,忽闻奏丝竹,声彻昼夜。至初六日,无疾脱化于兴皇寺……念公之言,以金二十万易其地,敕造木塔五级,用皇女永定公主遗下奁具成之,仍以无价宝珠置其上。塔前建开善精舍,敕陆倕制铭于冢内,王筠制碑于寺门,处处传其遗像焉……敕谥广济大师……李氏有国日,谥曰妙觉。"

又,"宋太宗太平兴国七年,舒州民柯萼遇老僧,率诣万岁山取宝,以杖指松下,令掘之,得石,上有篆文,乃师所纪运祚兴废之数。朝廷宝之,赐谥道林真觉。"

又,"宋敏求《东京记》:太平兴国七年,师降见城市。诏避讳,称宝公,遣使至青词,就钟建道场,赐太平兴国禅寺为额。真宗大中祥符五年,诏于龙图阁取太平兴国年中舒州所获宝公石,以示辅臣,上作诗记其事,又作赞目曰神告帝统石。谥曰真觉大师,遣知制诰陈尧咨诣蒋山致告,仍令天下无得斥公名。"

又,"又《真宗实录》:大中祥符六年六月甲申,诏加谥宝公为道林真觉大师。高宗绍兴辛巳岁,金人犯淮甸,师以神力幽赞,卒使虏酋就殄,江淮以安,被旨加封道林真觉慈应惠感大师,塔曰感顺。元文宗天历二年,封普济圣师菩萨。"

誌公在中国俗文学史上的地位和影响

何剑平

自两晋南北朝始,中国的诗坛上就存在着一个游离于主流诗歌之外的白话诗派,它与文人诗歌分庭抗礼,共同描绘出中国诗歌博大宏伟的全景。[①]从思想源流上看,白话诗派基本上是一个佛教诗派,与佛教的深刻联系形成了这个诗派的基本特征。胡适在《白话文学史》中指出唐初的白话诗有四种来源:一是民歌;二是打油诗(凡嘲戏别人,或嘲讽社会,或自己嘲戏,或为自己解嘲,都属此类);三是歌妓;四是宗教与哲理。[②]此处宗教与哲理即指所谓佛理诗(以佛学义理为主要内容的诗),可见,胡适认为:南北朝的佛教诗歌是唐代白话诗派的来源之一。佛教诗歌有着自己的发生过程。汉末佛经传入中土,其中散文与韵文杂陈,称为"偈颂"的韵文部分,引起中土僧人和士人的仿效,产生了最早的佛理诗——无韵的偈体。此后僧人在写作上吸取中国古代诗歌传统的营养,在句式上采用文人诗中常用的手法如"顶真格"[③]等,开始讲究句式整齐、押韵等,逐渐摆脱佛经偈体的囿限,魏晋时期,在名士与僧人交往的基础上终于形成玄言诗与佛理诗的交融。《广弘明集》卷三十载东晋成帝、穆帝时名士张君祖与竺法頵、庾僧渊之间彼此的赠答诗,支遁《咏怀诗》《五月长斋诗》等均具玄言与佛理并重之特征。但这时期的诗无论玄言诗或是佛理诗,语言多枯窘抽象,难免"理过其辞"之弊,对唐代的白话诗派影响不大。齐梁时期,则是中国佛教诗歌的一个重要发展时期。由于佛教的深入传播,促进了中土用口语和接近于口语的语言写作的趋向。有些僧侣和佛教徒,开始用一种接近口语的语言创作诗偈,南朝著名僧侣宝誌便是这些参与诗歌写作的僧侣群体中涌现出的代表诗人,对中国俗文学的诗歌创作影响甚巨。宝誌作品现存二类。一类为谶诗,主要散见于《南史》《隋书》;另一类为佛教义理诗,多散载于中晚唐时期的禅籍中,在北宋道原《景德传灯录》中得到较完整的保存。以下我们以这两类作品为例,对誌公的诗歌创作及其在中国俗文学中的影响做一全面介绍。

① 参项楚、张子开、谭伟、何剑平合著:《唐代白话诗派研究》第一章绪论,学习出版社,2007年版,第1页。

② 胡适:《白话文学史(上卷)》,商务印书馆,第181-182页。

③ 张伯伟:《禅与诗学》,浙江人民出版社,1992年,第144页。

一

据《高僧传》卷十《保誌传》言其“时或赋诗，言如谶记。”按此八字，已道出誌公诗以谶记形式出现的重要特点。宝誌谶记流传于后世，散见于各传记者主要有以下数例：

《南史》卷六十三《王僧辩传》：

先是，天监中沙门释宝誌为谶云：“太岁龙，将无理。萧经霜，草应死。余人散，十八子。”时言萧氏当灭，李氏代兴。（此三言谶）

《南史》卷七《梁本纪》中第七：

始天监中，沙门释宝誌为诗曰：“昔年三十八，今年八十三。四中复有四，城中火酣酣。”帝使周舍封记之。及中大同元年，同泰寺灾，帝启封见舍手迹，为之流涕。帝生于甲辰，三十八，克建邺之年也。遇灾岁实丙寅，八十三矣。四月十四日而火，火起之始，自浮屠第三层。三者，帝之昆季次也。（此五言谶）

《南史》卷八十《侯景传》：

天监中，沙门释宝誌曰：“掘尾狗子自发狂，当死未死啮人伤。须臾之间自灭亡，起自汝阴死三湘。”又曰：“山家小儿果攘臂，太极殿前作虎视。”狗子，景小字。山家小儿，猴状。景遂覆陷都邑，毒害皇家。起自悬瓠，即昔之汝南。巴陵有地名三湘，景奔败处。其言皆验。（此二谶为七言）

《隋书·五行志》：

梁天监三年六月八日，武帝讲于重云殿，沙门誌公忽然起舞歌乐，须臾悲泣，因赋五言诗曰：“乐哉三十余，悲哉五十里！但看八十三，子地妖灾起。佞臣作欺妄，贼臣灭君子。若不信吾语，龙时侯贼起。且至马中间，衔悲不见喜。”梁自天监至于大同，三十余年，江表无事。至太清二年，台城陷，帝享国四十八年，所言五十里也。太清元年八月十三，而侯景自悬瓠来降，在丹阳之北，子地。帝惑朱异之言以纳景。景之作乱，始自戊辰之岁。至午年，帝忧崩。十年四月八日，誌公于大会中又作诗曰：“兀尾狗子始着狂，欲死不死啮人伤，须臾之间自灭亡。患在汝阴死三湘，横尸一旦无人藏。”侯景小字狗子。初自悬瓠来降,悬瓠则古之汝南也。巴陵南有地名三湘,即景奔败之所。(此前谶为五言,后谶与《南史》卷八十《侯景传》同。)

唐人笔记尚存宝誌谶诗一首,载见于唐韦绚述《刘宾客嘉话录》,中云:

禄山将乱于中原,梁朝誌公大师有语曰:"两角女子绿衣裳,却背衣行邀君王,一止之月必消亡。"两角女子安字。绿者,禄字也。一止,正月也。果正月败亡。圣矣乎,誌公之寓言也。(此诗《全唐诗》卷八百七十五《谶记》亦收入。)

此外,据上虞罗氏藏敦煌残卷《沙州文录》尚载有原题《宝公预言》的谶诗,其文云:

五马从南来,燕赵起三灾。□□勤修善,得见化城开。兔子乱三州,万恶自然收。东弱西强阿谁愁,欲得[避]世燕南头。武安州里白鸡鸣,百姓辽乱心不宁。四月八日起鬼兵,冀州城东起长城。尔来君士面奄青,五月十日灭你名。冀州城头君子游,折尾苟子乱中州,欲得避世黄河头。今年天下是乱世,但勤修善自防身。得安乐,无忧愁,不肯看经心罗错。天下辽乱真可留,若得尽门斩贼头。

四月八日游,斗鸡台上樗蒲卢。正见笑,兵不输,阻雉正见唤兵人死室粟麦无□□犊合河北脱却角白血五之间辽乱推搭,圣人之间天运迎。(此篇首有"宝公曰"三字。中间一段难以点断。)

秃人今日已定,不须卜于长安。天坐住汝男津,百官大会千斤肫。

一斗谷夜饷,一疋绢二丈,丁车大牛西南上。若不信吾语,看先乌东飞,雉北走,空虚匡上见猪狗。□□□□□□□,日无光,月无影,星辰辽乱入(下缺)。

此篇虽年代及作者无从考定,但观其"折尾苟子乱中州""四月八日起鬼兵,冀州城东起长城"诸句颇有改写《隋书》中宝誌谶诗之嫌。至迟亦应为五代以前的作品。

综上可知:誌公谶诗散见于史传者仅五首,有如下特点:1.据《南史》《隋书》,这些谶诗的创作时间多集中于梁天监年中;2.从《南史》《隋书》的成书年代看,其中所载五首宝誌谶诗在唐前应已流传,故为唐前作品。《刘宾客嘉话录》所记一首应为唐代作品;3.在句式上,三言、五言、七言不等,值得注意的是七言谶诗的出现;4.宝誌的谶诗多是针对现实中某个将欲发生的重大事件的预见,言多补益,反映了作者以人间为佛事的品质;5.见载于《南史》《隋书》中题名为宝誌的谶诗作品虽不能断定即为其所作,然与梁本传对宝誌诗特点之总结——“时或赋诗,言如谶记”相符,故而谶诗为其所作,还是较为可信的。

除以上所列谶诗之外,还有学者认为《洛阳伽蓝记》卷四所记谶诗亦为宝誌作品,如陈尚君《全唐诗续拾》卷五十九“宝誌”条即云:“按:宝誌诗,《先秦汉魏晋南北朝诗·梁诗》卷三十仅据《南史》《隋书》收谶诗四则,漏收二则,即《洛阳伽蓝记》所载:‘大竹箭,不须羽。东厢屋,急手作。’”[①]事实上,此谶诗绝非宝誌作品,今据文献数据辨之如下。按《洛阳伽蓝记》卷四“白马寺”条载:

> 有沙门宝公者,不知何处人也。形貌丑陋,心机通达,过去未来,预睹三世。发言似谶,不可解,事过之后,始验其实。胡太后闻之,问以世事。宝公曰:“把粟与鸡呼朱朱。”时人莫之能解。建义元年,后为尔朱荣所害,始验其言。时亦有洛阳人赵法和请占“早晚有爵否?”宝公曰:“大竹箭,不须羽。东厢屋,急手作。”时不晓其意。经十余日,法和父丧。大竹(箭)者(苴)杖;东厢屋者,倚庐。造《十二辰歌》,终其言也。

段成式《酉阳杂俎前集》卷之三《贝编》:

> 后魏胡后尝问沙门宝誌国祚,且言把枣与鸡呼朱朱。盖尔朱也。有赵法和请占,誌公曰:“大竹箭,不须羽。东厢屋,急手作。”法和寻丧父。

显然:《酉阳杂俎前集》卷三的这段材料本于《洛阳伽蓝记》卷四“沙门宝公事迹”,但我们注意到:段成式在此以宝公为宝誌事。对此,范祥雍先生云:“但以宝公为宝誌,恐伪。”[②]周祖谟先生说“或以为即梁释宝誌,非。宝誌未尝至北方。《法苑珠林》卷九十一引侯君素《旌异记录》云:‘高齐初沙门宝公者,嵩山高栖士也。’与此所称,殆为一人。”[③]但查之《法苑珠林》所引侯君素《旌异记录》文,未发现有任何宝公有神通预见之力的记载。然而,周、范二位先生提出一个令人深思的问题:段成式的将“宝公”改为“宝誌”不符事实:《高僧传》保誌本传及大量唐前资料均未见载宝誌为胡后及赵法和占卜事,宝誌未至北方。现在的问题是:为什么段成式要做此改动?是否是引录过程中偶然出现的笔误?答案是否定的。因为唐人的石刻为我们

① 陈尚君辑校:《全唐诗补编》下册,中华书局,1992年版,第1738页。

② 范祥雍:《洛阳伽蓝记校注》,上海古籍出版社,1978年新版,第199页。

③ 周祖谟:《洛阳伽蓝记校释》,上海书店出版社,2000年版,第150页。

留下了时人的看法。《金石萃编》卷七十载《大唐齐州章丘县常白山醴泉寺誌公之碑》,该碑立于开元三年十月十五日。令人注意的是:其中言及宝誌生平事迹与梁本传所记有出入处:

> 梁寺史传,师本俗姓朱氏,金城人也。少出家□□道林寺僧法师为和上,业有禅□。宋太始初,渐彰异迹,居止不定,饮食无时。长发跣足,每(下阙)词同谶记,言不虚发,应验如神。或□视通于北□,分形遍于南国,奇怪忽恍,不可殚论。

对此"或□视通于北□"一句重要的话,却出现了两个缺字,陆增祥《八琼石金石补正》卷五十《醴泉寺誌公碑》对后面一字补为"都"字。而《章丘县志》卷十四《金石录》则更为清晰:

> 词同谶记,言不虚发,应验如神。或密视通于北都,或分形遍于南国,奇怪忽恍,不可殚论。[①]

这无疑说明:宝誌故事在流传过程中发生变异,至唐代,由于观音、维摩等本迹说的盛行,人们给此一人物故事又添加了新的意义:宝誌之神力通于北方。此即为段成式引录其文大张其本。因此,我们说段成式对《洛阳伽蓝记》卷四宝公这段材料的引录绝非出于偶然的笔误,早在开元年间或更早些时候,唐人又对宝誌故事进行编传,认为《洛阳伽蓝记》里提到的那个在北地为胡太后及洛阳人赵法和占卜之沙门宝公不过是南国梁释宝誌在异地的化身示现,二人实为一人,并以神通预见力见称。李绅为卒于永贞元年的墨诏大师所作的《墨诏持经大德神异碑铭》[②]为我们提供了另一佐证。中云:"大师熙和畅达,无入不得,随机见教,经行无阂,维摩诘之俦也。知机洞如,藏往察来,默而不显,晋宝公之伦也。"可见:在唐人看来,宝公即宝誌。唐人看法如是,难怪段成式改之矣。

至此,我们可以得出结论:《洛阳伽蓝记》卷四所载宝公谶诗绝非梁释宝誌诗。

二

除以上谶诗外,标名为宝誌的作品还有《大乘赞》十首、《十二时颂》《十四科颂》

①《石刻史料新编》第三辑第25册,台湾新文丰出版公司。

②《全唐文》卷六九四。

《答梁武帝问如何修道四首》(见于S.3177、P.3641)[1]等,这些均为佛教义理诗。

宝誌《大乘赞》等作品最明确的著录记载,见于宋沙门道原纂《景德传灯录》卷二十七《禅门达者虽不出世有名于时者一十人见录》:

> 宝誌禅师,金城人也。……又制《大乘赞》二十四首盛行于世。余诸辞句与夫禅宗旨趣冥会,略录十首及师制《十二时颂》,编于别卷。

道原之言,说明当时已存在标名为宝誌的作品《大乘赞》,共计二十四首,而道原仅著录其中十首,并著录宝誌另一类作品:《十二时颂》十二首、《十四科颂》。此后元释念常《佛祖历代通载》卷九亦言及宝誌作品数目,说:"凡大士所为秘讖偈句多着《南史》。为学者述《大乘赞》十篇、《科诵》十四篇并《十二时歌》,皆畅道幽致,其旨与宗门冥合,今盛传于世。"(《大正藏》第49册,第544页c)显然,《佛祖历代通载》所言宝誌作品数目已有所变化:《大乘赞》仅十篇,或至念常时,所见仅此耳。

此外,标名为宝誌的作品在日本平安朝入唐求法僧诸录中见有一种,此即《誌公歌》一卷,又作"《梁朝誌公和尚歌》一卷",日本惠运撰《惠运禅师将来教法目录》《惠运律师目录》,圆珍《日本比丘圆珍入唐求法目录》(大唐大中十一年十月录)、《智证大师请来目录》(大唐大中十二年五月十五日录)均著录。此《誌公和尚歌》一卷虽不能确定即收有《大乘赞》之类作品,然托名宝誌的作品或语录在中晚唐已见流传,却是事实。《景德传灯录》卷二九收录誌公以下三类作品:

《大乘赞》十首

> 大道常在目前,虽在目前难睹。若欲悟道真体,莫除声色言语。言语即是大道,不假断除烦恼。烦恼本来空寂,妄情递相缠绕。一切如影如响,不知何恶何好。有心取相为实,定知见性不了。若欲作业求佛,业是生死大兆。生死业常随身,黑暗狱中未晓。悟理本来无异,觉后谁晚谁早。法界量同太虚,众生智心自小。但能不起吾我,涅盘法食常饱。
>
> 妄身临镜照影,影与妄身不殊。但欲去影留身,不知身本同虚。身本与影不异,不得一有一无。若欲存一舍一,永与真理相疏。更若爱圣憎凡,生死海里沉浮。烦恼因心有故,无心烦恼何居?不劳分别取相,自然得道须臾。梦时

① S.3177号《答梁武帝问如何修道四首》:"见色身不染,又复不贪财。二种俱不受,罪从何处来?一切世间人,常骑六贼马。不遇善知识,万年不得下。将口吃他肉,用活自己身。不知还成肉,还用肉偿(偿)人。骂他还自骂,嗔他还自嗔。如木能生火,还自返烧身。"原卷首行作"梁武帝问誌公和尚如何修道和尚以偈□",誌公即宝誌,当为托名之作,姑补作者。又见于P.3641(简称甲卷),题"梁武帝问誌公和尚如何修道,问(因)以偈答曰"。

梦中造作,觉时觉境都无。翻思觉时与梦,颠倒二见不殊。改迷取觉求利,何异贩卖商徒?动静两亡常寂,自然契合真如。若言众生异佛,迢迢与佛常疏。佛与众生不二,自然究竟无余。

法性本来常寂,荡荡无有边畔。安心取舍之闲,被他二境回换。敛容入定坐禅,摄境安心觉观。机关木人修道,何时得达彼岸?诸法本空无着,境似浮云会散。忽悟本性元空,恰似热病得汗。无智人前莫说,打尔色身星散。

报尔众生直道,非有即是非无。非有非无不二,何须对有论虚?有无妄心立号,一破一个不居。两名由尔情作,无情即本真如。若欲存情觅佛,将网山上罗鱼。徒费功夫无益,几许枉用功夫。不解即心即佛,真似骑驴觅驴。一切不憎不爱,遮个烦恼须除。除之则须除身,除身无佛无因。无佛无因可得,自然无法无人。

大道不由行得,说行权为凡愚。得理返观于行,始知枉用功夫。未悟圆通大理,要须言行相扶。不得执他知解,回光返本全无。有谁解会此说,教君向己推求。自见昔时罪过,除却五欲疮疣。解脱逍遥自在,随方贱卖风流。谁是发心买者,亦得似我无忧。

内见外见总恶,佛道魔道俱错。被此二大波旬,便即厌苦求乐。生死悟本体空,佛魔何处安着?只由妄情分别,前身后身孤薄。输回六道不停,结业不能除却。所以流浪生死,皆由横生经略。身本虚无不实,返本是谁斟酌?有无我自能为,不劳妄心卜度。众生身同太虚,烦恼何处安着?但无一切希求,烦恼自然消落。

可笑众生蠢蠢,各执一般异见。但欲傍镳求饼,不解返本观面。面是正邪之本,由人造成百变。所须任意纵横,不假偏耽爱恋。无着即是解脱,有求又遭罗羂。慈心一切平等,真如菩提自现。若怀彼我二心,对面不见佛面。

世间几许痴人,将道复欲求道。广寻诸义纷纭,自救己身不了。专寻他文乱说,自称至理妙好。徒劳一生虚过,永劫沈沦生老。浊爱缠心不舍,清净智心自恼。真如法界丛林,返作荆棘荒草。但执黄叶为金,不悟弃金求宝。所以失念狂走,强力装持相好。口内诵经诵论,心里寻常枯槁。一朝觉本心空,具足真如不少。

声闻心心断惑,能断之心是贼。贼贼递相除遣,何时了本语默。口内诵经千卷,体上问经不识。不解佛法圆通,徒劳寻行数黑。头陀阿练苦行,希望后身功德。希望即是隔圣,大道何由可得?譬如梦里度河,船师度过河北。忽觉床上安眠,失却度船轨则。船师及彼度人,两个本不相识。众生迷倒羁绊,往来三界疲极。觉悟生死如梦,一切求心自息。

悟解即是菩提,了本无有阶梯。堪叹凡夫伛偻,八十不能跋蹄。徒劳一生虚过,不觉日月迁移。向上看他师口,恰似失奶孩儿。道俗峥嵘聚集,终日听他死语。不观己身无常,心行贪如狼虎。堪嗟二乘狭劣,要须摧伏六府。不食酒肉五辛,邪眼看他饮咀。更有邪行猖狂,修气不食盐醋。若悟上乘至真,不假分别男女。

十二时颂

平旦寅,狂机内有道人身。穷苦已经无量劫,不信常擎如意珍。若捉物,入迷律,但有纤豪即是尘。不住旧时无相貌,外求知识也非真。

日出卯,用处不须生善巧。纵使神光照有无,起意便遭魔事挠。若施功,终不了,日夜被他人我拗。不用安排只么从,何曾心地生烦恼?

食时辰,无明本是释迦身。坐卧不知元是道,只么忙忙受苦辛。认声色,觅疏亲,只是他家染污人。若拟将心求佛道,问取虚空始出尘。

禺中巳,未了之人教不至。假使通达祖师言,莫向心头安了义。只守玄,没文字,认着依前还不是。暂时自肯不追寻,旷劫不遭魔境使。

日南午,四大身中无价宝。阳焰空华不肯抛,作意修行转辛苦。不曾迷,莫求悟,任尔朝阳几回暮。有相身中无相身,无明路上无生路。

日昳未,心地何曾安了义。他家文字没亲疏,莫起功夫求的意。任纵横,绝忌讳,长在人间不居世。运用不离声色中,历劫何曾暂抛弃?

晡时申,学道先须不厌贫。有相本来权积聚,无形何用要安真。作净洁,却劳神,莫认愚痴作近邻。言下不求无处所,暂时唤作出家人。

日入酉,虚幻声音终不久。禅悦珍羞尚不餐,谁能更饮无明酒。没可抛,无物守,荡荡逍遥不曾有。纵尔多闻达古今,也是痴狂外边走。

黄昏戌,狂子兴功投暗室。假使心通无量时,历劫何曾异今日。拟商量,却啾唧,转使心头黑如漆。昼夜舒光照有无,痴人唤作波罗蜜。

人定亥,勇猛精进成懈怠。不起纤豪修学心,无相光中常自在。超释迦,越祖代,心有微尘还窒阂。廓然无事顿清闲,他家自有通人爱。

夜半子,心住无生即生死。生死何曾属有无,用时便用没文字。祖师言,外边事,识取起时还不是。作意搜求实没踪,生死魔来任相试。

鸡鸣丑,一颗圆珠明已久。内外接寻觅总无,境上施为浑大有。不见头,又无手,世界坏时渠不朽。未了之人听一言,只遮如今谁动口。

《十二时》的最早作品,则相传是南朝释宝誌所作。《高僧传》卷十《保誌传》载宝誌与梁武帝对话,尝言及治烦惑之药在“书字时节刻漏”的十二旨中,“识者以为书之在十二时中”。《高僧传》为梁僧慧皎撰,据此可知,至迟在梁代,《十二时》即已产生。前述北魏《洛阳伽蓝记》卷四也记有沙门宝公“造《十二辰歌》”之事,这说明北方也有《十二时》流行。《隋书》卷十五《音乐志下》说：炀帝"令乐正白明达造新声，创《万岁乐》《藏钩乐》《七夕相逢乐》《投壶乐》《舞席同心髻》《玉女行觞》《神仙留客》《掷砖续命》《斗鸡子》《斗百草》《泛龙舟》《还旧宫》《长乐花》及《十二时》等曲，掩抑摧藏，哀音断绝"。宋潘自牧《记纂渊海》卷七八"乐府门"引《类要》："高宗时，有《堂堂》《十二时》曲。"可见，《十二时》曲在隋代前即已创调，经隋炀帝改制为新声，广泛流行于唐高宗时。此后北宋道原将盛传于唐代的宝誌《十二时颂》十二首收入《景德传灯录》卷二十九，南宋胡仔《苕溪渔隐丛话后集》卷三七又载其末首，皆"三七七七，三三七七七"体[①]。今藏于扬州博物馆的宝誌像赞"三绝碑"，亦镌有《十二时》歌。

十四科颂

菩萨烦恼不二

众生不解修道，便欲断除烦恼。烦恼本来空寂，将道更欲觅道。一念之心即是，何须别处寻讨。大道晓在目前，迷倒愚人不了。佛性天真自然，亦无因缘修造。不识三毒虚假，妄执浮沈生死。昔时迷日为晚，今日始觉非早。

持犯不二

丈夫运用无碍，不为戒律所制。持犯本自无生，愚人被他禁系。智者造作皆空，声闻触途为滞。大士肉眼圆通，二乘天眼有翳。空中妄执有无，不达色心无碍。菩萨与俗同居，清净曾无染世。愚人贪着涅槃，智者生死实际。法性空无言说，缘起略无人子。百岁无智小儿，小儿有智百岁。(《宗镜录》卷八十引"大士"二句。)

佛与众生不二

众生与佛无殊，大智不异于愚。何须向外求宝，身田自有明珠。正道邪道不二，了知凡圣同途。迷悟本无差别，涅盘生死一如。究竟攀缘空寂，惟求意想清寂。无有一法可得，翛然自入无余。

事理不二

心王自在翛然，法性本无十缠。一切无非佛事，何须摄念坐禅。妄想本来空寂，不用断除攀缘。智者无心可得，自然无争无喧。不识无为大道，何时得证幽玄。佛与众生一种，众生即是世尊。凡夫妄生分别，无中执有迷奔。了达贪嗔空寂，何处不是真门？

静乱不二

声闻厌喧求静，犹如弃面求饼。饼即从来是面，造作随人百变。烦恼即是

① 参王昆吾：《隋唐五代燕乐杂言歌辞研究》，中华书局，1996年版，第425页。

菩萨，无心即是无境。生死不异涅槃，贪嗔如焰如影。智者无心求佛，愚人执邪执正。徒劳空过一生，不见如来妙顶。了达淫欲性空，镬汤炉炭自冷。

善恶不二

我自身心快乐，翛然无善无恶。法身自在无方，触目无非正觉。六尘本来空寂，凡夫妄生执着。涅盘生死平等，四海阿谁厚薄？无为大道自然，不用将心画度。菩萨散诞灵通，所作常含妙觉。声闻执法坐禅，如蚕吐丝自缚。法性本来圆明，病愈何须执药。了知诸法平等，翛然清虚快乐。

色空不二

法性本无青黄，众生谩造文章。吾我说他止观，自意扰扰颠狂。不识圆通妙理，何时得会真常？自疾不能治疗，却教他人药方。外看将为是善，心内犹若豺狼。愚人畏其地狱，智者不异天堂。对境心常不起，举足皆是道场。佛与众生不二，众生自作分张。若欲除却三毒，迢迢不离灾殃。智者知心是佛，愚人乐往西方。

生死不二

世间诸法如幻，生死犹若雷电。法身自在圆通，出入山河无间。颠到妄想本空，般若无迷无乱。三毒本自解脱，何须摄念禅观。只为愚人不了，从他戒律决断。不识寂灭真如，何时得登彼岸？智者无恶可断，运用随心合散。法性本来空寂，不为生死所绊。若欲断除烦恼，此是无明痴汉。烦恼即是菩萨，何用别求禅观？实际无佛无魔，心体无形无段。

断除不二

丈夫运用堂堂，逍遥自在无妨。一切不能为害，坚固犹若金刚。不着二边中道，翛然非断非常。五欲贪瞋是佛，地狱不异天堂。愚人妄生分别，流浪生死猖狂。智者达色无碍，声闻无不恒惶。法性本无瑕翳，众生妄执青黄。如来引接迷愚，或说地狱天堂。弥勒身中自有，何须别处思量。弃却真如佛像，此人即是颠狂。声闻心中不了，唯只趁逐言章。言章本非真道，转加斗争刚强。心里蚖蛇蝮蝎，螫着便即遭伤。不解文中取意，何时得会真常？死入无间地狱，神识枉受灾殃。

真俗不二

法师说法极好，心中不离烦恼。口谈文字化他，转更增他生老。真妄本来不二，凡夫弃妄觅道。四众云集听讲，高座论义浩浩。南座北座相争，四众为言为好。虽然口谈甘露，心里寻常枯燥。自己元无一钱，日夜数他珍宝。二恰似无智愚人，弃却真金担草。心中三毒不舍，未审何时得道？

解缚不二

律师持律自缚，自缚亦能缚他。外作威仪恬静，心内恰似洪波。不驾生死船筏，如何度得爱河？不解真宗正理，邪见言辞繁多。有二比丘犯律，便却往问优波。优波依律说罪，转增比丘网罗。方丈室中居士，维摩便即来诃。优波默然无对，净名说法无过。而彼戒性如空，不在内外娑婆。劝除生死不肯，忽悟还同释迦。

境照不二

禅师体离无明，烦恼从何处生？地狱天堂一相，涅盘生死空名。亦无贪瞋可断，亦无佛道可成。众生与佛平等，自然圣智惺惺。不为六尘所染，句句独契无生。正觉一念玄解，三世坦然皆平。非法非律自制，翛然真入圆成。绝此四句百非，如空无作无依。

运用无碍

我今滔滔自在，不羡公王卿宰。四时犹若金刚，苦乐心常不改。法宝喻于须弥，智慧广于江海。不为八风所牵，亦无精进懈怠。任性浮沈若颠，散诞踪横自在。遮莫刀剑临头，我自安然不采。

迷悟不二

迷时以空为色，悟即以色为空。迷悟本无差别，色空究竟还同。愚人唤南作北，智者达无西东。欲觅如来妙理，常在一念之中。阳焰本非其水，渴鹿狂趁匆匆。自身虚假不实，将空更欲觅空。世人迷倒至甚，如犬吠雷叿叿。(以上皆见《景德传灯录》卷二九)

宝誌《大乘赞》等作品的产生年代至迟亦应在玄宗开元初年。至于《十二时》的最早作品，也相传是宝誌所作。日本学者忽滑谷快天说："宝誌偈颂之大旨多出《维摩经》处得来。"[①]此言可谓触及问题的实质。宝誌《大乘赞》之诗题，疑即本于《维摩诘所说经·弟子品》所云"以大悲心赞于大乘"。今检视宝誌《大乘赞》《十二时颂》《大四科颂》等作品，发现确有许多合于维摩诘教理的部分。

1.以烦恼为佛事。《大乘赞》之一："若欲悟道真体，莫除声色言语。言语即是大道，不假断除烦恼。烦恼本来空寂，妄情递相缠绕。"《十四科颂》之"菩提烦恼不二"云："众生不解修道，便欲断除烦恼。烦恼本来空寂，将道更欲觅道。"《十四科颂》之"生死不二"："若欲断除烦恼，此是无明痴汉。烦恼即是菩提，何用别求禅观？"《维摩诘所说经·弟子品第三》维摩诘谓舍利弗言："不断烦恼而入涅盘，是为宴坐。"《大乘赞》作者的观点与《维摩诘经》同。

2.与众生不二。《大乘赞》之二："若言众生异佛，迢迢与佛常疏。佛与众生不二，自然究竟无余。"《十四科颂》之"佛与众生不二"："众生与佛无殊，大智不异于愚。"《十四科颂》之"色空不二"："佛与众生不二，众生自作分张。"《十四科颂》之"境照不二"："众生与佛平等，自然圣智惺惺。"《维摩诘所说经·见阿閦佛品》云应如

---

①《中国禅学思想史》上册，上海古籍出版社2002年版，第53页。

是观如来身,即所谓“等诸智,同众生,于诸法无分别”,此教旨实为《大乘赞》作者之言论张本。

3.内外不异。《大乘赞》之六:“内见外见总恶,佛道魔道俱错。被此二大波旬,便即厌苦求乐。”《维摩诘所说经》卷中《文殊师利问疾品》:“何谓无所得?谓离二见。何谓二见?谓内见、外见,是无所得。”肇曰:“内有妄想,外有诸法。此二虚假,终已无得。”

4.持律善解。《十四科颂》“解缚不二”也表达了相类观点。“律师持律自缚,自缚亦能缚他。外作威仪恬静,心内恰似洪波。不驾生死船筏,如何度得爱河?不解真宗正理,邪见言辞繁多。有二比丘犯律,便却往问优波。优波依律说罪,转增比丘网罗。方丈室中居士,维摩便即来诃。优波默然无对,净名说法无过。而彼戒性如空,不在内外娑婆。劝除生死不肯,忽悟还同释迦。”按此篇立意,乃全本于《维摩诘所说经·弟子品第三》佛命优波离问疾章。

5.坐卧是道。《十二时颂》“食时辰”云:“食时辰,无明本是释迦身。坐卧不知元是道,只么忙忙受苦辛。”《十四科颂》之“色空不二”:“对境心常不起,举足皆是道场。”《维摩诘所说经·菩萨品》:“诸有所作举足下足,当知皆从道场来住于佛法矣。”

6.一念知一切法。《十四科颂》“菩提烦恼不二”云:“一念之心即是,何须别处寻讨。”《十四科颂》之“迷悟不二”:“欲觅如来妙理,常在一念之中。”《维摩诘所说经·菩萨品》:“一念知一切法是道场,成就一切智故。”

7.五欲贪嗔是道。《十四科颂》“静乱不二”:“了达淫欲性空,镬汤炉炭自冷。”《十四科颂》之“断除不二”:“五欲贪瞋是佛,地狱不异天堂。”《维摩诘所说经·弟子品第三》:“不断淫怒痴亦不与俱,不坏于身而随一相,不灭痴爱起于明脱,以五逆相而得解脱。”

从以上的例证中我们不难看出,《大乘赞》《十四科颂》等作品与《维摩诘经》在义理方面的密切联系,作者可谓精于《维摩诘经》者。

总之,《大乘赞》十首及《十二时颂》等作品为唐初禅宗初起时之产物。根据《回波词》的流传情况及遗则为宝誌作释题一事,它的创作年代最晚产生于开元初年;根据其所反映的思想源流和文本内容,它的产生还当更早,其上限可定在高宗年间。

《大乘赞》等作品的内容,为认识禅宗初期思想演变提供了极可宝贵的线索。它说明:

这些托名为宝誌的作品,不仅是禅宗人氏面对本宗不同派系固守常法之现状,为辨是非而进行论辩的宣传品,也是禅宗面对佛教其他宗习经论之宗派的非议所做出的响应,反映了禅宗在弘忍、神秀之际的一种新动向。(如《大乘赞》其十“悟解即是菩提,了本无有阶梯。”已蕴顿悟禅法)这种新动向的肇始者自当溯至道信的说法言论,此后牛头山一世法融禅师发扬而光大之。从思想源头的角度看,导致新禅法出现的关键性因素则取决于期禅宗自达摩后对《楞伽经》之外其他大乘经典的取资借鉴,道信在此转变中起了重要作用。在道信和法融的经历中都可看到他们借用《般若经》《维摩诘经》等经典敷扬禅法的例证,宝誌《大乘赞》等作品所反映的禅理正与其声气相通。此后慧能一派批评神秀禅法所谓“凝心入定,住心看净,起心外照,摄心内证”(敦煌卷子《菩提达摩南宗定是非论》),不过为其余绪。禅宗对所宗经典的转向,除了其自身原因(例如初唐《楞伽经》传习滞于疏解文义,名相支离,故另寻简要佛典)外,还与太宗自玄宗朝对《般若经》等大乘经典强调的时代背景有关。而宝誌《大乘赞》等作品正是这一历史时期标志性的作品。

三

宝誌偈颂作品内容虽多为禅旨,但其创制时间却早于六祖慧能之禅法言论。它上接六朝佛教诗歌重视义学的余绪,下启王梵志等佛教哲理诗的先河,对唐宋俗文学作品产生了深远的影响,主要表现在两个方面:其一是作为宗教诗歌,成为唐宋以来众多名不见经传的白话诗人竞相仿效的对象;其二是作为宗教诗人,宝誌较早将民间通俗歌调引进佛教偈赞的创作,使《十二时》等民间吟唱之调成为佛教偈颂的常用文体。项楚先生在《敦煌诗歌导论》中谈及王梵志诗歌时,对宝誌前一方面的作品之影响做了说明:“在一百一十首本王梵志诗中,《回波尔时大贼》(三五一首,原题“王梵志回波乐”)和《法性本来常住》(三五七首),也是改写抄录梁宝誌和尚《大乘赞》而成。……可见僧徒的宗教诗对王梵志白话诗的重要影响。”[①]这意味着,宝誌诗歌作品在唐代已成为白话诗人学习的模板,同样可以作为例证的还有寒山的作品,如宝誌《十四科颂》“真俗不二”云:“自已元无一钱,日夜数他珍宝。恰似无智愚人,弃却真金担草。”寒山《有人把椿树》说:“弃金却担草,谩他亦自谩。”显然,后者受前者的启示。宝誌《大乘赞》《十二时颂》在内容和形式上都为其后的佛教诗歌提供了可资借鉴的蓝本。庞居士诗偈所说“外求非是宝,无念自家珍。心外求佛法,总是倒行人”,“持心更觅佛,岂不是愚痴”,“诸佛与众生,元来同一家”,“不假坐禅持戒律,超然解脱岂劳功”,“坐禅胜读经,读经胜有为”,“十二部经兼戒律,

① 参《敦煌诗歌导论》,巴蜀书社,2001年版,第311页。宝誌《大乘赞》十首之三:“法性本来常寂,荡荡无有边畔。安心取舍之闲,被他二境回换。敛容入定坐禅,摄境安心觉观。机关木人修道,何时得达彼岸?诸法本空无着,境似浮云会散。忽悟本性元空,恰似热病得汗。无智人前莫说,打尔色身星散。”王梵志有诗名《法性本来常存》(三五七首):“法性本来常存,茫茫无有边畔。安身取舍之中,被他二境回换。敛念定想坐禅,摄意安心觉观。木人机关修道,何时可到彼岸?忽悟诸法体空,欲似热病得汗。无智人前莫说,打破君头万段。”显然,后者基本上是抄录前者,只是漏掉了“诸法本空无着”二句而已。可以看出:梵志的变动增加了语言的口语化和形象性。

执相依文常受持”等，都不过是对宝誌《大乘赞》《十二时颂》《十四科颂》作品义理的承袭，所不同的是语言的精致典雅更迹近白话通俗。总之，宝誌等的佛教诗歌在两方面对唐代以王梵志为首的白话诗人以启示。一是以人间为佛事的精神，二是对佛教义理的探求。前者使王梵志等关注人间，“具言时事”，不守经典，创作了为数不少的世俗诗歌，并取得运用俗语的典范性成就；后者则使王梵志等将诗作为宣传“佛教道法”开悟群迷的化俗工具，以佛教徒身份创作了佛教内容的诗——佛教哲理诗。此即“以诗为佛事”，所谓“为义作，为法作，为方便智作，为解脱性作，不为诗而作”[①]者，其具体作诗方法为“先以诗句牵，后令入佛智”，以上二者形成唐代白话诗不同层次的诗作及内容的丰富。

以下几种记载则表明宝誌的作品在中晚唐得到广泛流传：

1.唐河东裴休集《黄檗山断际禅师传心法要》：“誌公云，佛本是自心作，那得向文字中求。”(《大正藏》第48册第383页b)

2.裴休集《黄檗断际禅师宛陵录》：“誌公云，本体是自心作，那得文字中求。如今但识自心，息却思惟，妄想尘劳自然不生。”(《大正藏》第48册第386页b)

3.宗密《大方广圆觉修多罗了义经略疏》卷上二：“誌公云：‘以我身空诸法空，千品万类悉皆同。’”(《大正藏》第39册第545页a)

4.《祖堂集》卷二十《五冠山瑞云寺和尚》：“誌公笑云，不解即心即佛，真似骑驴觅驴者，即此相也。”(此引用《大乘十赞》中语)

5.《祖堂集》卷十七《福州西院和尚》：“故誌公云，内外追寻觅总无，境上施为浑大有。”(此引用誌公《十二时颂》之第十首)

6.宋延寿集《宗镜录》卷七十九云：“誌公云，每日诵经千卷，纸上见经不识。”(《大正藏》第48册第850页b)

以上记载告诉我们，时至中晚唐，宝誌《大乘十赞》《十二时颂》等作品受到禅门的尊崇，被不断引用，延续至北宋。

前论可知，《十二时》创调于南朝，并流传至唐宋。在艺术形式上，宝誌最早利用由民间歌曲改制而成的《十二时》等歌辞体式，创作《十二时颂》，宣传大乘佛理，从而使《十二时》等民间通俗歌调进入佛教偈赞，并使之拥有偈赞调和民间吟唱之调的双重功能，此种艺术手法也为唐五代佛教歌辞所效法，如《荷泽和尚五更转》(S.6103号敦煌残卷)，中唐释智严所作《普劝四众依教修行》(P.2054)，《古尊宿语录》卷十四载从谂禅师《十二时歌》，等都与宝誌《十二时颂》有直接的传承关系。值得注意的是，逮至中晚唐，出自僧侣之手的《十二时》等作品中通俗歌调的成分加强，宗教义理的成分日趋淡化，乃至消解。如频伽精舍刊《大藏经》本《古尊宿语录》卷十四载从谂禅师《十二时歌》，云：

---

① 白居易：《题道宗上人十韵并序》，见《白居易集》卷二十一。

鸡鸣丑,愁见起来还漏逗。裙子褊衫个也无,袈裟形相些些有。裩无腰,袴无口,头上青灰三五斗。比望修行利济人,谁知变作不唧溜。

平旦寅,荒村破院实难论。解斋粥米全无粒,空对闲窗与隙尘。唯雀噪,勿人亲,独坐时闻落叶频。谁道出家憎爱断,思量不觉泪沾巾。

日出卯,清净却翻为烦恼。有为功德被尘幔,无限田地未曾扫。攒眉多,称心少,叵耐东村黑黄老。供利不曾将得来,放驴吃我堂前草。(以下九首略)

歌辞写到僧侣修行的现实环境及日常生活。如果说宝誌《十二时颂》义理味较浓,语言尚显典雅,到了从谂这里,语言俚俗、生动、谐谑,反映了佛教义理诗在禅师们手里由于离开佛教仪式而单独行用,渐趋通俗化、民歌化倾向。若推其源始,则宝誌对《十二时》歌的创制无疑具有开先的重要作用。

宋元时期的誌公信仰述略

何剑平

逮至宋元，张僧繇为宝誌作画事迹广泛见载《祖堂集》《传灯录》等禅籍中，成为禅师们常谈论的话头，[①]而宝誌作为一种民间信仰经过大力弘宣，在中国宋元时期盛极一时，达到前所未有的高峰。而导致宝誌信仰的流传规模空前，不能不归功于有关赵宋之兴或宋太祖受禅的宝誌谶言。

众所周知，宝誌信仰自梁武帝末盛传中国民间，在南北朝以至隋唐广泛流传。中国民间很早就接受了这种信仰，对这位长于谶言、具预知未来神力的僧人极为尊崇，唐末五代主要流行于江东地区的《转天图经》可视为中国民间对宝誌尊崇的重要代表之一。该经假托浙江天台山的五公菩萨所撰，而五公菩萨即以宝誌公为首。[②]该经藉五台山菩萨的谶记暗示明王、圣人之名并劝世人向善、以拯救世人出劫灾为目的。经中出现了各种预言未来、测示王者兴亡的谶言，对此后宋太祖受禅有着直接的启示和影响。《佛祖统纪》卷四三引今佚失之宋赵普《皇朝飞龙记》云：

> 先是民间有得梁誌公铜牌记云："有一真人起冀州，开口张弓在左边，子子孙孙保永年。"江南李主名其子曰弘冀，吴越钱王诸子，皆连弘字弘倧、弘俶、弘亿，期应图谶，及上受禅，而宣祖之讳正当之。太祖皇考，上弘下殷，追谥宣祖。

《杨文公谈苑》"铜牌记"条、宋江少虞《宋朝事实类苑》卷四七"铜牌记"条、宋张敦颐《六朝事迹编类》卷八《识记门》"宝公铜牌记"条，所载大致相同。[③]可见太祖受

---

①《祖堂集》卷九："九峰和尚，嗣石霜，在江西。师讳道虔，俗姓刘，福州侯官县人也。问：一笔丹青为什么邈誌公真不得？师云：僧瑶却许誌公。僧曰：未审誌公还肯僧瑶也无？师云：誌公若肯，僧瑶不许。僧曰：僧瑶得什么人证旨，却许誌公？师云：乌龟稽首须弥柱。"见《祖堂集》，南唐泉州招庆寺静、筠法师合撰，全国图书馆文献缩微复印中心据韩刻本影印出版，第187页下。

② 喻松青：《〈转天图经〉新探》，《民间秘密宗教经卷研究》，台北：联经民83。

③ 李裕民辑校：《杨文公谈苑》，上海古籍出版社，1993年版，第6页。《宋朝事实类苑》下册，上海古籍出版社，1981年版，第617页。张忱石点校：《六朝事迹编类》，上海古籍出版社，1995年版，第96页。

禅与前代神僧宝誌之谶言有直接之关系。这件"宝公铜牌记"即是发生于赵宋太平兴国七年的重要事件——舒州所获誌公石记。被正史类如《宋史》《续资治通鉴长编》《资治通鉴后编》[①]所载,如宋李焘撰《续资治通鉴长编》卷二十三载太宗太平兴国七年事云:

> 先是舒州怀宁县有老僧过民柯萼家,率萼诣万岁山取宝。僧以杖于古松下掘得黝石,刻誌公记,云:"吾观四五朝后,次丙子年,赵号二十一帝,敬醮潜山九天司命真君,社稷永安。"僧忽不见,萼以石刻来献。

释氏书也载此事,宋惠洪《钟山道林真觉大师传》云:

> 本朝太平兴国七年,舒州民柯萼者,遇异僧与岁山下,以杖指松根,令萼镢之,得瑞石一,篆文皆谶,圣宋国祚无疆。萼进其石于京师,太宗皇帝遣中使置斋于钟山,诏自今不可以名斥,以显尊异。赐号道林真觉大师[②]。

①《宋史》卷八:"群臣上尊号曰崇文广武感天尊道应真佑德,上圣钦明仁孝皇帝。丁丑出舒州,所获瑞石,文曰誌公记。戊寅建景灵宫太极观于寿邱。辛巳,建安军铸圣像,龙见云中。"宋李焘撰《续资治通鉴长编》卷二十三:"先是舒州怀宁县有老僧过民柯萼家,率萼诣万岁山取宝。僧以杖于古松下掘得黝石,刻誌公记,云:吾观四五朝后,次丙子年,赵号二十一帝,敬醮潜山九天司命真君,社稷永安。僧忽不见,萼以石刻来献。"又《续资治通鉴长编》卷七十九:"丁丑,谒启圣院太宗神御殿,礼毕,诏于龙图阁取太平兴国中舒州所获誌公石,以示辅臣。上作诗纪其符应,又作赞目曰:神告帝统石。乃加谥誌公曰真觉。遣知制诰陈尧咨诣蒋山致告。其后又加谥曰道林真觉,令公私无得斥誌公名。"刑部尚书徐干学撰《资治通鉴后编》卷二十九:"丁丑,谒谢启圣院太宗神御殿礼毕,诏于龙图阁取太平兴国中舒州所获誌公石,以示辅臣。帝作诗纪其符应。又作赞目曰神告帝统石。乃加谥誌公曰真觉,遣知制诰陈尧咨诣蒋山致祭。后又加谥曰道林真觉,令公私无得斥誌公名。"宋李攸撰《宋朝事实》卷二:"帝即位,改元太平兴国。议者窃谓太平字一人六十也。至道三年,帝升遐,寿五十九。岁亦叶其数。舒州民有献瑞石,誌公记其文曰:吾观四五朝后,次丙子赵号太平,二十一帝王,国家启运,在五代后。太宗丙子岁即位,四五百年之前,天命在国家久矣。案〈宋史〉大中祥符五年闰十月丁丑,出舒州所获瑞石,文曰誌公记,而不载其文,此书不载年月日,彼此可以参考。"《景定建康志》卷四十六:"本朝太平兴国七年,舒氏柯萼遇老僧,往万岁山,指古松下掘之,得石篆,乃宝公记圣祚绵远之文。于是遣使致谢,谥曰宝公妙觉。治平初,更谥道林真觉大师。"《江南通志》卷四十七:"山谷寺,在县北十五里,旧名干元寺,梁僧宝誌卓锡之地。宋太宗时,有舒民柯萼遇老僧,住万岁山指古松下掘得石篆,乃誌公记圣祚绵远之文,进之朝,名瑞石。遣使致谢,谥曰宝公,赐号道林真觉禅师。

②《四部丛刊》初编第170册《石门文字禅》卷三十,第11页。

南宋志盘《佛祖统纪》卷四三亦云：

舒州奏贡瑞石……上览石敬叹不已。忽一日誌公降禁中，上亲闻训语，乃遣使诣钟山奉斋，……乃诏赐号道林真觉菩萨，公私不得指斥其名，因号宝公。"[①]

又，清吕燕照《重刊江宁金石志·金石下》有《誌公石篆》，注明"宋太平兴国七年舒民得于钟山古松下"。[②]舒州所获宝誌瑞石记起于民间，颇受朝廷推重，宝誌也因此被谥曰宝公妙觉，不久又被谥为道林真觉大师。宋太祖作诗，又作赞，名曰《神告帝统石赞》，[③]因为赵宋王朝上层对宝誌的推重，民众对这一前朝神僧的崇信达到前所未有的高潮。主要在以下几方面有显著表现：

一是绘画。宋朝绘画在画法及题材方面都对唐代文化有所承继。有关宝誌主题的绘画在宋元时期有所发展。据宋米芾《画史》及苏东坡《仆曩于长安陈汉卿家，见吴道子画佛，碎烂可惜，其后十余年复见之于鲜于子骏家，则已装背完好，子骏以见遗，作诗谢之》诗[④]所谓："誌公仿佛见刀尺，修罗天女犹雄妍"，可知唐代名知名画家吴道子即画有誌公图，此后有叶助（字天佑）者，尝收蜀范琼画《梁武帝写誌公图》一幅（《吴兴备志》卷二十五），到了宋初，由于宝誌十一面观音故事的流传，有关表达这类信仰主题的绘画有所增加，如南唐著名画家曹仲元"画宝誌公石壁，冠绝当时"（宋刘道醇撰《五代名画补遗》），宋太宗朝画家在相国寺"殿西画《誌公变十

①《大正藏》第49卷，第401页。

②《石刻史料新编》，新文丰出版公司印行，第三辑第五册，第4页。

③《玉海》卷三十："《祥符瑞石诗》，五年闰十月丁丑作，舒州瑞石符应七言诗谒谢启圣院太宗神御殿礼毕，于龙图阁取太平兴国中舒州所获誌公石示辅臣。上作诗，又作赞，名曰《神告帝统石赞》。《玉海》卷一百："太平兴国灵仙观，七年六月初，舒州怀宁僧过民柯萼家，诣万岁山，以杖于古松下得黝石，上刻誌公记，云赵号云云。萼以石刻来献。于是诏舒州修司命真君祠，总成六百三十区号灵仙观。祥符三年闰二月戊午，遣官葺之。五年闰十月丁丑，名石曰'神告帝统石'，作诗纪其符应，又作赞。"《玉海》卷一百九十六："《太平兴国瑞石》、《祥符神告帝统石》诗赞。太平兴国四年九月癸巳，嘉州得黑石二，皆丹文，缄其石来献。（晏殊为赞曰：辉煌丹文见于介石。）七年三月辛酉，舒州民柯萼（一作孙萼）于万岁山得玄石，有白文。其文乃誌公所记。以石来献。祥符五年，冯仁杰表言太祖后唐天成二年二月十六日降诞太宗，丙子岁即位，并符合闰十月丁丑。车驾谒启圣院太宗神御殿于龙图阁取舒州石，召从臣宣示云云。"

④《宋诗钞》卷二十一《苏轼东坡诗钞》，《御选唐宋诗醇》卷三十五。

二面观音像》”(宋郭若虚撰《图画见闻志》卷三、《图画见闻志》卷六)[①]等,皆是。

二是诗文作品。如《后村集》卷十四“十释”有“誌公”诗云:“寺甲于江左,身迎入禁中。如何净居殿,饿杀老萧公。”《剑南诗稿》卷三《誌公院在剑门东五里院东,石壁间有若僧负杖者,杖端仿佛有刀尺拂子之状》所谓“江东争夺缠妖祲,哀哉斯民乱方甚。锦幪老人盖古佛,现身为作大慈荫”,《湛然居士集》卷七《题誌公图》所谓:“昔传难貌誌公真,我道斯言尚未亲。刹刹尘尘无处避,丹青也是本来人。”明赵崡《石墨镌华》卷八载《参无坏禅师观所遗衣物》所谓“誌公飞锡处,云气绕龙池”,郑方坤《全闽诗话》卷十一载宣和中,有一道士来游观中题诗云:“不肖年少日,仰服誌公名,恨不生羽翼,裹粮问道情”,休宁孙默编《十五家词》卷六载《贺相者陈我白生子》所谓“闻道明珠入掌中,充闾佳气霭融融。君家妙手如唐举,摩顶何须宝誌公”等,大多表现了对誌公的崇敬之情。值得注意的是,托名为誌公的《十二时》及其相关诗偈作品引起知识阶层的关注,并进入了他们的评价体系。如《渔隐丛话》后集卷三十七说:

余观誌公《十二时颂》,自非深悟上乘,同佛知见,岂能作此语也。是时达磨犹未西来,誌公已明此理,所谓先得我心之所同。然者,誌公没于天监十三年,而达磨以普通八年至金陵,由此之魏,传佛心印。禅宗方兴近世,学佛者往往忽此颂而弗观,盖贵耳而贱目耳。予尝手书此颂,置之座右,朝夕味之,尤爱其最后一首云:“鸡鸣丑,一颗明珠圆已久,内外推寻觅总无,境上施为浑大有。不见头,又无手,世界坏时终不朽,未了之人听一言,只这如今谁动口。“以至三祖《信心铭》永嘉《证道歌》皆禅学之髓,初地之人其可弗观乎?[②]

这段话谈到誌公《十二时颂》受到诗评家的关注,是因为“禅宗方兴近世”的缘故,《朱子语类》卷一百四引誌公禅语:“不起纤毫修学心,无相光中常自在”云云,此可见誌公诗对宋代理学家之影响,说明托为誌公作的《十二时》等作品其影响已进入当时文人阶层,也说明了僧俗在诗文创作方面的良好互动关系。

三是有关宝誌的新起传说及圣迹在宋元之间遍布各地。这些传说有如下几则

① 宋郭若虚《图画见闻志》卷三:“王道真,蜀郡新繁人,工画佛道人物,兼长屋木。太宗朝用高文进荐引,授图画院祗侯。……今相国寺殿东画《给孤独长者买祗陀太子园因缘》,并殿西画《誌公变十二面观音像》,其迹并存。”《图画见闻志》卷六:“相国寺……西门之南,王道真画《誌公变十二面观音像》。”宋刘道醇《宋朝名画评》卷一:“王道真,字干叔,新繁人,幼颖悟有节操,善丹青。太宗朝待诏高文进甚有声望,一日上问民间谁如卿者,文进对曰新繁人王道真者犹出臣上。遂诏入图画院祗侯与文进等传移相国寺。高益画壁,及于大殿西偏门南面东壁画《宝誌化十二面观音像》,数与文进对画寺廷北门东面大神。”

② 并载宋阮阅《诗话总龟》后集卷四十六。

可为代表,一为“奔牛坝”传说。见载明周婴撰《卮林》卷七“奔牛”条:

《五杂组》云:丹阳有奔牛坝,相传梁武帝时,有人于石城掘得一僧,瞑目坐土中,奏于帝。帝问誌公,公曰:“此入定耳。令人于傍击磬则出定矣。”帝命试之,果开目。问之不答。誌公乃说其前事,僧一视誌公,即起南向奔去,帝遣人逐之,至此地化为牛,因名。近时樵阳子亦类此。

二为“杯水验死囚”传说。宋晁说之撰《晁氏客语》云:

昔誌公见梁武语道,欲坚帝心,乃请出死囚,持杯水验之。帝如其言,召囚应死者二十辈于庭,各置水满器,令顶之,周行庭下,戒之曰:“水不溢贷尔之死。”于是作乐喧之,久之杯水如故。乃问之曰:“若闻乐作乎?”皆曰:“不闻也。”誌公曰:“彼畏死,故唯知水椀,不闻乐声也。今陛下闲时亦好如此,莫待急时。”

三为誌公有妹朱氏之传说,此见载元阴劲弦《韵府群玉》卷十九“誌公刀尺宝”条云:

禅师妹朱氏,常执锡杖,头镮剪刀尺铜鉴或挂一两尺帛传灯。

至于与誌公有关之诸多圣迹,亦遍布大江南北。以地域而言,有如下诸处:

一、蜀中地区。蜀中民间对宝誌的崇信盖始于梁武帝时誌公对益州青城山之香阇梨事的神秘预知。[1]此后宝誌与蜀中产生了联系,其影响进入蜀中僧界。不仅

① 明曹学佺《蜀中广记》卷八十一:周释香阇梨者,莫测其来。以梁初至青城山飞赴寺,欣然有终志。时俗每至三月三日,必往山游赏,多将酒肉,共相酣乐。前后劝喻,曾未能断。后年三月,又如前集,列坐已了,香令人于座穿坑方丈,人莫知意。谓人曰:“檀越等恒自饮噉,未曾与香,今日为众须餐一顿。”诸人争奉肴酒,随得随尽,若填巨壑。识者怪之,至晚曰:“我大醉饱,扶我就坑,不尔污地。”及至坑所,张口大吐,鸡肉自口,出即能飞,鸣羊肉自口,出即驰走。酒食乱出,将欲满坑。鱼□鹅鸭,游泳交错,众咸惊嗟,誓断宰杀。迄今酒肉,永绝上山。此香之风德也。益州别驾罗研入朝,誌公谓曰:“益州香贵贱?”答曰:“甚贱。”初不谓是人也。誌曰:“既为人所贱,何为久留?”研亦不测此语。为有识者说之,或曰:“将不指青城香阇梨乎?”遂往山,具述,香曰:“檀越远来,固非虚说。”其夜便化,弟子等营墓,将殡怪棺太轻,及开,止见几杖而已。

作为师徒问答的题材，亦有诸多效仿者。[①]据文献记载，因此种信仰及传说而建造的宝誌圣迹主要有：1.誌公寺。《方舆胜览》卷六十七“寺观”条有誌公寺，引刘竢《誌公殿记》云：“剑阁之下有寿圣寺，石壁之西偏由益昌道中望之隐隐如行僧顶伽帽。每秋时出，或见光景。”《蜀中广记》卷二十六：“有誌公殿，刘竢《记》云剑阁之下有寿圣寺，在石壁之西，偏由益昌道中望之，隐隐如行僧顶伽□。每秋时出，或见光景。陆游《剑南诗稿》云：剑门东石壁间影，有若僧负杖者，杖端仿佛有刀尺拂子状。”《四川通志》卷二十八下“剑州”条亦有“誌公寺”云：“在州北八十里，誌公和尚入寂于此。”2.誌公和尚影像。《东斋记事》卷四载“剑门山崖壁相传有誌公和尚隐像，戴笠以拄杖，担经望之，宛然如真。”《玉堂闲话》(《太平广记》卷四百七)“辨白檀树”条亦载“剑门之左峭岩间，有大树生于石缝之中……西岩之半，有誌公和尚影，路人过者，皆西向擎拳顶礼”，誌公寺盖因此传说而立。3.誌公铺。《四川通志》卷二十二下“剑州”条说：“誌公铺，在州东七十里。”

二、江浙地区。宝誌圣迹有：1.誌公道场。《景定建康志》卷四十六：“蒋山太平兴国禅寺，去城一十五里。……唐干符中改为宝公院，南唐升元中徐德裕重修，后主又改为开善道场。国朝太平兴国五年改赐今额。庆历二年叶公清臣奏请为十方禅院。侍郎刘公岑《蒋山大佛殿记》云，宝公道场始于梁武，其女号曰永定公主。割舍私财，创为精舍，当时词臣陆倕、王筠作为文章，以纪其事。我本朝大中祥符赐榜太平兴国禅寺，加封宝公道林真觉。……宝公旧像，父老相传，以沉香为之。国初取归京师，陈轩《金陵集》载狄咸《游蒋山诗》云：“旃檀归象魏，窣堵卧烟霞”，盖谓此也。”《江南通志》卷十八：“齐头山，在州西南七十里，高千八百丈，层峦叠翠，顶正方平，山麓有水晶庵、石泉井、雷公洞、魁星崖诸胜迹。巅有宝誌公道场，相传为宝誌说法之所。”此明齐头山巅亦有宝誌说法道场。《江南通志》卷四十三：“慧居寺在府治东六十里，句容县界宝华山。相传为梁宝誌公道场，故名宝华。久废，明嘉靖间僧普照建宝公庵，万历间僧妙峰奉敕建铜殿，赐名圣化隆昌寺。”2.誌公泉。《江南通志》卷三十四：“让泉在府西门外。泉极清洌，汲者争则竭，让则涌。锡泉在潜山县，梁宝誌公卓锡得泉处。”3.誌公寺及相关佛寺。《江南通志》卷四十五：“誌公寺，在无锡县西北四十五里青城乡，誌公禅师尝居其地，故名。宋建炎二年僧昙显建。”《江南通志》卷四十七：“山谷寺，在县北十五里，旧名干元寺，梁僧宝誌卓锡之地。宋太宗时，有舒民柯萼遇老僧，住万岁山指古松下掘得石篆，乃誌公记圣祚绵远之文，进之朝，名瑞石。遣使致谢，谥曰宝公，赐号道林真觉禅师。”《浙江通志》卷二百二十七：“东天目山昭明禅寺，《成化杭州府志》，在县西四十五里。王亮《东天目山记》梁

①《蜀中广记》卷八十二：“唐成都大云寺徐果师者，混物韬光，人罕详测，或入三昧，不失律仪，或示狂痴，语事多中。坤维四众，往往称之，为徐果师。徐姓也，果名也。师通称也。此亦强练，誌公之伦类矣，不知其终云。”《蜀中广记》卷八十九：“问如何是佛？师曰：誌公和尚。曰：学人问佛，何故答誌公和尚？师曰：誌公不是誌和尚。”

昭明太子修禅处，大同间，创建名昭明院。僧宝誌飞锡居之。《嘉靖临安县志》，元末毁，明洪武二十年重建。《东天目志》，寺毁已久，临安黄令倡缘新之左，誌公堂右方丈禅堂。寺旧有阁，阁中铜佛千尊，现金色。相传是宋元时物。寺灾而阁无损，特着灵异。黄汝亨《东目纪游》，内有宝誌公像及昭明太子像，皆朗秀绝伦。”《江南通志》卷四十六：“禅智寺，即上方寺，在府北五里蜀冈，一名竹西寺。天朗气清，南徐诸山，苍然在襟袖间。寺有石刻，吴道子画宝誌公像，李白作赞，颜真卿书，谓之三绝碑。”（四）五公山。《浙江通志》卷二十：“五公山，《万历温州府志》，在县西三十里，世传梁僧誌公、化公、朗公、唐公、宝公，会此，故名。有五公石，石上有剪尺拄杖迹。”

三、西北地区。宝誌圣迹有：1.誌公洞。《山西通志》卷二十六：“滴水崖南七十里古竹林西南三十里，有小如来像。虒阳岭西南三十余里，虒阳河源此。誌公洞在清凉石南，法华洞在誌公洞前，七佛洞西南二十里。”2.誌公寺。《山西通志》卷一百六十“誌公”条，“闻喜南丘村有誌公寺，内有石刻记，相传誌公避乱，驻锡于此。”《山西通志》卷一百七十一：“誌公寺，在南丘村，今名黄花洞。寺有古石佛碑刻，记曰：母丘氏僧四十人。又县侯村有梁武帝庙，万历间孝子吕辛陵募重建，岁久倾圮。功德寺，僧大智尝静修于此。”《陕西通志》卷十三引《县志》：“画阁山在县南三十里有画阁寺，为誌公说法处，旁有温泉，冬月不冻，可为汤沐。”《关中胜迹图志》卷二十七：“画阁山在长武县南三十里，通誌山有画阁寺，为誌公说法处。旁有温泉，冬月不冻。”3.誌公泉。《陕西通志》卷九引《县志》：“誌公泉，在县城北泥河北岸，相传誌公卓锡于此，喜其泉之甘洌，取以瀹茗，因名。”《关中胜迹图志》卷三：“泥河在醴泉县城北，源出泥泉，东流入泔水。北岸有誌公泉，相传梁僧宝誌卓锡于此。”值得注意的是，在甘肃地区的宝誌传说有所不同，如《甘肃通志》卷四十一说：“梁宝誌，金城狄道人，七岁出家，长修禅业，止江东道林寺。……常与白鹤道人争得潜山麓。武帝以二人俱灵通，各以物识其地，已而鹤飞去，至麓忽闻空中锡声，遂卓于山麓。鹤止他所。”《山堂肆考》卷一百四十六“卓锡志地”条所载与此同：“舒州潜山，最奇绝而山麓尤胜。宝誌公与白鹤道人欲之，同谋于梁武帝。帝以二人俱具灵通，俾各以物志其地，得者居之。道人云某以鹤止处为记，誌公云某以卓锡处为记。已而鹤先飞去，至麓将止，忽闻空中锡飞声，誌公之锡遂卓于山麓。道人不怿，然以前言不可食，遂各以所志筑室焉。”所谓“金城狄道人”，“常与白鹤道人”诸说法当另有所据，俟考。

而在江西、湖广等地，则亦有誌公圣迹，如《江西通志》卷八说：“石台山在新昌县南二十里，下有清凉院，东坡子由尝游此，有诗。又南十里为志留山，旧传梁时誌公驻锡于此，下有定慧院。”《湖广通志》卷十云：“明月山，去县四十里，下有崖，誌公修行处。夜望光如朗月，瑶峰岭县东二百五十里，誌公岩。县西四十里相传誌公结庵处。”《湖广通志》卷七十八云：“誌公岩寺，在县西北二十五里，誌公禅师碑存。”[①]

①《钦定日下旧闻考》卷一百五十二：“原雾灵山有云峰寺，相传宝誌公曾卓锡于此。原白河发源于雾灵山。长安客话漕河考。”《山东通志》卷九：“醴泉寺誌公碑，在邹平县。醴泉寺额曰：大唐齐州章邱县常白山醴泉寺誌公之碑，开元三年立。”《三吴水考》卷五：“直河港东引运河西入誌公港，会于北阳湖南经神护富安二乡，入于太湖。”《御定佩文斋书画谱》卷二十四：“南唐元宗保大中，伏龟山圯得石函，中有铭云：天监十四年秋八月，葬宝公于是。铭有引曰：宝公常为偈，大字书于版。用帛羃之，是时皆莫知其旨，云在五百年后至卒，乃归其铭同葬焉。其字皆小篆体势完具《吴淑江淮异人录》。”明章潢撰《图书编》卷六十：“三祖山县东南麓曰山谷，一曰三祖山，为灊之支山。其山上有灿师 ，一其下有誌公塔七。其东为真元宫白鹤泉，其南为山谷寺，卓锡泉吴塘陂，其内为涪翁亭，其中多宋元人石刻。”明彭大翼撰《山堂肆考》卷二十五“宝公”条：“宝誌公井，在上元县大市街心。宋曾拯诗：‘尘容俗状惭窥影，欲汲寒泉洗此心。’”《明一统志》卷六十“誌公岩”条云：“在房县西四十里相传僧誌公结庵处。”《大清一统志》卷二百七十二“誌公岩”条：“在房县西北四十里。《舆地纪胜》：房州西三十里凤凰山道林岩，僧宝誌挂锡之地。”

从梁武帝、明太祖的推崇看誌公的地位与影响

王廷鹏

誌公，即宝誌禅师，也称作保誌，是活跃在南朝的著名僧人。誌公俗姓朱，金城人（今甘肃兰州），他的一生经历了宋、齐、梁三代。在世时，誌公身上有诸多灵异之事，去世后也多次显灵。在后世佛教中，誌公影响甚广，他与达摩、傅大士被认为直接影响了中国佛教禅宗流派的发展。

誌公生前身后充满奇异色彩。他的生平、事迹以及后世的评价纷纭不一，历代封谥不断，神异之事颇多。梁武帝与明太祖这两位帝王都对誌公非常推崇，显示了誌公在佛教之中极高的地位。本文借探究梁武帝与明太祖对誌公的推崇的原因，进一步明晰誌公在佛教禅宗发展历史上的地位与影响。

一、誌公的神异生平与借神通传教

誌公一生的神异传说极多，资料甚丰，除《高僧传》《法苑珠林》《景德传灯录》《神僧传》等记载历代释家弟子行迹的著作有所记录之外，《江宁府志》《江南通志》《甘肃通志》《皋兰县志》《临安县志》《金陵梵刹志》《宝华山志》《潜山县志》《镇江县志》等方志中也有记载。

根据《高僧传》记载，誌公入灭于梁太监十三年（514），殁时九十七岁，其出生大致在东晋安帝义熙十四年（418）。《佛祖历代通载》《五灯会元》《金陵梵刹志》诸书记载誌公之出世大致相同，皆言东阳朱氏妇女听到古木之上鹰巢中有婴儿啼哭，缘树而上，发现誌公，并以之为子。《佛祖历代通载》卷八记载誌公“面方而莹彻如镜，手足皆鸟爪”。后世文人描述誌公的辞赋中也多谈到这些形状上的特异之处，李白《誌公画赞》称其“锦幪鸟爪，独行绝侣”，李纲《登钟山谒宝公塔》称“宝公真至人，鸟爪金色身”。可见唐宋时期，这种说法流传甚广，而唐宋两朝，正是谈论誌公最多的时期，这种认识颇有基础。

《高僧传》所载，誌公少年出家，“止京师道林寺，师事沙门僧俭为和上，修习禅业”。[①]《五灯会元》则记载誌公是七岁出家，《金陵梵刹志》则明确记载：“甫七岁，去

① 慧皎著、汤用彤校注：《高僧传》，中华书局，1992年，第394页。

依钟山大沙门法俭为童子,俭名之曰宝誌。明帝泰始三年(467)丁未落发,专修禅观,坐必逾旬。"[①]然而,这里的落发又与后来誌公"明帝泰始三年(467)丁未落发"颇有矛盾。更为奇异的是,修习静坐禅法"专修禅观,坐必逾旬"的誌公,在南朝宋太初初年"忽如僻异",《高僧传》记载其"居止无定,饮食无时,发长数寸,常跣行街巷。执一锡杖,杖头挂剪刀及镜,或挂一两匹帛。齐建元中,稍见异迹,数日不食,亦无饥容。与人言语,始若难晓,后皆效验。时或赋诗,言如谶记。"[②]此时,誌公已经有五十岁左右。

正史中对誌公的记载也是从此时才开始,《南史·陶弘景传》中附有誌公传略,言其"出入钟山,往来都邑,年已五六十矣。齐、宋之交,稍显灵迹,被发徒跣,语默不伦。或被锦袍,饮啖同于凡俗,恒以铜镜剪刀镊属挂杖负之而趍"。[③]从此时起,誌公开始频频展示自己的神通,诸如分身、预言、祈雨等事,后世所传甚广,及至宋代,还有誌公墓中所留提及宋朝运祚兴废之瑞石的说法,荒诞不经者甚至传说他助宋灭金兵之事。这些事迹,多无法稽考。誌公所展示的神异之事,颇能吸引众人关注,却也因此招致朝廷的警惕,据《南史》记载,齐武帝时,武帝因为"忿其惑众"曾将誌公收狱,羁于建康狱中。

从出生至被羁入狱,誌公表现出的是一个颇为神秘的转变,这段时期在他的人生中又是一段巨大的空白期。誌公七岁出家,到五十岁前后重新进入人们视野,这段时期无论正史、野史均无详细记载。待他五十岁前后重新出现后,开始采用展现神通来弘扬佛法,这一变化与这段空白的时期应该有所联系,而这个空白期中,誌公很有可能研习过道教的相关道术,借用道术制造的种种神异现象来传播佛法。

佛教早期在中土传播,面对的一个重要问题就是如何让中国的信徒能尽快接受他们,"对宗教来说,中国原本是一个荒漠,如不在其中找一块稍许湿润的地方,这点儿水分是会很快蒸发的。因此,像佛教这样的外来宗教如不寻找一个中国社会较为熟悉的面目出现,是很难被社会所容纳的。正所谓'既处中国,信奉佛道难'。于是披上道装的佛教就成为它在中国最早呈现的面目。"[④]借用道教的道术形式吸引信徒的注意力原本就是佛教初期在中土传教不得不选用的方法,汤用彤先生认为"最初佛教势力之推广,不能不谓因其为一种祭祀方术,而恰投一时之风尚。""其兴隆之由,虽在教法之渐明,而浮屠道术互相结合,必尤为百姓崇奉之主要原因也。"[⑤]从《高僧传》中可以看到,最初在华传道的高僧中间,不乏拥有神通的僧人,如安世高对"外国典籍,及七暇五行医方异术,乃至鸟兽之声,无不综达","并

① 葛寅亮:《金陵梵刹志》,天津人民出版社,2010年,第120页。

② 慧皎著、汤用彤校注:《高僧传》,中华书局,1992年,第395页。

③ 李延寿:《南史》,中华书局,2007年,第1900页。

④ 严峪中:《中国宗教与生存哲学》,学林出版社,1991年,第184页。

⑤ 汤用彤:《中国现代学术经典·汤用彤卷》,河北教育出版社,1996年,第60页。

善知前世宿命之事”。[①]佛图澄“善诵神咒，能役使鬼物，以麻油杂胭脂涂掌，千里外事，皆彻见掌中，如对面焉。亦能令洁斋者见。又听铃音以言事，无不效验”。[②]利用法术，引起人们的注意，尔后开始宣扬佛法，这是此一时期很多僧人采用的方法，吸引注意之后，僧人们所宣讲的仍然是因果报应、出世得解脱、六道轮回等佛教的根本思想。两相对比，会发现誌公神异表现与《高僧传》中高僧们借神通来传播佛法的行为非常相似，他从专修禅法的普通僧人到一身神通的神僧之间的变化也可以由此解释。从后来的传道、宣法的效果来看，誌公采用的这种方法，十分奏效。

二、梁武帝“舍道事佛”与对誌公的推重

梁代齐后之，梁武帝解除了对誌公的拘禁。《景德传灯录》卷二十七记载梁武帝下诏曰：“誌公迹拘尘垢，神游冥寂，水火不能焦濡，蛇虎不能侵惧。语其佛理则神闻以上，谭其隐沦则遁仙高者，岂以俗士常情相拘制？何其鄙陋一至于此！自今勿得复禁。”[③]从诏书内容可以看出，梁武帝是欣赏誌公的，一方面是因为他“神游冥寂”，兼具神通；另一方面是“语其佛理则神闻以上”，认为誌公所谈佛法精妙。据萧子显《御讲金字摩诃般若波罗蜜经序》记载：天监元年九月，誌公“自持一麈尾扇及铁锡杖奉上，而口无所言”。可见，武帝即位之后，誌公是主动接近皇帝的，武帝对他的了解也来自这段时间。

梁武帝是一位信仰有过重大改变的皇帝。在他的《述三教诗》中他自述道：“少时学周孔，弱冠勤六经……中复观道书，有名与无名……晚年开释卷，犹月映众星。”而天监三年四月初八，梁武帝“舍道事佛”则成为他一生信仰转变最关键的一个转折点。梁武帝的家族东海兰陵萧氏，早期都是信仰道教的，梁武帝最初信奉道教应该是受到家族和地方信仰的影响。南迁之后，佛教思想的影响开始加重，尤其是在梁武帝青年时期，与他比较相熟的“竟陵八友”是热衷佛事的，尤其是竟陵集团的核心人物萧子良“敬信尤笃”。竟陵集团核心人员笃信佛教对梁武帝的影响是导致武帝事佛的原因之一。

另一个原因，可能与梁武帝对南北朝时期道教没落、道教徒惑众乱世的行为开始反感有关。陈寅恪先生《天师道与滨海地域之关系》提到：“凡前所举此时期宫廷政治之剧变多出于天师道之阴谋。”[④]从汉末开始，利用教民的信仰，惑众乱世，淆乱天下的事情屡有发生，这不能不引起了梁武帝的反思。而根据《南齐书·武帝本纪》记载，武帝萧衍的叔父萧崇也是死于道教徒唐寓的反叛，这些原因都促使梁武帝萧衍进一步地疏远道教，逐渐改变道教的信仰。

① 慧皎著、汤用彤校注：《高僧传》，中华书局，1992年，第4页。

② 慧皎著、汤用彤校注：《高僧传》，中华书局，1992年，第345页。

③ 道原著：《景德传灯录译注》，上海书店，2009年，第2145页。

④ 陈寅恪：《金明馆丛稿初编》，三联书店，2001年，第44页。

此外,誌公的出现也是促使武帝信仰佛教的原因之一。天监元年,誌公主动献宝,开始接近梁武帝,天监二年,梁武帝下诏废止对誌公的拘禁,天监三年,梁武帝“舍道事佛”。从时间上看,誌公的出现,与梁武帝事佛有关联。虽然梁武帝事佛还有很多重要的内外因素,但誌公的出现也应该是其中的原因之一。《高僧传》记载,誌公与武帝相处时,曾利用神通使武帝“见高帝于地下”,并借机劝谏武帝“永废锥刀”;天监五年,誌公又利用神通祈雨成功。诸多神通增加了武帝对佛教的兴趣。更重要的是,誌公以谶语的形式一定程度上介入到当时的政治斗争当中。早在齐代时,誌公就已经与当朝显贵来往密切,即使被齐武帝羁在狱中,齐武帝的两个儿子还是保持与誌公的接触,“齐文慧(惠)太子、竟陵王子良,并送食饷誌”。在齐、梁代变之时,誌公更是使用讖语使自己成为当时的风云人物之一。据《佛祖统纪》卷三十六永明十一年条下记载:“誌公在华林园忽重著三布帽,未几,帝崩,文惠太子、豫章王相继而殂。”这种预言讖语在当时那种政治环境下正是需要的。汉魏以来,谶纬在历代政治斗争中不断被利用,而在南朝朝代更替的过程中,誌公以神僧的身份说出的讖语就具有了神秘和权威的意味。誌公与他的讖语被称为“誌公符”,名扬一时,甚至“高丽闻之,遣使赍绵帽供养”。[①]佛教大士,身兼神通又精通佛理,誌公以此得到梁武帝的青睐也就顺理成章了。

利用特殊的身份接近梁武帝,凭借武帝对佛教浓厚的兴趣,誌公也就找到在武帝面前传播佛法的机会。他曾以佛法来化解武帝内心的忧虑,对武帝有所开示,并借机传播自己的佛学思想。《高僧传》中记载,武帝询问誌公“烦惑未除”和如何“静心修习”时,誌公就曾以“十二时”与“安乐禁”等开解之,借机宣讲自己的佛学思想。

誌公的佛学思想大多保留在他留下的偈颂之中。《景德传灯录》中收有誌公的《大乘赞》《十二时颂》《十四科颂》等偈颂。誌公开解梁武帝“十二时”的思想,即包含在《十二时颂》的偈语之中。另外,《大乘赞》十首,全是六言形式,主要谈论破斥一切分别法,由此见出大乘佛法平等如一之理。《十四科颂》共十四首,也都是六言韵语。誌公借助韵语的形式,分别表述了自己关于烦恼与菩提、持与犯、众生与佛、事与理、静与乱、善与恶、色与空、生与死、断与除、真与俗、解与缚、境与照、迷与悟等问题的见解。日本学者忽滑谷快天在其《中国禅学思想史》中,论及誌公偈颂的宗旨,认为其思想多来自于《维摩经》,“烦恼即菩提,生死即涅槃,生佛不二。迷悟不二。心即佛,触目是道,色空一如。心境平等,真妄一如,是其要领也。”[②]从这些思想看,誌公的思想与“六祖慧能之说无大差别”,而其提出这些思想的时间却远早于六祖慧能,足见其对后世禅宗之影响。

《南史·陶弘景传附释宝誌传》记载,梁武帝对誌公“尤深敬事”,以国师待之。誌公甚至获得出入宫禁的特权,足见武帝对其推重。誌公入灭之后,梁武帝“敕谥

① 李延寿:《南史》,中华书局,2007年,第1901页。

② 忽滑谷快天:《中国禅宗思想史》,上海古籍出版社,2002年,第53页。

广济大师”，梁武帝更精心处置誌公的安葬之事，他命“陆倕制铭于冢内，王筠制碑于寺门，处处得传其遗像焉。”又于“天监十三年(514)，以钱二十万易定林寺前冈独龙阜，以葬誌公。永定公主以汤沐之资，造浮图五级于其上。”[①]他对誌公的推崇，由此也可见一斑。

由此可见，梁武帝之推崇誌公，因为誌公诸多神通与讖语带来的神秘吸引力，也因为佛教徒梁武帝对佛教宗师的推重。同时，誌公对南朝禅学思想的推进和影响，也是誌公获得崇高地位的原因。

忽滑谷快天在《中国禅学思想史》一书中对誌公的地位有明确的断语。《中国禅学思想史》第一编第十三章标题为《宝誌之出世与佛陀之渡来》，把誌公放在与达摩同等高的位置，认为其乃禅宗开宗祖师之一。南怀瑾在其《禅说》一书中提出，“中国禅宗原始的宗风，实由达摩、誌公、傅大士三大士的总括而成。”[②]在追溯禅宗思想的渊源时，除了研究达摩的“西来”之外，誌公的禅学思想也同样需要重视。

三、明太祖推重佛教与对誌公的推崇

中国古代帝王中，不乏尊崇佛教的君主，而真正成为佛教徒并参与修行的，恐怕只有明太祖朱元璋。朱元璋十七岁入皇觉寺为僧，后来又做了游方僧，在淮西游历三年，对于佛教的度世思想与修行深有体会。因为这段特殊经历，他对佛教的认识比其他人更加全面、透彻。对于护法兴教，朱元璋的态度是非常坚决的。

朱元璋对于寺院和僧人都非常礼遇。他对于“力修之僧”非常尊敬，自己又常在闲余时间，“入寺中与禅者盘桓”，“暂释几冗之一时”。[③]《金陵梵刹志》中记载朱元璋下旨要求礼敬僧人，如洪武十九年八月下旨：“禁治诸色人等毋得轻慢佛教，骂詈僧人，非礼搅扰。违者，本处官司约束。”[④]他也给寺院经济上的补贴，如洪武二十六年九月十三日，牧马所千户周□晚朝于午门楼上奉圣旨：“去与灵谷寺着空闲地，着看山军种各样果子，下种成树秧，移将进山里去栽，剩下的结果子与和尚吃。钦此。”[⑤]这其中，包含了明太祖朱元璋对寺院与僧人的态度与感情。

作为开国之君，朱元璋更加重视佛教对世道人心的教化功能。《金陵梵刹志·三教论》中录有朱元璋的《佛教利济说》，认为佛教之为道，“惟心善世”。佛教导人向善的教化功能尤为朱元璋看重。明朝开国之初，战乱方歇，“非佛世尊不足以度之”。朱元璋曾于洪武元年、洪武二年两度在蒋山寺举行超度法会，并率群臣膜拜

① 张敦颐：《六朝事迹编类记》，上海古籍出版社，1995年，第111页。
② 南怀瑾：《禅话》，复旦大学出版社，2005年，第54页。
③ 朱元璋：《明太祖集》，黄山书社，1991年，第292页。
④ 葛寅亮：《金陵梵刹志》，天津人民出版社，2010年，第56页。
⑤ 葛寅亮：《金陵梵刹志》，天津人民出版社，2010年，第66页。

佛祖。在他认为佛教能教人明因果、知善恶,能够"暗助王纲,益世无穷"。[①]在他看来,儒、释、道三教"虽持身荣俭之不同,其所济给之理一",就是要扬善抑恶,使生民安乐,政治清明。特别对于佛教,他认为佛法可以"化凶顽为善,默佑世邦"。[②](《拔儒僧文》)因此,他很重视佛教对政治的辅助作用,以帝王的身份多次下旨整饬佛教制度、僧寺清规。希望佛教能在他治理天下的过程中起到积极的作用。身为帝王,他认为佛教的教化与宣讲,朝廷应该给予支持。同时,他还不认同佛道误国的说法,认为那是"小聪明而大愚"。[③](《三教论》)对于几度出家为僧的梁武帝,朱元璋认为梁之亡国非推行佛教之过,而是不务本分,荒废朝政所致。整体看来,明太祖朱元璋对佛教的推重和有系统的管理,在封建帝王中是少见的。

作为笃信佛教的帝王,对于与自己同姓的誌公也是非常尊崇的。《金陵梵刹志》记载明洪武十四年(1381),为营造孝陵,"奏迁蒋山寺及宝公塔于东冈,改赐寺额曰灵谷寺,榜外门曰第一禅林,命度僧一千名,悉给与度牒,赡僧田若干顷。敕杭州府儒学教授徐一夔撰寺碑文"。[④]《人海记》卷下"宝誌瘗所"条记载了这次搬迁中的异事:"明孝陵即梁名僧宝誌瘗所,傍有八功德水,诚意伯奏改葬之,乃见二大缶,对合,启之,誌公端坐于内,发被体,指爪绕腰矣。瘗即迁,水亦随往。太祖异焉,敕建灵谷寺,赐之庄田甚广。仍迎其像,建塔居之,命太常岁祭。"[⑤]此事正史不存,无法稽考真伪。而因为这次搬迁,明太祖朱元璋御制《祭宝誌法师文》,其文曰:

> 昔者,师能出世异人,性备六通,景张佛教,使凶顽从化,善者愈良。及其终也,择地于钟山之阳,阴其宅而居之,经今八百六十七年。今联建宫在迩,其为师焚修者,俯而视之,因敕中书,下工部造浮图于山之左。今将完成,徙师于是。于戏!漏尽毋生人我,劫终勿堕尘埃。惟师神通,尚飨![⑥]

又有《祭道林真觉普济禅师文》:

> 惟师慧悟见机,变化神妙,道德高迈,振扬宗风。钟阜龙蟠,炳然灵迹。季春届序,爰遇诞辰,明荐奉陈,洋洋如在。[⑦]

---

① 葛寅亮:《金陵梵刹志》,天津人民出版社,2010年,第47页。

② 葛寅亮:《金陵梵刹志》,天津人民出版社,2010年,第26页。

③ 葛寅亮:《金陵梵刹志》,天津人民出版社,2010年,第46页。

④ 葛寅亮:《金陵梵刹志》,天津人民出版社,2010年,第50页。

⑤ 查慎行:《人海记》,北京古籍出版社,1989年,第97页。

⑥ 葛寅亮:《金陵梵刹志》,天津人民出版社,2010年,28页。

⑦ 葛寅亮:《金陵梵刹志》,天津人民出版社,2010年,28页。

两篇祭文中,明太祖朱元璋对誌公的推重态度,基本可见。朱元璋首先谈到誌公的灵异,“出世异人”“变化神妙”说明誌公身备神通的传闻朱元璋一样有所闻,而朱元璋本身对神异之事存疑,并不否认仙佛的存在。朱元璋曾入寺为僧,历代高僧、神僧的神通、灵迹应该不少与闻,对誌公的奇异之能,朱元璋在祭文中是以一种崇敬的态度加以赞赏的。

两篇祭文中对誌公推重的核心,还是在他对佛教发展的推动和利用佛法对世道人心的教化上。“景张佛教”“振扬宗风”,都是对誌公发扬佛法、推动佛教在南朝发展功绩的赞扬。誌公以一身异能,出入贵胄之宅,宣言佛教、弘扬佛法,其功德之大,为朱元璋所看重。誌公对后世禅宗发展影响深远,而禅宗在明代佛教各宗派中是占优势的,朱元璋整饬佛教,自然对这位影响禅宗发展的大师优礼有加,这也与朱元璋在明朝推行佛教的基本态度是一致的。

“道德高迈”“使凶顽从化,善者愈良”,则涉及佛法对世道人心的化育功能。朱元璋对佛教的尊崇,除了自己曾身为佛教徒的信仰之外,更多考虑的是佛教对政治的辅助功能。誌公以其佛法修养与道德修为,在政治纷乱的南朝,拥有社会各阶层的信徒,虽有神异之事惑人耳目,但其对佛教思想的宣扬,对禅宗的形成,对世道人心的规劝都有相当作用。由此看来,朱元璋对誌公的推崇除对佛教先贤的尊敬之外,更多的还是关心其对佛教发展的推广和其佛学思想对世道人心的匡正与引导。

纵观两位帝王对誌公的推崇,表面上看是为誌公神异的身世所吸引,而结合两位帝王所处历史背景来看,他们所关注更多的是誌公在佛学思想、佛教发展和佛教的现实功用上的影响与地位。正如佛教最初在中国传播时借助神通法术吸引目光的初衷一样,在以神通法术获得关注之后,誌公真正关心的仍然是佛法的弘扬与传播,他在这个方面所获得的成就成为两位帝王真正关心的内容,也奠定了誌公在佛教发展中的特殊地位。

五岳寻仙不辞远

——誌公遗迹寻访记

党嗣仙 火廷功 讲述 路 尧 撰文

缘 起

1982年5月,我(党嗣仙)在甘肃永靖县"吾去明山"道观,拜全真教龙门派第27代弟子陈高玄道长(坤道)为师,出家修道。1991年2月,应龙门派第23代弟子陈涵谷道长(乾道)的邀请,并受师父指派,携弟子杨法清(坤道)前往住持兰州皋兰山麓红泥沟誌公道观(原名誌公祠,1991年定现名),算来已经整整22年了。初来红泥沟,这里几乎是一片废墟,兰州电信局工程队暂驻于道观院内,整个道场只剩下一名道士,两孔窑洞及三间平房,且均年久失修,仅能稍避风雨而已,惟其林木茂盛,环境清幽,如能加以修葺,仍不失为静僻的修行之地。面对此景,我也有些灰心,但看到年近八旬的陈涵谷道长能在如此条件下苦修40余年,我深受感动,信仰的力量促使我安下心来,并发誓要通过自己的努力使道观改换面貌。

20多年里,我四处奔走,在各级政府、宗教组织和广大信众的支持下,相继恢复了部分庙产,建成了誌公祠、玉皇殿、三清殿(待开光)、金花仙姑殿等,并初步建成山门及二层办公楼。昔日破败不堪的荒僻山沟,作为一处宗教活动场所已初具规模。身为出家人,能为后世弟子重建一个可供修行的道场,为周边市民提供一处便于游憩的景点,我自己深感欣慰。然而我心里始终有一份遗憾,便是从未真正明了"誌公"为何人,只知道他是此处道场的开山之祖,道观东壁半崖现今尚存"誌公洞"遗存,洞中曾有誌公道服塑像,相传誌公曾在此洞修持多年,且屡显灵迹,其余便再无所知。

2003年,有缘结识了火廷功先生。火先生曾任兰州市七里河区民政局局长,热心地方文化事业,退休后,为五泉山、石佛沟等兰州旅游景点和宗教场所的建设、修缮出力尤多。自从与誌公道观结缘,他便将大量的精力投入到对我们的帮助上来,"老骥伏枥,志在千里",其精神令人感佩。在他的鼓动下,老学者顾竺先生、著名书法家徐祖蕃先生等贤达也先后为道观做了不少功德,徐先生还为誌公道观题写了新的观名。2009年6月初,经顾竺先生介绍,西北师范大学蹇长春教授夫妇、乔先之教授夫妇莅临道观参观,那天顾竺先生夫妇和徐先生、火先生也一同前来,誌公道观一时群贤毕至,畅叙幽情,对誌公的身世问题进行了初步的讨论。正是这次偶然的相聚,使我们和蹇长春教授结下了深厚的友情,也为此后对誌公相关问题的研究打开了新局面。蹇教授德高学硕,是知名的唐代文学研究专家,并在传统文化领域有着广泛而深入的研究。老先生了解了誌公道观的现状之后,不顾年近八旬的高龄,数次前来红泥沟考察道观及"誌公洞"的现状,并动员其热心地方公益事业的朋友和学生积极参与此对誌公的生平行迹的探索。正是在蹇先生的热忱倡导下,经过大家通力合作,终于使"誌公"谜一般的身世,逐渐在我们面前呈现出清晰的轮廓。

关于誌公(本名保誌,亦称宝誌)的生平事迹,在史籍和佛典中记载颇多,却又多有歧异。一般的看法是,誌公俗姓朱,金城人,南朝名僧,一生跨东晋、宋、齐、梁四代,生时诸多神变,身后亦屡显灵异,于后世僧苑禅林之影响尤为深广。如此说来,誌公似乎是一名高僧无疑了。然而红泥沟的誌公道观(誌公祠)、誌公洞、洞内身着道士装的誌公塑像,以及兰州历代地方史料和文人题咏的看法,都同正史和佛典的记载差距甚远,甚至截然相反。当然,问题在关键在于,誌公究竟是信佛还是信道?我们一时又陷入茫然。后经蹇长春先生的初步考证,使我们对誌公的生平行迹及宗教信仰有了较为明晰的认识:誌公,朱姓,东晋安帝义熙十四年(418)出生于兰州(古称金城),早年信奉道教,在其出生地出家,于红泥沟"誌公洞"修行。50岁左右云游至南朝首都建康(今南京),顺应当时当地的社会政治形势,由道入佛或佛道双修。梁武帝天监十三年(514)在建康无疾而终,葬于钟山独龙阜,于墓所立开善精舍,武帝敕命"陆倕制铭辞于冢内,王筠勒碑文于寺门",备极哀荣。由于其后半生以佛教徒的身份获得了崇高的地位,在佛教史上影响深远,以致其前半生作为道教徒的经历竟被其高僧大德的形象所湮没不闻了。

庄子云:"古之真人,不知说生,不知恶死。其出不䜣,其入不距。翛然而往,翛然而来而已矣。"誌公的一生,真正践行了这一修习方式和悟道境界,翛然往来于天地南北与佛道两家,在其曾经修行或路经的地方留下了诸多旧迹。为了更加深入地了解誌公的经历和事迹,进一步弘扬誌公文化,我们有意对部分主要的誌公遗迹做一次探访,蹇长春先生对这一想法极为支持,并提供了不少线索。于是,在一些供养弟子的帮助下,我们怀着"朝圣"的心情,开始了这场先后数次往返的访道之旅。

高志山云寂院:脱遗何尚在,古柏覆窟旁

我们的第一站是陇东平凉市灵台县高志山云寂院。

灵台,是古密须国所在地,相传周文王讨伐密须,筑台祭灵的故事就发生在这里,县因此而得名,又是历史名人皇甫谧、牛僧孺的故里,据说还曾是"五羖大夫"百里奚的封地,自古以地灵人杰著称。

高志山,又名隐形山,就在灵台县城附近,山上有云寂院遗址。誌公当年南游,曾东行至此,并辟洞修行有年,当地至今尚有不少关于誌公与云寂院的记载和传说。清《顺治灵台县志》卷一《方舆·山川》称:"隐形山,县东北一里许,孤峰突起,苍松古柏,连抱参天,旧有云寂院、誌公台,今俱废圮。"同书卷二《建制·寺观·至定寺》录有邑令张齐圣《至定寺记》云:"北望隐形山,有云寂禅院,青萝古柏,一弇山根。梁僧宝誌,遗蜕存焉。"这些记载都明确地肯定了誌公曾在高志山修行的事实。另外,据当地传说称,誌公云游至此,并未东行,就在高志山修行直至羽化,信众将其真身塑像供养,至今还有遗骨留存,隐形山也因誌公而易名"高志山"。

2010年5月17日,我与火廷功先生,还有两名供养弟子任兰香居士和吴廷权居士从兰州出发前往高志山。上午十一点启程,至灵台已是深夜,小县城里人迹稀疏,灯火阑珊,我们饥肠辘辘,饭馆却都已关门休息了,只好以方便面充饥。第二天一早,便去县委统战部、县宗教局等相关部门联系寻访事宜。说明来意后,他们安排李炯明居士和夏惠琴居士带领我们去高志山瞻仰圣迹。

高志山离县城不远,大约十多分钟就到了山下。李炯明居士介绍说,云寂院在高志山半山腰处,"文革"前还有殿阁残存,相当宏伟,如今已只剩下几孔残破的窑洞了。近年来,云寂院重新引起人们的关注,一些佛教居士还自发组织起来,成立了"誌公寺筹备会",夏惠琴居士即是该会会长,他们对这一古迹进行了简单的维护和看管,中断的香火正慢慢得以恢复。沿着逼仄的小径蜿蜒而上,快到山顶时,一块不大的平台出现在眼前,想必就是《县志》里所载的"誌公台"吧。台上荒草没膝,一片凄凉景象,只有参天的松柏依然苍翠挺拔,守卫着这一毁圮已久的古刹遗迹。

台地周围的崖壁上有几孔窑洞,离地面大约五米左右,其中一孔就是誌公当年修行的地方,当地人也称"誌公洞",从外形看,与我们誌公道观的誌公洞极为相似。沿着残留的土基攀爬进入洞内,洞顶墙壁上的壁画依稀可见。在窑洞深处,有一像座隐埋于墟土之中,李炯明居士说,这一像座上曾供有誌公"真身"塑像,一位居士还曾在已经毁圮的像基下亲手刨出过八块舍利骨,他们认为是誌公的遗骨,便小心装殓,供于洞中。但从其他众多的史料来看,誌公葬于钟山似乎已无异议,这里的遗骨应是当地后世僧人假托誌公之名而遗存于此者无疑。在云寂院另一窑洞内,靠右手处又开一小洞,小洞回环曲折,幽深可怖,仅容一人出入,真可谓"玄之又玄"。洞之尽头,有一口深不可测的水井,故老相传,此井水与宝玉山(在陕西凤翔县境内,山上有多处道教庙宇)的八卦池水相通,虽为传闻,但从另一侧面也足见此处与道教脱不开的关系。

《顺治灵台县志》的撰者邑令黄居中有五律《誌公台和韵》云:"日影山头隐,留余古刹光……遗脱何尚在,古柏覆窟旁。"站在誌公台上,荒草间似乎还留有誌公一千五百年前的仙风余韵,所谓"遗脱",虽未必可以当真,但这郁郁古柏,却穿越了苍茫的岁月,见证着誌公的倏然来去与云寂院千百年来的香火。顺着山势朝下望去,灵台县城仿佛一张棋盘,尽收眼底,清晰可辨。誌公当年就是在这里参学修持,为城中的百姓祈福禳灾,作为后世弟子,能身临古真人修行的道场沾沐余泽,可谓幸甚矣。

第二天,我们便离开了灵台,前往终南山楼观台拜访中国道教协会会长任法融道长。楼观台乃道教的祖庭圣地,因老子西出函谷关,曾在此地为尹喜讲授《道德经》而名世,号称“仙都”和“天下第一福地”。现任楼观台住持的任法融道长,仙风道骨,学问淹博,是我国著名的道教学者和书法家,先后担任多届地方和全国政协委员及道教组织的领导人,现任第十一届全国政协常委。近年来,任道长对誌公道观给予了大量的关怀与帮助,曾多次亲临红泥沟,指导道观发展与道士修持,并为誌公道观的庙产被侵占一事多方协调,使这一历史问题部分得以落实。我们此次前去,主要向道长汇报了誌公道观近期的发展情况以及有关誌公身世的考论,并将蹇长春先生对誌公所作初步考证的文章和相关资料送给了任道长。他了解情况后,对我们的努力极表赞赏,尤其是对于誌公考论和寻访一事非常重视,鼓励我们克服困难将此事尽可能圆满地完成,拳拳关爱,溢于言表。

2010年5月20日,我们辞别楼观台,返回兰州。

剑门山誌公寺:当时此老默笑渠,大法栋梁身独任

提起剑门之行,不得不从一件趣事谈起,那便是一包“豆腐干”引出一座古寺及其主人公誌公的故事。

2010年8月的一天,火廷功先生接到蹇长春教授打来的电话,电话里,老先生不无兴奋地说:“老火啊,我又发现了一条和誌公有关的线索,有空快去看看吧。”原来有人给蹇先生送了一盒剑门特产“豆腐干”,打开盒子,食品袋上赫然写着“剑门关誌公寺豆腐干”。几天后,蹇先生托人把那个食品袋带给我,看着上面的字迹,我舍不得丢掉,用清水淘洗干净小心翼翼地保存起来。之前,我们从未听说剑门也有誌公的遗迹,通过后来的了解才知道,川北一带,有可能曾是誌公当年离开陇东,取道汉中南下,盘桓时间较久的一块区域,剑阁、彭州等地都有相关院、塔遗存。于是,和火先生商量,想尽快去誌公寺一探究竟。

2010年10月10日,王学霞居士供养并陪同我与火廷功先生,踏上了南下的火车。到剑阁县后,又转乘汽车,经过数十里颠簸,12日上午,终于来到剑门山。剑门山分为大剑山和小剑山,大小剑山紧密相连,绵延上百里,峭壁林立,气势磅礴。我们的目的地“誌公寺”就在大剑山,距离声名显赫的“剑门关”不远,杜甫所谓“一夫怒临关,百万未可傍”,指的便是此地。清《雍正剑州志》卷二〇载:“誌公寺,在剑门关外十里许,传为梁誌公僧脱化处,寺前即小剑溪。誌公僧,初为梁武帝所供奉,后游剑门,居大剑山绝顶,脱化于此,誌公寺即其遗址也。”与《灵台县志》相似的是,这段史料也称誌公自南朝而来,于本地"脱化",所谓"南朝高僧"云云,当然是受一般史料的影响,姑且不论。可连有关"脱化"的记述也如出一辙,就耐人寻味了,人们似乎都希望誌公能永远留在本地,为黎民百姓祈求福祉。

下车的地方,据班车师傅讲就是"誌公寺",可我们看到的却是一个小市镇,并没什么寺院,街上确有"誌公寺"的字样偶尔闪过,仔细一看,却多半是"誌公寺豆腐制品"的各类广告和招牌。由于人地生疏,我们几乎不辨南北,只好边走边问:"誌公寺怎么走?"人们不解地打量着我们,回答无一例外:"这里就是誌公寺啊!"老半天我们才反应过来,原来当地人口中的"誌公寺"不过是一个地名而已,和这个地名相连的还有足以让他们引以为豪的剑门豆腐,至于那个千余年前云游天下的出家人,还有那所以他名字命名的寺院,已经没有多少人记得了。无奈之下,我们只好换个方式:"请问可以烧香拜佛的誌公寺在哪里?"很多人依然摇头四顾。最终,顺着一名老者的指引,我们还是找到了寺院的方向。

从小镇向北步行约两公里,一条小溪出现在前面,小溪上一座古老的三孔石桥横跨两岸,桥头立有当地政府公布的"重点文物保护单位"的石碑。溪称小剑溪,桥名剑溪桥。小剑溪大概在誌公来过的年月就这样潺潺东流了,桥却不知何时修建,但从其形制看,应该是一座年深月久的古石桥了。桥体全以大块石条砌成,桥面两端略拱,中间平直,整体建筑坚固而精美。桥面上的石条有的已从中间断裂,斑驳的石块缝隙,生满了杂草,似乎很少有人从桥上经过,去誌公寺上香。

过了桥走不多远,便到山下,誌公寺就在半山上的树木掩映之间。上山的路也是条石铺成,两旁栽有高大的柏树,以及一些自然生长的灌木丛,石板路显然经过了多年的风雨打磨,陈旧,光滑,参差不平,但仍不难想象这条路上曾经摩肩接踵信众如云的景象。

拾级而上,不一会儿便来到誌公寺。出乎意料的是,眼前的誌公寺,竟如此荒凉,整个院落陈旧而破败,似乎很长时间未经修缮了。我们去时,住持不在,只有一位僧人和一名居士守庙,由于南北口音的差异,两位主人听不懂我们的"兰州普通话",交流很困难。我们向他打问寺院历史和誌公的情况,他一脸茫然,似乎毫无了解。好在寺院不大,我们很快就发现,大殿里并未供奉誌公,也没有相关的说明,但在门窗紧锁的接待室的窗户上,王学霞居士隔着玻璃,从窗棂间望见室内墙壁上挂着一幅誌公画像,画中誌公双目如炬,座下骑一巨蟒,仿佛天神降临,可惜守庙的僧人没有钥匙,不能近观,我们只好隔窗拍了一张照片。回到兰州后,我将这张图片放大印制出来,现已供奉于誌公道观誌公祠中,这大概是此行最大的收获。另外,在寺门外左手处有一座"誌公塔",塔的上部雕有誌公像,因无更多资料说明此塔的历史源流,我们也就未能从其本身获取更多有用的信息。

当天下午,我们去了剑阁县统战部和宗教局,将在誌公寺了解的情况与相关负责人做了沟通,也谈了我们的看法,认为誌公寺不该不供奉"誌公",并对寺院以及剑溪桥、石板山路等周边文物目前的保护情况表达了我们的忧虑。工作人员态度很诚恳，一再表示他们会重视我们的意见，尽可能改变誌公寺的现状。事实上，他们也的确做了多方面的努力，据悉，2011年年底，剑阁县计划斥资2000多万元扩建誌公寺庙宇群，工程已初步启动。

后来得知，誌公寺始建于梁武陵王天正元年(551)，南宋宝庆二年(1226)和清康熙四十四年(1705)曾先后两次重修，虽久历沧桑，却香火不断，一直延续至今，并留下不少文人题咏和神奇传说。南宋乾道六年(1170)至淳熙三年(1176)，大诗人陆游先后出仕夔州(今重庆奉节)、汉中、成都等地，曾经"细雨骑驴入剑门"，多次路经剑门关往返于汉中与成都之间，这一时期，诗人创作了大量描写剑门风物的作品，其中一首《誌公院》云：

江东争夺缠妖祲，哀哉斯民乱方甚。锦幪老人盖古佛，现身为作大慈荫。萧翁八十尚儿痴，旛盖锺螺闹中禁。当时此老默笑渠，大法栋梁身独任。杖头示人三转语，开口丧身如饮鸩。纷纷放弑但可怜，何曾为汝陈符谶。

题下原注曰："誌公院，在剑门东五里，院东石壁间，有若僧负杖者，杖端仿佛有刀尺拂子之状。"在此诗中，誌公以一位乱世智者的形象出现，在干戈纷扰的南北朝时期，大法独任，以自己的方式，警醒世人，力图救斯民于水火。小注所言，其实是剑门关一带一段久远的传说。相传，誌公来到剑门后，广施善法，为老百姓做了许多好事，后于誌公寺所在处仙化，人们为了纪念他，就请画师绘其像于誌公寺后面的岩壁上，时间久了，石壁上渐渐长出誌公的影子。这大概就是剑门山"誌公影壁崖"景点得名的来源吧。至于"刀尺拂子"的记载，自《高僧传》而下，数不胜数，均称誌公言行如谶，以剪刀、木尺和拂尘暗谐王朝更替，所谓"杖携刀尺拂，语隐齐梁陈"(宋李纲《登钟山谒宝公塔》)是也。

在誌公寺建寺六百年后，陆游来过，陆游走后，历史又迈过了近千年漫长的步履。今天的誌公寺，仿佛一位疲惫的行者，风尘仆仆，颓败冷清，然而，据说民国年间，这里还是磬鸣梵乐，余音绕岩，三十里外尚能依稀闻其声……

离开剑门，我们继续南行，于10月14日晚到达成都，拜访了蹇长春先生的高足、四川大学教授何剑平先生。何先生是甘肃敦煌人，对中国古代文学与宗教深有研究，曾与人合著出版了《唐代白话诗派研究》一书，书中开辟专章对誌公与白话诗及俗文学的关系进行了梳理与论证，认为誌公堪称"唐前白话诗派的前驱之一"，给予了很高的评价。因为有着关于誌公的共同话题，我们的谈话便格外亲切，临走，我们将带来的《灵谷寺志》复印本、《誌法师墓志铭》等誌公研究资料送给了何先生，他也以《唐代白话诗派研究》《中国中古维摩诘信仰研究》等著作相赠，其中有不少篇幅论及誌公，这些内容对我们而言，尤为珍贵。

原本打算第二天从成都折往彭州去的，听说彭州有一座龙兴寺，始建于东晋初年，后经誌公扩建，至今仍有高大的佛塔。但到成都后，才了解到龙兴寺确有佛塔，塔身高大雄伟，蔚为壮观，只是该塔似为近年重修，而且整个龙兴寺已经没有多少和誌公有关的遗迹了。

既如此，彭州不去也罢，于是，第二天上午别过何先生，踏上了返程。

句容—南京—邹平：惟有誌公留布帽，高皇遗笔读残碑

誌公，以宗教名人为后世所熟知的诸多思想与行迹，是在南朝齐梁时期展开的，而其集中活动的区域是以当时的京都建康（今南京）为中心，同时辐射周边的名山古刹，故而可以说，誌公后半生的修行，大体上主要在今江苏境内及其周边地区，与之相关的历史记载和实物遗迹也大多不出这一范围，尤其是他仙化后葬于钟山，遗骨至今犹存的事实，已得到普遍认可。因此，这一区域必然成为我们此次寻访的重点。

2010年9月18日，我和火廷功先生在张志英居士的资助下前往江苏。此次前去，除了想去南京灵谷寺参拜誌公墓塔外，还有一个目的是考查誌公出生地的问题。关于誌公的籍里，史料均称"金城"，而"金城"所在何处，却历来众说纷纭。据《中国古今地名大辞典》，古称金城的地方主要有二：一为今甘肃兰州。唐《元和郡县图志》卷三九"兰州"条称："汉武帝降匈奴，以其地置武威、酒泉、张掖、敦煌四郡，又分陇西置天水郡。（西汉）昭帝六年（前81），分陇西、张掖以为金城郡，兰州即金城郡旧地也。"至今，兰州的别名仍称金城。一在江苏句容市北，据说便是今天的句容市东阳镇。

20日中午时分，我们到达南京站。北方的九月，早已秋高气爽，我们出发时已经穿上了秋装，而江南的气温似乎还是盛夏，一出车站，热浪迎面扑来。顾不得欣赏南京的秋景，我们便在江苏的朋友郭金刚先生的帮助下，乘车赶往句容，按照事先的约定，顺道往句容茅山道院进行宗教交流。

茅山是东南一带的道教名山，原名句曲山，山有大茅、二茅、三茅诸峰，峰峦叠嶂，起伏连绵，四季清泉潺潺，风景秀丽。相传西汉初年，有茅氏三兄弟在山中建庵修道，日常采药炼丹，济世救人，后功德圆满，得道升仙，人称"三茅真君"，远近黎民感其生前恩泽，遂将句曲山更名为三茅山，后人简称茅山。历史上著名的道士葛洪、陆修静、陶弘景等道教大师都曾在此隐居修行，后经历代发展，逐渐形成了道教茅山宗。元成宗大德年间，敕封第三十八代天师张与材为"正一教主"，总领龙虎山、阁皂山、茅山三山符箓，其后，茅山派逐渐融入正一派，茅山成为正一派的道场。20世纪50年代，道教界将旧有的三宫五观合并，成立了茅山道院，统筹安排道教活动。我们到达时，虽然已是下午，山顶的九霄宫依然信众云集，烟雾缭绕，一派仙家气象。茅山道院九霄宫民主管理委员会主任简祖洪道长热情接待了我们，就彼此信奉的教派、宫观建设及此行的目的等话题进行了交流。谈话中,我们就句容“金城”的问题咨询了简道长和其他陪同人员,他们说,东阳镇倒是有,但并不知道是否就是“金城”,也从未听说过句容有一处叫作金城的地方。当晚用过斋饭后,挂单茅山道院。

在茅山道院逗留了两天,茅山道教文化研究中心主任潘一德道长陪同我们参观了相关宫观。22日,我们计划参访隆昌寺。隆昌寺位于句容市西北的宝华山,宝华山又名花山、千华山,据《宝华山志》载,因梁宝誌(誌公)禅师结庵于此,遂称宝华山。隆昌寺始建于梁天监元年(502),初名誌公庵,距今已有1500余年的历史。这天一大早,潘一德道长便开车送我们去隆昌寺。

出发时,天空飘着蒙蒙小雨,还没到山下,车子因为道路的缘故无法通行,我们只好沿着小路徒步上山。原本打算当天要在隆昌寺挂单的,出门时就带上了所有的行李,还有潘道长赠送的大量道教典籍和相关资料,行动很不方便,偏偏这时天公不作美,雨却越下越大,上山极为吃力。隆昌寺坐落于宝华山群峰环绕之中,占地面积和寺院建筑都非一般小寺可比,僧人也人数众多,不愧为佛教“律宗第一山”。然而,当寺院当家大和尚弄清我们的来意后,只是冷冷地说:“誌公是佛教的大德,是我们句容人,这里就是他出家之地,与你们兰州和道教有什么关系?”如此开场,其他更多的交流当然不可能了,但我们还是希望寺院能提供一些关于誌公的资料,回答直截了当,没有!我们只好告辞出来,自己在寺内简单参观了寺院的整体情况,寺院殿堂宏伟,香烟缭绕,但所有的大殿无一供奉他们称之为“开山祖师”的誌公,也不见誌公的画像和有关说明。经与寺里的小和尚协商,我们才有机会复印了几分材料,大抵《宝华山隆昌寺简介》《梁皇宝忏》之类,算是我们来此一趟的收获。

既然不受主人欢迎,我们也无心再在隆昌寺挂单,无奈之下,只好再回潘道长处。下山时,由于雨大路滑,身上又背着行李,年近七旬的火廷功先生重重地摔了一跤,身上也湿透了,所幸无甚大碍。路上,张志英居士还风趣地说,这一趟,真像是《西游记》里的唐僧取经。

23日一早,我们自茅山返回南京,准备去灵谷寺参拜誌公。其实,早在6月初,火廷功先生趁全家去华东旅游路经南京的间隙,独自来过一趟灵谷寺,在此不久前,我们才初步了解了誌公埋骨钟山,以及自独龙阜迁葬灵谷寺的大致原委,火先生此去,可谓灵谷寺之访的“先行者”。

灵谷寺位于钟山东南麓,“左群山右峻岭,北倚天之叠嶂,复穹岑以排空,诸峦布势,若堆螺髻于天边。”其原址在钟山西南坡独龙阜。梁武帝天监十三年(514)葬誌公于独龙阜,并在墓前建造了五级木塔和开善精舍。后经历代扩建,先后更名“宝公院”“开善道场”“蒋山寺”等。明洪武中,为营建孝陵而将寺院迁至山之东南坡,洪武皇帝赐名“灵谷寺”,并亲笔题额“第一禅林”。明末张岱《陶庵梦忆》“钟山”

条记明太祖迁葬誌公事云:“高皇帝与刘诚意、徐中山、汤东瓯定寝穴,各志其处,藏袖中。三人合,穴遂定。门左有孙权墓,请徙。太祖曰‘孙权亦是好汉子,留他守门。’及开藏,下为梁誌公和尚塔,真身不坏,指爪绕身数匝,军士辇之不起。太祖亲礼之,许以金棺银椁,庄田三百六十奉香火,舁灵谷寺塔之。今寺僧数千人,日食一庄田焉。”朱元璋对誌公的恩宠,除了这次迁葬外,还在南京另一宝刹鸡鸣寺(原名普济禅师庙,誌公曾被南朝追封为“道林真觉慧威慈应普济禅师”)御笔勒石“誌公像题赞”,表达对誌公的崇仰。清代初年,遗民诗人吴梅村路过南京,寻访前朝遗迹,所游之处,但见昔日的皇陵已成满人“放鹰调马”之地,曾经的繁华与眼前的凄凉形成了巨大的反差,遂生黍离之感,写下了《钟山》《鸡鸣寺》《秣陵口号》诸诗,其中便有“金棺移塔思原庙,玉匣藏衣记奉常”“惟有誌公留布帽,高皇遗笔读残碑”等句。如今的钟山一带,所谓“高皇遗笔”,大概早已融入历史的尘埃了,所幸灵谷寺依然香火鼎盛,誌公的墓塔还保存完好,其宗教思想也仍然泽被佛道两家,这些,我权且比作吴梅村笔下的“布帽”吧。

由于郭金刚先生帮忙提前与寺院约好,我们到达时,灵谷寺监院灵山法师已早早地在山门前迎候。初见灵山,印象极为深刻,法师清癯俊朗又平易近人,我们因在隆昌寺受到冷遇而产生的顾虑随即消失了。灵山法师年纪尚不及而立,9岁即在灵谷寺出家,从小勤奋精进,遍读经典,曾负笈于中国人民大学,在佛教之外,对儒道二家也颇有心得。他在会客室接待了我们,提及誌公,相关的诗文和记载他无不烂熟于心,娓娓道来,对于誌公的信仰和籍贯问题,他认为应为佛教徒,出生地就在南京,但对我们的看法和探索表示尊重。

在灵山法师的带领下,我们参拜了誌公殿、宝公塔(誌公墓)、青林寺等重要场所。在誌公殿前跪下来的那一刻,我百感交集,无声的泪水忍不住夺眶而出,默默在心底里呼喊:誌公爷,我终于找到你老人家了!20多年来,我在红泥沟虔心供奉着你,却不知道你仙归何处,为了重建你开创的千年道场,我忍受了数不清的白眼和艰辛,青灯黄卷,寂寥岁月,像过电影一般在我脑子里一页页翻过。看着我,一旁的火先生和张居士红了眼圈,灵山法师也一再感叹我的虔诚。

誌公殿建于1934年,殿前有一叉形铸铁,名飞来剪,相传为东吴赤乌(238—251)年间所铸,因山中有蛟龙,铸此剪以镇之。剪侧有盘龙石,用来锁枷飞来剪所镇之蛟。这些当然只是传说罢了,这一剪一石其实不过是明代遗物。殿内供有参照吴道子“誌公画像”雕塑的誌公铜像,我们在瞻仰铜像的过程中发现,“誌公”脚下的芒鞋却分明是道鞋样式(僧鞋鞋面上为一道梁,道鞋鞋面为两道梁),这一问题也得到了灵山法师的认同。像后墙壁左右各嵌一块石碑,分别为明洪武十五年礼部尚书刘仲质撰写的《宝誌和尚迁葬记》和1941年重修誌公殿的碑记。

在誌公殿背后的甬道尽头,誌公墓于绿树掩映之中穆然肃立,墓塔上镶嵌了一块石碑,便是著名的“三绝碑”。石碑的下方正中为唐代画圣吴道子根据张僧繇原画摹绘的誌公像，像的上方是颜真卿楷书李白所题的《誌公像赞》，“吴画李赞颜书”，遂为三绝矣。到了元代，书法家赵孟頫又在画像两侧题写了《宝公菩萨十二时歌》，碑额上“净土指南”四字则为乾隆皇帝二下江南时的御笔，从书法造诣和作者身份上来说，后来两处补刻也堪称二绝，因此，所谓“三绝碑”，事实上已为“五绝”。此碑始刻于唐代，宋元明清几朝屡毁屡刻，现嵌于墓塔上的这块碑复刻于20世纪30年代，最初的“三绝”部分已经模糊不清，据说因在“文革”期间曾沦为“革命小将”的搓衣板所致。一块小小的石碑，仿佛中国文化的缩影，千年而下，可谓崎岖坎坷，历尽劫波。近年来，灵谷寺根据南京市博物馆馆藏拓片复原了新的三绝碑，现立于誌公殿后，与旧碑遥遥相望。

晚上，再次与灵山法师长谈。也许是白天参拜誌公时我的情绪失控感动了他，这次谈话，我们更加感到了他诚恳的支持和理解。24日早上，灵山法师为我们送来一幅他亲笔题写的横额：“佛道无上”。这是我们没想到的，其书法笔意空灵，颇有弘一法师的韵致，更让我们赞叹不已。之后，法师又陪同我们参观了鸡鸣寺、天后宫等庙观。当灵山法师、天后宫住持道长和我三个出家人在钟山道上走过时，引起路人的驻足观望，也许是僧衣道袍过于醒目，但我觉得，更多的可能是人们感叹于和尚与道士竟然能如此和睦无间地一路畅谈。第二天临别时，灵山法师又以《灵谷寺志》一册相赠，高情厚谊，令人感动。

当年誌公仙化后，梁武帝曾敕命大臣陆倕、王筠分别撰写墓志铭和墓碑，其墓志铭全文现收录于严可均所辑的《全上古三代秦汉三国晋南北朝文》，墓碑内容则久觅不得，后来听说誌公曾驻锡山东醴泉寺，王筠所撰墓碑也辗转至此，丁福保《佛学大辞典》则明确记载：“誌公碑，梁释宝誌之碑也，在邹平醴泉寺……其碑文为琅琊王筠所作。”因此，离开灵谷寺后，我们下一个目的地是醴泉寺。醴泉寺本在邹平县，我们却误以为在邹城市，到了邹城，了无结果，只好再折往邹平。

位于邹平县长白山腹地的醴泉寺，始建于梁武帝天监十二年(513)，唐中宗时重修，寺院落成之日，东山恰有一眼甘泉涌出，中宗听说后便欣然赐名“醴泉”，醴泉寺因此而得名。唐文宗开成年间，日本天台宗高僧圆仁曾到寺拜谒，并在其著作《入唐求法巡礼纪行》中记载了醴泉寺当时的盛景。北宋时，醴泉寺因范仲淹在此苦读终成一代名相而名声大噪。抗战时期，古寺毁于兵火，新世纪以来，当地政府又在原址上进行了重建。虽然年代久远，又屡遭毁圮，但寺内部分文物还是有幸保存了下来，誌公碑便是其中之一。

到了醴泉寺，才发现确有誌公碑，但并非王筠之碑，且碑文大多漫漶不清，可辨者不过十之一二，碑额文字为“大唐齐州章丘县常(长)白山醴泉寺誌公之碑”。碑立于唐开元三年(715)，高2.5米，宽1.1米，厚0.3米，碑首两侧各有浮龙三条，碑阴上部刻一尖楣拱龛，内有三尊浮雕佛像，下有三方小龛，中间雕有传山炉一座，两侧浮雕一对供养人相对而跪。在钟山，“高皇遗笔”的“残碑”虽然早无踪影，但在醴泉寺读到这一唐代残碑，也是我们始料未及的。另，清初著名诗人、学者王士禛《池北偶谈》卷一九“誌公碑”条记载：

> 常白山醴泉寺誌公碑，唐开元乙卯立，文作齐梁体，可辨者十之三。书法圆劲，在欧虞间。每行凡七十九字，其下多断缺不存。其碑阴乃誌公像也。碑可辨者录于此。

碑名作“大唐齐州章丘县常白山醴泉寺誌公之碑”，并录全文，缺字甚多。显然，丁福保先生关于誌公碑“在邹平醴泉寺”之说有误。

由于碑面文字所存无多，其具体内容自然也就无缘一窥。后来，我们在《金石萃编》中找到了此碑碑文，虽然也多有阙字，但主体部分仍得以保存。其文不脱齐梁遗风，骈四俪六，对仗工整，除了赞佛颂圣，还记述了醴泉寺重建、命名的过程，以及誌公的诸多神异及其与长白山的关系。碑文在转述了《高僧传》关于誌公葬于独龙阜的记载后，又称“彼讬钟山，此依长白”，“既墓彼山，又坟兹岭”云云，显然认为誌公也葬于此地，但作者又以“分形散影”来解释誌公同时葬于两处的矛盾，这当然是无稽之谈，但此说何来，尚待进一步考究。

至于王筠所撰的碑文，醴泉寺当然不会有了，但后来却被蹇长春教授在《灵谷寺志》中查得，也算帮我们了了一桩心愿。因此可以说，此次来去十天的寻访，我们获益最多的还是灵谷寺。

此后，我们还于同年11月底和次年12月初，两次参访了灵谷寺，均受到灵山法师的热情接待。上次从灵谷寺回来，我的师傅陈高玄道长了解了誌公成道于南京的来龙去脉后，提出想亲自去灵谷寺参拜誌公真人，于是11月底，仍由火廷功先生陪同我们师徒，自费前往南京，再访灵谷寺。这次去，誌公殿发生了较大的变化，所有门窗都重新刷了油漆，殿内的陈设也大多换了新的，墙壁上挂了不少有关誌公的字画，看到这些，我们是既欣慰又感动。临走时，我们提出能否为我们提供一幅誌公画像和“三绝碑”拓片，灵山法师当即允诺。2011年12月，应灵山法师之约，我和火先生仍由张志英居士供养，第三次去了灵谷寺，接受了灵山法师所赠的“三绝碑”拓片，并请回了由南京国画院院长吴涛先生所摹吴道子原画的誌公像（见附图），画像线条流畅，体态飘逸，深得画圣“吴带当风”的神韵。同时，灵山法师主动提出为誌公道观三清殿捐赠三尊神像，并答应邀请南京佛、道大德前往兰州红泥沟，为誌公道观神像开光诵经。

台北：万里关山话同祖，朱家旧迹尚堪寻

循着誌公的足迹，从陇东到川北，从江苏至山东，虽然只是匆匆来去，但对誌公的认识，却从红泥沟一隅走了出来。了解了他取法天地自然的无上境界，及其在道俗信众中产生的巨大影响，对于进一步弘扬誌公文化，以期可稍尽绵薄。

然而，我们也深知，千里之行，始于足下，一切还须从基础做起，譬如让更多的人了解誌公与兰州及道教的关系，在更大的范围内争取人们的理解和支持。2011年9月，火廷功先生生病住院期间，一位病友偶然谈起兰州朱氏族人近年在仁寿山修建朱文公祠祭祀先祖，并于近期赴台湾参加“世界朱氏联合会”的消息，建议我们和朱家取得联系，争取参会的机会。此次活动由海内外朱氏精英组织，如能有幸参加，对宣传誌公无疑具有重要的意义。

兰州朱氏源远流长，族裔众多，为了纪念先祖及理学宗师朱熹，早在清代乾隆年间就于当时的安宁堡内修建了朱文公祠，遇清明及其他重要节日，在祠中举行祭祀活动。20世纪70年代末，祠因故拆除。90年代中期，朱氏族人应邀参加了世界朱氏联合会，因受国内外宗亲的影响，他们先后编纂了《朱氏家乘》，成立了“兰州朱熹思想研究会”，并积极筹备重建朱文公祠。2000年，经相关部门批准，朱氏族人自筹资金百余万元，于兰州仁寿山建成新的朱文公祠，此后，每逢春秋佳日，祠内或祭奠或研讨，已然蔚为风气。此次赴台，是参加“世界朱氏联合会第八届会员代表大会暨两岸四地朱子学论坛”。火先生出院后，数次与朱家联系磋商，说明誌公的姓氏与行迹情况，希望征得他们的支持。当他们得知红泥沟道场的开创者是本族先贤时，非常高兴，愿邀我们一同前往台湾参会。

2011年10月4日，火廷功先生、张登基先生、我本人及我的父亲党存敬一行四人随团参加了在台北举行的大会。之所以带父亲前往，除了想让他晚年能去外面看看，聊表孝心外，更重要的原因在于，父亲也是誌公道观的守护者。父亲不是出家人，却在道观差不多生活了20年。我1991年初来誌公道观时，这里破败荒凉，人迹罕至，父亲不放心我，也便长年往返于永靖老家和红泥沟之间，照料我的生活，这20年里，我守着誌公，父亲守着我，其中的艰辛非外人可以理解。

朱氏会员大会在台北国际会议中心举行，来自世界各地的近千名朱氏族人及专家学者出席了这次盛会，我从姓氏寻源的角度在会上作了题为《兰州誌公道观今昔及我们的几点期望》的发言，希望借助大会“宗亲族谱论坛”这个平台，对尚嫌模糊的誌公生平，做些更加深入的探索，并对今后如何进一步弘扬誌公宗教文化，提出了几点期望，希望能得到与会者的指导和帮助。同时，以誌公道观的名义，向大会赠送了“同祖同宗同根生，隔山隔水不隔亲”的锦旗，受到大会的热烈欢迎。在我们献上锦旗后，世界朱氏联合会会长朱茂男先生立即从座位上站了起来，与火廷功先生共执锦旗，在主席台前合影留念。大会“祠堂文化”的主持人朱良拱先生说：“我们感谢党嗣仙道长对大会的祝贺，她的到来，把甘肃的宗教文化与我们的祠堂文化进一步结合起来，说明我们朱氏联合会在各个领域都产生了深远的影响。”会后，大会的组织者表示，2012年清明节，他们将组织人员前往兰州朱文公祠参加祭祀大典，届时，一定来誌公道观祭祖参观。

至此,我们断断续续历时一年有余的誌公寻访,算是暂时结束了。当然,以誌公在当时及后世的影响,雪泥鸿爪,所在多矣,我们只是走了目前了解到的主要部分,其他遗迹只能根据情况,再凑时机去探索了。

清末文人邓隆曾为红泥沟口的门楼撰写过一副楹联:

> 真灵虽还虚,偶过此蛙谷鹰巢,当忆朱家旧迹;
> 三教原一贯,何妨邀儒流道侣,来与弥勒同龛。

昔年的红泥沟,曾僧来道往,共尊誌公为圣,文人雅客,也留下了诸多题咏,足见誌公早已为众家所崇奉。当年,重阳祖师创立全真道,也力倡三教合一,以《道德经》《般若心经》和《孝经》作为弟子必读的经典,红泥沟的今昔,岂不正是这一宗教思想的实践道场!如今,誌公的故里已与他的仙归之地灵谷寺建立了良好的关系,兰州本地的社会贤达和知识界朋友也不计名利,热忱加入到誌公文化研究行列中来,不久的将来,誌公道观的发展及其在地方文化中应有的影响,无疑可以预见。

作为誌公道观的住持,面对这一已获新生的古道场,不止要用心护持,更当勉力精进,潜心修行,不负红泥沟这松间明月,石上清泉,聊以告慰誌公祖师以及历代在此苦修的列位前辈真人……

我与红泥沟的情缘

罗延孝　苏利国

出五泉山公园东龙口后门,东行数百步,折而南,有一山沟,南北长约500米,东西宽约300米,沟边之山为红土岩层,故曰红泥岩,或曰红泥沟。过去沟内处处泉水,汇成小溪纵横流淌,整个山沟为湿地,故古木参天,芳草鲜美,幽邃清寂,景色殊佳。"山不在高,有仙则名",此沟虽不及五泉山东、西龙口大,却因南北朝时期誌公在此修行得道,使得红泥沟声名远扬。

1921年,我出生在兰州五泉禄家巷,八岁时父亲租种了红泥沟外的何家枣树园子,故举家迁居东龙口。从记事起,我每隔一两天就到红泥沟来玩。那时,一进沟最吸引人的是一行粗壮的青杨树,树顶上老鹰、喜鹊争抢做窝,乌鸦也往往不甘示弱,赶来争斗。

放了暑假,我天天都要看枣子,往往乘太阳快落山时溜进红泥沟里摘些桑叶、桑葚,慢慢就认识了崖洞里的道士。有时,我会带些自产的菜蔬和梨、枣给他们,他们也会送些自己烧制的酒壶、盆子给我。到自家种的胡萝卜上市时,我经常拿个小袋子到红泥沟誌公洞下的沙坑去挖细绵沙,用它搓洗的胡萝卜看上去鲜嫩透亮,总能卖上好价钱。

那时的红泥沟给我最深的印象,就是树多、水多、庙多。夏日林木参天,荫翳蔽日,鸟鸣不绝于耳;冬天落叶满地,冰雪迷途,游人多不至此。周而复始者,桃源之四季,未曾改易者,潺潺之泉水,清清泠泠,朝朝暮暮。

抗战之前,沟口上原有曹、张两家磨坊。一进沟口,箩声、磨声交相辉映,吱吱呀呀,不绝入耳。山泉汇成的溪流,出沟之后冲过红泥园、龙王庙的水磨,一路前行,可以浇灌方家庄和牟家湾子的田地。我家租种的枣树园子,位于沟口东面,上半年种鸦片,下半年栽烟叶,正是这水和这土地,孕育出了驰名四方的"红泥沟"牌水烟丝。此地烟叶外观金黄肥厚,加工后的成品带有一种独特的天然清香,还有开胃止咳之功效。

中学毕业后,我考上了兰州电报局,做报务员。抗战初期,为了躲避日本飞机轰炸,报房由城里箭道巷迁至红泥沟。当时,庙宇和洞窟作为临时办公场所,各庙宇严加保护,神像皆盖以遮套。通讯工作三班轮替,昼夜不停,一时间电线成网,机械交鸣。夜间沟内灯火通明,连几棵大树上的老鹰都吓走了。政府在沟里部署了三名荷枪实弹的维持士兵,外人一律禁止入内。此前沟内住有好几名道士,到那时只剩下一人。直到1945年日本战败投降,这样的日子持续了七年。然而,报房尚未搬回,内战已然打响,于是我们留在原地继续上班,直到兰州解放的第三年(1952),报房才迁至城里。不经意间,在红泥沟里工作了整整十五年。

十五年来,我把红泥沟的山山水水、沟沟岔岔、庙庙洞洞、树树鸟鸟什么都清清楚楚地看过来了,并一一珍藏在记忆的最深处。

沟外马路两旁的白杨长势喜人,沟里的树最大的是五株青杨,因长在泉水旁,枝叶茂密,高可达三丈。每棵树上都有老鹰与喜鹊的巢窠,一年四季都能听见它们的吵闹声。除了青杨,沟内外杂树甚多,最多是臭椿,遍布于周边山崖;其次是榆、柳、桑、槐、沙枣、碧桃等,种类繁多,不一而足。此外各庙前都栽有蜀葵花和五色锦。北崖上的白刺,夏季花开白如瓔珞,秋季红果成串成堆,红如彩霞。

一入谷口,首先看到的是法轮殿。殿中建有转轮(此法轮异于佛家法轮,道教称之为"六道轮回之轮",为设坛做法时用物之一),藉水而动,水大则转,水小或无水则不转。沟内五步一楼,十步一阁,庙宇建筑各有特色。沿路蜿蜒而上,依次是土地庙、玉皇殿、三清殿。上山进香的善男信女们首先要敬土地神,与别处或洞窟或神龛的形式不同,此地土地庙比普通人家的一间房子还要大,一门两窗,正中供着土地爷和土地奶奶;玉皇阁是二层悬阁楼,第一层有一孔圆洞,穿洞而过,沿斜坡路缓步而上,可至玉皇阁;越阁而上即到三清殿,此殿雄伟壮丽,气势不凡,三清像塑在南崖上的三个半间洞里,墙面皆五色彩绘。神像前的道场宽阔敞亮,面积约有二百平方米,此殿背南朝北,雕梁画栋,门窗皆东向,上午能见太阳,北面可看到全沟风景,夏日凉风习习,鸟鸣唧唧,十分爽快。

全沟之水都是从东南崖下石头缝隙里渗出来的地下水,处处成泉,汇为溪水,顺北沟而流。沟内泉水大多微咸,唯有五老青杨畔的一眼泉除外。此泉名为"惠渠",水质甘冽,宜烹香茗。

沟南多鸟,如麻燕、紫燕、鸽子、斑鸠、金知子、火石夹夹、种谷鸟、猫头鹰等。

东崖、北崖之上,皆有多处洞窟,或供奉誌公,或道士居住。此处道士,云游者多,常住者少。因其生活来源一靠化缘,二靠烧制些瓦盆之类的东西变卖谋生,离市区远,挂单不住,往往离去,冬季数月无人居住实为常事。

红泥沟最为知名的地方无疑是誌公洞。慕名而游红泥沟者,大都为参拜誌公而来。多年以来人们都认为洞在沟东半山处。其实,到底哪一个才是当年誌公修行的洞子,至今犹无定论,只留下一个个版本不同的美丽传说。

传说誌公是金城人,姓朱名宝(保)誌,七岁便到红泥沟出家修行。一天深夜他外出归来,忽然脚下踩到一物,误以为是踩杀蛤蟆。回到洞内,他就坐下来诵经忏悔。可当他诵经时红泥沟中的蛤蟆也"呱呱"乱鸣,直到天亮时蛤蟆叫声才渐渐停息。他找到误踩蛤蟆之地一看,原来是一个烂茄子。宝誌非常生气,一声令下,沟里蛤蟆不许再出声。从此后,红泥沟中就再也听不见蛤蟆叫了。

又有人说,宝誌施法让蛤蟆搬家了。红泥沟泉水充沛,在沟里形成了一个个的小池塘。每年夏秋时节,池塘中到处都是蛙鸣之声。一天,宝誌正在半山腰的洞中静坐练功,可山沟中的蛤蟆鸣叫不停,宝誌说,"蛤蟆蛤蟆莫呱呱,请到沟外去安家"。从那时,蛤蟆便搬到了沟外面。至今,在红泥沟仍然看不到蛤蟆的踪影。

也有人说宝誌和尚(名宝誌,亦作保誌,是南北朝时期齐梁间的名僧,梁武帝等视其为菩萨化身。)是兰州人,俗姓朱。传说他曾被梁武帝拜为国师,后来为避免杀身之祸就逃回了老家。

还有一种说法是,宝誌前50年在兰州修道,后来到了江南又修佛,因而他由道入佛,佛道双修,融汇了佛道两家。

儿时,曾听爹爹说过:誌公当年修道时,晚上青蛙叫唤打扰,念动咒语,把蛙驱赶到了沟外,所以红泥沟里永远听不见青蛙叫。爹爹还说,誌公练功不易,他口里老含着一个珠子,每天晚上他把珠子从窗口抛到河沟的石头堆里,然后出洞去摸珠子,珠子摸到了拿回再抛再摸,夜夜如此往复,风雨无阻。数年后,有天夜里他抛出的珠子竟然发起了光,他知道修炼即将成功。有天夜里他睡着后,梦见到方家庄去化缘,一个老太婆赠给了他两个油饼,他放在袖子里拿回来了。醒来一摸袖口,果然有两个油饼,从那以后他就飞升到天上去了。人去洞空,光留下了几本著作,说是有个皇帝派人拿走了。

清代同治年间,邑人于沟内山冈上修了一座誌公站像,请陇上举人慕少堂[①]先生在像旁题了一副对联:

岗站独龙,塑像我曾敬仰;
神能伏虎,咒蛙人又奚疑!

不幸的是同治年一场匪乱,五泉山和红泥沟的寺院皆遭焚毁。光绪年间,皋兰进士刘尔炘[②]先生带头修建五泉山,红泥沟也为道家重建。这次规模更为宏伟,进

① 慕寿祺(1874—1947),字子介,号少堂,镇原县平泉镇人。甘肃民主革命的领袖人物,著名学者。著作等身,计有《周易简义》《读经笔记》《经学概论》《求是斋群粹录》《甘宁青史略》《种族之掺合》《中国小说考》《镇原县志》等三十余种。

② 刘尔炘(1864—1931),字又宽,号晓岚,又号果斋,别号五泉山人,兰州盐场堡人。光绪乙丑科进士,授翰林院庶吉士、翰林院编修。后辞官归里,主讲五泉书院。后任甘肃文高等学堂总教习。他创办了兰州第一所小学校——两等小学堂。还创办了一些学社、讲习所和专修馆。

沟有门楼,临泉有转轮寺,寺旁有惠泉及誌公祠[①]等。南向的山坡上有玉皇阁,阁两旁有偏殿,围以回廊,再南上有三清殿,登临其上,天风浩荡,园花松柏,飞鸟往还,水声潺潺,更饶天趣。这时的东崖誌公洞香烟缭绕,游人络绎不绝。尤其是吸引了很多文人墨客,各庙上都有他们留下的楹联和画作。如光绪河州进士邓隆题在山门阁楼旁的联句:

真灵虽还虚,偶过此蛙谷鹰巢,当忆朱家旧迹;
三教原一贯,何妨邀儒流道侣,来与弥勒同龛。

写在玉皇阁的楹联是:

位冠天地人,尊无而上;
教宗儒释道,立宰一元。

写尽了三教原一贯的宗旨,耐人寻味。

此后,红泥沟屡有仕人登临,听泉赏景,饮酒赋诗,念祷誌公,沟内成了兰州城的消夏胜地。如永登诗人周应沣1913年游此地时曾赋有一诗:

红泥小有洞天开,镇日禅关掩绿槐。春雨梨花飞院落,晚风柳絮午楼台。岩廊轻响踏青履,沟水西流浮白杯。不羡山阴觞咏地,永和修禊骋游来。

1924年,邓隆(当时住徐家巷)捐资维修和扩建了誌公观,誌公观面貌为之一新,香客朝山相拜,游人络绎不绝。

兰州解放后,报房迁回城里,解放军的某工兵连的军工家属住在红泥沟。1950年冬天,因生火取暖不慎,一场大火烧光了沟内所有庙宇。紧接着铁路修到兰州,火车要用水,红泥沟的水大部分被引走,剩下的地下水又被五泉大队埋暗管接走。从此红泥沟里许多大树死了,湿地变成了旱地,一片荒凉。1955年因为公园扩大面积,搬迁居民,我搬到城里,一住八年。此后,职工家属也逐渐离去,红泥沟失去昔日的丰采。

1963年,我又搬到红泥沟外的一个宿舍里,那是困难时期,我家六个孩子,买了一只奶羊,每天下班后拉到红泥沟去放,和阔别已久的故地重逢,看着残垣断壁,心中不由泛起一种无法言说的感伤……

---

① 祠,古代原指春祭,亦指祈祷,后引申指称庙堂,故旧时将祭祀祖宗或贤能有公德者的庙堂叫作祠堂。祠与道教有着很深的渊源,至今有不少道观还称为祠。如:南阳武侯祠、华山玉女祠、泰山碧霞祠、黄大仙祠等。

1965年,苏联陈兵百万于我边界,毛主席号召“深挖洞、广积粮”,到处备战,领导给我安排的任务是在红泥沟里挖战备洞,并装上重要通讯设备,一部分电信工作人员又在红泥沟上班了。从那以后我的工作和生活又离不开红泥沟了。再往后,又经历了下乡、文革、建农场、养病等一连串的坎坷道路,但我始终没有离开过红泥沟。

1995年,我分到新房,搬到东岗拱星墩小区,但每年夏季我还是要到故地去游玩。记得当时誌公寺的主持是全真教龙门派第二十四代玄裔陈涵谷道长,他住在北崖下的窑洞里,不畏艰辛,多年如一日,开沟引水、植树种花、为人治病。还在原来的废墟上又建起了几座殿堂。因东崖上的誌公洞坍塌,誌公遗址由陈道长迎至北崖供奉。请杨静仁[①]题写“誌公洞”并为誌公造像,以便信士游人瞻仰纪念。陈道长是兰州陈官营人,出身农家,新中国成立前为避兵祸而出家。其人穷究性命之理,兼通武学、医道、儒术、易理,道行很深,很健谈。我俩很投缘,每谈天说地,必尽兴而归。他睡的是热炕,我那时正在搜集誌公在红泥沟修道的相关资料,他便让我上炕来盖上被子,躺下来慢慢讲誌公修道的事。

关于誌公在红泥沟修道的事,小时候也听祖辈、父辈讲过咒蛙、炼丹飞升,总认为那是一种传说罢了,现在听陈道一讲,我却听出一些新意。他说:“修道在于修身,修身在于修心,誌公率先领悟了‘我命在我不在天’的真谛,修炼要做到恬淡自守,才能有所领悟。誌公从小出家修道,能悟出很多事情,是他苦心学习的结果。”记得有一次我问他誌公到底是道还是佛,他拿出一本书给我,说这是明代刘基的《郁离子》,你看看就明白了。文中说:

> 苍莨之山,溪水合流入于江。有道士筑寺于其上以事佛,甚谨。一夕,山水大出,漂室庐,塞溪而下,人骑木乘屋呼号求救者,声相连也。道士具大舟,躬蓑笠,立水浒,督善水者绳以俟。人至,即投木索引之,所存活甚众。平旦,有兽,身没波涛中,而浮其首,左右盼,若求救者。道士曰:“是亦有生,必速救之!”舟者应言往,以木接上之,乃虎也。始则蒙蒙然,坐而舐其毛;比及岸,则瞠目眡道士,跃而攫之,仆地。舟人奔救,道士得不死,而重伤焉。[②]

读罢这段文章,陈道笑着说:“道也,佛也,由人说也,他们总归离不了‘慈悲’二字。”讲慈悲就是做善事,难怪在后来的日子里,陈道为人看病疗伤,除了念经,就栽树修路、挖山引水,死而后已。他这样做,我虽然不知道究竟为了什么,但受到誌

① 杨静仁(1918—2001),回族,甘肃兰州人。历任中国人民政治协商会议全国委员会副主席、中共中央统战部部长、中华人民共和国国家民族事务委员会主任、中华人民共和国国务院副总理等职。

② 刘基:《郁离子》,上海古籍出版社,1981年,第18页。

公精神的鼓舞,想来应该是不会错的。

陈道长仙逝,后继者为全真教龙门派第二十八代传人党嗣仙道长,其人有学问,富上进心,她继承陈道长未竟的事业,继续广修善缘,建设红泥沟。功夫不负有心人,在道教协会的领导及社会各界的赞助下,历时十二载重建,誌公观已颇具规模。

而今,此地林泉幽美,草木丰茂,悦然栖身于期间,自有泉水激石,泠泠作响,好鸟相鸣,嘤嘤成韵。于云雾萦绕中沐浴清风,聆听泉水,无数过客来了,又走了。在这个水泥丛林遍地开花的时光里,或窥谷忘返,追寻遗失的田园绝唱,或隔着千百年的岁月,于传说和洞窟间神思过往……

(吾写此文时,年已91岁,有些记忆不全或有误解及错误之处,请读者更正,至为感谢。)

典藏诠释

《周易》的阴阳矛盾观及其朴素辩证法

蒋　凡

一

人类文明的进步与提高，在很大程度上得益于思维模式的改变、创新与思想方法的变革和进步。在传统的经典著作中，对人们的思维方式和方法影响巨大深远的，《周易》名列前茅。为什么呢？关键在于《周易》所建立的阴阳矛盾观念及其尚动重变的思维方式、方法。也就是说，《周易》中所具有的朴素辩证观念和方法，影响了几千年来中国人传统思维的方式和方法。

什么是辩证法？其本质何在？列宁指出："就本来的意义说，辩证法就是研究对象的本质自身中的矛盾。"[①]辩证法是一种思维方法，它把世界现象的内在本质，看作是普遍联系和永恒变化的。当然，人类思维方式方法的发展有个过程，是分阶段进步提高的。从古代原始朴素的辩证法，如《周易》的辩证观，经历了近代西方黑格尔的辩证法，发展到近现代马克思主义的辩证法，经历了不同社会时期，在漫长的历史发展中，完成了质的飞跃，获得了进步与提高。但若论辩证法的发展源流，却不可忘记《周易》的创始开拓之功。《周易》的阴阳矛盾辩证思维，有其独特的表述方式与特点，至今仍值得后人学习与借鉴。

《周易》分"经"和"传"两部分。"经"大约诞生于殷、周之际；"传"则后出，大约在战国中期以前完成。"经"先有而"传"后出。就《周易》之"经"来说，在八经卦、六十四别卦及其卦爻辞中，并没有看到"阴阳"二字的出现。但这并不意味着原始《易经》缺乏阴阳矛盾的辩证观念。《易传》中的《系辞传》曰："一阴一阳之谓道。"虽是后来《易传》的总结，但是，"传"援"经"而立说，其思想观念的发展，并非凭空而降，而是在"经"说的基础上，来加以注解和阐释的。阴阳矛盾的辩证观，是原始《易经》中固有的观念和方法，而非《易传》后来添加上去的，只是在"经"中它不是运用文字来

① 《列宁全集》第三十八卷，人民出版社，1959年，第278页。

表述，而是通过特殊的卦爻符号象征来加以表达的。如世界物理学诺贝尔奖获得者杨振宁教授所说：

《易经》影响了中华文化的思维方式……《易经》里的卦是象，是浓缩了的观念，以卦符卦名将天地人的变迁分类。所以浓缩化、分类化、抽象化、精简化、符合化是《易经》的精神。我认为这种精神贯穿到几千年以来中国文化的每一个角落。①

原来，在《易经》占筮迷信外衣的遮掩下，以其特殊的卦爻符号象征系统，来演绎其阴阳矛盾的辩证法。其思维方式方法，在当时实属先进，起了振聋发聩的作用。以此，周山《周易新论》指出：

(《周易》)阴阳两爻画的创造，是先人在觉察到了世界万物具有阴、阳元素矛盾对立属性之后，对于客观事物的第一次成熟的抽象思考，也是先人辩证地开展逻辑思维活动的起点。因此，阴、阳爻画的诞生，不仅具有逻辑的意义，更具有哲学的意义。'一阴一阳之谓道'，成为整个中国哲学的主旋律，奠定了中国传统思维模式的基调。②

实事求是地说，《周易》的思维方法，是具体直觉的形象感悟思维与象征抽象的逻辑思维交叠并存，其独具的特点，古今罕见。

《周易》谓"一阴一阳之谓道"，所概括的实是世界万物甚或是宇宙自然的根本道理，或称最高哲学。世界上不管是自然现象或是社会人事，阴阳矛盾的对立统一是无所不在的。同样，人类生活之中，阴阳矛盾就在身边，无时不有。如：天与地，乾与坤，男与女，父与母，雄与雌，昼与夜，冷与热，春与秋，夏与冬，长与短，高与低，升与降，出与入，动与静，快与慢，大与小，甚至是连树叶的向背，都有阴阳矛盾之理的存在。所以朱熹认为，世界万物都是一个包两个，原是一分为二的，节节如此，以至无穷，他予以简明扼要的概括："天地之间无往而非阴阳，一动一静，一语一默，皆是阴阳之理。"③因此，《周易》阴阳之道的提出，是对人类思维方式方法的一大贡献。

二

但是，有人认为，阴阳既然是"一个包两个"式的一分为二，也就可以是阴中有

① 杨振宁：《近代科学何以没有在中国萌芽?》，载于《文学报》，2004年9月16日。

② 周山：《周易新论》，辽宁教育出版社，1993年，第15页。

③ 黎靖德编：《朱子语类》卷六五《易·纲领上之上》，中华书局，1994年，第1604页。

阳,阳中见阴,这就不能称为矛盾。因此,从形式逻辑看,所谓矛盾,就是甲非乙,阴阳不可相互包含。这是运用了形式逻辑来指责朱熹对《易》理的总结。实际上,《周易》阴阳矛盾所讲的,决不仅仅是形式逻辑,而是重在辩证逻辑。事物的运动变化是极其错综复杂的,绝非是简单的直线的形式逻辑发展可以全面概括的。《周易》六十四卦中,除了《乾》(䷀)《坤》(䷁)这对纯卦之外,其余六十二卦中,无不是阴与阳相互包含而对立转化的。而《乾》与《坤》二纯卦,也是事物发展到极致,其老阴老阳的变爻也是时刻准备运动变化,向对方转化的。如,八卦中乾(☰)第二爻爻变后,化为离(☲);坤(☷)第二爻爻变后,化为坎(☵)。这样,六十四别卦的《乾》可化为《离》(䷝),《坤》可化为《坎》(䷜)。即在纯阳卦《乾》(䷀)和纯阴卦《坤》(䷁)中,实际上也是暗中包含了阴阳互动的矛盾转化之机的。

从《周易》名称,也可以看到阴阳矛盾运动变化的道理。《周易》之“周”,除了代表作者为古时周族之人外,还有周游天地六合的意思,指出了天地阴阳时刻处在运动变化之中。而《周易》之“易”,有三义,即简易、不易与变易,以变易的运动发展变化为其中心灵魂。变易,即《易传》所称之通变,也就是指阴阳互动发展变化的矛盾运动,变中有通,通中有变。也就是说,变异之中有其通同的继承发展道经,继承发展中又产生了新的矛盾变化,从量变到质变的飞跃,上升到一个全新的发展阶段。运动变化、阴阳对转,是世界万物的生命。如《易·系辞传》上所称:“刚柔相摩,八卦相荡……日月运行,一寒一暑,乾道成男,坤道成女。”“在天成象,在地成形,变化见矣。”“知变化之道者,其知神之所为乎?”《周易》的变化之道,有其划时代的深刻内涵。《系辞传》“生生之谓易”,所谓“生生”,即指阴阳的相反相生,如孔颖达《周易正义》所说:

> 生生,不绝之辞。阴阳变转,后生次于前生,是万物恒生谓之“易”也。前后之生,变化改易,生必有死;《易》主劝戒,奖人为善,故云“生”,不云“死”也。

在《周易》的生命哲学中,生与死阴阳对转相生,运动变化无有停息,造就了人类世界的繁荣发展。《系辞传》下又称:“为道也屡迁,变动不居,周流云虚,上下无常,刚柔相易,不可为典要,唯变所适。”“易穷则变,变则通,通则久……吉,无不利。”《易》之“通变”,不是机械的循环论,而是根据事物阴阳矛盾对立统一的辩证法原则,在螺旋形上升发展的规律中来运行的。讲《易》变,就必须首先认识世界万物阴阳矛盾的对立与转化是一种普遍存在的现象。如六十四卦中《泰》与《否》二卦之间的对立转化的运动变化就是如此。

中国古代成语中,有“泰极否来”和“否极泰来”的成语,说的就是《周易》六十四卦中《泰》与《否》二卦之间的阴阳矛盾对立转化的关系。就《泰》卦(䷊)而言,《泰》卦象征事物发展处于安泰亨通的阶段。当然应是吉利之卦。但从卦形卦象看,下卦是乾(☰)为天,上卦是坤(☷)为地,是地在上而天在下之卦形卦象,这与一般人的实际认识是天在上而地在下恰好相反,《泰》卦不是正好颠倒了吗?翻天覆地之中,本该大难临头,为什么反而是安泰亨通而大吉大利呢?从这里也可以看出《易》卦作者的思维超越常人。按《易》理,首先是承认天地阴阳矛盾是无所不在、无所不存的普遍现象。阴与阳的事物,如果处于相对静止的阶段,虽然因为还没有出现运动变化而不知其吉凶悔吝,但这并不等于静止事物会永远静止,静止时实际上仍具其势能,一旦运动变化,势能立刻变为动能,其事物之吉凶悔吝之兆头,就会陆续显现。其次,不仅承认矛盾的普遍性,进一步强调阴阳矛盾的交流与会通、碰撞与冲突、对立与转化。原来,《周易》的象征性,有实也有虚,这里取其思辨的虚象,并不能完全以天地的实际存在来做解释,而是撷取其某一方面的象征来喻义。乾天属阳,阳气清刚,轻腾上升;坤地属阴,阴气重浊,沉实下降。因此,在《泰》卦中,下卦乾天的清刚之气上升,正好与沉实下降的上卦坤地的阴浊之气交会碰撞,阴阳会通,先交流而后亨通,由亨通而趋安泰。天地阴阳如果没有交流碰撞,矛盾冲突,而是各行其是,彼此乖离,这样世界不就乱了秩序了吗?没有矛盾,也就没有世界。世界万物,阴不离阳,阳不离阴,没有交流、碰撞与矛盾会通,又哪来事物的发展变化呢?《泰》卦如此,《否》卦何不然?《否》(䷋)的卦形卦象,恰好与《泰》相反,是坤地(☷)在下而乾天(☰)在上,符合世俗人的一般认识,似乎也是吉利亨通的卦。但作《易》者并不这样思考。据《易》理,阴阳矛盾必须冲突碰撞、交流会通才能打开吉利通途。但《否》的乾天在上,阳刚之气轻飏上升;坤地在下,阴浊之气沉沉下降。这样,在《否》卦中,阴阳二气升降的方向绝然相反,相互乖悖,愈走愈远,不相交流,阴阳不和,违反了"一阴一阳之谓道"的根本规律,当然就会造成自然万物不通,君臣上下隔绝的局面,从而走向了否塞不通的凶险之路。

再从《泰》《否》二卦之间的关系考察,从卦形卦体看,《泰》(䷊)与《否》(䷋)二卦,不仅构成了上下卦相互翻转颠倒的综卦,而且形成了二卦阴阳交爻完全相反的错卦,卦形的相反相对,也寓藏了泰中有否、否中含泰的辩证思维。也就是说,在一定的条件下,《泰》可转《否》,《否》也可转化《泰》,此所谓"泰极否来"和"否极泰来"也。如《泰》卦九三爻辞有"无平不陂,无往不复"之言。九三爻位,本是阳刚处正位,又与上交爻阴阳呼应,应该是很吉利的,但爻辞为什么又说,广袤平原中也藏险陂,事物有去就有回,人生中没有永远通泰吉利、一帆风顺的事。从空间角度看,"无平不陂",说明绝对平坦的道路是没有,你要攀登科学顶峰,就必然要经历许多艰难险阻,付出艰辛的劳动;而从时间角度看,"无往不复",春夏秋冬,有去有回,在经历春生夏长秋收的喜悦之后,大自然就降下了寸草难生的隆冬严寒。《泰》卦九三爻辞认识到通泰的平坦路上,仍然潜伏着危机,应予正确对待与处理。因此,九三爻辞又有"艰贞无咎"之告诫,要求人们,保持贞正的高尚品格,才能避免咎害。又《泰》卦上六爻辞有"城复于隍"之言。复,通覆;隍,城下无水深沟。当通泰事物发展到上六最后防段之时，犹如城墙崩塌于干涸的护城河中一样，此时泰极否来，怎可不加警惕提防呢？于此可见，作《易》者具有超前的忧患意识，行泰之时，居安思危而不忘虑否，以贞正之心来保泰，所以后来孔子有“君子泰而不骄”（《论语·子路》）的具体发挥。至于《否》卦，其九五爻辞有“其亡其亡，系于苞桑”的“休否”之言，九五为一卦之主，阳刚中正，看准时机，果断地“休否”——即制止否闭的不利局势的发展。这就说明，处“否”之时，并非黑暗一片而绝无生路，而是否闭之中仍藏生机。其上九爻辞也有“倾否，先否后喜”之言。也是在否闭发展到极顶之时，出现了生机的曙光，说明了否将转化为泰的机遇和道理，故成语有“否极泰来”之言。但是，“休否”以转泰是有条件的，故九五爻辞又有“其亡其亡，系于苞桑”之戒。这说明，即使九五之君有力休否，但也必须心存惧惕，危险仍在身边，而有几乎灭亡之感，具有这样的忧患意识，居安思危，才能转危为安，化否为泰，而有系于苞桑之固。总之，《泰》《否》二卦，阴阳相对，矛盾相反，但又如影之随形，你中有我，我中有你，而难以分离。于此见作《易》者洞见幽微的辩证思维。

三

作《易》者不仅承认天地阴阳之间矛盾客观存在的普遍性，进一步又看到阴阳矛盾之间有其相反相敌的一面，同时还具有相反相生的同一性。乾坤、天地、男女、雌雄，当然具阴阳矛盾的普遍性，如无阴阳男女，又何来人类繁衍呢？但乾坤、天地、男女、雌雄，其外形各别，矛盾相对；其内精神不异，同具生命本质，因此，阴阳矛盾必然同时具有同一性或称统一性的另一面。近代哲学大家熊十力先生在其《乾坤衍》中指出：

> 乾阳坤阴者，此言生命、心灵，有刚健、照明等性，是谓阳性。物质、能力，有柔退、迷暗等性，是谓阴性。人之生也，禀乾以成其性，禀阴以成其形。阴阳性异，而乾坤非两物。性异者，以其本是一元实体内部含载之复杂性故。非两物者，乾坤之实体是一故（熊氏自注：譬如众沤之自身，同是一大海水故）。吾人七尺之形，虽若独立体，实则与太空无量数诸天体，乃至一切物，皆互相继系，互相流通，为一完整体。人之躯体如是，任何物之形体，无不如是。一微尘，与三千大千世界，通为一体。[1]

海水有涨潮，有退潮，进退动静刚柔即是阴阳矛盾的相激摩荡。但是，大海中的每一滴水沤泡沫，如果只进不退，或只退不进，自然相互排斥而相互不生关系，能

① 蔡尚思主编：《十家论易》，岳麓书社，1993年，第798-799页。

成其大海渗到？以此，熊十力先生又释之说：

> 每一沤，皆是才起即灭，才灭又即起。吾之今我，不是故我至今日。吾确是经过无量数的起灭灭起，与沤不异。[①]

从宇宙自然延伸到社会人类，都是如此，在阴阳矛盾的普遍性中，又确然见其矛盾的同一性。试想，在阶段社会中，如果只有地主而没有农民，又何来的封建社会呢？如果只有资本家而没有工人，又何来的资本主义社会呢？农民阶级与地主阶级、工人阶级与资产阶级，如果只有绝对的阶级斗争之矛盾，而没有任何可以相互要协和、协调的可能性，也即毫无矛盾的同一性，人类社会能出现封建社会和资本主义社会吗？但在人类的文明发展史上，封建社会和资本主义社会又是确实存在的社会形态。可见，矛盾的斗争性中，又同时有其同一性的存在，这是不容否认的事实。从《周易》六十四卦中的《乾》与《坤》二纯阳纯阴卦中，尚可推衍出如此深刻的辩证思维的启示，更何况是阴阳卦爻相杂的其他卦呢？

如《睽》卦(䷥)，下兑(☱)上离(☲)，离象征火，火性炎上；兑象征泽，泽水润下。天地自然之阴阳二气，上自上而下自下，二者乖悖而不相交流和合，此所以为睽。睽字原有二目相背之象，如二人相对又彼此不相视，说明心存芥蒂而心有不和，故训其义为睽违、乖异、背悖之意。因此，古人以《睽》卦来象征睽违乖背之时事。这应该是个凶险丛生而不吉利之卦。但人们处“睽”之时，又将如何呢？是不是毫无作为地坐待其弊呢？当然不是。《睽》卦序次《家人》卦(䷤)之后，二卦是彼此上下卦体翻转颠倒的综卦。从卦形的变化，可窥二卦之间的关系，二卦之义呈相反相生之象。故《序卦传》曰：“家道穷必乖，故受之以《睽》。睽者，乖也。”中国古代，以农立国，宗族关系为社会组织之纽带，由小家庭积至大家庭，又繁殖发展至大家族，从而形成一个自成系统的小社会。古代国家，就是在无数的家庭、家族小社会的基础上诞生的。因此，古人有“修身、齐家、治国、平天下”之言。“治家”之事，关系社会和国家的发展。一旦家中矛盾重重，“妇子嘻嘻”而不受教育，则必彼此争斗而睽违失和，从而造成家庭乃至社会的崩溃。故元代胡一桂《周易本义附录纂疏》发挥说：“嘻嘻失节，心至荡检逾闲，而家道穷矣，穷则家人乖离。”家道穷而睽违至，如魏晋的世家大族，“旧时王谢堂前燕，飞入寻常百姓家”，东晋时的琅邪王家与陈郡谢家，历代簪缨，是当时第一等的上流贵族世家，而今安在哉？于此可见，睽违时事的出现，也是形势之必然，是人生中无可相回避的事。这是人们必须面对的现实，关键就在于人们积极处睽的正确认识与处理。

人们处在睽违之时，当然前途必有凶险，但是并非陷入绝境而只有死路一条，

① 蔡尚思主编：《十家论易》，岳麓书社，1993年，第780页。

如果人们正确认识对待，虑事求于未然，早为睽违的降临做准备，存异求同，真诚团结，以共渡难关，则常可把应有的损失减少到最低的程度，从而转危为安而绝处逢生。这就是睽虽凶而险中有吉故。《睽》卦辞曰："睽，小事吉。"所谓"小事"，一指细小之事，孔颖达《正义》所称"物情乖异，不可大事"也。一指处睽之时，小心谨慎地行事，存异求同，正确对待客观存在的矛盾，而不是故意激化矛盾以趋极端，不同的利益、不同的意见都能有所思考和关照，存异是为了求同，求同则可战胜睽违之劫难。黄寿祺、张善文《周易译注》引何楷之言释卦辞"小事吉"曰：

> 业已睽矣，不可以忿疾之心驱迫之也；惟不为已甚，徐徐转移，此"合睽"之善也。故曰"小事吉"。小事，犹言以柔为事；非大事不吉而小事吉之谓。①

所论甚是。凡事凡物的阴阳矛盾，既有相反的一面，也有其同一的一面，对抗之中，也有"合睽"的可能。这是《睽》卦内在的本质。故《彖传》释卦辞曰：

> 睽，火动而上，泽动而下；二女同居，其志不同行。说而丽乎明，柔进而上行，得中而应乎刚，是以小事吉。天地睽而其事同也，男女睽而其志通也，万物睽而其事类也；睽之时用大矣哉！

按，所称"二女"，据《说卦传》，兑象征少女，离象征中女，以家庭伦常喻《睽》之上下卦。中女、少女在家，年龄偏小而不懂事，各忿争于蝇头小利，二女同性相斥而纷争不已，故《彖》称"二女同居，其志不同行"，行动乖违而步调相反。但作《彖》者思想深刻，不仅指出《睽》卦之乖违，同时深入一层地揭示了睽中之"志通""事同"的矛盾的另一面，显现了辩证思维的闪光。乾坤天地，阴阳男女，世界万物自然性状不同，这是客观存在的事实。但是，天地以共同自然、化生万物为己任，男女以阴阳和合而诞生人类文明，从不同方面共同呈现了大自然的宽阔胸怀和蓬勃生机，故《彖传》有"睽之时用大矣哉"之叹赏。以《睽》卦上九爻辞为例："上九，睽孤，见豕负涂，载鬼一车。先张之弧，后说(脱)之弧；匪寇，婚媾；往遇雨则吉。"豕，猪也。负涂，浑身泥污。弧，木弓，泛指弓箭，是古代的远程利器。爻辞是说，上九，乖睽孤独之极，心中猜疑而生幻觉，好像见到了浑身污泥浊水的群猪，又好像载来了一车妖魔鬼怪，因此而张弓欲射；后来疑释心安，定睛一看，原来不是强盗，而是戴了图腾面具前来求婚的队伍；于是自然放下手中的弓箭，前去迎接。此时前往，但见阴阳和合，犹如久旱遇甘霖而致吉祥。从爻位象看，上九阳居阴位失正，下所应之六三有柔弱乏力之象，又六三前后为二、四两阳牵制，一时难于举步应上，故致上疑而心

① 黄寿祺、张善文:《周易译注》，上海古籍出版社，1989年，第309页。

生幻影。爻辞自“见豕负涂”至“匪寇,婚媾”一段,是作者采用反映古代抢婚风俗的民间歌谣为喻。古有抢婚之俗,男方的求亲队伍,面戴图腾面具,有的像浑身泥污的群猪,有的像形象丑陋的鬼怪,热热闹闹地前来求亲;这在疑心重重的上九看来,疑猜消释,知道是来求婚的亲善队伍,于是化干戈为玉帛,丢下武器而热烈欢迎。爻辞虽短,却有后世小小说的形象曲折之笔,心理描绘颇为生动细腻,一波三折:始因心理压抑而生疑,次因多疑而出现如猪如鬼的幻觉。试想,天下何来一车鬼怪呢?其虚妄可知。故欲济睽,必先去妄释疑而加强其心理健康意识的锻炼。爻辞借婚事而比喻阴阳和合以共济睽,故爻辞有“遇雨”之吉。按《易》例,下雨,在古人看来,也是大自然阴阳和合的吉兆。如解卦(䷧)上震(☳)下坎(☵),震雷坎水,有“雷雨作”之象。《彖》曰:“雷雨作而百果草木皆甲坼。”阴阳二气交流互动而和合化雨,利于世界万物生长,于此可知遇雨之吉,非同一般,是人类生命意识的诉求。一般说来,《易》卦上位,处卦之极,必具相反之势,故睽极而复返于合,亦属理势之自然。但由睽而济乎合,有一定的条件和过程。上九急于济睽,故下求六三阴阳和合之心甚切。但六三因受前后二阳牵制而一时举步维艰,无法立即急应上九,上九以此而心生疑猜,故如杨万里《诚斋易传》所说:“然惟天下之至明,为能生天下之至疑;非天下之至明,亦不能释天下之至疑。”上九居上离之极,离为火为日,故上九有至明之象,至明生至疑,所以产生了变态心理而生出种种幻象,即为苦恋未得的结果。但六三以诚相待,努力克服困难,冲破层层障碍,孜孜上应,终于阴阳和合而成其婚姻。上九疑云冰释,自然化睽为合而致其吉祥。这就说明,正人必先正己,在上者心理不健康,必然对下疑神疑鬼,这样向下求合并欲其尽力,犹如南辕北辙,愈骛愈远。以此,阴阳双方,“群疑亡也”(《象传》),乃是睽极复合的重要条件,但在上者是矛盾的主要方面,应切实负起调整观念、健康心理的责任,以便上下同心,共济乎睽。

总之,“睽”是因乖离而产生的逆境。但是世界自然,有离有合,处睽之时,并非绝望,而应积极存异求同,以求和合,从而妥善完美地处理矛盾。所谓求合,不是掩盖矛盾的凑合,而是正确对待、克服困难而走向胜利的新生组合。对于人类社会来说,也就是积极处睽求合,以改革来促进历史的发展。故《彖传》称“睽之时用大矣哉”,从矛盾的对立统一方面立论,预见化睽为合,律以诸多改革历史,确乎至理名言。

四

《周易》通过卦形卦象、爻形爻象及其卦爻辞,启示人们,世界的阴阳矛盾无所不在,到处都有矛盾,关键在于人的正确认识和对待;进一步又显示了矛盾的对立与统一,阴阳矛盾不仅有对立的斗争,同时还有同一的和合的另一面,因此,存异求同的合睽，同样是正确处理矛盾的一种有效方法；但是，《周易》哲学重在运动变化，阴阳矛盾的对立统一，矛盾的运动变化是绝对的，阶段性的平衡是相对的。动离不开静，静也离不开动，动与静的矛盾是相互依靠而成立的。但在事物的动静矛盾中，运动变化的动是矛盾的主要方面。如卦爻有老阴、老阳、少阴、少阳之别，老阳、老阴是变爻，许多卦变和爻变正是通过老阳、老阴的变爻来实现的。只要有老阴老阳之爻的存在，就会产生《左传》中提到的之卦之变，从某卦因爻变而成为另一新卦。八卦之乾（☰），二变成离（☲），坤（☷）二变为坎（☵），可见乾坤日月与坎离水火都是在运动变化中构成了生命之源的。后来，汉人的《焦氏易林》，正是利用卦变爻变，使每一爻每一卦都相互发生关系而重新组合成为诸多新卦新爻的，每一卦都可和其他卦发生关系变为新卦，六十四乘六十四，共得四千零九十六个新卦，构成了占筮明理以为用的卦变体系。而每一卦中的六爻，又可以和其他四千零九十六个新卦中的每一爻发生关系，从而构成了二万四千五百七十六种新的爻变，以此来概述世界万物阴阳矛盾中那错综复杂的运动变化，可称是千变万化而难以尽述。

又按《易》例，有所谓对卦之称；对卦之中，又有正对卦与反对卦之名。正对卦，明代来知德又称综卦，是上下卦形番颠倒之卦，如《损》卦（䷨）化为《益》卦（䷩），从卦形卦体的变化，已经透露了《损》《益》二卦矛盾相反相成的辩证法。反对卦，来知德又称为错卦，是整卦六爻阴阳全然相反之卦，如《讼》卦（䷅）与《明夷》卦（䷣），《师》卦（䷆）与《同人》卦（䷌）。相反所以相生相成，《讼》卦因打官司的健讼而双方痛苦悲伤，所以《明夷》卦阴阳六爻与之相反，如鸿雁受伤而“垂其翼”，难以飞行；又如“君子于行，三日不食”，其心灵创伤难以愈合。健讼者害人又害己，实可以此为戒。至于，《乾》（䷀）与《坤》（䷁），《复》（䷗）与《剥》（䷖），《泰》（䷊）与《否》（䷋），《既济》（䷾）与《未济》（䷿），则为正对与反对相兼、综错合一之对卦，其二卦内在之运动变化，关系更为密切，其矛盾运动变化之错综复杂，内涵极其丰富深刻，于此可见端倪。如《剥》之与《复》，相反相生之变，明显存在其间。《剥》卦象征剥落或剥夺，是天道自然之事，有生长就有消剥，生老病死，人孰能免？从卦象看，剥尽则复来，《剥》之极致，则卦体上下翻转而变为《复》，《剥》被消蚀的上九一阳，翻转到下卦成初九一阳，在《复》卦中，变为逐渐恢复其生命活力的一线生机。《序卦传》曰：“物不可以终尽，剥穷上反下，故受之以《复》。”世界物理，剥复相继，周而复始，生生不息，自古已然。就《周易》阴阳矛盾而言，阴剥极到于上而阳气生机必潜生于下。生命的运动一旦出现，就永远不会停下那前进的脚步。按《易》例，在十二月消息卦中，《复》是阳气在下渐生的十一月，季候虽属仲冬，但下震初九一阳，潜藏地中，雷动则为生机之胎息。待来年开春，惊蛰雷发，一鸣惊人，生机勃发而万物复苏。剥复相继，生生不息，可见运动变化是绝对的。以人类生命为例，人要健康生活，就必须保持体内阴阳二气的正常运转，保持相对的阴阳平衡。但平衡的静止阶段只是相对的，因此在新阶段中，又会出现阴阳二气此消彼长的过程，打破了原有的相对平衡，从而实现了新的运动发展，于日又出现了新的平衡，这样无限反复，直至平衡被永远打破而老死为止。但是，个休之生命可以消失，而人类整体生命却仍在延续与发展，在人类生命的发展中，从平衡到不平衡，再到新的平衡，永无止息地运动变化。运动不止，则生命不息，这是生命哲学中的自然辩证法。

再以《既济》卦(䷾)与《未济》卦(䷿)为例。二卦之间，既是综卦又是错卦，彼此构成了同时是正对反对的错综复杂的关系，于此可见其阴阳矛盾相互转化的辩证关系。《既济》卦象，上坎(☵)为水，下离(☲)为火，阴阳相交，水火相济，各得其用，何所不成其事？阴阳相交而天地和谐，这一《易》理，人所熟稔；而水与生命紧密联系，没有水与空气，又怎能诞生生命呢？火则与人类文明发展相关联，火是能量与光明的象征。故水火相济，则大功告成。又从爻象爻位看，《既济》卦六爻阴阳各当其位，六二与九五又皆中正得位，刚柔相推，此呼彼应，也是事情成功之兆。所以，《既济》卦以渡河越险为喻，以成功飞渡象征事情成功，业已告一段落，应该是大吉大利的卦。但是，大功告成，并非事物发展的终了，而是标志着又一新阶段新起点的到来。故卦辞有“初吉终乱”之戒。从卦象看，水能济人，便能溺人；火能养人，亦能焚人；水火无情之危厉，潜伏其中。故“初吉终乱”之戒，很有必要，它预示着某一事业成功之后，新的矛盾又将产生。在六十四卦的序列中，《既济》卦以成功渡河喻事业的成功，照理，应是最后结束的完美一卦，序列应是第六十四殿后。但在今本《周易》中，《既济》偏列第六十三，最后一卦却是《未济》卦，渡河而未济其事，事业尚未成功，反而成了重头的压轴戏，这是为什么?《序卦传》说：“物不可穷也，故受之以《未济》终焉。”这正如孙中山《总理遗嘱》中所说：“革命尚未成功，同志仍须努力。”此《未济》卦之所以压轴也。

《易》卦之理重在一个“变”字，一旦主事者以其阶段性的暂时成功为至善至美，已经穷尽其境而停步不前，拒绝发展与变革，这就会使矛盾向相反的方向转化，由成功的“既济”，重新陷入于“未济”的坎险中。反之，如果明白《易》的辩证法，知道《既济》之中已含“未济”之理，则必然不是把《既济》当作事业的穷尽与终了，而是在取得阶段性的成功之后，作为一个新的起点，继续进步，永远生机勃勃地前进。这就又由《既济》而转入了《未济》。《未济》卦预示了新一轮艰难征途新纪元的开创。新的开创中又充满了对于光明未来的美好憧憬，创新虽然付出了艰巨的心血代价，但却含有无限的欢乐，又何足畏哉！以此，程颐《伊川易传》发挥说：“未济则未穷也，未穷则有生生之义。”所论言简意赅，合乎《易》之辩证法。

《既济》从《未济》来，《未济》自《既济》生，二卦上下卦体及六爻阴阳全部颠倒。《既济》卦(䷾)是上坎(☵)下离(☲)，象征“水在火上”，以火烧水供人饮食，象征事业的成功；《未济》卦(䷿)则反了过来，上离(☲)为火，下坎(☵)为水，成了“火在水上”之象，水火阴阳未能相和而用，而是火自火而水自水，阴阳不交而相背悖，则将由利转害，由文明进步转而为害人之祸源。“火在水上”，从卦象就可以看出来事业未济之艰难。水火于人，都是生命须臾不能离开的有用之物，就看你如何驾驭配合以交相为用了。但是，《未济》卦是否凶险到绝无一点生机呢？并非如此。其上卦之离象征火，火能烛照万物而具文明之性，所以人们借火之明以洞见诸物事理，自能“慎辨物”而无碍，看清方向，就可以超越障碍而重新前进；其下卦坎象征水，古人生活，择水草而居，有水源才有生命。故就水火本质而言，处《未济》时，若能正确对待和处理矛盾，则其卦内又含有慎济、可济和必济之生机。故卦辞有“未济，亨”之言。如明来知德《周易集注》所释：“言未济终于必济，故亨。”“亨者，言时至则济矣，特俟其时耳，故亨也。”而从爻辞看，《既济》卦吉而爻辞多凶险；反之，《未济》卦多不利之兆而爻辞却多吉言，这是否是作《易》者的自相矛盾呢？当然不是，从这里正可看出《周易》辩证思维之深刻性。因为《易》理生在变化，阴阳运动是绝对的，《既济》的渡河，只是阶段性的暂时胜利，并非意味着事情的结束，从变的观点看，它只是跨出新征途的第一步，事业永无止息。从卦变的角度视之，则《泰》卦(䷊)上下卦之中爻经阴阳爻变化为《既济》卦，而《否》卦(䷋)上下卦之中爻经阴阳爻变化为《未济》卦，似乎显示了《既济》为泰为吉，而《未济》为否多凶。但请注意，作《易》者多忧患意识，其心中牢记的是祸福相依的矛盾转化之理，明白泰极否来而乐极生悲的道理，所以又顺循客观的自然发展规律，清楚地揭示了《既济》爻辞多凶，而《未济》反而爻辞多吉的客观事实。因为《泰》《否》二卦揭示了事物治理之理，而《既济》《未济》则又充分显示了泰与否的矛盾转化之机。不过，《未济》之中寓有吉祥，也是有条件有限制的，当其上九纵酒逸乐而坐享既济成果之时，又会重新推向未济的坎陷凶险之地，故爻辞有“濡其首，有孚失是”之戒。于此可见，事物发展到《既济》与《未济》，并非运动变化的终结，而只能说明事物发展告一段落，但却是提升到新的更高阶段的运动的开始。

《易》之为道，生生不息，变化运动是绝对的，在完成了“既济”大功之后，又经“未济”而重新走向更高一层的新开拓、新途径，这就是天道自然之理，合乎人类社会的生活辩证法，沾溉、启迪了千秋万代。

白居易《三教论衡》简析

蹇长春

唐文宗大和元年(827)十月,皇帝诞日,时任秘书监的白居易作为儒臣的代表,奉敕诏入麟德殿内道场,与安国寺僧义林,太清宫道士杨弘元,于御前举行三教论衡。载于《白居易集》卷六八的《三教论衡》一文,较完整地记述了这一论辩过程,是唐人文集中有关这一题材仅存的珍贵文献。

三教论衡,肇始于北魏,至北周风气已盛。然北朝君主以夷入夏,为维护其统治,无不奉儒家礼法人伦为立国根本,故其时所谓三教论衡,实则主要是释道二教相互驳难与攻讦,以致发生了魏太武帝灭佛,及周武帝之世释道俱伤的"法难"。唐承北朝遗风,自武德讫于唐末,几乎历朝皆举行三教论衡。但在唐代统治者对儒释道三教施行兼容并蓄的思想文化政策制约下,这时的三教论衡,已成为朝廷调和三教,点缀升平的例行公事,毫无彼此诘难与抗辩的气息。正如《新唐书·徐岱传》所称:"始三家若矛盾然,卒而同归于善,帝大悦。"于是,为了弘扬"三教虽异,善归一揆"的旨趣,达到取皇帝大悦的目的,彼此间便不得不事先有所商酌,乃至拟定"脚本",并加以预习。久之,逐渐伎艺化与戏剧化,至唐末咸通中,终由李可及演为滑稽戏。其后,宋杂剧及金院本中,以"三教"为题材者,更不胜枚举。从戏剧史的角度看,如白氏此文所载:于麟德殿内道场设座,乃其场面也;升座者,儒官原服赐紫金鱼袋,释为赐紫引驾沙门,道亦赐紫道士,乃其服装也;僧问儒对、僧难儒对,儒问僧答、儒难僧答,儒问道答、儒难道答,道问儒对、道难儒对,乃其情节与科白也。《新唐书·艺文志二》载初唐孙思邈早有《会三教论》一卷,内容或不外此,抑即其脚本之所本也。(参阅任半塘《唐戏弄》二《辨体》及三《剧录》二节)但孙著早佚,故白氏此文,便成为追溯三教戏发端之最早史料。

从思想史的角度看,该文不仅从总体上体现了唐王朝对儒释道三教持调和平衡、兼容并蓄的思想文化政策,同时也真实地反映了白居易本人在当时三教并重的官方政策制约下,既奉儒守官,不失儒臣的本分,又"栖心释梵,浪迹老庄",从容悠游于三教之间的思想格局。白氏自称:"仆本儒家子","尝为鲁邹儒"。基于我国悠久的"儒道互补"的思想传统,加之李唐王朝在"敦本息末,崇尚儒宗"的同时,又奉老聃为始祖,尊之为太上玄元皇帝,白居易奉行"上遵周孔训,旁鉴老庄言"的信条,也就不难理解了。白氏后期，融会儒家“执两用中”及道家“知足知止”的思想，形成中庸主义的处世哲学：对待出处进退，持“似出复似处”的“中隐”（即“吏隐”）观念；对待朋党之争，持中立圆通的骑墙态度；对待儒释道三教，持调和平衡、兼容并蓄的官方立场——这正是“儒道互补”的传统在中世纪士大夫身上独特的表现形式。白氏思想表现的另一个侧面是，由于唐代是我国佛教特别是禅宗的鼎盛时期，受此影响，对佛教早有浸染。中岁左迁以后，为了排遣仕途坎坷的失落与愤懑，进一步乞灵于佛家渲染的“空无”的义谛，以之作为“治心”的要道，把参禅和醉酒同样视为释愤忘忧的法门。他在其吟咏中称，天下事最重要者：“第一莫若禅，第二无如醉。禅能泯人我，醉可忘荣悴。”又云：“千药万方医不得，唯应闭目学头陀”；“若不坐禅销妄念，即应行醉放狂歌”。综观白氏一生的佛教信仰，主要宗奉禅宗南宗，有句云：“近岁将心地，回向南宗禅。”晚年拜僧如满为师，自号香山居士，为南岳下第三世法嗣（见《五灯会元》卷四）。但同时又持斋戒，向往极乐净土，同律宗和净土宗也有所接近。由上可见，当时朝廷让品秩高（按：秘书监从三品）而且融通三教的白居易作为儒臣的代表参与三教论衡，的确是理想的最佳人选。

不过，白居易虽然声称：“予早栖心释梵，浪迹老庄”，标榜“外袭儒风，内宗梵行”；“唯看《老子》五千字，不踏长安十二衢”，但在其思想深层，并未从根本上背离儒家的纲常伦理传统。他终身未曾脱离仕途，始终保持着儒臣的风范，便是最好的证明。即如本文所述，他在同释道的论对中所显示的，正是儒家的基本立场。例如，白氏在对僧的问难中，以儒家的“六义”“四科”及“十哲”，比方佛家的“十二部经”“六度”和“十大弟子”，以弘扬儒门释教“同出而异门，殊途而同归”的旨趣；在回答道士的问难中，标榜儒家“忠敬尽礼”的伦常观念，强调“见有礼于其君者，事之如孝子之养父母也”；“见无礼于其君者，诛如鹰鹯之逐鸟雀也”——其终极目的，正是要圆融会通三教，使之“同归于善”，共同为维护封建皇权服务。

为了让读者能大体领略当时三教相互论难的具体情景，兹附白氏《三教论衡》原文于后。令人感到美中不足的是，白氏在文中对僧道二家的对答，略而不录，使我们不能从中获得更多的信息。这是一个无法弥补的遗憾。

附：

三教论衡

白居易

大和元年十月，皇帝降诞日，奉敕诏入麟德殿内道场，对御三教谈论。略录大端，不可具载。

第一座　秘书监赐紫金鱼袋白居易。安国寺赐紫引驾沙门义林。太清宫赐紫道士杨弘元。

序

中大夫、守秘书监、上柱国、赐紫金鱼袋臣白居易言:谈论之先,多陈三教,赞扬演说,以启谈端。伏料圣心,饱知此义。伏计圣听,饫闻此谈。臣故略而不言;唯序庆诞,赞休明而已。圣唐御区宇二百年,皇帝承祖宗十四叶。大和初岁,良月上旬,天人合应之期,元圣庆诞之日。虽古者有祥虹流月,瑞电绕枢,彼皆琐微,不足引谕。伏惟皇帝陛下,臣妾四夷,父母万姓,恭勤以修己,慈俭以养人。戎夏乂安,朝野无事。特降明诏,式会嘉辰。开达四聪,阐扬三教。儒臣居易,学浅才微,谬列禁筵,猥登讲座,天颜咫尺,陨越于前。窃以释门义林法师,明大小乘,通内外学。灵山岭岫,苦海津梁。于大众中,能师子吼。所谓彼上人者,难为酬对。然臣稽先王典籍,假陛下威灵,发问既来,敢不响答?

僧问

义林法师所问:《毛诗》称六义,《论语》列四科。何者为四科?何者为六义?其名与数,请为备陈者。

对

孔门之徒三千,其贤者列为四科。《毛诗》之篇三百,其要者分为六义。六义者:一曰风,二曰赋,三曰比,四曰兴,五曰雅,六曰颂。此六义之数也。四科者:一曰德行,二曰言语,三曰政事,四曰文学。此四科之目也。在四科内,列十哲名。德行科,则有颜渊、闵子骞、冉伯牛、仲弓。言语科,则有宰我、子贡。政事科,则有冉有、季路。文学科,则有子游、子夏。此十哲之名也。四科六义之名数,今已区别;四科六义之旨意,今合辨明。请以法师本教佛法中比方,即言下晓然可见。何者?即如《毛诗》有六义,亦犹佛法之义例,有十二部分也。佛经千万卷,其义例不出十二部中。《毛诗》三百篇,其旨要亦不出六义内。故以六义,可比十二部经。又如孔门之有四科,亦犹释门之有六度。六度者,六波罗蜜。六波罗蜜者,即檀波罗蜜、尸波罗蜜、羼提波罗蜜、毗梨耶波罗蜜、禅定波罗蜜、般若波罗蜜。以唐言译之,即布施、持戒、忍辱、精进、禅定、智慧是也。故以四科,可比六度。又如仲尼之有十哲,亦犹如来之有十大弟子,即迦叶、阿难、须菩提、舍利弗、迦旃延、目干连、阿那律、优波离、罗睺罗、富楼那是也。故以十哲,可比十大弟子。夫儒门、释教,虽名数则有异同;约义立宗,彼此亦无差别。所谓同出而异名,殊途而同归者也。所对若此,以为何如?更有所疑,即请重难。

难

法师所难:十哲四科,先标德行。然则曾参至孝;孝者、百行之先,何故曾参独不列于四科者?

对

曾参不列四科者,非为德行才业不及诸人也。盖系于一时之事耳。请为始终言之。昔者仲尼有圣人之德，无圣人之位，栖栖应聘，七十余国。与时竟不偶，知道终不行，感凤泣麟，慨然有吾已矣夫之叹。然后自卫反鲁，删《诗》《书》，定《礼》《乐》，修《春秋》，立一王之法，为万代之教。其次则叙十哲，伦四科，以垂示将来。当此之时，颜、闵、游、夏之徒，适在左右前后，目击指顾，列入四科，亦一时也。《孝经》云："仲尼居，曾子侍。"此言仲尼闲居之时，曾参则多侍从。曾参至孝，不忍一日离其亲。及仲尼旅游历聘，自卫反鲁之时，曾参或归养于家，不从门人之列。伦拟之际，偶独见遗。由此明之，非曾参德行才业不及诸门人也。所以不列四科者，盖一时之阙耳。因一时之阙，为万代之疑。从此辨之，可无疑矣。

问僧

儒书奥义，既已讨论。释典微言，亦宜发问。

问

《维摩经不可思议品》中云："芥子纳须弥。"须弥至大至高，芥子至微至小；岂可芥子之内，入得须弥山乎？假如入得，云何得见？假如却出，云何得知？其义难明，请言要旨。

僧答不录。

难

法师所云：芥子纳须弥，是诸佛菩萨解脱神通之力所至也。敢问诸佛菩萨，以何因缘，证此解脱？修何智力，得此神通？必有所因，愿闻其说。

僧答不录。

问道士

儒典、佛经，讨论既毕。请回余论，移问道门。

臣居易言：我大和皇帝祖玄元之教，挹清净之风。儒素缁黄，鼎足列座。若不讲论玄义，将何启迪皇情？道门杨弘元法师，道心精微，真学奥秘。为仙列上首，与儒争衡。居易窃览道经，粗知玄理。欲有所问，冀垂发蒙。

问

《黄庭经》中有养气存神，长生久视之道。尝闻此语，未究其由。其义如何？请陈大略。

道士答不录。

难

法师所答，养气存神，长生久视之大略，则闻命矣。敢问"黄"者何义？"庭"者何物？"气"养何气？"神"存何神？谁为此经？谁得此道？将明事验，幸为指陈。道士答不录。

道士问

法师所问:《孝经》云:“敬一人,则千万人悦。”其义如何者?

对

谨按:《孝经·广要道章》云:“敬者,礼之本也。敬其君,则臣悦;敬一人,则千万人悦。所敬者寡而悦者众,此之谓要道也。”夫敬者,谓忠敬尽礼之义也;悦者,谓悦怿欢心之义也。要道者,谓施少报多,简要之义也。如此之义,明白各见于经文。其间别有所疑,即请更难。

难

法师所难云:凡敬一人,则合一人悦;敬二人,则合二人悦。何故敬一人而千万人悦?

又问:所悦者何义?所敬者何人者?

对

《孝经》所云一人者,谓帝王也。王者无二,故曰一人。非谓臣下众庶中之一人也。若臣下,敬一人,则一人悦;敬二人,则二人悦。若敬君上,虽一人,即千万人悦。何以明之?设如有人尽忠于国,尽敬于君,天下见之,何人不悦?岂止千万人乎?设如有人不忠于国,不敬于君,天下见之,何人不怒?亦岂止千万人乎?然敬即礼也,礼即敬也。故《传》云:见有礼于其君者,事之如孝子之养父母也。如此,则岂独空悦乎?亦将事而养之也。见无礼于其君者,诛之如鹰鹯之逐鸟雀也。如此,则岂独空不悦乎?亦将逐而诛之也。由此而言,则敬不敬之义,悦不悦之理,了然可见,复何疑哉?

退

臣伏唯三教谈论,承前旧例,朝臣因对扬之次,多自叙才能,及平生志业。臣素无志业,又乏才能。恐烦圣聪,不敢自叙。谨退。

(作者后记:本文原载《诸子百家名篇鉴赏辞典》,上海辞书出版社,2003年9月第1版;后收入拙著《白居易论稿》,敦煌文艺出版社,2005年8月第1版。此次刊出,小有改动。)

道迹觅踪

全真道龙门派入住誌公道观之年代考略

路　尧

中国的宗教文化是一个融汇百川、精深博大的体系，包容了数种世界性宗教和其他形形色色的民族宗教、民间宗教与民间信仰，而在其几大支柱中，唯有道教文化是在华夏母体上土生土长起来的血脉文化，是集中国士大夫雅文化和民间俗文化于一体、熔上层正统思想与下层异端意识为一炉的整合文化，在中国人的精神生活中扮演着重要的角色，正如鲁迅所言，“中国的根底全在道教”。纵观道教的发展，从名山都邑到偏乡僻隅，处处不难见其踪影。

在兰州皋兰山北麓有一岔沟，名红泥沟，沟内即建有誌公道观一座。该观曾屡遭毁圮，近年来又新建誌公祠、玉皇殿、三清殿、金花仙姑殿等殿宇，现常住道士为全真道龙门派第二十八代弟子，在社会力量的帮助下，这里已逐渐成为兰州道教文化的重要场所。但由于各种原因，该观本身的历史资料几乎荡然无存，人们对其目前所持教派的入住与传承情况，尚无较为明晰的认识。

一

兰州作为甘肃政治经济文化中心和古丝绸之路上的要冲，西汉初年置金城郡，隋开皇年间置州，更名“兰州”，后历代辖区虽屡有变易，但治所大体上不出今兰州市范围。因其在政治、军事和地理方面的特殊地位，历来受到中原王朝和西北少数民族政权的重视，目为锁钥重镇，治内民族众多，信仰各异，因而为各种宗教的发展与繁荣提供了丰沃的土壤。道教以中国本土宗教的身份在兰州众多的宗教中占有重要一席是必然的。目前兰州地区的道教教派主要有正一道和全真道，其中全真道则以龙门派为盛。

誌公道观即为兰州地区龙门派道场之一。该观所处的红泥沟，悬岩峭拔，幽邃清寂，良为修行和游憩的佳所，以南北朝时期著名禅师誌公曾于此修行的“誌公洞”为乡人所熟知，至今红泥沟东崖尚存“誌公洞”遗迹。据目前可查的乡土文献来看，此地自古便多有誌公的相关记载和传说,且在很长一段历史时期,红泥沟屡建寺宇,佛道共居。清康熙年间州人陈如稷所著《兰州志》卷一《地理志·古迹》载:"誌公岩在皋兰山东麓。"同书卷三《人物志杂纪志·仙释》称:"释宝誌者……五泉红泥岩有遗迹焉。"清乾隆四十三年(1178),县人黄建中著《皋兰县志》卷十二"古迹"条载:"誌公洞,在皋兰山东麓红泥岩……谷内有蛙而不鸣,相传誌公习定时,蛙鸣恼乱,故咒之,使无声也。"秦维岳《道光·皋兰县续志》也称:"红泥沟,在县东南五泉山右一里许。……有誌公洞,旧志详其事。嘉庆二十五年(1820),邑人依山麓建造寺宇……楼台高耸,上与崖齐。"光绪中,兰州进士张国常所著《重修皋兰县志》卷十九《古迹志》又云:"惠泉寺,俗称赵家寺,在红泥沟口,今毁。"从这些史料足见红泥沟自古确为宗教场所。而张国常《重修皋兰县志》卷十九《古迹志·誌公洞》对这一遗迹的记述较其他史志更为详细:

> 誌公洞,在红泥岩。洞临深谷,有蛙而不鸣。相传誌公习定时,蛙鸣恼乱,咒之,故无声。旧县志吴镇《誌公洞歌》:"誌公洞在红泥岩,流水活活石巉巉。相传群蛙喧洞口,誌公咒之蛙悉走。或戏捕蛙投洞旁,须臾惊怖皆逃藏。誌公后住南朝寺,锡杖刀尺麈扇备。简文生日即咨嗟,早识侯景为冤家。神功莫补梁皇忏,姑与爬沙唱清梵。"

> 案,誌公,金城人,见《神僧传》。《南史》载誌公事迹只言其为僧,此洞塑像作道士装,朝夕顶礼,皆羽流释氏之徒,无过问者,其为附会可知。

这则材料引吴镇《誌公洞歌》来介绍"誌公洞",信息较为丰富。吴镇(1721—1797),字信辰,甘肃狄道(今甘肃临洮)人,乾隆十五年(1750)举人,晚年主讲兰山书院,是乾嘉年间陇上著名诗人。从吴诗可见当时人们对于誌公曾在红泥沟修行一事是普遍认同的。尤为重要的是,张国常在案语提到"此洞塑像作道士装",对誌公的宗教身份提出不同说法,但他认为这一现象不过是"羽流释氏之徒"的附会,大概是囿于历代佛典的记载,未必就可视为定论。

近年来,誌公道观香火渐盛,仍以道士装重塑了誌公像,"朝夕顶礼"。道观供奉禅师似乎有悖宗教习惯,但于兰州誌公道观却是合理的。据蹇长春教授《誌公生平梗概及其由道入佛之信仰嬗变考述》(见本集)一文考证,誌公,又称宝誌,俗姓朱,东晋安帝义熙十三年(417)出生于兰州(古金城),早年信奉道教,在其出生地出家,于红泥沟"誌公洞"修行,50岁左右云游至南朝首都建康(今南京),顺应当时当地的社会政治形势,由道入佛或佛道双修,由于其后半生以佛教徒的身份获得了崇高的地位,在佛教史上影响深远,以致其前半生作为道教徒的经历竟被其高僧大德的形象所湮没不闻了。明确了这一点,誌公道观供奉"誌公"并以其名字命名便不难理解了。

誌公道观原名誌公祠,1991年更名为“誌公道观”,《甘肃省志·宗教志》“三清殿”条称:

> 三清殿有三,一在郑家庄;一在土门墩;一在五泉山公园东侧红泥沟半山坡,又名“誌公祠”。该祠是为纪念南北朝时南梁武帝国师宝誌在此地修行成仙而建。修建者为兰州河口姜道长,临夏信士邓隆曾于1924—1925年间重修。[①]

这里只提到修建者和重建时间,至于何时初建,目前尚不见于明确的文字记载,但以“祠”而论,从创建之初即为道教活动场所却是可以肯定的。

祠者,《说文》示部云:“春祭曰祠,品物少,多文词(辞)也。”“祠”在古代也指祈祷。《周礼·春官·小宗伯》贾公彦疏:“求福曰祷,祷礼轻;求得曰祠,祠礼重。”后世又引申为庙堂。《史记·万石君传》记载:“(庆)为齐相,举齐国皆慕其家行,不言而齐国大治,为立石相祠。”因此,旧时把祭祀祖宗或先贤的庙堂称作祠堂,掌管祭祀、祠庙的官员称作“祠官”,魏晋时期,主管礼制的官府称为“祠部”。后来,“祠”被道教徒借用为供奉“神仙”或前辈高道的庙堂,成为道教活动场所的名称之一。宋代实行“祠禄”制度,“概置提举、提点、管勾等官,以臣僚任之,为养老投闲之职,授以祠禄,谓之奉祠禄”。即以“佚老优贤”的名义将一些正直的官员罢免,再将其安置到道观担任有名无实的“提举”,称为宫观官。如武夷冲佑观(今武夷宫),南宋先后有50多位这样的官员任提举或主管,包括“东南三贤”朱熹、吕祖谦、张研,杰出的爱国诗人陆游、辛弃疾等,都担任过冲佑观的提举。也有自己主动要求去宫观的,如北宋王安石就写过上乞宫观的札子,他在《乞宫观第一札子》中说:“乞以本官外除一宫观差遣,于江宁养疾。”[②]

总之,“祠”与道教自始至终有着不解之缘,道教活动场所除了被称作“观”以外,还有其他众多的名称,如“宫”“庙”“洞”“祠”“阁”等等。因此,不管是“誌公洞”还是“誌公祠”,都在很大程度上说明此处与道教千丝万缕的关系,而兰州所在的陇右大地,历史上更是道教盛行的区域。

早在道教形成之前,甘肃已不乏道家修炼的传说。如三皇之一的伏羲即生于陇西成纪(今甘肃秦安),伏羲后被道教尊为天皇之神,甘肃天水素称羲皇故里,郊区渭南镇至今尚有伏羲画卦台。黄帝于崆峒山(在今甘肃平凉)问道于广成子的说法,自古便广为流传,崆峒山也因此被视为道教滥觞之地。道教《墉城集仙录》中奉为掌管女仙名籍之神的西王母,是道教重要神仙之一,其传说中的事迹也多与甘肃

① 甘肃省地方史志编纂委员会:《甘肃省志·宗教志》,甘肃人民出版社,2005年,第55页。

② 参阅罗伟国:《中国道观》,上海古籍出版社,2009年,第143页。

有关,甘肃泾川县境内的王母宫,即被视为道教圣地。道教史上著名的无上真人尹喜,司马迁将其出生地归为陇西,这是有明确史料记载的最早在甘肃境内活动的方士。

东汉中叶,张道陵于四川鹤鸣山创立五斗米道不久,便传至今兰州榆中县,且有道士在兴隆山兴建宫观。[①]此后历代,道教的不同派别在甘肃境内均有传播,并产生了诸如王嘉、皇甫谧、李渤、尹文操、梁志通、孙碧云、刘一明等一批著名道士。在干戈扰攘的南北朝时期,佛教方兴未艾,神仙信仰和道教却流传已久,而天师道经北魏道士寇谦之改革之后,使其内容更加净化,也更有利于维护统治秩序。寇谦之"专以礼度为首",从儒家伦常出发,宣称道教应该负起辅佐北方太平真君统治中原人民的责任来,自然受到北魏统治者的赏识,道教由此大盛于北方。那么,中年以前生活于北朝统治范围的誌公,在这样的宗教环境下,以道教为其信仰,是完全可能的。

在誌公离开故里云游南朝之后,他开创的红泥沟道场到底经历了怎样的变迁,由于年代久远,史料匮乏,已经杳渺无考了。至于道教的新派别全真道龙门派何时传入誌公道观,则不得不从全真道总体的发展及其传入甘肃的年代入手。

二

道教自形成以来,在其大约两千年的流布与传播中,始终处于改革与发展的状态,在此过程中派生出众多支派,其基本教义也随着社会思想的变迁而不断丰富,修炼方法则从较早的服食、导引等逐渐趋向于内丹法,即强调精气神与性命双修。全真道及其龙门派作为道教改革派的中坚力量,融合各家理论,注重自守内练,自金元以来,逐渐成为与正一道并驾齐驱并总领天下道教的一派。

全真道,亦称"全真教""全真派",余英时在《中国近世宗教伦理与商人精神》一文中将之归为"新道教"[②],其创始人王嚞(1112—1170),原名中孚,号重阳子,京兆咸阳(今陕西咸阳)人,以号行世。王重阳一生基本上生活在金人治下,早年曾试过武举,并题名甲科,署职为酒税小吏,郁郁不得志。面对民族矛盾和阶级矛盾错综复杂,整个社会动荡不安的现状,自感身家难保,宦途无望,遂遁入玄门,弃家往终南山修道。金世宗大定七年(1167),王重阳只身前往山东,传播经他改革后的道教,并以"全真"名其教,先后收马钰、谭处端、刘处玄、王处一、丘处机、郝大通和马钰之妻孙不二为徒,世称"七真"。

王重阳殁后,其门下七大弟子(七真)在承传师教的同时,均创立了各自不同的

① 参阅杨明前、范鹏、张世海:《甘肃民族与宗教》,甘肃人民出版社,1996年,第325页。

② 余英时:《士与中国文化》,上海人民出版社,1987年,第461-462页。

教派，广收门徒，继续弘扬王重阳的宗教思想，但于初期的全真教义又各有侧重，其中以丘处机创立的龙门派影响最大，流播最广，为全真道自元代以来的主要派别，一直流传至今。其他教派则自立派人之后基本上就已传承失载，湮没无闻了。

案：关于龙门派的创立者及创立时间，自清代以来，学术界一直存在争议，至今无有定论，但大部分学者倾向于金末元初由丘处机创立于陇州龙门山，如钟肇鹏主编《道教小词典》"龙门派"条即称："龙门派，道教全真道支派之一。元代道士丘处机开创。"卿希泰、唐大潮著《道教史》也认为全真道"以丘处机门下的龙门派为主体"。

丘处机（1148—1227），字通密，号长春子，登州栖霞人（今山东省栖霞市）。《长春真人内传》称其"世为显族"，"幼而聪敏，识量不群"。[①]大定八年（1168），于昆嵛山礼王重阳为师入道。王重阳病逝后，丘处机在凤翔府虢县（今陕西宝鸡市虢镇附近）磻溪洞穴居，苦心修炼，后又迁往陇州（今陕西陇县）龙门山继续苦修，其所立教派也因之得名，称为"龙门派"。龙门派承其祖派全真道之余绪，精于内丹，以清心寡欲为修道之本，以为一念无生即自由，心头无物即仙佛，力倡三教圆融。丘处机本人则以出家之身行入世之事，在金明昌二年（1191）东归栖霞后，广泛结交社会上层人物，以期影响统治者，尤其是后来应成吉思汗之诏，远涉西域，"拳拳以止杀为劝。……太祖（成吉思汗）时方西征，日事攻战，处机每言欲一天下者，必不在乎杀人。及问为治之方，则对以敬天爱民为本，问长生久视之道，则告以清心寡欲为要。太祖深契其言。"[②]深得成吉思汗的信任，为全真道在元朝达到鼎盛局面奠定了基础。有元一代，全真道"东尽海，南薄汉淮，西北历广莫（漠），虽十庐之聚，必有香火一席之奉"，[③]达到了全盛。

明代诸帝虽然大多崇信道教，但给以较高地位的是正一道，全真道由于与北方少数民族政权关系密切，加之其本身的蜕变，入明以后遭到统治者的防范与抑制，几近销声匿迹，政治地位更是一落千丈，只能在下层民众中秘密传播，度过了漫长而寂寞的三百年。入清以后，统治者信仰萨满教，对佛教也有所接受，但对道教则持排斥态度，因而道教整体仍处于颓波日下的状态。但出于统治的需要，对道教也不得不加以利用。顺治初，龙门派第七代律师王常月北上京师，获得顺治帝嘉许，准其公开传教，但仍未得到清廷的特别扶持，主要还是在民间发展较盛。乾隆时期，废除了度牒制度，各种宗教的发展空间及政治环境为之一变，龙门派一度出现了所谓"中兴"局面，并逐渐成为全真道的主体。

---

① 李道谦：《全真第五代宗师长春演道主教真人内传》，载于陈垣编纂《道家金石略》，文物出版社，1988年，第634页。

② 宋濂等：《元史·列传·释老传》，中华书局，1976年，第4524–4525页。

③ 高鸣：《清虚宫重显子返真碑》，载于陈垣编纂《道家金石略》，文物出版社，1988年，第476页。

三

那么,全真道龙门派是何时传入陇右的呢?学术界与甘肃不少地方史料普遍认为乃丘处机所传,按此说法,其入甘时间自然应在丘处机在世期间,即在公元1227年之前。

认为龙门派由丘处机传入的看法主要有以下两种:一种以为丘处机创立龙门派之地即在今甘肃境内,其传教活动自然不言而喻。如杨明前、范鹏、张世海合著的《甘肃民族与宗教》一书即称:"道教北七真之首的丘处机曾于金大定十四年(1174)赴甘肃陇州隐居修道,甘肃道士追随者甚多,由此被视为甘肃道教龙门派的创始人。"[①]张兵、李子伟著《陇右文化》也说:"(丘处机)于金世宗大定十四年(1174),蓑衣破履,来陇州隐居修道……成为陇右道教中龙门派的创始人。"[②]与此相似的观点如《甘肃省志·宗教志》称:"他(丘处机)在陕期间,曾来陇西修道、传道,甘肃道教徒中多为龙门派传人。"[③]据此,龙门派传入甘肃的时间应在大定十四年(1174)至大定二十六年(1186)之间(大定二十六年,丘处机移居"终南祖庭",二十八年冬即奉金世宗之诏赴燕京)。第二种看法认为丘处机西游往大雪山(今阿富汗兴都库什山)觐见成吉思汗途中路经甘肃,沿途对境内信众多有影响,可视为龙门派入甘之证。张文澍《丘处机的西游与白云观》引《长春真人西游记》称:丘处机西游"路经金山(在今甘肃)时,那里'其山高大,深峡大谷,马不可行……'",又称:"丘处机一行到达阿不罕山(约在今甘肃)时,'有章宗二妃曰徒单氏、曰夹谷氏……号泣相迎。'"等。[④]作者在括号内注明"金山""阿不罕山"均在"今甘肃"。另如无聊子著《兰州道教概编》也说"道教全真龙门派创立者丘长春祖师西游时曾到金城与兴隆山,并在此弘道度人"。[⑤]那么,据《长春真人西游记》,其时间必然在元太祖十五年(1220)至十八年(1223)这四年之间。以上认为丘处机即为陇上龙门派初传者的说法,笔者以为均有不确之处。

其一,大定十四年(1174),丘处机隐居之地并非陇州,而为虢县磻溪(今陕西宝鸡陈仓区磻溪镇),六年后的大定二十年(1180)才由虢县迁至陇州龙门山。更为关键的是,"陇州"并不在今甘肃,而为陕西陇县。据《古今地名大辞典》"陇州"条:"陇州,西魏置……金移州汧阳(今陕西陇县)西,元还治汧源。"明清两代均属凤翔府管辖。《读史方舆纪要》卷五十五载:"陇州……西至巩昌府秦州二百五十里,北至平凉

① 杨明前、范鹏、张世海:《甘肃民族与宗教》,甘肃人民出版社,1996年,第326页。

② 张兵、李子伟:《陇右文化》,辽宁教育出版社,1998年,第274页。

③ 甘肃省地方史志编纂委员会:《甘肃省志·宗教志》,甘肃人民出版社,2005年,第21页。

④ 张文澍:《丘处机的西游与白云观》,载于《中国典籍与文化》,1996年02期。

⑤ 无聊子:《兰州道教概编》,甘新出001字1994号(2001)139号内部使用,第7页。

府二百八十里。”那么,在虢县和陇州隐居期间,丘处机有无可能来往于陕甘之间呢?《长春真人内传》载:“(大定)十四年秋,师居西虢之磻溪,修真炼行,日丐一餐,昼夜不寐者六载。二十年,迁居陇山之龙门,守志如在磻溪日。”[①]可见丘处机在陕修道期间,除了“日丐一餐”,基本上处于深居简出,“修真炼行”的状态,活动范围极其有限。另外,这一时期,丘处机年方二十余岁,其隐居的主要目的应为自修,而非传道授徒。因此丘处机“赴甘肃陇州隐居修道”或“曾来陇西修道、传道”云云,自是无稽。大定二十六年(1186)冬,丘处机应京兆统军夹谷之请“居终南祖庭”,在龙门山隐修凡六年。二十八年冬,即奉金世宗之诏赴燕京“请问至道”。[②]这段时间,丘处机从未到过甘肃境内,那么成为“甘肃道教龙门派的创始人”自然无从谈起。

其二,《长春真人西游记》(下称《西游记》)所载之“西游”,是丘处机一生唯一一次经西北至西域的游历,那么,这一行程有无途径甘肃且传教的可能呢?且不论张文澍先生所谓“金山”“阿不罕山”是否在甘肃(据王国维《长春真人西游记校注》考订,“金山”即“阿尔泰山”,“阿不罕山”即今乌里雅苏台西南之阿尔洪山),只需细读《西游记》本文,便可知丘处机西行是从山东登州(今蓬莱)启程至燕京(今北京),出漠北,过阿尔泰山,越准噶尔盆地,南下穿中亚到达兴都库什山(即《西游记》所称之“大雪山”)西北坡成吉思汗行宫。东归时,行至阿力麻里(今新疆霍城县境内)后,未循去时原道,而是直向东面北上,过乌轮古河向东南奔丰州(今呼和浩特附近),过云中(今山西大同),至宣德(今河北宣化)朝元观。来去历时四年,其西游与东归均未路经甘肃,当然也就不存在在甘肃授徒传教的问题。

至于龙门派在甘肃境内最早、最明确的记载,则为元世祖至元六年(1269)丘处机弟子为纪念乃师,于甘肃陇西修建的“七真观”,而至元六年,距丘处机去世已40余年。鲁泽主编《陇西史话》称:

> 道教在陇西有许多庙观。最大的庙观是七真观,地址在县城南门外山麓,创建于元世祖六年(1269),由长春真人丘处机的徒裔黄青松、杨明道、梁志通、李涵虚等十几名道士创建。有元朝皇帝敕令的七真碑。当时七真观建有灵官殿、钟楼、鼓楼、七真殿、救苦殿、雷祖殿、八仙殿、玉皇殿、三清殿、太上楼、南斗楼、尹喜楼、青牛台、通仙桥、方丈堂,列为十方丛林,内住道士二、三百人。七真观道教执事有方丈、监院、总理、督官、知客、号房、库房、账房、堂主、殿主、高功、经士等职务。道教的道规、教仪很严格。明清之际,七真观毁于战火再未

① 李道谦:《全真第五代宗师长春演道主教真人内传》,载于陈垣编纂《道家金石略》,文物出版社,1988年,第634页。

② 李道谦:《全真第五代宗师长春演道主教真人内传》,载于陈垣编纂《道家金石略》,文物出版社,1988年,第634页。

修复，现留元祖碑（即七真碑），存于仁寿山公园。[①]

笔者虽无缘目睹“七真碑”原文，但关于黄青松至元六年建七真观于陇西一事，已见诸研究者众多的著述，如上文提到的《甘肃省志·宗教志》《甘肃民族与宗教》《陇右文化》及谷苞主编的《西北通史》等专著，尤其是《陇西史话》的编著者为陇西当地学者，掌握有关七真观的第一手金石资料，其叙述应该是可靠的。

既然黄青松等人是丘处机的徒裔，那么其所传道法必然属于全真龙门一派，而且，从上面这段引文可以看出，此派在陇西的发展，从道观建设、道徒人数到管理机构、社会影响等各个方面，已基本完善且规模较大。因此，笔者认为，七真观在陇西的建立与发展，可以视为龙门派最早在甘肃传播的证据，也就是说，元世祖至元六年（1269）前后，全真道龙门派开始传入甘肃。

黄青松等人及七真观对于全真道龙门派在甘肃的传播与发展，起到了火种的作用，在此之后，龙门派才开始向陇右其他地区流传。在七真观建成三年后，即元世祖至元八年（1271），曾与黄青松等同建七真观的丘处机三传弟子梁志通（志通师冯志清，志清师张志谨，志谨师丘处机。见《创建玉泉观记》）云游至秦州（今甘肃天水），于城北天靖山乞地五亩，结茅栖居，后在当地士绅的支持下，于至元十三年（1276）开始修建玉泉观，期间道徒众多，影响巨大，号称道教十方丛林。玉泉观在建成之后曾多次修葺与扩建，且经历了不同时期的乱世劫难，至今仍保持了拥有60余座道教建筑的宏大规模。

如果说陇西七真观之于甘肃龙门派尚属星星之火，那么天水玉泉观的建成可谓使其已成燎原之势，玉泉观也成为甘肃龙门派最大的根据地。樊光春《西北道教史》认为，“从现存文献追溯，这所道观（玉泉观）应当是早期全真道向关中以西传播的中介”，[②]无疑是有见地的。兰州历来是陇右地区政治经济文化中心，在各个方面与周边区域相互影响，那么，原本便成分复杂，兼容并包的兰州宗教，自然很难不受玉泉观及其所传教派的影响。然而，由于上文所述的原因，自明代初年至清乾隆以前这三百多年的时间里，全真道总体虽不绝如缕，却始终未有太大的发展。

就兰州地区而言，建文二年（1400），肃庄王朱楧在雷坛河（在今兰州市七里河区）西岸宋九阳观旧址上修建金天观，并于永乐十年（1412）延请武当山张三丰弟子孙碧云担任住持，当时门下弟子众多，最著名的两位是越南人阮无量和黎真人。孙碧云返回华山后，二人共同住持金天观，传续孙碧云法脉。据《甘肃省志·宗教志》，该观在第八代住持之前，均为龙门派传承。[③]但其开山之祖孙碧云显然不属于龙门派，而是武当榔梅派的开创者；龙门派入主金天观，当在两个越南道士之后，而金天

① 鲁泽主编：《陇西史话》，甘肃文化出版社，2008年，第29页。

② 樊光春：《西北道教史》，商务印书馆，2010年，第452页。

③ 甘肃省地方史志编纂委员会：《甘肃省志·宗教志》，甘肃人民出版社，2005年，第47-48页。

观自第九代主持王性叵开始，改为嵛山派，龙门派在该观的传承世系则未见明确记载。

清代前期，是道教整体最为低迷的一个阶段，兰州地区的龙门派传承情况在文献记载方面几乎为一片空白，直至乾隆中晚期，栖云山（今兰州市榆中县兴隆山）道士刘一明的出现，才使这一局面得到了较大改观。

四

刘一明（1734—1821），号悟元子，又称悟缘老人、素朴散人等，山西曲沃（今山西闻喜）人，出生于商贾之家，为全真龙门派第十一代宗师，清代著名的道教内丹学家，主张三教合一，贯通圆融，且精通医术，尤擅眼科和针灸，一生著述丰富，其《道书十二种》在内丹学发展史上影响深远，是清代全真道理论著作中最优秀的文献之一。刘一明一生足迹遍布陕、甘、宁、青诸省，他自称“算来前后二十年，五峰焕然气贯串”，后半生以兰州榆中栖云山为中心，设坛传教，门人众多，堪称乾嘉时期全真道龙门派的重镇。其生平汇集于其弟子张阳全撰述的《素朴师云游记》[①]一书。

据此《云游记》，刘一明“自幼习儒，志图功名。尤好技艺、医卜、星象、地理、字画，具能留心，百家之书，凡所见者，亦必略观大意。”十七岁时，因读《吕祖传》，“遂有物外思焉”。乾隆十八年（1753），前往甘肃巩昌（今甘肃省陇西县）寻找在此经商的父亲，后经甘肃会宁、靖远、兰州至金县（今榆中）龛谷峡，遇道士龛谷老人（俗姓樊，广东人），“遂皈依门下”学道。龛谷老人为刘一明开释三教一家之理，授予“性命之学”。乾隆三十一年（1766），刘一明至汉中，又拜余丈人为师。龛谷老人和余丈人都先后向他传授了道教练养内丹之法及“性命双修”之真旨。乾隆四十四年（1779），他再次云游至金县（即现在兰州市榆中县）栖云山，见其景色宜人，又有历代道教遗迹，决定在这里结庐修行，直至道光元年（1821）去世。其间他主持修建了道教建筑数十座，使栖云山成为名副其实的道教名山。

为采众家所长，自初赴甘肃起，刘一明便一边行医一边访道，云游于西北各地，在此期间，省会兰州更是他多次往返和居留之地。乾隆三十八年（1773），刘一明前往兰州，挂单于沈家坡五圣祠。乾隆三十九年（1774）应银川道友阎绣庵之邀，自兰州赴宁，翌年春至靖远开龙山，又迁红山寺、西閣寺，完成《西游原旨》初稿。夏五月携书稿返兰，暂居白塔山罗汉殿，以三年之期，对书稿进行修正定稿。以上行程均载于《素朴师云游记》。而《西游原旨序》落款则署为“时大清乾隆四十三年岁次戊戌初秋三日素朴散人悟元子刘一明自叙于金城白道楼”，明确表示这篇序言写于

---

① 张阳全：《素朴师云游记》，载于孙永乐评注《刘一明〈栖云笔记〉》，社会科学文献出版社，2011年，第158-184页。

“白道楼”。《甘肃省志·宗教志》“白道楼”条载：

白道楼：在今柏道路。清道光年间(1821—1850)，兴隆山道人刘一明、水磨沟天都山白道、陇西马龙山道人李复成三人合力修建，今全毁。

这条材料中关于白道楼的修建时间明显有误。道光元年(1821)正月初六日刘一明便于兴隆山去世，绝无可能在道光年间修建此楼，而乾隆四十三年(1777)，刘一明即提到白道楼，说明此时白道楼已经存在。刘著《栖云笔记》卷四便存有《白道楼老君阁题联》：“借假形真紫气光中传道德；随方设教青牛背上现神通。”①结合上引史料和刘一明本人的撰述，可以断定，“白道楼”是一处道教活动场所，且为刘一明在兰期间主要的挂单地之一，钟肇鹏主编《道教小词典》“刘一明”条则明确说“(刘一明)往来兰城(今甘肃兰州)，挂单白道楼。”

白道楼，原址在今柏道路(即“白道楼”讹音)，而柏道路则位于兰州市城关区南关什字附近，距红泥沟誌公道观直线距离不过2～3华里，步行约半小时即可到达。当年未有如今复杂的城市建筑和街巷，自白道楼南望，巍峨的皋兰山秀色一览无余，红泥沟当然也在视线之内。《乾隆·皋兰县志》卷十二“誌公洞”条说当时的红泥沟“树密泉清，境颇幽寂”；与刘一明同时代的兰州进士、诗人秦维岳在其编著的《道光·皋兰县续志》中这样描写红泥沟的景色：“山径逶迤，渐入深谷，两山壁立，高数十寻。林木蓊蔚，交柯横影，上翕下辟，掩映天光，百鸟之声、泉声、林声，若竽瑟相和。有誌公洞。……嘉庆二十五年，邑人依山麓建造寺宇，为听泉赏玩所。……”其《惠泉》诗亦云：“兰郡多泉水，兹泉味莫加。调羹宜作醢，消暑可烹茶。谷口鸟无数，前有几人家。我将买闲地，夹岸种桃花。”可见当时红泥沟景色宜人，游览者不少。那么，一生好游名山，寻仙访道的刘一明在白道楼挂单期间，面对近在咫尺的美景和“誌公洞”遗迹，定然不会不前往一游。当时诗人吴镇《赠唐介亭》诗中有“白塔山前风浩浩，红泥岩下水泠泠”句。唐介亭，即唐琏(1757—1836)。琏，字汝器，号介亭，兰州人，著名书画家，二十四岁拜刘一明为师学道，终其一生，侍奉左右，为全真龙门派俗家弟子。吴镇在赠诗中主要表达了对唐琏书画艺术的赞赏，但从上面二句可知，“红泥岩”曾是唐琏绘画内容之一。据此，自然可断定刘一明师徒对红泥沟是熟悉的。那么，以刘一明当时在西北道教界的地位，他本人或其门下弟子会对全真道龙门派传入红泥沟产生影响，或许不算太离谱的推断。

如《皋兰县续志》所载，嘉庆二十五年(1820)，即刘一明去世前一年，红泥沟已建寺宇，但似乎主要为“听泉赏玩所”，尚无道士修行的迹象。据从小生活在红泥沟

① 刘一明：《白道楼老君阁题联》，载于孙永乐评注《刘一明〈栖云笔记〉》，社会科学文献出版社，2011年，第127页。

附近的92岁老人罗延孝先生《红泥沟》一文记述，红泥沟原有建筑在同治年间毁于兵燹，光绪中重建，民国初年，其庙宇建筑有法轮殿、土地庙、玉皇殿、三清殿等，很多时候僧道杂居，往来频繁，共尊誌公为圣。[①]但从其建筑名称来看，显然主要为道教场所。由于罗文所述的原因，誌公道观（誌公祠）自身发展传承方面的文献已湮没无存，但据口耳相传的世系，誌公道观1996年3月编写的本观简介称："从清朝嘉庆年间以来，其住持道长有江道、姜道、沈道、谢道、孟道、贾道及现任道长陈涵谷。"将第一代住持时间定在嘉庆年间（1796—1820），且第二代住持"姜道长"与上文所引《甘肃省志·宗教志》提到的红泥沟三清殿修建者"姜道长"应为同一人。按《皋兰县续志》，嘉庆二十五年以前红泥沟除了有关誌公修道的传说外，并无其他任何宗教记载，二十五年始建寺宇，次年即为道光元年，则以"从清朝嘉庆年间以来"的说法，最早也应在嘉庆二十五年，显然并不准确。但由于是口头相传，时间上出现些许差错并不难理解。这里所说的第七代主持陈涵谷道长，1914年出生，1999年去世，1958年入住誌公道观，为全真道龙门派第23代弟子，住观42年。[②]如以1999年为下限，每代住持时间平均按25年计算，则可上推至清道光四年（1824）。

当然，这一时间只是在假设的前提下得出的，并不能作为确切结论，但从《皋兰县续志》关于红泥沟寺宇修建的年代，龙门派宗师刘一明及其弟子在红泥沟附近活动的时间，以及誌公道观流传的传承世系这三个方面综合考虑，大致可以推断，至迟在清道光初年（约1821—1830），龙门派大约已经传入红泥沟道场。

目前，誌公道观住持党嗣仙道长（坤道）为龙门派第28代弟子，1991年受当时的住持陈涵谷道长之邀，携弟子（坤道）一名自甘肃永靖"吾去明山"道观入住誌公道观，按上文提及的该观介绍材料，应为第8代住持。至于党嗣仙之前具体而翔实的世系传承、住观道士的基本情况及其在龙门派内的辈分等问题，除了陈涵谷之外，其余均模糊无考，尚俟于更多史料的发现和通人的探究。

① 罗延孝：《红泥沟》，载于《兰州日报》，2008年6月19日。

② 据无聊子：《兰州道教概编》，甘新出001字1994号（2001）139号内部使用，第84页。

全真道在关陇地区的广泛流传

李天保

全真道由金代道士王重阳创立,是宋以后中国社会最重要的道教支派之一。王重阳祖籍陕西咸阳,生于终南刘蒋村。他早年应试武举,长期沉于下僚,后慨然入道,云游终南一带,并在南时村依墓穴居之,是为“活死人墓”。大定七年,王重阳赴山东东部,收马钰、谭处端、刘处玄、丘处机、王处一、郝大通、孙不二等七大弟子,号称全真七子,他融会释、道,以“三教圆融,识心见性,独全其真”为宗旨传道,全真道由此形成。大定九年,王重阳率弟子马钰、谭处端、刘处玄、丘处机等4人回归关中,途中卒于开封,马钰等人护送其灵柩到终南,一路宣教布道。自此以后,全真道在关陇地区开始流传,历代绵延不绝。

一、金元时期全真道在关陇地区的传播与兴盛发展

关陇地区文化发达,虽然孕育了王重阳及其全真教,但是全真道却未形成于此。王重阳在山东创立全真道之后,意识到要让自己的教派兴旺发达,就不能拘于山东一隅,必须走出山东。因此,他率弟子马钰、谭处端、刘处玄、丘处机等四人向文化浓厚的关陇地区进发。不幸的是王重阳在行进的途中去世,留下了他未竟的全真事业。幸运的是,他的弟子在关陇地区积极布道传教,点燃了孕育在那里的全真道的星星之火,全真道开始在关陇地区繁衍发展,其中马钰、丘处机等人功不可没。

马钰(1123—1183),宁海人,号丹阳子,乃王重阳大弟子,王重阳临终前,托以弘教大业。在马丹阳到达关陇地区之前,其实终南山还有和玉蟾、李灵阳、刘通微、严处常、史处厚等道士群体,他们为早期全真道在关陇地区的发展做出了不可磨灭的贡献。其中和玉蟾和李灵阳二人是王重阳早期在终南山修炼的道友,也是全真道创建过程中的关键性人物。马丹阳在上终南山之时,和玉蟾、李灵阳承担起联络的重任。因此和、李二人也成为关陇地区全真教传播的重要人物。马丹阳到了终南以后,在和玉蟾和李灵阳等终南道士的帮助下,以关、陕一带为传道中心,他遵循重阳祖师的全真秘诀:“内清净者,心不起杂念;外清净者,诸尘不染者为清净也”。马丹阳重性命双修,而且专务清净,在他掌教时期,以“以无为为主”为教旨,赢得了

一些信徒的敬仰,开创全真遇仙派。丹阳在关陇传教十年间,吸引和接受了一大批关陇弟子,为全真道在关陇地区的传播立下了汗马功劳。

丘处机(1148—1227),登州栖霞人,字通密,道号长春子。王重阳去世后,丘处机隐居磻溪。孙谦《四仙碑序》言:"重阳升霞,此四仙者(马钰、谭处端、刘处玄、丘处机)同入终南。丘仙遂居磻溪六年,而烟火俱无,箪瓢不置,号曰长春子……马仙独守终南,而筑圜者不出,号曰丹阳子。"是说马钰回终南山祖庵修行,丘处机则西入磻溪隐修。大定二十年(1180),他又自磻溪迁往陇州龙门山潜修,"既而隐陇州龙门山七年,如在磻溪时,其志道如此。"[①]丘处机在磻溪、陇州的十三年,"烟火俱无,箪瓢不置",[②]"破衲重披,寒空独坐,夜永愁难彻。长更无寐,朔风穿户凄冽"[③],经过这样清苦的修炼,丘处机道业大进,满腹道论,后来李志常称"住磻溪、龙门十有三年,真功力日久,学道乃成",[④]丘处机在关陇地区的苦修成就了其精湛的道业。大定二十二年(1182),马钰"以关中教事付丘长春为主张焉,仙杖东归。"[⑤]大定二十六年,京兆统军召请丘处机出山,并重修重阳故居,确定为全真祖庭,《玄风庆会图说文》言:"二十六年丙午,京兆统军夹谷公差官赍疏与其徒昭然子宋明一,率众诣龙门山召宗师。先于年前,山有大松为樵斧侵斫,师作诗云:'也知天意我先归,故遣灵岩尔先覆。'又云:'高歌物外归去来,大隐廛中益开悟。'是时,宗师已有东归之志,及蒙是请,师惠然而来。"[⑥]丘处机到达终南后,开创了关陇地区全真教的新时代,他与李灵阳[⑦]、马钰弟子吕道安一起掌管陕西全真道,使全真道在关陇地区产生了很大的影响。此后,金世宗、章宗先后召见全真教首领王处一、丘处机入京问事,抬高了全真教道士的地位,当时,全真教不但在关陇地区得到了发展,而且在中国北方地区迎来了一个发展盛况,"南际淮,北至朔漠,西向秦,东向海,山林城市,庐舍相望,什百为偶,甲乙授受;牢不可破。"[⑧]

全真教在关陇地区迅猛发展是1223年以后。丘处机掌教以后,全真教在民间获得了一定的发展,成为宋、金、蒙古三方争取的力量。但丘处机等人小心谨慎观望,并没有应诏于其中任何一方,因此,全真教一直游离于各方政治力量之外。十三世纪初,蒙古族势力发展壮大,成吉思汗率兵横扫中原。1219年,丘处机审时度

① 李道谦:《甘水仙源录》卷二,《道藏》第十九册。

② 丘处机:《磻溪集》卷五《无俗念·居磻溪》。

③ 丘处机:《磻溪集》卷五《无俗念·岁寒守志》。

④《长春真人西游记》卷上。

⑤《甘水仙源录》卷一,《道藏》第19册,第730页。

⑥ 史志经编集《玄风庆会图》卷一,乙丑年四月涵芬楼影印本。

⑦ 李灵阳,终南县人,重阳祖师在终南刘蒋村结庵时同修道士,是时李灵阳与吕道安共同主持陕西全真道事。

⑧ 元好问《紫微观记》。

势，决定率弟子谒见在西域征战的成吉思汗，“经数十国，为地万余里、喋血于战场，避寇于叛域，绝粮于莽阒之沙漠，自昆嵛四年而至雪山。”[①]1223年，丘处机受诏东归，令他“掌管天下道门，大小事务，一听神仙处置，他人无得干予。宫观差役，尽行蠲免，所在官司，常切卫护。”[②]丘处机东归途中，行之汉地，“四方道流，不远千里而来”[③]。1224年，丘处机抵达燕京，仍不忘关陇地区全真道的发展，他的弟子于善庆，在陕西陇县、凤翔一带，“诣门求度为道士者数百人，俱立观院于凤翔、汧、陇之间”。1235年，于善庆任终南祖庭重阳宫住持，并主领陕右教门事，对终南全真教进行了整顿，并对重阳宫进行了大规模修缮，还应巩昌总帅汪德臣之请，赴甘肃宣教全真道教义。丘处机仙逝之后，尹志平掌教，蒙元全真教的中心区域陕西地区的教门提点綦志远在陕西“度门弟子数百人，建立宫观二十余所”。1236年，尹志平去陕西祖庭之时，“时陕右甫定，遗民犹有保栅未下者，闻师至，相先归附，师为抚慰，皆按堵如故”。[④]可见，此时全真教在关陇地区已经有很大的影响。此后，李志常掌教，全真教达到了极盛，尤其在关陇及北方省区获得极大发展，“西北历广漠，虽十庐之聚，必有香火一席之奉”，[⑤]就是这一传播盛况的描述。丘处机隐修的龙门，位于陕西陇县，东与甘肃的清水、华亭、灵台、崇信、张家川毗邻。方丘处机修炼之时，陇右道士追随者甚多，其开创的龙门派在此地区得到迅猛发展。陇右道士褐明道、梁志通、李涵虚等人都是著名的全真道龙门派传人。

元宪宗时期，佛、道矛盾激化。1258年，宪宗令两家在御前论争，全真教败北于佛教徒，掌教李志常也含恨辞世。而此时元朝统治者的道教政策有了变化，全真教进入一个低谷时期，这种情况直到苗道一掌教时期。1351年，元武宗加封全真道北五祖、北七真等人，封丘处机的18弟子为大真人，于是全真教又进入一个相对兴盛的时期。然而，此时的全真教无法与元初时期的盛况相比，甚至终南祖庭的影响力也在减弱。尽管如此，有元一代的全真教是其发展史上的辉煌时期，而且关陇地区的全真教也得到了兴旺发展，祖师王重阳及全真七子中的四人曾活动于此。在他们之后，全真道的一些道士，如姜善信、梁志通等人在关陇地区，也创建了许多全真宫观[⑥]，度了很多全真弟子，在民间产生了重大影响，为明清时期全真教在这一区域的发展奠定了基础。

---

①《暮庵集》卷五十一《长春宫碑铭》。

②《七真年谱》。

③ 陇县龙门洞《长春真人本行碑》。

④《尹宗师碑铭》。

⑤《清虚宫重显子返真碑铭》。

⑥ 程越根据现有的史料统计，在总计1126座已知地址的金、元全真道宫观中，分布在陕西行省（包括今天的陕西、甘肃等地区）的有219座，仅次于中书省。参见任法融、樊春光主编：《道衍全真——纪念丘处机创建龙门山场820周年学术报告会文集》，陕西旅游出版社，2004年版。

表一:金、元时期关陇地区全真道著名宫观(部分)[①]

宫观名称	所在地	初建年代	备注
祖庵	陕西鄠县	1174年	马丹阳创建,祖庵又名灵虚观、重阳万寿宫
南庵	陕西华山	1181年	马丹阳弟子田园普建,后改为清华观
全真堂	陕西汧阳	1186年	丘处机开建,1198年改玉清观;1238年改玉清宫
延祥观	陕西京兆府	金大定中	马丹阳改建宋太白显圣侯庙为全真堂,金赐名延祥观
龙门洞	陕西陇州	金大定中	马丹阳、丘处机创建
灵虚观	甘肃庆阳	1203年前	李冲虚创建
三阳庵	陕西泾阳	金代	马丹阳法孙许抱元建,元寇志静改延寿宫
栖云观	陕西终南	1235年	王志谨创建
重阳成道宫	陕西终南	1234年	李志源创建
会灵观	陕西楼管	1236年	李志柔创建
通仙万寿宫	陕西终南	1238年	张志真创建
长春宫	陕西磻溪	1238年	卢志清创建,1251年升宫
大玄都万寿宫	陕西长安	1240年	綦志远创建
建极宫	陕晋龙门	1262年	姜善信创建
玉泉观	甘肃天水	1276年	梁志通创建
七真观	甘肃陇西	1269年	黄青松创建

二、明清时期全真道在关陇地区的流传

到了明清时期,中国封建社会进入一个衰败的时期,全真道在中国社会的发展

① 主要资料来源,樊光春:《西北道教史》,商务印书馆,2010年,第477-484页。

不如元代那样呈蓬勃之势，而是进入了一个相对低落的时期。在关陇地区，祖庭重阳宫的影响力也日渐式微。尽管如此，全道教在关陇地区还是有所发展，出现了宝鸡金台观、兰州金天观、榆中兴隆山等道教建筑群，有影响的道士有张三丰、孙碧云、刘一明等人。

明代的皇帝虽然尊崇道教，但是他们只支持正一道，对全真教则另眼相看，明太祖说："禅与全真务以修身养性，独为自己而已；教与正一专以超脱。特为孝子慈亲之设，益人伦，厚风俗，其功大矣哉！"[①]以后历代明代皇帝，基本对全真教持相同态度，这使全真教在明代的发展受到严重的阻碍，最为明显的标志是"全真祖庭重阳宫对道教事务的影响力下降，几乎不再出现金、元时期那类可以号令天下的高道。"[②]尽管如此，在关陇一带，全真教呈分散扩展的形式传播，其影响范围超过元代。在甘肃，全真教在元代只是局限于黄河以东传播，但在明代已越过黄河，向河西、青海、新疆等地传播，并兴建了一批全真道教宫观。明代的全真道在关陇地区的地区流传的过程中，也有几位著名的人物在此地区留下了深刻的足迹，值得一提。

张三丰，元末明初著名的全真道士，关于他的生平，有很多神奇的传说，而且争议较多，无法确信。他是辽宁懿州人(今辽宁彰武)，早年曾经在关陇地区长期生活过，并进行了传道活动。根据樊光春先生的说法，张三丰在终南—长安一带活动的年代为元末明初，[③]活动范围主要在陕西的宝鸡、终南山和甘肃的东部一带。《崆峒山志》载："张三丰，元末居金台观修行，成真证道……后入太行山，寻入蜀，又入武当，尝游崆峒。"[④]金台观位于陕西省宝鸡市区北部的陵源上，始建于元末，据说是张三丰曾经修道的地方。

孙碧云，号虚玄子，陕西冯翊人，张三丰的弟子。1412年，朱元璋十四子肃庄王朱瑛命修兰州金天观，并请武当山玉虚宫真人孙碧云为金天观主持。孙碧云主持金天观之前，陇上道教以正一道为主，重视符箓斋醮，道士可以结婚生子。孙碧云到达之后，他将全真道风引入金城，即以全真道的清规戒律主持金天观，还将武当拳术引入金天观，一时陇上慕其名投至者不少，全真道在甘肃开始广泛传播，道士建丛林、住道观的风气也形成了。

到了清代，由于清廷崇尚佛教，道教的地位一落千丈，但是比起正一道，全真道的境遇稍好一些。清代初期，全真教在王常月等人的努力下，出现了暂时的中兴之势，但是全真教在整体上已经是走下坡路了，在日益衰退的境遇中，全真教逐渐形成了以龙门派为主体的格局。

---

①《道藏》，第九册，第1页。

② 樊光春：《西北道教史》，商务印书馆，2010年，第13页。

③ 樊光春：《西北道教史》，商务印书馆，2010年，第505页。

④ 嘉庆《崆峒山志》上卷。

清代关中地区的全真教日益衰落,没有出现有影响力的道士,甚至全真终南祖庭也日益凋敝、门庭冷落。在陇右地区,全真教的发展中心逐渐西移,由元明时期的陇东一带转移到以金城及其附近的兴隆山为中心的活动地带,而且形成了榆山、龙门两个较大的支派。雍正年间,嵛山道士王性叵被请到兰州,他以金天观为中心传教,追随者甚多,影响颇大,形成榆山派;而龙门派则由刘一明开创。刘一明是山西人,是清代著名的内丹家,为龙门派第11代传人,他在乾隆时期开始定居榆中兴隆山,在陇上修道四十余年,兴建了十方丛林,使兴隆山的道风远播西北各地,也使龙门派在榆中、平凉、陇西、泾川等地有了很深的民间影响。除此之外,陕西人党忠正等人在清代道光年间,历经三年艰难,创建兰州白云观,党忠正就任主持,今白云观已成为甘肃著名道教活动中心。

表二:明清时期甘肃地区修建的部分著名宫观

兰州	金天观 兴隆山道观 白云观
庆阳	孙真人祠 玉虚观 太清观 丹阳观
平凉	灵台太清观 崆峒山演玄观 静宁白云洞
陇西	天庆观
天水	玉泉观
临夏	万寿观
张掖	元真观
武威	玄真观 太武庙 雷台观

三、民国至今全真道在关陇地区的流传

民国时期,中国社会政局不稳,严重阻碍了道教事业的发展,全真教的发展也受到影响。在关中地区,全真教的宫观数量较多,但是新建的很少,主要分布在终南山、华山、陇山一带。而在甘肃,“道教没有大的发展,但道观道士人数不少。据甘肃省档案馆提供的材料,1943年全省有道观1054座,其中较大者有200多座,信教群众2711户,15807人,男女道士590人。”[①]由于全真道士都是入住宫观,而正一道士可以散居在家,这说明在甘肃的道教中,正一道在人数上占有优势。

新中国成立初,关陇地区的道教发展情况不同。据载,20世纪50年代陕西全

① 程时雨:《甘肃道教志》(修订本),转引自樊光春《西北道教史》,商务印书馆,2010年,第589页。

省有宫观543处，道士、道姑1345人，信徒13000多人。[①]陕西的道教主要由全真教为主，因此这个统计出来的宫观、道士的数量，大体上反映了解放初陕西全真道的发展规模。但是甘肃全真教的发展不如民国以前，“解放初有宫观1054座，道士、道姑690多人，这主要指全真派。正一派道徒，因为可以结婚居家，人数未统计。”[②]这主要是新中国成立以后，展开了一些破除封建迷信活动，尤其是正一道的一些驱除鬼神的迷信活动，受到政府的严格限制，甚至一些道士被返乡还俗，参加生产劳动，自给自足。

表三：现今关陇地区部分著名全真教活动宫观

户县	重阳宫
陇县	龙门洞
周至县	楼台观
宝鸡	金台观
西安	万寿八仙宫
华山	华山宫观
终南山	终南山宫观
兰州	龙门派主要居地：兴隆山　白云观 嵛山派主要居地：金天观　太清宫
天水	玉泉观
临夏	万寿观
平凉	崆峒山
陇西	七真观
张掖	道德观
武威	雷台观

在六七十年代，我国社会“左”倾思想严重，尤其是1966—1976年的“文化大革命”，使我国遭受了一场严重的灾难，道教事业也受到严重的浩劫。在关中地区，全真教事业受到很大的破坏，一些著名的全真宫观被毁，宝鸡金台观等许多宫观也被其他部门占用，很多道士被迫还俗，甚至一些道士被莫名定为阶级敌人，被迫自杀。在甘肃地区，全真道、正一道遭受了历史上最严重的浩劫。在“文革”十年中，所有的道教活动被迫中止，很多道观被毁，或改作他用。其中，金天观所存的道教

① 张军：《陕西道教现状》，转引自樊光春《西北道教史》，商务印书馆，2010年，第53页。

② 马祖灵主编：《甘肃宗教》，甘肃人民出版社，1989年，第269页。

设施、经书、碑刻及道教塑像、壁画等文物，被毁坏殆尽，兴隆山的一些宫观、碑刻、壁画也被毁坏，一些道士被当成“牛鬼蛇神”遭到批判，整个道教事业处于停滞状态。

改革开放之后，党和政府落实了宗教政策，中国的道教事业也迎来了一次发展的春天。在关中地区，很多被关闭的道教宫观陆续重新开放，全真道的重阳宫、龙门洞被定为重点宫观。1986年，陕西省成立了道教协会，一些县市也陆续成立一些地方道教协会，这有力地推动了道教事业的恢复和发展。在甘肃，兰州地区的金天观、白云观、兴隆山等先后恢复宗教活动，政府拨款修缮了一批宫观、雕塑及壁画。1980年，兴隆山还被开辟为自然风景保护区，游客及道教活动逐渐增多。1985年，甘肃省召开了第一次道教协会会议，韩壬泉任会长，王至全、祁明亮任副会长。甘肃省道教协会的成立，有利于道教事业的恢复和发展。1995年，对全省的道士进行了登记发证，先后获证的道士达1270名，其中全真道士550名、正一道720名。[①]从这个数字看，全真道士的数量是550名，比起解放初的690名要少一些，一方面说明甘肃道教在“文革”中遭受了很大的破坏，使甘肃的全真教出现了倒退的迹象；另一方面也说明，我们应该正视道教在发展中遇到的困难和问题。值得庆幸的是，新世纪以来，关陇地区的全真教正在健康地发展着，并呈现出勃勃生机，而且随着人们对传统文化态度的改变，全真道的一些重要教义、养生之法，也受到人们的喜爱，信教的群众也在逐年增多，可以相信，在不久的将来，关陇地区的全真教定会焕发出新的活力。

① 樊光春：《西北道教史》，商务印书馆，2010年，第601页。

龙门派陇上传人梁志通与天水玉泉观

苏利国

以“玉泉”名观而得享盛誉者现有三处，分别位于甘肃天水、江苏无锡和山东费县。而天水玉泉观以悠久的历史文化内涵与独特的西北“小江南”景观驰名海内。

天水玉泉观位于甘肃省天水市秦州区城北天靖山麓，临涧跨桥，依山建造，现占地面积约九万平方米。初有城北寺、崇宁寺以及郭山寺之称，后因山有一泉，清冽甜美而得名。历来为天水游览胜地，以“玉泉仙洞”而列入秦州八景。①玉泉观约建于唐代早期，唐宋两朝，规模不大，且屡有毁坏。②元代初期，全真道士丘处机仙裔梁志通云游至天水，爱天靖山之幽邃林泉，遂修真建观，规模逐渐扩大。玉泉观建筑群沿山脚而上，迤逦半山。红墙碧瓦，挑角飞檐，古树掩映，巍峨壮观。整个建筑围绕玉泉殿、三清殿展开，游人拾级而上，如在画中。观内的“玉泉仙洞”，相传为卢、梁、马三真人羽化之地。洞南有碑亭一座，碑廊一处。碑亭为原“选胜亭”，现置“元代四面道流碑”一座，内容记述有关道教全真道之事，史料价值极为珍贵。

据《直隶秦州新志·建置》卷三记载：

> 玉泉观，城西北五里天靖山。近山跨涧为桥，入山门，上磴道，悬崖古柏，翠色覆人，上山者而北，复跨深涧为长桥，桥皆覆以屋，碧树朱栏，掩映如画。复历磴道上至玉皇殿，殿东复上磴道，最高处为三清殿，殿尤巨丽。复庙重檐，上下四旁各神殿数十，不悉记。自玉皇殿下循崖路，迤西有三真人洞，皆于此成真者。塑像有神如生，或谓即肉身稍涂附也。因地之胜，期间又多古圣贤祠宇。自洞沿崖折而南，至西南山尽处有选胜亭，城郭山川历历在目，为近城第一游览之所，其由来已远。乾隆四五年间，知州李鋐大加修葺，皆有碑记。

《直隶秦州新志》为清代乾隆年间费廷珍纂修，最早刊本为乾隆二十九年(1764)。从这段文字，至少可以肯定玉泉观“由来已远”，其历史沿革，必与“三真人洞”有极深渊源。修道而成真于此洞的三位真人，分别为卢真人、马真人和梁真人。

① 天水市地方志办公室编、赵昌荣著:《玉泉观志》，甘肃文化出版社，2002年。

② 天水市地方志办公室编、赵昌荣著:《玉泉观志》，甘肃文化出版社，2002年。

卢真人,《直隶秦州新志·杂记中》卷十二记载,“汉,卢真人,号铁马大仙,尝与成纪令观灯广陵,飞腾俄顷。今玉泉观有仙室遗迹。”仅存此小记,未见有碑刻或其他文献记载。

马真人,《直隶秦州新志·杂记中》卷十二记载,“一元道人,平凉人,自幼出家。顺治十五年至玉泉观,募化施汤。忽一日与道友辞,遂化去。”马真人来玉泉观的第二年,遭遇秦州八级大地震,既而“募化施汤”,救济百姓。又修缮因地震而毁的殿宇,为玉泉观做了很大贡献,为玉泉观一代名道,被尊为第三代开山师祖。

对玉泉观而言,卢、马两位道长之事迹,传说的成分比较浓厚。而有史料可考,能承前启后继往开来的关键人物,无疑是梁真人,即梁志通。

玉泉观现存石碑中,有《梁志通诗碑》,作于至元丙子年(1276),据民国陇上学者张维考证:“丙子为至元十三年,志通即创修玉泉观之全真道士,丘处机再传弟子也。”丙子为至元十三年无误,但梁志通却非丘处机再传弟子。诗文如下:

大道蘧庐乐自游,风光仿佛象瀛洲。
庵前草木长春景,槛外云山不夜秋。
鬼泣尯罡三尺剑,神藏天地一虚舟。
由来抛却红尘事,勘破浮生只点头。

梁志通的直接生平资料,仅见于由梁志通弟子钟道亮请人撰写的玉泉观现存元碑《玉泉观碑》之中,其文如下:

师姓梁,志通其讳也,介休人。甫年十二辞亲悟道□□师为神子张志谨,张即丘门之高弟也。[①]

张志谨[②],生卒年不详,字伯恭,号宁神子,河南温县人。曾“礼掌教长春真人为师,亲炙训导,日就月将,功行勤恳,仍云水二十寒暑,故得事无不通,理无不明,吐言发向,辄成□句。”[③]蒙古海迷失后二年(1250)五月,朝廷褒赠张志谨“广玄真人”之号,升灵都观为灵都万寿宫,懿旨云:“据代州神岗观、孟州王屋县灵都宫宗主宁神子张志谨,系早遇真师,参承正法,广修善行,德业清高之士,可赐广玄真人名

① 张维:《陇右金石录》,甘肃省文献征集委员会校刊,民国三十二年(1943),第16105页。

②《玉泉观志》第53页注2:“张志敬,金元间道士,丘处机高足弟子,曾继李志常后任全国掌教。”

③ 陈垣:《道家金石略》,文物出版社,1988年,第584页。

号。”[①]其事载于《重修天坛灵都万寿宫碑》。[②]

梁志通之师冯志清，生平未见记载。《敕封东华五祖七真碑》第四面《祖师五篇秘语》云：

> 长春邱神仙门人宁神悟道广玄真人张(志谨)，九月十二日降，初五日升，(传)悟真大师何志源、清贫子王志坚。阪泉尊师善济普慈真人冯志清、师叔陈志寂(传)悟真子杨志朴、明真大师姚知古。[③]

碑文将冯志清置于张志谨之后，称为尊师，又于其后随之以师叔陈志寂，则冯志清为梁志通之师明矣。但《玉泉观志》考冯志清为：“阪泉(今山西运城盐池附近)人。张志敬弟子，梁志通师，尊为善济普慈真人。”却是不符合事实的。据《敕封东华五祖七真碑》第二面《全真祖宗之图》记载：“光先体道诚明真人张(志敬)，正月十七日降，十二月二十九日升。”[④]无疑，张志敬与张志谨并非一人。图中还列出梁志通门徒18人，即李道希、李道平、冯道真、何道全、何道吉、李道恒、门德裕、何道渊、何道元、任道芳、杨道明、王道坦、安道和、王道夷、李道素、刘道洪、杨道固、段道□。大德六年(1302)所立《玉泉观碑》中，钟道亮被明确称为“弟子弘真阐教大师钟道亮”。而门徒名单中却没有早期追随梁志通的钟道亮。显然别有原因，须另行考证。

《直隶秦州新志·杂记中》卷十二“仙释”条，有梁志通传：

> 梁志通，山西介休人，号达玄子。至元丙子间慕道来秦，功成，终玉泉观。未移时，在长安灞桥于使客传钥寄徒。旬日使至，乃知其脱化留迹也。诏封“烟霞无为真人”。

《介休县志》卷十“仙释”条，有梁志通传：

> 梁志通，号达昡子。元丙子间慕道西游，终秦之玉泉观。或遇于长安灞桥，于使客传钥。后封“烟霞无为真人”。

《直隶秦州新志》为清代乾隆年间费廷珍纂修，最早刊本为乾隆二十九年(1764)。《介休县志》为清代嘉庆年间徐品山修，陆元鏸撰，最早刊本为嘉庆二十四

① 陈垣：《道家金石略》，文物出版社，1988年，第508页。

② 陈垣：《道家金石略》，文物出版社，1988年，第158页。

③ 张维：《陇右金石录》，甘肃省文献征集委员会校刊，民国三十二年(1943)，第16108页。

④ 张维：《陇右金石录》，甘肃省文献征集委员会校刊，民国三十二年(1943)，第16106页。

年(1819)。比较之下,两志内容大同小异,不排除后者因袭前者之嫌。

《玉泉观碑》中未载梁志通生卒之年。据《玉泉观碑》"秦州□□□,在州西二里北山岗□间,全真师梁志通所建。师即邱神仙徒裔也。初,圜堵修道于太原东(缺)三十年。至元辛未,披□□□□之长春南历汴之朝光涉关陕,至于秦亭……甫年十二,辞亲悟道。""至元辛未",为元世祖忽必烈至元八年即公元1271。"初,圜堵修道于太原东□三十年",或指在太原东修道了三十年,即42岁时;或指12岁辞亲悟道,修道十八年后到30岁时。故梁志通生年当在公元1229—1241年之间。《玉泉观志》据现存元碑署名考证,梁志通生年不详,卒年当在至元十三年(1276)至大德六年(1302)之间。按《崇道诏书碑》(即《玉泉观志》称《四面道流碑》),其侧面所刻《全真祖宗之图》末尾署名"梁志通立石",但无具体时间。而在石碑侧面另一方署名"玉泉观知观何道元任道□等并十方道众同建立石",后面落款系大德六年(1302)。很可能这方石碑开始是由梁志通主持刻制,未及竣工梁即辞世,接着由后继观主完工。从这些零星材料分析,梁志通数十年如一日,苦心经营玉泉观,让一个茅庵晋升为十方丛林,就弘道而言,自有其丰功伟绩。

从两通玉泉观修建碑文,我们大致可以看到玉泉观在整个元代从创建到扩建的过程。一通是大德六年(1302),翰林院学士中奉大夫唐仁祖撰《创建玉泉观记》;另一通是至正十六年(1356),天倪子何希玄撰《重建玉泉观记》。这两通石碑大致反映了玉泉观在整个元代从创建到扩建的过程。

天水,为秦人发迹之地,所以后世称为秦州。位于甘肃东南部,为秦陇相交之处,古丝绸之路必经之地。其境横跨长江、黄河两大流域,境内四季分明,气候宜人,物产丰富,素有西北"小江南"之美称。天水是中华古文明发祥地之一,享有"羲皇故里"的殊荣。现在天水市所辖秦安县,有著名的大地湾史前文明遗址。除道教先祖尹喜籍贯天水外,历史上著名道士不乏其人,如魏晋王嘉①、唐代尹文操②等。因此,《直隶秦州新志》据传说记载,汉代卢真人修炼于玉泉观,"今玉泉观有仙室遗迹";《全唐诗》卷八五八,录有吕岩《秦州北山观留诗》;宋人张邦基《墨庄漫录》中记述有"秦州天庆观";《玉泉观志》认为北山观、天庆观即后来的玉泉观。根据以上资料,天水应在元代以前就有道教建筑,但是目前缺乏可靠文献记载和实物证明。

《玉泉观碑》云:"秦,古成纪也。表带山河,喉襟蜀□,如茅君之拔宅飞升,太上之炼丹古迹,灵都真境,石刻俱存。"这段话简要点出秦州的道教遗迹,但未能确定具体地方。

接着,碑文记述了全真道士梁志通创建玉泉观的经过:

---

① 王嘉,南北朝著名道士,陇西安阳(今甘肃秦安县)人。著有《拾遗记》10卷。《晋书》有传。

② 尹文操(?—688),唐代楼观著名道士。其祖先为天水尹氏,后秦时移居长安。见陈垣《道家金石略》,第59页。

志通窃慕□隐,乃乞地于师汝舟、张黑子,得余五亩坡陀,荆棘岑寂□静或□祟,而请祷者符之必应。秦人敬而异之。道价重闻□□,帖木儿大王赐号烟霞无为太师,玄门掌□为达玄子。师一旦谓弟子钟道亮曰:"且夫田叟市民粗一家之安遇,一岁之丰登,立祠宇设像仪,尚知所□流原于□花。老子职柱下史,阅人代之久,述伏羲、神农、黄帝大道之书,祖轩岐、至贞、长生之说,况羲皇生于本土。三圣人者,开元立极,神功圣化,与世无□庙而报之陻祀乎?"钟叹曰:"此奇事也。"其乡豪士族相为经纪数岁,闻者莫不蠲材助力而为之。以观基迫□,芟夷荆棘,至元丙子,起太上殿,事之以五祖七真。至元己丑,建玉皇殿,事之以风后牧伯。栋宇宏丽,位置高敞,下瞰井邑,旷若在于尘世之表。崖凿圜龛,幻如蚁穴。素隐者□之□。山腹出泉,冥然澄寂,祈饮者可以愈邦人之疾。树绕泉亭,檜楹蔽映,如□画图。观因境胜,名曰玉泉。[①]

梁志通追慕仙真遗迹,来秦州修道。向天水城北天靖山乡绅师汝舟和张黑子乞得五亩坡地,除去荆棘,结茅栖居。由于当地信士"祷者符之必应",纷纷"奉敬全真之道",被帖木儿大王[②]赐号"烟霞无为大师"。于是,梁志通对弟子钟道亮说,连普通百姓都知道,遇到丰年,就要修庙塑神像,表示对上天的感谢。何况我道家原本于老子,追尊伏羲、神农、黄帝。伏羲又出生于此地,我们何不"报之堙祀乎?"钟道亮为师父的提议惊叹,认为这是一件"奇事"。当地豪绅士族,都乐意经营筹划,经过几年张罗,凡有所闻者,"莫不蠲财助力而为之"。由于地势陡峻,遂从坡面上开挖出殿堂基础,先后于至元十三年(1276)和二十六年(1289)建成太上殿和玉皇殿,太上殿以全真道五祖七真陪祀,玉皇殿以风后、牧伯陪祀。

玉泉观建成后,初期规模不大。《玉泉观志》据《□建石文圣化之碑》残文判断,延祐三年(1316),新增文昌帝君庙一座。至正十二年(1352),秦州发生大地震。《玉泉观志》称"玉泉观'殿倾梁欹,崖崩龛毁',损失严重。"但据至正十六年(1356)刻立的《重建玉泉观记》,《玉泉观志》的记述可能有误。查乾隆《直隶秦州新志》卷六"风俗":"至正十二年春三月,秦州等处地震百余日,移山湮谷,陷没庐舍。"亦未提到玉泉观的损失情况。

《重建玉泉观记》共29行,每行54字,首题"有元秦州天靖山……"字样。全文大致分为两大部分。第一部分是铭文:首段描述当时(至正十四至十六年)玉泉观的沿革及景物;第二段记述文昌帝君大殿的修建经过;第三段歌颂文昌帝君的神迹及元朝加封神号的史实;第四段表彰修殿功德主李铭的生平和善行。第二部分是颂辞,前面歌颂文昌帝君,后面表彰李铭修庙的功德。[③]

---

① 张维:《陇右金石录》,甘肃省文献征集委员会校刊,民国三十二年(1943),第16105页。

②《玉泉观志》认为给梁志通赠封号者为济宁郡王。

③ 陈垣:《道家金石略》,文物出版社,1988年,第810页。

从部分残缺的碑文约略可知，秦州地震后两年即至正甲午（1354年），秦州判官李铭偕同僚游览玉泉观，言自己过去曾许愿要在玉泉观内修建文昌帝君庙，久未如愿，现在重游故地，又萌生了这个念头，同僚表示赞同。于是，选择了道观内一处“桧柏森然，景物如画”的空地，用一年之期，建起正殿三楹，内奉文昌帝君。李铭游览玉泉观时，玉泉观并无损毁之相：“□□□□西□里，其山曰天靖，山之间有观曰玉泉，乃全真师梁公之肇口也。山明水秀，土沃泉甘，草树口烟，□□朝暮，其境幽绝，亦天壤间一嘉处也。”而且，李铭新建之殿宇，也不是在原有三处殿宇基础上重建，而是另外选址，可见秦州地震并没有对玉泉观造成重大损失。

同时，《重建玉泉观记》详细记录了元朝加封文昌帝君和命名右文开化之祠的史实：“岁舍丙辰延祐三年七月，圣天子崇祀之□怀柔百神，垒降玺书易□□□应庙为右文开化之祠，册封口辅元开化文昌司禄弘仁帝君之嘉号，宣明神□，大振儒风，可谓淳且笃矣。”这段话同《玉泉观志》作者从所谓《石文圣化之碑》残文中辨识出的寥寥数字基本吻合。《玉泉观志》是这样记述《石文圣化之碑》的：

> 《石文圣化之碑》碑面风化严重，字迹极度模糊，仅辨识其标题有“天靖山建石文开化”等字样。文中有“延祐三年也”，“庙为石文开化之□□□□辅元开化文昌司禄弘仁帝君之”。可知元延祐三年（1316年）建庙，祀文昌帝君。

两相对照，大致可以断定，所谓《石文圣化之碑》就是《重建玉泉观记》；所谓延祐三年建玉泉观文昌帝君庙也与事实不符。文昌帝君，又名梓潼帝君，是道教中掌禄籍之神。传说本名张亚子，居蜀七曲山，仕晋战殁，世人立庙祭祀。唐宋封英显王，元加封为帝君。《明史·礼志四》有记录，并说“梓潼显灵于蜀，庙食其地为宜”。因此，《重建玉泉观记》颂词中说“庙祀蜀土，化彼秦民。”这些记载说明，碑文中“延祐三年”和“石文开化”字样叙述的是元朝廷加封文昌帝君的史实，而不是玉泉观修建文昌帝君庙的记录；“石文开化”也应当是“右文开化”；而且碑名也与辨识的文字不符。[①]

至正十六年以后，玉泉观再未见大修记录。明成化二十年（1484），《重修文昌祠记》所述“柱腐容蚁，瓦坠飞鸳，梁栋朽坏，榱题倾颓”可资证明。不过，从明成化十七年（1481）以后，玉泉观断断续续地进行了维修和扩建，形成了一个大型道观，并且经历了乱世的劫难，保持了今天拥有60余座道教建筑物的宏大规模。由梁志通创建的太上殿（今名三清殿）、玉皇殿和李铭创建的文昌阁，仍然是天水玉泉观建筑群中的主体建筑，处于中心位置。

① 参考樊光春：《天水玉泉观元代碑刻综考》，载于《道学研究》，2005年第1期。

要之，玉泉观由梁志通始建于元代，经明清两朝多次修复，最终形成拥有80余座建筑的宏大道教建筑群。自清末以来，经兵燹、地震、自然倒塌、人为破坏，而损毁过半。1981年7月起，当地政府筹集款项，组织人力、物力进行全面修复，历时三年。如今，知名道家景点主要有玉皇阁、玉皇殿、四面道流碑、玉泉等。

玉泉位于仓圣殿轩庭下，有碑记云：

> 其山腹出泉，冥然澄寂，祈饮者可愈邦人之疾。树绕泉亭，檐楹蔽映，如在画图。观因景胜，名曰“玉泉”。

原亭式样已不可详考，清乾隆四十一年秦州知州彦方捐俸重修泉亭。“文革”中遭毁，泉被填埋。1981年修泉，并于泉上重修八角攒尖顶亭一座。

玉皇阁，坐北朝南，修建于元代，清代嘉庆十四年（1809）、道光二十五年（1845）、光绪二十九年（1903）三次重修。阁内五架梁，采用歇山梁架抹角梁结构形式。檐下四周回廊，前后勾栏，廊基下嵌有元代砖雕34方。虽经数次修缮，但仍保持着明代建造风格。

玉皇殿紧依阁后，坐北朝南。修建于元代至元二十六年（1289），明崇祯十年（1637）重修。单檐歇山九脊顶，覆琉璃碧瓦，正脊中置楼阁亭，两侧饰以狮象，两端龙吻吞脊。大殿梁架构造奇特，风格古朴，为保存完整的明代建筑。

四面道流碑，现存选胜亭内，碑高1.53米，宽0.5米，碑额高0.8米，四面相等。面面皆有文字，用楷体、瘦金体书写，字体精美，刀工纯熟。四面分别为：《元世祖皇帝褒封制词》《全真祖宗之图》（本面落款“秦州玉泉观达玄子梁志通立石”）、《全真道演变过程》《祖师五篇秘语》（本面落款“大元国大德六年岁次壬寅仲秋下旬有二日玉泉观知观何道元任道芳等并十方道众同建立石”）。该碑四面落款时间不同，内容皆为记述有关道教全真道之事，其史料价值颇高。碑石质地坚硬，历七百余载字体清晰如初，为玉泉观至今保存完整的碑石之一。

编后记

梁启超在《清代学术概论》中论及“时代思潮”，有曰：“凡文化发展之国，其国民于一时期中，因环境之变迁，与夫心理之感召，不期而思想之进路，同趋于一方向，于是相与响应汹涌，如潮然。……凡‘思’非皆能成‘潮’；能成‘潮’者，则其‘思’必有相当之价值，而又适合于其时代之要求者也。凡‘时代’非皆有‘思潮’；有思潮之时代，必文化昂进之时代也。”诚然，时代思潮乃思想之进路，同趋于一方向，不得不然之发展，而思潮之初起，其势甚微，几乎莫之能觉，然而不同思想之左冲右突，最终归于同一方向，形成滚滚洪流，从而促进思想的发展、社会的兴旺繁荣。故而，笔者研治传统学术，不为学科所囿，关注时代思潮之发展衍变，努力探讨蕴含于丰富的文化典籍之中的思想，掘发其内在的生命力。

是集之编撰，实亦为发掘传统思想文化之精蕴，彰显其内在生命力而有裨益于当今社会思想文化建设和核心价值观的建构。誌公乃在宗教史、文化史上有巨大影响的名人，佛教典籍、史书、地志，皆多有记载，且多神异故事，而兰州红泥沟有誌公道观，故老相传，以为誌公乃兰州人，是道士。2009年，蹇长春先生与兰州学界友人徐祖蕃、乔先之、顾竺、火廷功诸先生，游兰州红泥沟誌公道观。蹇先生倡议，研究誌公，为乡邦文化研究略尽绵薄之力。随着研究的深入，我们深切地认识到，誌公在中国思想文化史上、宗教史上有着深远的影响，应该从思想文化的层面、高屋建瓴地进行深入的探讨，以誌公文化研究为基础，以开阔的学术视野和海纳百川的心胸，探讨传统文化的深刻丰厚蕴涵，充实、丰富当今的思想文化。司马迁说：“网罗天下放佚旧闻，考之行事，稽其成败兴坏之理，……欲以究天人之际，通古今之变，成一家之言。”一切学术研究，其旨归大抵皆在于此。著名哲学家冯友兰先生说：“阐旧邦以维新命，极高明而道中庸。”对我们这个旧邦新命的华夏故国，有着坚强的自信力，寄寓了无限的期望。

我们的研究，乃老中青相结合，对一些问题，相互间进行过讨论与交流。在研究中，得到了复旦大学蒋凡教授、吴兆路教授，南京大学胡阿祥教授，兰州大学陈文江教授，四川大学何剑平教授的大力支持，中国道教协会任法融会长、南京灵谷寺灵山监院的热心指导，提高了本研究的层次，避免了不少的失误，保证了研究的学术水准。书稿完成于2012年初，因受出版经费的困扰，拖延颇久，但也因此而留给我们一定的时间，做了进一步的修改和完善。2013年2月19日，国务院新闻办举行新闻发布会，正式批复甘肃建立“华夏文明传承创新”示范区，推进文化大省的建设。由此，我们深切地感到，论集的编撰适逢其时。华夏文明传承创新，不仅是甘肃省，更是国家重视传统文化的传承与创新，增强文化软实力的重大举措，其研究与发展，整合文化资源，势必会形成时代思潮，为华夏文化的建设和发展，注入强劲的活力，从而再度激发出华夏文化强劲的生命活力，彰显我华夏故国之伟大的创造力和坚韧而强劲的生命力。我们的研究，能够“预流”——参预时代思潮的建设，正是践行学人使命的大好时机，可谓一时千载。我们希望，在此论集的基础上，陆续推出相关的研究成果，为华夏文明的传统与创新，贡献自己的绵薄之力。

本论集的出版，得到了陕西省西安市馨海德宇汽车销售有限公司总经理刘治华先生的经费支持；兰州大学出版社热情承印，从事哲学研究的王永强先生热心学术，认识到本论集的价值所在，多方沟通，为论集的出版耗费心力尤多。诸多的帮助和热情的鼓励，足以证明吾道不孤，更会促使我们在学术道路上奋然前行。

雷恩海

癸巳初冬于金城春融堂

鸣　谢

《誌公文化研究论集初编》的出版,得到陕西省西安市馨海德宇汽车销售有限公司总经理刘治华先生及家人李爱玲、刘富全的资助,特表谢忱!